Die Versicherung klinischer Arzneimittel- und Medizinprodukteprüfungen

Europäische Hochschulschriften

European University Studies

Publications Universitaires Européennes

Reihe II **Rechtswissenschaft**

Series II Law

Série II Droit

Band/Volume **5739**

Christoph Maaßen

Die Versicherung klinischer Arzneimittel- und Medizinprodukteprüfungen

PL ACADEMIC RESEARCH

Bibliografische Information der Deutschen Nationalbibliothek
Die Deutsche Nationalbibliothek verzeichnet diese Publikation in der Deutschen Nationalbibliografie; detaillierte bibliografische Daten sind im Internet über http://dnb.d-nb.de abrufbar.

Zugl.: Münster (Westfalen), Univ., Diss., 2014

D 6
ISSN 0531-7312
ISBN 978-3-631-66460-5 (Print)
E-ISBN 978-3-653-05673-0 (E-Book)
DOI 10.3726/978-3-653-05673-0

PL Academic Research ist ein Imprint der Peter Lang GmbH.
Peter Lang – Frankfurt am Main · Bern · Bruxelles · New York · Oxford · Warszawa · Wien

Diese Publikation wurde begutachtet.

www.peterlang.com

Vorwort

Die vorliegende Arbeit wurde im Wintersemester 2014/2015 als Dissertation von der juristischen Fakultät der Westfälischen Wilhelms-Universität Münster angenommen.

Dank gebührt zuvorderst meinem Doktorvater Herrn Prof. Dr. *Heinrich Dörner* für die freundliche Betreuung und Unterstützung. Ich freue mich besonders, dass er mir die Mitarbeit an seinem Lehrstuhl ermöglichte. Hier möchte ich Frau *Nicole Strack* und Frau Dr. *Stefanie Sendmeyer* und allen Mitarbeitern des Lehrstuhls für Internationales Privatrecht und Bürgerliches Recht der Universität Münster danken, die meine Arbeit mit guten Ratschlägen aber vor allem durch eine angenehme Arbeitsatmosphäre und viel gute Laune unterstützten.

Herrn Prof. Dr. *Steinmeyer* danke ich für die Erstellung des Zweitgutachtens.

Natürlich bin ich meinen Eltern *Walter Maaßen* und *Birgit Hubmann-Maaßen* sowie meiner Schwester *Julia Maaßen* in ganz besonderer Weise dankbar. Sie haben mich stets in jeder Phase meiner Ausbildung nach besten Kräften unterstützt.

Zuletzt gilt mein Dank allen Freundinnen und Freunden, die mir, wenn nötig, Unterstützung boten und zugleich Ansporn waren. Ich möchte hier insbesondere Herrn *Tim Meier* und Herrn Dr. *Rüdiger Dierkes* erwähnen, denen ich wichtige Hinweise in Sachen Zeichensetzung und vieles mehr verdanke. Alle nicht namentlich Genannten möchten dies bitte entschuldigen. Sie waren und sind für mich und für das erfolgreiche Gelingen dieser Arbeit deswegen in keiner Weise weniger wichtig.

Münster im März 2015 — Christoph Maaßen

Inhaltsverzeichnis

Abkürzungsverzeichnis

AMG	Arzneimittelgesetz
AtG	Atomgesetz
AUB	Allgemeine Unfallversicherungsbedingungen
AVB	Allgemeine Versicherungsbedingungen
AVB-Prob	Allgemeine Versicherungsbedingungen für eine versicherungspflichtige klinische Prüfung
AVB-Prob/AMG	Allgemeine Versicherungsbedingungen für eine versicherungspflichtige klinische Prüfung von Arzneimitteln
AVB-Prob/MPG	Allgemeine Versicherungsbedingungen für eine versicherungspflichtige klinische Prüfung von Medizinprodukten
BfArM	Bundesinstitut für Arzneimittel und Medizinprodukte
BGB	Bürgerliches Gesetzbuch
BGBl.	Bundesgesetzblatt
Dtsch Arztebl	Deutsches Ärzteblatt
Dtsch Med Wochenschr	Deutsche Medizinische Wochenschrift
DvH	Deklaration von Helsinki
EuR	Europarecht
GCP	Good Clinical Practice
GCP-V	Verordnung über die Anwendung der Guten Klinischen Praxis bei der Durchführung von klinischen Prüfungen mit Arzneimitteln zur Anwendung am Menschen
GKV	Gesetzliche Krankenversicherung
JZ	JuristenZeitung
KritV	Die Kritische Vierteljahresschrift für Gesetzgebung und Rechtswissenschaft
MBO-Ä	Musterberufsordnung für die in Deutschland tätigen Ärztinnen und Ärzte
MedR	Medizinrecht
MPG	Medizinproduktegesetz
MPKPV	Verordnung über klinische Prüfungen von Medizinprodukten
NJW	Neue Juristische Wochenschrift

NVersZ	Neue Zeitschrift für Versicherung und Recht
PEI	Paul-Ehrlich-Institut
Pharm Ind.	Die Pharmazeutische Industrie
PharmR	Pharma Recht
PHi	Produkthaftpflicht international
RL	Richtlinie
RöV	Röntgenverordnung
SGB	Sozialgesetzbuch
SGb	Die Sozialgerichtsbarkeit
StrlSchV	Strahlenschutzverordnung
StVG	Straßenverkehrsgesetz
StVR	Straßenverkehrsrecht
VersR	Versicherungsrecht
VO (EU)	Verordnung der Europäischen Union
VVG	Gesetz über den Versicherungsvertrag
WissR	Wissenschaftsrecht
ZPO	Zivilprozessordnung

Wegen der übrigen Abkürzungen wird verwiesen auf:
Kirchner, Hildebert / Pannier, Dietrich,
Abkürzungsverzeichnis der Rechtssprache, 7. Aufl., Berlin 2012.

A. Einleitung

„Medizinische Forschung tut not.“[1]

Wie in jeder anderen Wissenschaft so ist auch in der Medizin eine Weiterentwicklung ohne Forschung nicht vorstellbar. Durch die auf Dauer nicht zu vermeidende persönliche Konfrontation mit Krankheit, Leiden und Tod ist gerade der Wunsch nach medizinischem Fortschritt omnipräsent.

Zwar konnten in der Vergangenheit immer wieder beeindruckende Erfolge beobachtet werden wie die (eher zufällige) Entdeckung des Penicillins durch Alexander Fleming[2] oder die Ausrottung der Pocken (Variola) im Jahr 1977.[3] Jedoch wird die Menschheit auch permanent mit neuartigen Krankheiten und Erregern konfrontiert. Man denke allein an die stetigen Mutationen von Grippeviren, die es unmöglich machen, ohne Forschung Jahr für Jahr wirksame Grippeimpfungen bereitstellen zu können,[4] oder an neu auftretende Krankheiten wie AIDS in der zweiten Hälfte des 20. Jahrhunderts oder in jüngster Geschichte das Schwere Akute Respiratorische Syndrom (SARS).

Es besteht also kein Grund, sich im Bereich der Medizin mit dem Status quo zufrieden zu geben.

Medizinische Forschung endet aber nicht mit der bloßen Entdeckung von neuen Arzneimitteln oder Therapieformen. Dies demonstriert eindringlich der sog. Contergan-Fall. Im Jahr 1954 wurde von der Grünenthal GmbH der Wirkstoff Thalidomid als Schlaf- und Beruhigungsmittel entdeckt. Bei toxikologischen Untersuchungen, die in der Folgezeit an Tieren vorgenommen wurden, zeigten sich keine schädlichen Auswirkungen und so wurde der Wirkstoff unter dem Namen Contergan ab 1957 rezeptfrei vertrieben.[5]

Bereits ab 1959 wurde Thalidomid verdächtigt, bei Neugeborenen Verstümmelungen hervorzurufen, wenn die Mutter dieses Mittel während der Schwangerschaft eingenommen hatte. Daraufhin wurde der Vertrieb von Contergan im November 1961 eingestellt.[6] Insgesamt gehen etwa 5.000

---

1 *Deutsch*, Ethische und rechtliche Voraussetzungen der klinischen Prüfung, S. 19.

2 *Eckart*, Geschichte der Medizin, S. 332.

3 Pschyrembel Klinisches Wörterbuch, Stichwort: Variola.

4 Pschyrembel Klinisches Wörterbuch, Stichwort: Influenza-Virus.

5 *Funke*, Die Arzneimittelhaftung des pharmazeutischen Unternehmers -Entwicklung und Reformen, S. 64.

6 *Funke*, a.a.O. S. 65.

Fehlbildungen von Neugeborenen in Deutschland auf die Einnahme von Contergan zurück.[7]

Dieses Beispiel zeigt Folgendes: Medizinische Forschung, die dem Menschen dienen soll, muss wohl oder übel auch am Menschen vorgenommen werden. Es reicht nicht aus, ein Arzneimittel mit Hilfe von Tierversuchen zu überprüfen. Tierversuche können zwar Anhaltspunkte für die Toxizität eines Stoffes liefern, aber die Ergebnisse lassen sich nicht annähernd vollständig auf den menschlichen Organismus übertragen.[8]

Hieraus ergibt sich das nächste Problem: Die Forschung am Menschen ist zwangsläufig auch mit Gefahren für den Beforschten verbunden.

Demnach besteht ein Spannungsfeld zwischen den Rechtsgütern der Allgemeinheit auf der einen Seite, die von zukünftigen medizinischen Innovationen profitieren, und den Rechtsgütern der menschlichen Probanden auf der anderen Seite, die dem Risiko einer noch nicht erforschten Behandlungsmethode ausgesetzt sind. Darüber hinaus steht den Interessen der Probanden die Forschungsfreiheit der Wissenschaft aus Art 5 Abs. 3 GG gegenüber.

Wenn mitunter behauptet wird, dass die medizinische Forschung keine nennenswerten Risiken für die Probanden mit sich bringe,[9] so kann dem nicht zugestimmt werden. Im Jahr 2006 erkrankten bei einer englischen Studie der Phase I[10] zum Wirkstoff TGN 1412, der von dem Würzburger Unternehmen *TeGenero* durchgeführt wurde, alle 6 Probanden unmittelbar nach Verabreichung des Wirkstoffes trotz ordnungsgemäßer Durchführung der Studie lebensbedrohlich. Getestet wurde ein monoklonaler Antikörper, der unter anderem gegen Leukämie und Arthritis eingesetzt werden sollte. Der Antikörper löste bei allen Versuchsteilnehmern einen sogenannten Zytokinsturm aus. Bei mindestens einem Teilnehmer entwickelte sich zudem in der Folgezeit Lymphdrüsenkrebs.[11] Von nicht nennenswerten Risiken kann also keine Rede sein.[12]

---

7 *Czernik*, VersR 2010, S. 744.

8 *Fischer*, Medizinische Versuche am Menschen, S. 3.

9 *Granitza*, in: Festgabe für Hermann Weitnauer, S. 327.

10 In einer Phase-I-Prüfung wird ein Wirkstoff zum ersten Mal am Menschen getestet. Siehe dazu B.II.1.a).

11 *Godt/Engelke*, WissR 2010, S. 2, (4); *Sewing*, in: Deutsch/Duttge/Schreiber/Spickhoff/Taupitz, Die Implementierung der GCP-Richtlinie und ihre Ausstrahlungswirkungen, S. 64.

12 Vgl. etwa auch: *Berndt*, Todesfall nach Stammzell-Therapie, Süddeutsche Zeitung v. 26.10.2010, S. 16; *Berndt*, Mit Hightech verstrahlt, Süddeutsche Zeitung v. 06.06.2012, S. 16.

Dieses Spannungsverhältnis zwischen den Interessen von Probanden, Allgemeinheit und Wissenschaft gilt es also zu lösen. In der Geschichte der medizinischen Forschung sind dazu verschiedene Ansätze verfolgt worden.

Einige Forscher lösten das Problem durch Selbstversuche. Die erste Herzkatheterisierung nahm der damalige Medizinstudent Werner Forssmann 1929 an sich selbst vor.[13] Auch im Bereich der Pharmakologie wurden häufig Selbstversuche durchgeführt. So trank der Chemiker Max von Pettenkofer 1892 vor Publikum eine Lösung, die Cholera-Erreger enthielt, um zu zeigen, dass die Bakterien nicht allein für den Ausbruch der Cholera verantwortlich seien. Nur durch Glück erkrankte er nicht.[14]

Nicht immer gingen die Forscher allerdings so selbstlos vor. Um die Bevölkerung vor den Gefahren der Versuche zu schützen, versuchte man die Problematik durch eine gezielte Probandenauswahl zu lösen. Oft wurden deshalb Versuche an Gefangenen und anderen Randgruppen vorgenommen, da diese für die Gesellschaft entbehrlich erschienen. Schon im Jahre 250 v. Chr. nahmen Herophilos von Chalkedon und Erasistratos von Keos Vivisektionen (Aufschneiden des lebenden Körpers) an Strafgefangenen vor.[15] Eine systematische Ausnutzung von Minderheiten fand insbesondere im nationalsozialistischen Deutschland statt. Beispielhaft sei hier Dr. med. Ding-Schuler genannt, der im KZ-Buchenwald Insassen mit Fleckfieber infizierte, um anschließend diverse Wirkstoffe an ihnen zu testen. Allein diese Experimente dürften hunderte Todesopfer gefordert haben.[16] Aber auch in Japan wurden zur Zeit des zweiten Weltkrieges ähnliche Experimente vorgenommen.[17]

Nachdem im Rahmen der Nürnberger Ärzteprozesse der Nürnberger Codex aufgestellt wurde,[18] setzte sich in der zweiten Hälfte des vergangenen Jahrhunderts die Einsicht durch, dass wissenschaftliche Forschung auch unter Achtung der Interessen der Versuchsteilnehmer möglich sein muss und sein kann.

Ein zentrales Element im Nürnberger Codex, wie auch in allen weiteren Regelungen zur medizinischen Forschung am Menschen, ist die Aufklärung und Einwilligung des Probanden.[19] So sollte sichergestellt werden, dass Zwangsexperimente an wehrlosen Menschen für immer der Vergangenheit angehörten.

---

13 *Duin/Sutcliffe*, Geschichte der Medizin, S. 182.

14 *Leven*, Geschichte der Medizin, S. 100.

15 *Leven*, Geschichte der Medizin, S. 100.

16 *Eckart*, Geschichte der Medizin, S. 354.

17 *Duin/Sutcliffe*, Geschichte der Medizin, S. 143.

18 Siehe dazu C.I.3.

19 Nürnberger Codex Ziff. 1; abgedruckt z. B. bei *Eckart*, Geschichte der Medizin, S. 356.

Auch wenn dieses Ziel nicht augenblicklich erreicht wurde (in den USA wurden zum Beispiel bis 1972 etwa 200 an Syphilis erkrankte Patienten bewusst nicht wirksam therapiert, um den Krankheitsverlauf genauer erforschen zu können. Weder wurden die Betroffenen hierüber informiert noch wurde ihre Zustimmung eingeholt)[20], stellte der Nürnberger Codex die ersten internationalen Leitlinien zur klinischen Forschung am Menschen auf.

Neben der Einwilligung dient auch die ärztliche Vertretbarkeit eines Versuchs dem Schutz des Probanden. Das heißt, dass der Nutzen eines Experiments das Risiko für den Versuchsteilnehmer überwiegen muss.[21] Dazu muss natürlich das Risiko eines Experimentes kalkulierbar sein. Hierzu dienen z. B. im Bereich der Arzneimittel toxikologische Prüfungen (Tierversuche etc.).[22] Daneben existieren noch zahlreiche weitere Vorschriften, die medizinische Versuche am Menschen so risikoarm wie möglich gestalten sollen.

Aber trotz dieser Maßnahmen und aller gebotenen Vorsicht kann es aufgrund der Unerprobtheit der zu testenden Arzneimittel, Medizinprodukte usw. zu schwerwiegenden Schädigungen der Versuchsteilnehmer kommen. Auch diese Problematik ist Teil des Spannungsverhältnisses zwischen den Interessen der Probanden und den Interessen der Forschung.

Der deutsche Gesetzgeber hat versucht dieses Problem mit Hilfe einer Pflichtversicherung für klinische Studien, der Probandenversicherung, zu lösen.

Dabei werfen die Regelungen zu dieser Versicherung jedoch einige Fragen auf. Mit welcher Art Versicherung hat man es hier zu tun? In welchem Verhältnis steht die Probandenversicherung zu anderen Versicherungen? Reicht der Umfang der Probandenversicherung aus, um tatsächlich einen Ausgleich zu den Risiken der klinischen Forschung zu schaffen?

Bevor allerdings diese Fragen beantwortet werden können, muss festgestellt werden, worum es sich bei dem Bezugspunkt der Probandenversicherung handelt. Das heißt, zunächst soll der rechtliche Rahmen abgesteckt werden, in dem sich eine klinische Studie am Menschen bewegt. Anschließend wird eruiert, welche Studien tatsächlich der Versicherungspflicht unterliegen. Den Schwerpunkt dieser Arbeit wird dann die Ausgestaltung und Problematik der Probandenversicherung bilden.

---

20 *Knoepffler*, Bundesgesundheitsblatt 2008, S. 880 (881); *Bartens*, Infiziert mit Syphilis, Hepatitis und Tuberkulose, Süddeutsche Zeitung v. 03.03.2011, S. 16.

21 *Deutsch*, NJW 2001, S. 857 (858).

22 *Heil/Lützeler* in: Dieners/Reese, Handbuch des Pharmarechts, § 4 Rn. 94 ff.

B. Die klinische Prüfung

I. Bedeutung der klinischen Prüfung

Klinische Studien oder klinische Prüfungen, wie sie in Arzneimittel- (AMG) und Medizinproduktegesetz (MPG) genannt werden, bilden heute den Schwerpunkt der systematischen medizinischen Forschung am Menschen. Sie dienen vorwiegend der Erforschung neuer Behandlungsmethoden, wozu auch der Einsatz von Medizinprodukten und Arzneimitteln gehört. Kennzeichnend für die klinische Prüfung ist dabei, dass sie unmittelbar am Menschen vorgenommen wird, während zuvor präklinische Versuche im Labor und im Rahmen von Tierversuchen durchgeführt werden.[23]

Sie dient einerseits dazu durch den Gewinn neuer Erkenntnisse den medizinischen Fortschritt zu gewährleisten, andererseits soll sie die Unbedenklichkeit und Wirksamkeit neuer Behandlungsmethoden zum Schutz zukünftiger Patienten sicherstellen.[24] Damit einher geht auch ein wirtschaftlicher Zweck, nämlich die Möglichkeit, als Hersteller ein Arzneimittel oder Medizinprodukt in den Verkehr bringen zu können.

1. Arzneimittel

Damit ein Fertigarzneimittel in den Verkehr gebracht werden darf, muss es gemäß § 21 Abs. 1 AMG zugelassen sein. Die Definition eines Fertigarzneimittels findet sich in § 4 Abs. 1 AMG. Es handelt sich dabei im Wesentlichen um im Voraus hergestellte und abgepackte Medikamente.[25] Keine Zulassung benötigen Medikamente, die nach individueller Rezeptur in der Apotheke hergestellt werden.[26] Für die Zulassung ist in Deutschland gemäß § 77 Abs. 1 u. 2 AMG das Bundesinstitut für Arzneimittel und Medizinprodukte (BfArM) oder das Paul-Ehrlich-Institut (PEI) zuständig. Die Zulassungskriterien werden durch § 25 Abs. 2 AMG festgelegt. Gemäß § 25 Abs. 2 Nr. 2 AMG muss das Arzneimittel ausreichend geprüft worden sein. Hinsichtlich des Prüfungsumfangs bestimmt § 22 Abs. 2 AMG, welche Prüfungsergebnisse der zuständigen Behörde

---

23 *Osieka*, Das Recht der Humanforschung, S. 130.

24 *Schwarz/Wachenhausen* in: Anhalt/Dieners, Handbuch des Medizinprodukterechts, § 6 Rn. 34; vgl. auch § 4 Abs. 23 S. 1 AMG.

25 *Heßhaus* in: Spickhoff, Medizinrecht, AMG § 4 Rn. 4.

26 *Rehmann*, AMG, § 4 Rn. 1.

vorzulegen sind, und damit auch, welche Prüfungen durchgeführt werden müssen.[27] Dazu gehört gemäß § 22 Abs. 2 Nr. 3 AMG insbesondere die klinische Prüfung am Menschen.

Ohne die Durchführung klinischer Prüfungen kann also kein Fertigarzneimittel in den Verkehr gebracht werden. Darüber hinaus trifft den Inhaber einer Arzneimittelzulassung gemäß § 63d AMG die Pflicht der Arzneimittelbeobachtung. Auch hierzu wird die klinische Prüfung eingesetzt.[28]

2. Medizinprodukte

Medizinprodukte bedürfen keiner behördlichen Zulassung. Sie dürfen gemäß § 6 Abs. 1 MPG in den Verkehr gebracht werden, wenn sie mit einer CE-Kennzeichnung versehen sind. Eine CE-Kennzeichnung bedeutet, dass das damit versehene Produkt alle einschlägigen Anforderungen des europäischen Rechts erfüllt.[29] Auf die entsprechenden Anforderungen verweist § 7 MPG. Dazu gehören insbesondere die RL 93/42/EWG, die die Anforderungen an Medizinprodukte festlegt, sowie die RL 90/385/EWG, die speziell für aktive implantierbare medizinische Geräte, wie etwa Herzschrittmacher, gilt.

Ziff. I Nr. 6a. Anhang I der RL 93/42/EWG sieht vor, dass zum Nachweis der Übereinstimmung des Produkts mit den Anforderungen eine klinische Bewertung durchgeführt werden muss. Die klinische Bewertung wird durch Anhang X der RL 93/42/EWG konkretisiert. Die klinische Bewertung stellt die Bewertung der klinischen Daten, die über ein Medizinprodukt existieren, dar. Die Daten können sowohl aus der wissenschaftlichen Literatur als auch aus klinischen Prüfungen stammen.[30] Werden Daten aus der Literatur herangezogen, muss aber nachgewiesen werden, dass die Daten sich auf ein gleichartiges Produkt beziehen. Bei neuartigen Medizinprodukten ist daher eine klinische Prüfung unumgänglich. Sollte es sich bei den zu bewertenden Produkten um Medizinprodukte der Klasse III oder um implantierbare Produkte handeln, sind gemäß Ziff. 1.1a. Anhang X der RL 93/42/EWG grundsätzlich klinische Prüfungen durchzuführen. Die Klassifizierung der Medizinprodukte wird durch Anhang IX der RL 93/42/EWG vorgenommen. Zur Klasse III gehören vorwiegend solche Produkte, die bei ihrer Anwendung in direktem

---

27 *Rehmann*, AMG, § 25 Rn. 5.

28 *Heubeck*, PHi 2007, S. 210 (211).

29 *Grupp* in: Bergmann, Handlexikon der Europäischen Union, Stichwort CE-Kennzeichnung.

30 *Rehmann* in: Rehmann/Wagner, MPG, § 19 Rn. 2.

Kontakt zum Herz, zum zentralen Kreislaufsystem oder zum zentralen Nervensystem stehen oder eine biologische Wirkung auf den menschlichen Körper entfalten.

Die klinische Bewertung wird auch in § 19 Abs. 1 MPG aufgegriffen. Da aber bereits § 7 MPG auf die Anforderungen der diversen europäischen Richtlinien verweist, kommt § 19 Abs. 1 MPG grundsätzlich nur ein deklaratorischer Charakter zu. § 19 Abs. 2 MPG enthält eine Spezialregelung für In-vitro-Diagnostika. Für diese Produkte sieht das MPG keine klinische Prüfung vor, sondern eine Leistungsbewertungsprüfung, was dem Umstand geschuldet ist, dass In-vitro-Diagnostika nicht unmittelbar am menschlichen Körper angewendet werden (vgl. § 3 Nr. 4 MPG).[31]

II. Ablauf der klinischen Prüfung

Eine klinische Prüfung wird durch einen sogenannten Sponsor veranlasst. Dieser ist gemäß §§ 4 Abs. 24 AMG, 3 Nr. 23 MPG eine juristische oder natürliche Person, die die Verantwortung für die Veranlassung, Finanzierung und Organisation einer klinischen Prüfung übernimmt. Dies kann das Pharmaunternehmen sein, das die Zulassung für ein Arzneimittel erlangen möchte, aber ebenso können auch einzelne Ärzte oder Hochschulen als Sponsoren auftreten, wenn sie eine klinische Prüfung durchführen möchten.[32] Daher ist es auch möglich, dass ein Pharmaunternehmen nicht selbst eine klinische Prüfung durchführt, sondern ein anderes, darauf spezialisiertes Institut mit der Organisation der klinischen Prüfung beauftragt, so dass dieses Institut als Sponsor fungiert.[33] Dabei kommt es nicht darauf an, dass letztlich die Finanzierung durch das Pharmaunternehmen erfolgt.[34]

Vom Sponsor ist der Prüfer zu unterscheiden. Der Prüfer trägt gemäß §§ 4 Abs. 25 AMG, 3 Nr. 24 MPG die Verantwortung für die Durchführung der klinischen Prüfung bei der jeweiligen Prüfstelle. Wird die Prüfung in mehreren Prüfstellen durchgeführt, benennt der Sponsor zudem einen Leiter der klinischen Prüfung. Dieser ist für die gesamte Durchführung und Koordination der klinischen Prüfung zuständig.[35]

---

31 *Brandenburg/Kollecker/Rütenik*, Medizinprodukterecht, S. 27.

32 *Heil/Lützeler* in: Dieners/Reese, Handbuch des Pharmarechts, § 4 Rn. 131.

33 *Hufnagel* in: Dieners/Reese, Handbuch des Pharmarechts, § 14 Rn. 147.

34 *Osieka*, Das Recht der Humanforschung, S. 159.

35 *Wachenhausen* in: Kügel/Müller/Hofmann, AMG, § 4 Rn. 172.

1. Arzneimittel

Die Prüfung von Arzneimitteln erfolgt regelmäßig in vier Phasen, wobei jede Phase für sich bereits eine eigenständige klinische Prüfung darstellt.[36]

a) *Phase I*

In Phase I Prüfungen wird an wenigen Versuchspersonen eine Verträglichkeitsprüfung durchgeführt. Hier wird nicht die Wirksamkeit des Arzneimittels untersucht, sondern zuvorderst das Auftreten von Nebenwirkungen sowie die Aufnahme und der Abbau des Medikaments durch den menschlichen Körper.[37] Außerdem dient diese Phase zur Findung einer unbedenklichen, aber medizinisch voraussichtlich wirksamen Dosis.[38]

In Phase I wird ein Arzneimittel zum ersten Mal an Menschen getestet. Auch wenn zuvor Tierversuche durchgeführt wurden, ist das Risiko unerwünschter Nebenwirkungen relativ hoch,[39] so dass eine Phase I Prüfung regelmäßig nur an wenigen (10 bis 50) gesunden männlichen Probanden durchgeführt wird.[40] Ist abzusehen, dass das zu testende Arzneimittel schwere Nebenwirkungen haben könnte, die sich nur im Hinblick auf das Behandlungsziel rechtfertigen lassen (etwa bei Krebsmedikamenten), wird bereits die Phase I Prüfung aus ethischen Gründen an einschlägig Erkrankten durchgeführt.[41]

b) *Phase II*

In Phase II wird die medizinische Wirksamkeit des Arzneimittels getestet.[42] Dazu werden ca. 100 bis 500 Probanden in den Versuch einbezogen.[43] Damit die Wirksamkeit festgestellt werden kann, handelt es sich bei den Versuchspersonen in Phase II um einschlägig Erkrankte. Die klinische Prüfung erfolgt kontrolliert. Es wird also eine Versuchs- und eine Vergleichsgruppe gebildet, wobei die Vergleichsgruppe entweder ein bereits zugelassenes Standardarzneimittel oder ein Placebo erhält.[44] Ob ein Proband der Versuchs- oder der Vergleichsgruppe

---

36 *Kloesel/Cyran*, AMG § 40 Anm. 11.
37 *Heil/Lützeler* in: Dieners/Reese, Handbuch des Pharmarechts, § 4 Rn. 101 f.
38 *Osieka*, Das Recht der Humanforschung, S. 132.
39 *Kloesel/Cyran*, AMG, § 40 Anm. 11a.
40 *Heil/Lützeler* in: Dieners/Reese, Handbuch des Pharmarechts, § 4 Rn. 102.
41 *Stock*, Der Probandenschutz bei der medizinischen Forschung am Menschen, S. 30.
42 *Wachenhausen* in: Kügel/Müller/Hofmann, AMG, § 40 Rn. 22.
43 *Osieka*, Das Recht der Humanforschung, S. 133.
44 *Heil/Lützeler* in: Dieners/Reese, Handbuch des Pharmarechts, § 4 Rn. 106.

angehört, entscheidet der Zufall (Randomisierung). Darüber hinaus wird die Gruppenzugehörigkeit regelmäßig einfach oder doppelt verblindet.[45] Bei einer einfachen Verblindung weiß der Proband nicht, welcher Gruppe er angehört. Bei der doppelten Verblindung wissen weder der Proband noch der Prüfarzt, welcher Gruppe die Versuchsperson angehört. So soll die Beeinflussung der Studie durch das Verhalten der Beteiligten und durch sogenannte Placeboeffekte ausgeschlossen werden.[46]

c) *Phase III*

Verläuft die Phase II Prüfung vielversprechend und lässt die Wirksamkeit des Arzneimittels erkennen, wird in Phase III die Wirksamkeit an einem wesentlich größeren Probandenkollektiv getestet. Mehrere tausend Versuchspersonen werden in dieser Phase in die Prüfung einbezogen.[47] So kann ein statistisch signifikanter Nachweis der Wirksamkeit geführt werden. Zudem ergeben sich auch weitere Hinweise auf Nebenwirkungen des Arzneimittels.[48] Um die Anzahl der Versuchsteilnehmer bewältigen zu können, werden Phase III Prüfungen oft multizentrisch durchgeführt. Das heißt, dass die Prüfung gleichzeitig an verschiedenen Prüfstellen erfolgt.[49]

Ziel der Phase III Prüfung ist es, genügend Erkenntnismaterial zu sammeln, um im Anschluss die Zulassung des Arzneimittels beantragen zu können.[50]

d) *Phase IV*

Die Phase IV Prüfung erfolgt nach der Zulassung des Arzneimittels. Diese Prüfung dient der Langzeitbeobachtung des Arzneimittels. Solche Studien werden über längere Zeit mit einer großen Anzahl an Versuchsteilnehmern durchgeführt.[51] So können auch seltene Nebenwirkungen und Wechselwirkungen mit anderen Arzneimitteln überprüft werden.[52] Die Phase IV Prüfung stellt letztlich eine Ausprägung der Produktbeobachtungspflicht des Arzneimittelherstellers

---

45 *Kloesel/Cyran*, AMG, § 40 Anm. 20.

46 *Achtmann*, Der Schutz des Probanden bei der klinischen Arzneimittelprüfung, S. 26 f.

47 *Deutsch/Spickhoff*, Medizinrecht, Rn. 1307.

48 *Wachenhausen* in: Kügel/Müller/Hofmann, AMG, § 40 Rn. 22.

49 *Deutsch/Spickhoff*, Medizinrecht, Rn. 1307.

50 *Laufs* in: Laufs/Kern, Handbuch des Arztrechts, § 130 Rn. 40.

51 *Wachenhausen* in: Kügel/Müller/Hofmann, AMG, § 40 Rn. 22.

52 *Laufs* in: Laufs/Kern, Handbuch des Arztrechts, § 130 Rn. 41; *Listl* in: Spickhoff, Medizinrecht, AMG § 40 Rn. 3.

dar.[53] Gemäß § 63d AMG ist der Inhaber einer Arzneimittelzulassung verpflichtet, der zuständigen Behörde regelmäßig Unbedenklichkeitsberichte vorzulegen, die sich insbesondere auf Daten aus Phase IV Prüfungen stützen können.[54]

2. Medizinprodukte

Die klinische Prüfung eines Medizinprodukts soll mit Hilfe einer systematischen Vorgehensweise auf Grundlage wissenschaftlicher Methoden die medizinische Wirksamkeit und Sicherheit des Produkts überprüfen.[55] Aufgrund der Vielfältigkeit der Medizinprodukte existiert hier kein allgemeiner Ablauf oder eine Einteilung der Prüfung in verschiedene Phasen. Auch die Bildung einer Kontrollgruppe oder die Verblindung der Studie ist je nach Art des Medizinprodukts nicht immer notwendig oder möglich.

---

53 *Stock*, Der Probandenschutz bei der medizinischen Forschung am Menschen, S. 32.

54 *Heubeck*, PHi 2007, S. 210 (211).

55 *Schwarz/Wachenhausen* in: Anhalt/Dieners, Medizinprodukterecht, § 6 Rn. 34.

C. Die rechtlichen Grundlagen der klinischen Prüfung

I. Historische Entwicklung

1. Preußischer Erlass vom 29.12.1900[56]

Der erste Versuch der medizinischen Forschung einen rechtlichen Rahmen zu geben und damit potentielle Versuchsteilnehmer vor ausufernder Forschung zu schützen, dürfte die Anweisung an die Vorsteher der Kliniken, Polikliniken und sonstigen Krankenanstalten gewesen sein. Diese wurde am 29.12.1900 vom Minister der geistlichen etc. Angelegenheiten erlassen.

Einige Jahre zuvor hatte der Dermatologe Albert Neisser an acht Frauen eine selbst entwickelte Methode zur Immunisierung gegen Syphilis erprobt. Dabei unterließ er es jedoch, die betroffenen Personen, die sich aus anderen medizinischen Gründen in seiner Klinik aufhielten, über diesen Versuch zu informieren. Nachdem die Staatsanwaltschaft ein Verfahren gegen Neisser 1899 eröffnete und bald darauf wegen Verjährung wieder einstellen musste, reagierte das Kultusministerium und erließ die oben genannte Dienstanweisung.[57]

Zunächst scheint der Erlass nicht nur auf die Forschung abzuzielen. Vielmehr spricht der erste Absatz generell von medizinischen Eingriffen zu anderen als Diagnostik-, Heil- oder Immunisierungszwecken. Sieht man aber von Bestrafung und Folter durch „medizinische" Eingriffe ab, bleibt letztlich nur die Forschung als Anwendungsbereich dieser Vorschrift übrig.

Der Regelungsinhalt ist freilich noch recht gering. Zuvorderst wird angeordnet, dass Eingriffe, die weder Diagnostik- noch Heil- oder Immunisierungszwecke zum Gegenstand haben, nur nach sachgemäßer Belehrung und Zustimmung der betreffenden Person durchgeführt werden dürfen. Zudem werden Minderjährige und andere Nicht-Vollgeschäftsfähige von solchen Eingriffen ganz ausgeschlossen.

Der zweite Absatz bestimmt, dass nur die Vorsteher oder von diesen ermächtigte Personen diese Eingriffe vornehmen dürfen. Darüber hinaus wird eine begrenzte Dokumentationspflicht eingeführt.

---

56 Veröffentlicht im Zentralblatt der gesamten Unterrichtsverwaltung in Preußen 1901, S. 188; abgedruckt bei *Deutsch*, Das Recht der klinischen Forschung am Menschen, S. 173.

57 *Winau* in: Ebbinghaus/Dörner, Vernichten und Heilen, S. 102.

Erstaunlicherweise fehlen Begrenzungen hinsichtlich der Gefährlichkeit eines Experiments. Überspitzt formuliert, könnte man davon ausgehen, dass ein therapeutisch sinnloses Transplantationsexperiment bei Zustimmung ebenso zulässig ist wie die testweise Nutzung eines neuen Stethoskops. Darüber hinaus finden sich keine Ausführungen zu möglichen Rechtsfolgen und Haftungsfragen, was aber auf den Charakter der Dienstanweisung zurückzuführen ist.

Auffällig ist auch, dass durch diese Vorschriften nicht die gesamte medizinische Forschung am Menschen berührt wird. Erfasst sind nur solche Vorhaben, die nicht der Diagnose, Immunisierung oder Heilung dienen, also keinen individuellen Nutzen für den Betroffenen mit sich bringen. Es ist aber nicht sehr fernliegend anzunehmen, dass die medizinische Forschung sich zu Beginn des 20. Jahrhunderts häufig in experimentellen Heilversuchen verwirklichte. Diesen liegt aber zumindest in gewissem Umfang der Zweck der Heilung zugrunde, so dass solche Eingriffe, unabhängig von Neuartigkeit und Gefährlichkeit, nicht durch den Erlass erfasst sind.[58]

2. Richtlinien für neuartige Heilbehandlung und für Vornahme wissenschaftlicher Versuche am Menschen von 1931[59]

Die Richtlinien, die vom Reichsministerium des Innern im März 1931 erlassen wurden, kann man als Reaktion auf den „Lübecker Totentanz" begreifen. In einem Impfversuch wurde im Februar 1930 in einem Lübecker Krankenhaus eine große Anzahl an Kindern mit dem neu entwickelten BCG (Bacille Calmette-Guérin) gegen Tuberkulose geimpft. Diese Impfung war im Folgenden ursächlich für den Tod von mindestens 14 Kindern.[60]

Diese Richtlinien gehen inhaltlich schon weit über die Dienstanweisung von 1900 hinaus und eröffnen nun auch einen Anwendungsbereich für therapeutisch individualnützliche Versuche. Zudem werden hier zum ersten Mal auf rechtlicher Ebene Heilversuch und Humanexperiment in den Nummern 2 und 3 definiert und gegeneinander abgegrenzt.[61]

---

58 *Leven*, Geschichte der Medizin, S. 104; insoweit missverständlich *Deutsch*, NJW 1995, S. 3019 (3021).

59 Deutsche Medizinische Wochenzeitschrift 1931, S. 509; abgedruckt auch bei *Deutsch*, Das Recht der klinischen Forschung am Menschen, S. 173 und *Eckart*, Geschichte der Medizin, S. 334.

60 *Eckart*, Geschichte der Medizin, S. 334.

61 *Deutsch*, NJW 1995, S. 3019 (3021).

Ein Heilversuch (oder in der Terminologie der Richtlinie: „Eine neuartige Behandlung“) ist demnach ein Eingriff oder eine Behandlungsweise, die in einem bestimmten einzelnen Behandlungsfall zur Erkennung, Heilung oder Verhütung einer Krankheit oder eines Leidens oder zur Beseitigung eines körperlichen Mangels vorgenommen wird, obwohl ihre Auswirkungen auf Grund der bisherigen Erfahrungen noch nicht ausreichend zu übersehen sind. Kennzeichnend für den Heilversuch sind also einerseits die Unerprobtheit und andererseits die therapeutische Zielsetzung.

Im Gegensatz dazu fehlt dem Humanexperiment (bzw. wissenschaftliches Experiment) gem. Nummer 3 der Richtlinien jeder therapeutische Zweck. Es handelt sich hier um einen Eingriff, der nur zu Forschungszwecken vorgenommen wird.

Im Anschluss an diese Definitionen stellen die Richtlinien recht umfangreiche Zulässigkeitsvoraussetzungen der medizinischen Forschung am Menschen auf. So wird in Nummer 4 zum ersten Mal eine Abwägung von Gefahr und zu erwartendem Nutzen des Versuchs gefordert. Freilich wird damit noch nichts darüber gesagt, welcher Nutzen ins Gewicht fallen soll. Es kann sowohl der Nutzen für die Versuchsperson als auch der Nutzen für die Wissenschaft gemeint sein. Möglich wäre auch eine Kombination beider Ebenen.

Grundsätzlich scheint aber die Wertung durch, dass allzu gefährliche Versuche unterbleiben sollen. Damit gehen die Richtlinien trotz dieser Unschärfe schon in einem wesentlichen Punkt über den Regelungsgehalt der Dienstanweisung von 1900 hinaus.

Darüber hinaus wird im gleichen Absatz vorgeschrieben, dass einem Versuch am Menschen ein Tierversuch vorauszugehen hat. Im Bereich der Arzneimittelforschung handelt es sich damit um den Vorgänger der pharmakologisch-toxikologischen Prüfung, die der Gesetzgeber erst 1976 in § 40 AMG[62] wieder aufgegriffen und als Pflicht kodifiziert hat.

In Nummer 5 wird auch die Aufklärung und Zustimmung des Versuchsteilnehmers zu einer wesentlichen Voraussetzung eines Versuchs gemacht. In Notfallsituationen kann jedoch auf Aufklärung und Einwilligung verzichtet werden. Das ist der Fall, wenn ein (neuartiger) Eingriff sich als unaufschiebbar für die Rettung des Lebens oder zur Verhütung schwerwiegender Gesundheitsschädigungen darstellt und eine Aufklärung und Einwilligung in dieser Situation nicht möglich ist.

---

62 Neufassung des AMG vom 24.8.1976 (BGBl. I. S. 2445).

Fortschrittlich für die erste Hälfte des 20. Jahrhunderts mutet Nummer 7 an. Danach ist die Ausnutzung einer sozialen Notlage für die Vornahme eines medizinischen Versuchs untersagt. Nach *Eckart*, der diese Regelung extensiv auslegt, sollen auch Versuche an Menschen in Abhängigkeitsverhältnissen, also an Strafgefangenen, Mitarbeitern des Forschers usw. unzulässig sein.[63] In Anbetracht des Wortlautes, der von sozialer Notlage spricht, darf dies jedoch bezweifelt werden.

Neben diesen grundlegenden Zulässigkeitsvoraussetzungen finden sich in den Richtlinien noch Regelungen bezüglich der Dokumentationspflicht, der Verantwortlichkeit des leitenden Arztes und der Art der Veröffentlichung der Forschungsergebnisse.

Zudem wird für das Humanexperiment eine generelle Subsidiarität in Nummer 12 angeordnet. Soweit möglich sollen Versuche ohne therapeutischen Nutzen an Tieren durchgeführt werden. Generell verbieten die Richtlinien ungeachtet des wissenschaftlichen Wertes alle Humanexperimente an Minderjährigen und Sterbenden sowie grund- und planlose Forschung am Menschen.

Die Einwilligung des Probanden ist für ein Humanexperiment in jedem Fall erforderlich. Eine Ausnahme für Notfallsituationen besteht hier explizit nicht. Eine solche Situation wäre für Experimente ohne therapeutischen Nutzen auch nur schwer vorstellbar.

Im Ergebnis legt die Richtlinie von 1931 ein für damalige Zeit recht hohes Schutzniveau im Bereich der medizinischen Forschung fest.[64] Allerdings fehlen auch hier Sanktionen, die bei Verstößen gegen die Richtlinie greifen würden. Darüber hinaus wird wie auch schon in der Dienstanweisung von 1900 die Frage ausgeklammert, wie die Versuchspersonen zu entschädigen sind, wenn trotz regelgerechter Durchführung des Versuches Gesundheitsschäden auftreten.

Rechtlich lassen sich die Richtlinien, die vom Innenministerium erlassen wurden, wie schon die Dienstanweisung von 1900 am ehesten als Verwaltungsvorschriften qualifizieren.[65] Damit ist eine Fortgeltung im heutigen Recht gemäß Art 123 GG ausgeschlossen.[66]

In der Praxis hat die Richtlinie aber auch damals schon keine Beachtung gefunden. Im Gegenteil stehen die Menschenversuche in den Konzentrationslagern der Nationalsozialisten im scharfen Kontrast zum Leitbild der Richtlinie.[67]

---

63 *Eckart*, Geschichte der Medizin, S. 334.

64 *Leven*, Geschichte der Medizin, S. 104.

65 *Biermann*, Die Arzneimittelprüfung am Menschen, S. 19; *Deutsch*, Das Recht der klinischen Forschung am Menschen, S. 159.

66 *Giegerich* in: Maunz/Dürig, Art. 123 Rn. 20.

67 *Deutsch*, Das Recht der klinischen Forschung am Menschen, S. 159.

3. Nürnberger Kodex[68]

Der Nürnberger Kodex entstand im Rahmen des Nürnberger Ärzteprozesses, der von 1946 bis 1947 stattfand. In dem ersten Nachfolgeprozess des Nürnberger Prozesses wurden insgesamt 23 Ärzte, Naturwissenschaftler und Verwaltungsbeamte des Gesundheitsdienstes wegen Kriegsverbrechen und Verbrechen gegen die Menschlichkeit angeklagt. Hiervon wurden 16 Angeklagte für schuldig befunden und 7 Angeklagte freigesprochen.[69]

Um eine Grenze zwischen erlaubten Versuchen am Menschen, deren Notwendigkeit für die Medizin auch in juristischen Kreisen anerkannt wurde,[70] und nicht mehr erlaubten Versuchen ziehen zu können, wurde der Nürnberger Kodex aufgestellt. Dieser besteht aus 10 Prinzipien, die sich laut dem zuständigen Militärgericht aus den Grundsätzen der Strafgesetze aller „Kulturstaaten" ergeben.[71]

Wer die 10 Prinzipien aber tatsächlich in der vorliegenden Form ausgearbeitet hat, lässt sich heute nicht mehr nachvollziehen. Als wahrscheinlichster Verfasser gilt der Psychiater Dr. Leo Alexander, der für die Anklage als medizinischer Sachverständiger arbeitete.[72]

Allen Regeln voran stellt der Nürnberger Kodex in Ziff. 1 die freiwillige Zustimmung der Versuchsperson. Dazu muss der Proband die gesetzmäßige Fähigkeit haben, seine Einwilligung zu erklären. Nach unserem Rechtsverständnis ist demnach auf die Geschäftsfähigkeit im Sinne des BGB abzustellen. Damit die Einwilligung keine bloß formelle Voraussetzung darstellt, ist die Versuchsperson zuvor über Wesen, Länge, Zweck, Methoden und Mittel des Versuchs sowie Gefahren für die Gesundheit aufzuklären. Dieser Katalog stellt eine deutliche Weiterentwicklung zum Aufklärungserfordernis der Regelungen von 1900 und 1931 dar, die jeweils nur eine sachgemäße bzw. zweckentsprechende Belehrungspflicht statuierten. Deklaratorischen Charakter hat die Ergänzung, dass die Zustimmung frei von Gewalt, Betrug, List, Druck, Vortäuschung oder irgendeiner anderen Form der Beeinflussung sein muss.

Die weiteren Regelungen decken sich zum großen Teil mit denen der Richtlinie von 1931, die auch dem Militärtribunal vorgelegen hat.[73] So legen beide

68 Abgedruckt bei *Wille*, NJW 1949, S. 377.
69 *Deutsch* in: Festschrift für Wassermann, S. 69.
70 *Wille*, NJW 1949, S. 377.
71 *Wille*, NJW 1949, S. 377.
72 *Deutsch* in: Tröhler, Ethik und Medizin, S. 109; *Leven*, Geschichte der Medizin, S. 110.
73 *Deutsch* in: Festschrift für Wassermann, S. 75.

Werke fest, dass der zu erwartende Nutzen gegen die drohenden Risiken abgewogen werden muss, vor Beginn des Versuchs Tierversuche durchgeführt werden müssen und der Prüfer seine Verantwortlichkeit nicht delegieren kann.

Nicht so ausdrücklich in der Richtlinie von 1931 erwähnt ist die absolute Grenze von medizinischen Versuchen, die Ziff. 5 des Nürnberger Kodex aufstellt. Ein Versuch ist demnach unzulässig, wenn aus ex ante Sicht die Gefahr des Todes oder der schweren Gesundheitsschädigung möglich erscheint. Der Nürnberger Kodex entkräftet diese Grenze aber unverständlicherweise selbst, indem er mögliche Ausnahmen vorsieht, für den Fall, dass der Versuchsleiter selbst als Proband am Versuch teilnimmt. Betrachtet man das Beispiel des Hygienewissenschaftlers Max von Pettenkofer, der zu Demonstrationszwecken eine Lösung mit Cholera-Erregern trank,[74] erscheint diese Ausnahme nicht besonders sinnhaft zu sein. Sie lässt sich wohl am ehesten damit erklären, dass der Nürnberger Kodex eine Richtschnur zur Verurteilung von Medizinern war, die möglicherweise nicht die Forschung, sondern Drangsalierung ihrer Versuchspersonen im Sinn hatten.[75] Insofern wäre die Selbstteilnahme des Versuchsleiters zumindest ein Indiz für ernsthafte Forschungsbemühungen.

Nachdem die Zustimmung des Probanden zu dem geplanten Versuch schon lange vor dem Nürnberger Ärzteprozess als Zulässigkeitsvoraussetzung angesehen wurde,[76] findet sich in Ziff. 9 des Nürnberger Kodex erstmals eine Rücktrittsregelung. Der Versuchsperson wird freigestellt den Versuch eigenständig zu beenden. Eine Einschränkung erfährt dieses Recht aber dadurch, dass eine Beendigung an die Voraussetzung geknüpft ist, dass die Versuchsfortsetzung wegen körperlicher oder geistiger Gründe unmöglich erscheint.

Auch im Nürnberger Kodex fehlen Regelungen zur Entschädigung der Versuchspersonen im Fall eines Schadenseintrittes. Dies verwundert wenig, berücksichtigt man, dass der Kodex zuvorderst mit Blick auf die Verbrechen des Nationalsozialismus die wesentlichen Kriterien eines zulässigen Versuches darstellen wollte.

---

74 *Leven*, Geschichte der Medizin, S. 100.

75 Nur so lassen sich zum Beispiel Versuche an KZ-Insassen mit Kampfstoffen deuten, die im zweiten Weltkrieg schon gar nicht mehr verwendet wurden; *Eckart*, Geschichte der Medizin, S. 355; *Leven*, Geschichte der Medizin, S. 68.

76 Vgl. die Dienstanweisung von 1900 und die Richtlinien von 1931. Allerdings wurde die Forderung nach freiwilliger Zustimmung der Versuchspersonen von einigen Wissenschaftlern auch schon im 19. Jahrhundert erhoben; *Winau* in: Ebbinghaus/Dörner, Vernichten und Heilen, S. 97.

Zweifelhaft ist, welche medizinischen Versuche von dem Nürnberger Kodex erfasst werden. Während die Richtlinien von 1931 therapeutische und nichttherapeutische Versuche klar definieren und voneinander abgrenzen, fehlt hier eine solche Bestimmung. Zum Teil wird davon ausgegangen, dass beide dem Nürnberger Kodex unterfallen.[77] Dieser Befund lässt sich aber kaum mit dem Inhalt des Nürnberger Kodex vereinbaren.

Zwar kann dem Wort „Versuch", das der Nürnberger Kodex durchgehend verwendet, noch keine Einschränkung auf rein wissenschaftliche Experimente entnommen werden, aber zahlreiche Formulierungen sprechen gegen eine weitergehende Auslegung, die auch therapeutische Versuche erfasst. Ziff. 2 besagt, dass ein Versuch so gestaltet sein muss, dass fruchtbare Ergebnisse für das Wohl der Gesellschaft zu erwarten sind. Ziff. 6 spricht von der humanitären Bedeutung des Experiments, welche als Abwägungselement dem Risiko des Experiments gegenübergestellt wird.

An keiner Stelle wird aber der zu erwartende Vorteil für die Versuchsperson als abwägungsrelevantes Element genannt. Dieser individuelle Vorteil wäre jedoch für die Beurteilung eines therapeutischen Versuchs von großem Gewicht.

Auch das uneingeschränkte Erfordernis der Geschäftsfähigkeit der Versuchsperson in Ziff. 1 des Nürnberger Kodex lässt vermuten, dass therapeutische Versuche nicht erfasst sind. Anderenfalls würde der Nürnberger Kodex jedem unerprobten Heilversuch an Nicht-Geschäftsfähigen entgegenstehen. Freilich ist es richtig, dass auch Heilversuche ein erhöhtes Gefahrenpotential in sich bergen. Dennoch muss für den Fall des Versagens der Standardbehandlung auch bei Minderjährigen, Geisteskranken usw. die Möglichkeit bestehen, noch nicht voll erprobte Behandlungsmethoden einzusetzen.

Der Nürnberger Kodex lässt also erkennen, dass er nicht auf Heilversuche abzielt.[78] Auch im historischen Kontext ist dieses Ergebnis nur folgerichtig. Der Kodex sollte benutzt werden, um die Verbrecher, die unter dem Deckmantel der Forschung andere Menschen quälten, zu bestrafen. Eine therapeutische Zielsetzung, also der Wille der konkreten Versuchsperson zu helfen, dürfte hier kaum vorzufinden sein.[79] Insofern wäre aus Sicht des Militärtribunals die Erstreckung des Kodex auf Heilversuche überflüssig gewesen.

77 *Deutsch* in: Tröhler, Ethik und Medizin, S. 111; *Arnold/Sprumont* in: Tröhler, Ethik und Medizin, S. 123.

78 A. A. ohne Begründung *Biermann*, Die Arzneimittelprüfung am Menschen, S. 31.

79 Vgl. *Deutsch*, der die Vorgehensweisen der Angeklagten nicht einmal als medizinische Experimente gelten lassen will; in: Festschrift für Wassermann, S. 73.

Dieser Umstand mindert die rechtliche Bedeutung des Kodex nicht unwesentlich. Allerdings sollten die weiteren Auswirkungen des Werkes nicht unterschätzt werden. Zum ersten Mal wurde hier der medizinischen Forschung ein rechtlicher Rahmen gegeben, der in der Öffentlichkeit auch Beachtung gefunden hat.[80] Darüber hinaus bildeten die Regelungen die Grundlage für die Deklaration von Helsinki.[81]

II. Internationale Regelungen

1. Die Deklaration von Helsinki[82]

In ihrer ersten Fassung wurde die Deklaration von Helsinki (DvH) 1964 anlässlich der 18. Generalversammlung des Weltärztebundes verabschiedet. Bis zum heutigen Tag wurde die Deklaration neunmal revidiert. Die aktuelle Fassung stammt von der 64. Generalversammlung im Oktober 2013 in Fortaleza.

Auch wenn der Sprachstil einen imperativen Charakter aufweist („Es ist die Pflicht des Arztes,...“; „Der Arzt muss ...“ etc.),[83] besitzt die Deklaration an sich dennoch keine rechtliche Verbindlichkeit. Vielmehr handelt es sich um ethische Leitlinien, die aber durchaus das positive Recht beeinflussen.[84]

Darüber hinaus nimmt die Musterberufsordnung der Ärzte (MBO-Ä) in § 15 Abs 4 seit 2004 Bezug auf die Deklaration von Helsinki und verpflichtet die forschenden Ärzte zur Beachtung ihrer Grundsätze. Hierbei handelte es sich zunächst um einen dynamischen Verweis, so dass stets die aktuellste Version der Deklaration maßgeblich sein sollte.[85] Diese möglicherweise verfassungswidrige Bezugnahme[86] wurde in der Fassung der Beschlüsse des 114. Ärztetages von 2011 durch einen statischen Verweis auf die Deklaration von Helsinki in der Fassung von 2008 (Seoul) ersetzt. Damit dürften die verfassungsrechtlichen Bedenken ausgeräumt sein. Ein Verweis auf die aktuelle DvH wurde bis heute jedoch nicht in die MBO-Ä aufgenommen.

---

80 *Rothmann* in: Tröhler, Ethik und Medizin, S. 75.

81 *Wunder* in: Ebbinghaus/Dörner, Vernichten und Heilen, S. 482; *Leven*, Geschichte der Medizin, S. 110.

82 Abrufbar unter: http://www.bundesaerztekammer.de/downloads/DeklHelsinki2013.pdf (Stand: 27.03.2015).

83 Vgl. z.B. Ziff. 4, 9, 10 DvH.

84 *Taupitz*, MedR 2001, S. 277 (277).

85 *Richter/Bussar-Maatz*, Dtsch Arztebl 2005; 102: A 732.

86 Ausführlich: *Straßburger*, MedR 2006, S. 462 ff.

Soweit auch die Landesärztekammern diesen Verweis in ihre jeweilige Berufsordnung aufgenommen haben,[87] sind die Regelungen der Deklaration für die dort tätigen Ärztinnen und Ärzte als verbindlich anzusehen.

Die aktuellste Version der Deklaration von Helsinki ist in zwölf Unterabschnitte unterteilt. Die einzelnen Regelungen sind durchgehend von 1 bis 37 nummeriert. Damit hat die DvH von 2013 eine im Vergleich zu den Vorgängerversionen völlig neue Struktur erhalten. Inhaltlich ist sie mit ihrer Vorgängerin von 2008 jedoch weitgehend identisch.

a) Präambel und allgemeine Grundsätze

In Ziff. 1 DvH wird der Anwendungsbereich festgelegt. Über die medizinische Forschung am Menschen hinaus gilt die Deklaration von Helsinki demnach auch für die Forschung an identifizierbaren, also zuordenbaren menschlichen Materialien und Daten.

Ergänzend empfiehlt Ziff. 2 allen Beteiligten an der medizinischen Forschung am Menschen die Beachtung der Deklaration. Bis zur Revision in Edinburgh (2000) verstand sich die Deklaration nur als Richtlinie für in der Forschung tätige Ärzte.

Im Anschluss wird die Gesundheit des Patienten zum obersten Handlungsmotiv des Arztes erhoben. Folgerichtig müssen gem. Ziff. 8 DvH die Individualinteressen der Versuchsperson in der medizinischen Forschung Vorrang vor allen anderen Interessen haben. Dennoch erkennt die Deklaration die Notwendigkeit der medizinischen Forschung am Menschen in Ziff. 5 DvH an.

Ziff. 6 DvH legt das vorrangige Ziel der medizinischen Forschung fest. Dieses besteht darin, die Ursachen, die Entwicklung und die Auswirkungen von Krankheiten zu verstehen und des Weiteren präventive, diagnostische und therapeutische Maßnahmen zu verbessern. Der Wortlaut („vorrangiges Ziel") legt nahe, dass noch weitere anerkannte Ziele in der medizinischen Forschung existieren. Diese werden aber nicht näher erörtert.

Gemäß Ziff. 9 DvH ist es die Pflicht des forschenden Arztes, das Leben, die Gesundheit, die Würde, die Integrität, das Selbstbestimmungsrecht, die Privatsphäre und die Vertraulichkeit persönlicher Informationen der Versuchsteilnehmer zu schützen.

87 Exemplarisch: § 15 Abs. 3 Berufsordnung der Ärztekammer Westfalen-Lippe v. 26.11.2011, abrufbar unter: http://www.aekwl.de/fileadmin/rechtsabteilung/doc/Berufsordnung_20111126_internet.pdf (Stand: 27.03.2015).

Ein recht neues Selbstverständnis der Deklaration von Helsinki kommt in Ziff. 10 S. 2 DvH zum Ausdruck. Während sich die Deklaration bis zum Jahr 2000 als nicht bindende ethische Richtlinie sah, bestimmt sie nun, dass keine nationale oder internationale ethische, rechtliche oder behördliche Anforderung die Regelungen der Deklaration von Helsinki zum Schutz der Versuchsperson abschwächen oder aufheben soll. Damit erhebt sie als ethische Mindestanforderung an die medizinische Forschung einen universellen Geltungsanspruch.[88] Dieser ist tatsächlich aber nicht gegeben. Die Deklaration wird von dem Weltärztebund verabschiedet, der mit keinerlei Rechtsetzungsbefugnis ausgestattet ist. Auch ist nicht vorgesehen, dass sie von Staaten ratifiziert oder anderweitig gebilligt wird. Trotz Ziff. 10 bleibt die DvH damit eine unverbindliche Empfehlung des Weltärztebundes.[89]

Erstmals ausdrücklich fordert Ziff. 15 DvH, dass eine angemessene Entschädigung für Versuchspersonen, die aufgrund ihrer Teilnahme an der Forschung geschädigt wurde, gewährleistet sein muss. Da die DvH allein auf die Schädigung durch die Forschung abstellt, ist nach ihrem Willen kein Verschulden für eine Entschädigungsleistung erforderlich. Der Entschädigungsanspruch soll sich nur aus dem kausalen Zusammenhang von Forschung und Schaden ergeben.

b) Risiken, Belastungen und Nutzen

Wie auch schon in den vorhergehenden Fassungen der Deklaration ist ein Versuch am Menschen nur dann gestattet, wenn der Nutzen und die Bedeutung des Versuchs die Risiken und Belastungen für die Versuchsperson überwiegen (Ziff. 16 ff. DvH). Auf der Nutzenseite zählt sowohl der Nutzen für die Versuchsperson als auch für andere Einzelpersonen oder Gemeinschaften. Wie allerdings der Gruppennutzen genau gegen die Risiken und Belastungen des Einzelnen abgewogen werden soll, wird auch in der aktuellsten Version der Deklaration nicht deutlich.[90]

c) Vulnerable Gruppen und Einzelpersonen

Gemäß Ziff. 19 f. DvH ist die Forschung an einer benachteiligten oder vulnerablen Bevölkerungsgruppe oder Gemeinschaft nur dann erlaubt, wenn diese Forschung mit begründeter Wahrscheinlichkeit auch der beforschten Bevölkerungsgruppe oder Gemeinschaft zugutekommen wird. Außerdem darf das

---

88 *Rid/Schmidt*, Dtsch Med Wochenschr 2009, S. 2525 (2525).

89 *Taupitz*, MedR 2001, S. 277 (280).

90 Vgl. *Taupitz*, MedR 2001, S. 277 (279).

Forschungsvorhaben nicht an einer nicht-vulnerablen Gruppe durchgeführt werden können. Es bleibt dem Wortlaut nach unklar, nach welchen Kriterien die Vulnerabilität oder Benachteiligung bestimmt werden soll. Durch die bewusste offene Formulierung soll der Gefahr der Unvollständigkeit vorgebeugt werden.[91]

Gemäß Ziff. 20 S. 2 DvH soll die vulnerable Gruppe einen Nutzen aus dem Forschungsvorhaben ziehen können. Hierdurch soll medizinische Forschung in Entwicklungsländern unterbunden werden, von der letztlich nur die entwickelten Länder profitieren.[92] Andersherum ist aber Forschung in entwickelten Ländern, die nur den Bevölkerungen von Entwicklungsländern nützen soll, erlaubt.[93]

d) *Wissenschaftliche Anforderungen und Forschungsprotokolle*

Vor der Durchführung eines Versuchs am Menschen muss gemäß Ziff. 22 DvH ein Studienprotokoll erstellt werden, in dem die ethischen Erwägungen der Forscher dargestellt werden sollen. Zudem soll das Protokoll Informationen über Finanzierung, Sponsoren, institutionelle Verbindungen, andere mögliche Interessenkonflikte und Anreize für Versuchspersonen enthalten. In dem Protokoll sollen auch die Vorkehrungen für die Behandlung oder Entschädigung von Probanden, die durch den Versuch einen Schaden erlitten haben, erläutert werden. Zwar überlässt die Deklaration von Helsinki die Auswahl der Vorkehrungen den Forschern selbst, aber es wird erkannt, dass trotz aller Schutzmaßnahmen vor und während eines medizinischen Versuchs Schäden entstehen können, die es auch aus ethischer Sicht zu kompensieren gilt. Konsequenterweise werden hier nicht nur verschuldensabhängige Schäden erfasst, sondern alle Schäden, die auf die Teilnahme an der wissenschaftlichen Studie zurückzuführen sind.

e) *Forschungs-Ethikkommissionen*

Die Ethikkommission, der seit der revidierten Deklaration von 1975 vor Forschungsbeginn das Studienprotokoll vorgelegt werden soll, muss seit der Revision der DvH von 2008 vor Beginn der Studie ihre Zustimmung zur Durchführung erteilen (Ziff. 23 DvH). Damit hat sich die Funktion der Ethikkommission im Laufe der der Geschichte der Deklaration von Helsinki gewandelt. Während sie zunächst als bloßes Beratungsorgan geschaffen wurde, kann man nun von einem

---

91 *Parsa-Parsi/Wiesing*, Dtsch Arztebl 2013; 110: A-2414.

92 *Taupitz*, MedR 2001, S. 277 (281); *Rid/Schmidt*, Dtsch Med Wochenschr 2009, S. 2525 (2528).

93 *Wiesing/Parsa-Parsi*, Ethik in der Medizin 2009, S. 45 (56).

Genehmigungsorgan sprechen.[94] Auf deutscher Ebene könnte man sogar an eine Genehmigungsbehörde denken.[95]

Laut *Wiesing/Parsa-Parsi* kollidiert diese Vorschrift mit der deutschen Musterberufsordnung für Ärzte (MBO-Ä).[96] Sie gehen davon aus, dass Ethikkommissionen nur beratend tätig werden dürfen. Dabei haben *Wiesing* und *Parsa-Parsi* wohl § 15 Abs. 1 MBO-Ä im Sinn, in dem es heißt, dass Ärzte sich vor der Durchführung biomedizinischer Forschung zu berufsethischen und berufsrechtlichen Fragen von einer Ethikkommission beraten lassen müssen. Richtig ist, dass die MBO-Ä kein Zustimmungserfordernis der Ethikkommissionen für die medizinische Forschung vorsieht. Aber sie verbietet ein solches Erfordernis durch andere Regelwerke auch nicht. Im Gegenteil verpflichtet die Musterberufsordnung in § 15 Abs 4 MBO-Ä die forschenden Ärzte zur Beachtung der Deklaration von Helsinki. Zudem statuiert auch der deutsche Gesetzgeber für die Forschung mit Arzneimitteln und Medizinprodukten ein Zustimmungserfordernis (§§ 40 Abs. 1, 42 AMG, §§ 20 Abs 1, 22 MPG). Mithin kann zumindest aus deutscher Sicht die Zustimmungspflichtigkeit der medizinischen Forschung gemäß Ziff. 15 der Deklaration nicht beanstandet werden. Ebenso ist auch eine nachträgliche Änderung des Studienprotokolls zustimmungspflichtig.

Darüber hinaus hat die Ethikkommission das Recht, auch laufende Studien zu beaufsichtigen. Dem ist einerseits zu entnehmen, dass eine solche Beaufsichtigung nicht verpflichtend ist, andererseits stellt sich aber die Frage, in welchem Rahmen die Ethikkommission ihr Recht wahrnehmen kann. *Deutsch* und *Taupitz* gehen davon aus, dass zumindest stichprobenartige Überprüfungen und unangekündigte Besuche erlaubt sind.[97] Jedoch steht es der Ethikkommission nach der DvH nicht zu, einen Versuch eigenmächtig zu beenden. Ohne diese Möglichkeit ist aber auch das Recht zur laufenden Überwachung wertlos.

f) Informierte Einwilligung

In Ziff. 25 DvH wird die Zustimmung der Versuchsperson zur medizinischen Forschung gefordert. Ohne die freiwillige Entscheidung zur Teilnahme darf an einer einwilligungsfähigen Person keine medizinische Forschung betrieben werden.

---

94 *Taupitz*, MedR 2001, S. 277 (281).

95 Siehe dazu C.III.1.b)dd)(1).

96 *Wiesing/Parsa-Parsi*, Ethik in der Medizin 2009, S. 45 (47).

97 *Deutsch/Taupitz* in: *Winter/Fenger/Schreiber*, Genmedizin und Recht, S. 208.

Zuvor muss der Proband gemäß Ziff. 26 DvH über die Ziele, Methoden, Geldquellen, eventuellen Interessenkonflikte, institutionellen Verbindungen des Forschers, den erwarteten Nutzen und die potentiellen Risiken der Studie, möglicherweise damit verbundene Beschwerden sowie alle anderen relevanten Aspekte der Studie aufgeklärt werden. Zu den anderen relevanten Aspekten im Sinne dieser Vorschrift gehören auch die schon in Ziff. 15 DvH erwähnten Vorkehrungen für den Fall einer Schädigung der Versuchsperson durch die Studie.

Eine Einwilligung ist grundsätzlich auch bei der Forschung mit identifizierbaren menschlichen Materialien oder Daten erforderlich. Unter bestimmten Umständen kann aber gemäß Ziff. 32 auf diese Einwilligung verzichtet werden, wenn die Ethikkommission der Forschung zustimmt.[98]

Die Forschung an Nicht-Einwilligungsfähigen ist in den Ziff. 28 bis 30 DvH geregelt. Einwilligungsfähigkeit ist hier im Sinne der vollen Geschäftsfähigkeit zu verstehen.[99] Fehlt diese, muss der gesetzliche Vertreter nach Aufklärung seine Zustimmung erteilen. Dennoch muss auch der nicht-einwilligungsfähige Proband soweit wie möglich nach den Maßstäben von Ziff. 26 DvH aufgeklärt werden. Besitzt die Versuchsperson trotz fehlender Geschäftsfähigkeit die natürliche Einsichtsfähigkeit bezüglich des Versuches, ist auch seine Zustimmung einzuholen (Ziff. 29 DvH).

Darüber hinaus soll der Versuch gemäß Ziff. 28 S. 2 DvH für die nicht-einwilligungsfähige Versuchsperson mit einem voraussichtlichen therapeutischen Nutzen verbunden sein. Allerdings sieht die Deklaration seit dem Jahr 2000 hiervon eine Ausnahme für den Fall vor, dass die Studie mit einem beabsichtigten medizinischen Nutzen für die Bevölkerungsgruppe verbunden ist, der der Nicht-Einwilligungsfähige angehört, und der Versuch mit Einwilligungsfähigen nicht durchgeführt werden kann.

Gemäß Ziff. 30 DvH ist sogar die Forschung am Menschen ganz ohne Einwilligung möglich. Dazu muss einerseits Einwilligungsunfähigkeit der Versuchsperson ein charakteristischer Faktor der Forschungspopulation sein und andererseits darf es nicht möglich sein, die Studie aufzuschieben bis zumindest die Einwilligung eines gesetzlichen Vertreters eingeholt werden kann. Zudem muss eine Ethikkommission die Einbeziehung der Probanden genehmigen. Dies kann aber nicht gelten, wenn die potentiellen Probanden zwar nicht-einwilligungsfähig sind, aber durchaus die Fähigkeit besitzen, ihre Ablehnung oder Akzeptanz des Versuches zu artikulieren (zum Beispiel Minderjährige oder

98 Vgl. im Einzelnen *Wiesing/Parsa-Parsi*, Ethik in der Medizin 2009, S. 45 (47).

99 *Osieka*, Das Recht der Humanforschung, S. 68.

geistig Behinderte, vgl. Ziff. 29 DvH). In so einem Fall kann auch eine positive Bewertung der Ethikkommission die Einbeziehung nicht rechtfertigen. Der Anwendungsbereich von Ziff. 30 DvH dürfte sich also auf Personen ohne Bewusstsein beschränken (während der Wortlaut von Ziff. 30 DvH Bewusstlose nur als ein Beispiel herausstellt).

Zwar soll die Einwilligung zur weiteren Forschung sobald wie möglich eingeholt werden, dennoch eröffnet Ziff. 30 DvH die Möglichkeit fremdnützige Forschung am Menschen gegen den Willen des Probanden durchzuführen.

g) Verwendung von Placebos

Ziff. 33 DvH erklärt zunächst die Überprüfung einer neuen Maßnahme gegen die beste erwiesene Maßnahme zum Grundsatz des kontrollierten medizinischen Versuchs. Ausnahmsweise erlaubt die Deklaration aber auch placebokontrollierte Studien und Studien, bei denen die Kontrollgruppe nicht behandelt wird. Ein solches Vorgehen ist zum einen gestattet, wenn keine Standardbehandlung existiert. Dies lässt sich bereits dem Grundsatz entnehmen, der nur die beste erwiesene Behandlung fordert. Wo eine solche fehlt, kann also auch gegen Placebos oder Nichtbehandlung getestet werden.

Zum anderen darf die Kontrollgruppe aber auch mit Placebos oder gar nicht behandelt werden, wenn dies aus zwingenden und wissenschaftlich fundierten methodischen Gründen notwendig ist, um die Wirksamkeit oder Sicherheit einer Maßnahme festzustellen (Ziff. 33, 2. Spiegelstrich). Zusätzliche Voraussetzung ist, dass die betroffenen Patienten keinem Risiko eines ernsten oder irreversiblen Schadens ausgesetzt werden.

Wenn aber Ziff. 14 DvH fordert, dass die Gesundheit von Patienten, die in einen medizinischen Versuch einbezogen werden, nicht nachteilig durch den Versuch beeinflusst werden darf, steht diese Norm damit der eben beschriebenen Möglichkeit einer Placebo- oder Nicht-Behandlung entgegen. Denn wenn für einen Kranken eine Standardtherapie zur Verfügung steht, wirkt sich das Vorenthalten der Therapie unweigerlich nachteilig auf seine Gesundheit aus. Dabei zieht Ziff. 33 DvH erst dort eine Grenze, wo das Risiko eines ernsten oder irreversiblen Schadens besteht. Darüber hinaus kann die Placebobehandlung von Patienten im Schadensfall zu Problemen mit der deutschen Probandenversicherung führen.[100]

---

100 Siehe dazu D.IV.3.c)bb).

h) Maßnahmen nach Abschluss einer Studie

Ziff. 34 DvH bestimmt, dass die teilnehmenden Patienten nach Abschluss der Studie am Nutzen der Studie beteiligt werden sollen. So soll den Patienten Zugang zu den Maßnahmen verschafft werden, die sich bei den Versuchen als nützlich herausgestellt haben. Mit dieser Regelung soll laut *Taupitz* die Ausbeutung von Bevölkerungen der Dritte-Welt-Länder unterbunden werden.[101] Zugrunde liegt die Gefahr, dass medizinische Versuche in solchen Ländern extrem kostengünstig durchgeführt werden, ohne dass die betroffene Bevölkerung in absehbarer Zeit von den Forschungsresultaten profitiert. Jedoch ist nicht einzusehen, wie die gesamte Bevölkerung davon profitieren soll, dass die beteiligten Probanden an den Vorteilen der Forschung partizipieren. Zumindest wird so aber die Ausbeutung der konkreten Versuchsteilnehmer verhindert.

Fraglich ist auch, wie weit die Teilhaberechte der Probanden gehen. Wird ein neues Medikament auf seine Wirksamkeit hin getestet und stellt es sich gegenüber der Standardbehandlung als überlegen dar, so muss dem Versuchsteilnehmer zweifellos kostenloser Zugang zu diesem Medikament gewährt werden, wenn die Krankenversicherung des Probanden die Kosten nicht übernimmt. Wie verhält es sich aber, wenn in der Studie nur untersucht wurde, mit welcher Regelmäßigkeit ein bereits anerkanntes Medikament am besten eingenommen werden sollte? Sollte dem Studienteilnehmer nach Abschluss auch das Medikament kostenlos zur Verfügung gestellt werden oder reicht es im Sinne von Ziff. 34 DvH aus, wenn ihm mitgeteilt wird, wann und wie oft er das Medikament nehmen sollte?[102] In der Version der DvH von 2008 stellte sich zudem die Frage, wer für die nachträgliche Probandenversorgung verantwortlich sein sollte.[103] Ziff. 34 DvH sieht nunmehr vor, dass Sponsoren, Forscher und Regierungen der Einsatzländer gemeinsam die nötigen Vorkehrungen treffen sollen. Dies verwundert, da sich die DvH ausweislich Ziff. 2 DvH an die Ärzte und andere unmittelbar an der medizinischen Forschung Beteiligte wendet. Die Deklaration richtet sich aber gemäß Ziff. 2 an den forschenden Eine Aufforderung an die Regierungen der Einsatzländer, resultiert wohl aus der Einsicht, dass einem beteiligten Arzt kaum die Gewährleistung der Teilhaberechte der Probanden zugemutet werden kann.[104]

---

101 *Taupitz*, MedR 2001, S. 277 (284).

102 *Rid/Schmidt*, Dtsch Med Wochenschr 2009, S. 2525 (2527).

103 *Wiesing/Parsa-Parsi*, Ethik in der Medizin 2009, S. 45 (49).

104 Vgl. *Doppelfeld* in: Deutsch/Duttge/Schreiber/Spickhoff/Taupitz, Die Implementierung der GCP-Richtlinie und ihre Ausstrahlungswirkungen, S. 19.

i) Resümee

Die revidierte Deklaration von Helsinki von 2013 ist deutlich umfangreicher und diffiziler gestaltet als ihre Vorgängerinnen.

In manchen Vorschriften hätte man sich allerdings etwas mehr Ausführlichkeit und Präzision gewünscht. So bleiben insbesondere die Maßnahmen gegen die ausbeutende Forschung in Entwicklungsländern (Ziff. 20 u. 34 DvH) äußerst unbestimmt.

Positiv hervorzuheben ist die Regelung der Ziff. 15 DvH im Hinblick auf die Entschädigung der Versuchspersonen. Erstmals wird die Problematik von versuchsbedingten Schädigungen in der Deklaration von Helsinki aufgegriffen und eine verschuldensunabhängige Entschädigung zum Grundsatz der klinischen Forschung gemacht. Das Fehlen genauerer Ausführungen dürfte dem Charakter der Deklaration als unverbindliche ethische Richtlinie geschuldet sein.

Bedenklich hingegen stimmt, dass auch gemäß Ziff. 33 DvH placebokontrollierte Forschung dort möglich sein soll, wo eine erprobte Behandlungsmethode existiert. Zwar müssen dafür zwingende wissenschaftlich fundierte Gründe vorliegen, aber dennoch wird ein eigentlich behandlungsbedürftiger Patient darüber im Unklaren gelassen, ob ihm eine neuartige Therapie zugutekommt oder ob er trotz seiner Krankheit mit unwirksamen Mitteln behandelt wird. Diese Möglichkeit verstößt aber evident gegen den Grundsatz, den auch Ziff. 3 DvH aufstellt, dass ein Arzt auch in der Forschung zuvorderst die Gesundheit seiner Patienten zu fördern und zu erhalten hat.

Im Umgang mit Nicht-Einwilligungsfähigen erweitert die Deklaration den Spielraum für die medizinische Forschung in nicht unbedenklicher Weise. Gemäß Ziff. 30 DvH können unter bestimmten Voraussetzungen Personen, die nicht in der Lage sind, einem Versuch zuzustimmen oder ihn abzulehnen, in medizinische nicht-therapeutische Versuche einbezogen werden, ohne dass eine Einwilligung ihrer Vertreter eingeholt werden müsste. An die Stelle der Einwilligung tritt das Votum einer Ethikkommission. Diese Personen haben als unfreiwillige Versuchsteilnehmer nicht einmal mit Hilfe eines Vertreters die Möglichkeit, der medizinischen Forschung zu entgehen. Hier wäre es zumindest angebracht, den mutmaßlichen Willen der Probanden zugrunde zu legen.[105] Freilich wird man im Bereich der fremdnützigen Forschung nur selten eine mutmaßliche Einwilligung annehmen können.

Insgesamt gewährt die Deklaration von Helsinki seit ihrer Revision im Jahr 2000 und auch in der aktuellen Fassung der medizinischen Forschung größere

---

105 *Deutsch,* NJW 2001, S. 857 (857).

Freiräume bezüglich der Einbeziehung von Versuchsteilnehmern als zuvor. Doch auch die schützenswerten Interessen der Probanden wurden durch einen umfangreichen Aufklärungskatalog und durch die Stärkung der Ethikkommissionen berücksichtigt. Damit vermittelt die Deklaration, abgesehen von den oben genannten Ausnahmen, ein hohes Schutzniveau, insofern die an der Forschung Beteiligten die niedergelegten ethischen Regeln auch beachten. Denn Verbindlichkeit besitzen diese trotz des in Ziff. 10 statuierten Universalgeltungsanspruchs nicht.[106]

2. Europäische Richtlinien

a) RL 75/318/EWG[107]

In der Richtlinie 75/318/EWG zur Angleichung der Rechts- und Verwaltungsvorschriften der Mitgliedstaaten über die analytischen, toxikologisch-pharmakologischen und ärztlichen oder klinischen Vorschriften und Nachweise über Versuche mit Arzneimittelspezialitäten vom 20. Mai 1975 werden im dritten Teil auf europäischer Ebene zum ersten Mal Regeln über klinische Arzneimittelversuche am Menschen aufgestellt. Dem Schutz der Versuchsteilnehmer dient jedoch lediglich Ziff. 1 im ersten Kapitel des dritten Teils. Vor einer Prüfung am Menschen müssen demgemäß ausreichende toxikologische und pharmakologische Versuche an Tieren durchgeführt werden.

Im Übrigen gibt die Richtlinie vor, dass Arzneimittelstudien am Menschen kontrolliert und nach Möglichkeit doppelt verblindet durchgeführt werden sollen.

Außerdem könne der Wirkungsvergleich mit einem Standardpräparat bisweilen dem Vergleich mit einem Placebo vorzuziehen sein. Die Richtlinie hält also placebokontrollierte Studien für zulässig, legt dem Forscher aber im Sinne des Probanden nahe, gegen ein Standardmedikament zu testen.

b) RL 93/42/EWG[108]

Im Sektor der Medizinprodukte enthält einzig die Richtlinie 93/42/EWG Bestimmungen zum Schutz der Teilnehmer klinischer Prüfungen. Gemäß Art. 15

---

106 In Deutschland ist die Deklaration aber für Ärzte durch Verweis in der Berufsordnung verbindlich. Siehe dazu C.II.1.

107 Abrufbar unter: http://eur-lex.europa.eu/legal-content/DE/TXT/PDF/?uri=CELEX:31975L0318&from=DE (Stand: 27.03.2015).

108 Abrufbar unter: http://eur-lex.europa.eu/LexUriServ/LexUriServ.do?uri=CONSLEG:1993L0042:20071011:de:PDF (Stand: 27.03.2015).

Abs. 5 müssen klinische Studien entsprechend Anhang X der Richtlinie durchgeführt werden. Anhang X wiederum ordnet in Ziff. 2.2 zum Schutz der Probanden die Verbindlichkeit der Deklaration von Helsinki in ihrer jeweils aktuellen Fassung an.

c) *RL 2001/20/EG*[109]

Den Schwerpunkt der Richtlinie 2001/20/EG des Europäischen Parlaments und des Rates vom 4. April 2001 zur Angleichung der Rechts- und Verwaltungsvorschriften der Mitgliedstaaten über die Anwendung der guten klinischen Praxis bei der Durchführung von klinischen Prüfungen mit Humanarzneimitteln bildet der Schutz des Versuchsteilnehmers von Arzneimittelstudien. Daneben verfolgt die Richtlinie auch das Ziel, insbesondere die Durchführung multizentrischer Studien in mehreren Mitgliedsstaaten durch eine Harmonisierung der Zulässigkeitsvoraussetzungen zu erleichtern (Erwägungsgrund 10). So sollen etwaige Standortnachteile in der Europäischen Union für großflächig angelegte medizinische Versuche abgebaut werden.[110] Umgesetzt wurde die Richtlinie in Deutschland durch die 12. AMG-Novelle vom 30.07.2004 (BGBl. I, S. 2031).[111]

aa) Anwendungsbereich

Die Richtlinie gilt gemäß Art. 1 nur für die klinische Prüfung von Arzneimitteln am Menschen. Andere medizinische Studien am Menschen werden nicht erfasst. Außerdem werden nicht-interventionelle Prüfungen vom Anwendungsbereich ausgenommen. Gemäß Art. 2 lit. c sind nicht-interventionelle Prüfungen solche, bei der die Anwendung bereits zugelassener Arzneimittel beobachtet wird, ohne dass die Anwendung auf einem im Vorfeld festgelegten Prüfplan basiert. Sollten jedoch zur Beobachtung zusätzliche Verfahren notwendig sein, die über die reguläre Behandlung mit dem Medikament hinausgehen, handelt es sich nicht mehr um eine nicht-interventionelle Prüfung im Sinne von Art. 2 lit. c und die Richtlinie findet Anwendung.[112]

---

109 Abrufbar unter: http://eur-lex.europa.eu/LexUriServ/LexUriServ.do?uri=CONSLEG:2001L0020:20070126:DE:PDF (Stand: 27.03.2015).

110 *Bruns/Sickmüller/von Schorlemer*, PharmR 2002, S. 201 (201).

111 Zur Umsetzung siehe *Pestalozza*, NJW 2004, S. 3374 ff.

112 *Deutsch*, NJW 2001, S. 3361 (3361).

bb) Schutzvorschriften

Die Grundprinzipien, die dem Probandenschutz der Richtlinie zugrunde liegen, entsprechen denen aller anderen gängigen Regelwerke zum Schutz Teilnehmer klinischer Studien. Auf der einen Seite muss der Versuch ärztlich vertretbar sein, die erwarteten Vorteile müssen also im Vergleich zu den Risiken die Durchführung des Versuches rechtfertigen. Auf der anderen Seite soll das Selbstbestimmungsrecht der Versuchsteilnehmer gewährleistet werden. Im Gegensatz zur Deklaration von Helsinki untergliedert die Richtlinie 20/2001/EG die Schutzvorschriften in allgemeine Vorschriften (Art. 3), Vorschriften über Studien an Minderjährigen (Art. 4) und Vorschriften über Studien an nicht-einwilligungsfähigen Erwachsenen (Art. 5).

(1) Allgemeine Schutzvorschriften

Allgemeine Schutzvorschriften stellt Art. 3 der Richtlinie auf. Dabei legen diese Vorschriften nur den Mindeststandard fest. Gemäß Art. 3 Abs. 1 darf jeder Mitgliedstaat weitergehende Regeln zum Schutz der Versuchsteilnehmer erlassen.

Art. 3 Abs. 2 lit. a statuiert die schon erwähnte Abwägung von erwartetem Nutzen des Versuchs gegen die vorhersehbaren Risiken und Nachteile. Es ist sowohl der Nutzen für die Versuchsperson als auch der Nutzen für zukünftige Patienten zu berücksichtigen. Im Grundsatz sind damit therapeutische und nicht-therapeutische Versuche gleichermaßen erlaubt. Hierbei wird nicht unterschieden, ob es sich um gesunde oder einschlägig erkrankte Probanden handelt. Dies erstaunt vor dem Hintergrund, dass noch Teil 2 Ziff. 6 der Deklaration von Helsinki in der Fassung von 1996, auf die die Richtlinie in Erwägungsgrund 2 explizit Bezug nimmt, die medizinische Forschung an Kranken nur erlaubte, wenn der individuelle therapeutische Wert für den Patienten die Forschung zu rechtfertigen vermochte. Gemäß der Richtlinie 2001/20/EG kommt es auf solch einen individuellen Vorteil zumindest bei Studien an einwilligungsfähigen Personen indes nicht an.

Ob der zu erwartende Nutzen der medizinischen Studie tatsächlich die Risiken überwiegt, soll von einer Ethikkommission und/oder der zuständigen Behörde überprüft werden.

Das Erfordernis der freiwilligen, aufgeklärten Zustimmung ist in Art. 3 Abs. 2 lit. d geregelt. Der Versuchsteilnehmer oder, wenn dieser einwilligungsunfähig ist, sein Vertreter muss über Wesen, Bedeutung, Tragweite und Risiken der Studie aufgeklärt werden. Im Hinblick auf die freiwillige Zustimmung liegt der Schwerpunkt dabei auf der Aufklärung über die persönlichen

Risiken für den Probanden.[113] Daran anschließend soll der Proband oder sein Vertreter seine schriftliche Einwilligung erteilen. Ausnahmsweise genügt auch die mündliche Einwilligung vor einem Zeugen. Die Einwilligung kann gemäß Art. 3 Abs. 2 lit. e jederzeit widerrufen werden, ohne dass dem Probanden daraus Nachteile entstehen dürfen.

(2) Versicherungsschutz

In Art. 3 Abs. 2 lit. f wird das Bestehen von Vorschriften über Versicherung oder Schadensersatz zur Deckung der Haftung des Prüfers und des Sponsors gefordert. Diese Vorschrift, die zwei Alternativen enthält, ist sehr unglücklich formuliert.

In der ersten Alternative wird eine Versicherung zur Deckung der Haftung gefordert. Dies ist noch eindeutig. Der Prüfer oder der Sponsor soll von seinem Haftungsrisiko befreit werden. Dadurch wird der Versuchsteilnehmer, dem Haftungsansprüche zustehen, nicht dem Insolvenzrisiko des Haftenden ausgesetzt.

Ausweislich der zweiten Alternative genügt es aber auch, wenn Vorschriften über den Schadensersatz zur Deckung der Haftung bestehen. Nach allgemeinem Sprachverständnis begründen Vorschriften über Schadensersatz eine Haftung. Dass solche Vorschriften hier zur Deckung einer Haftung bestehen sollen, ist nur schwer verständlich.[114]

Ohne diesen Widerspruch eingehender zu betrachten, entnimmt *Deutsch* der Vorschrift, dass es im Sinne der Richtlinie ausreicht, wenn grundsätzlich Schadensersatzregeln zum Beispiel zur Verschuldenshaftung (wie § 823 BGB) vorhanden sind.[115] Hier stellt sich die Frage, warum eine Europäische Richtlinie eine solche Selbstverständlichkeit fordern sollte. *Deutsch* merkt schließlich selbst an, dass eigentlich in den meisten Ländern mindestens eine Verschuldenshaftung bestünde.[116]

Außerdem erklärt diese Interpretation nicht, warum laut der Richtlinie nicht einfach nur Schadensersatzvorschriften bestehen müssen, sondern solche zur Deckung einer Haftung. Es muss also schon nach dem deutschen Wortlaut davon ausgegangen werden, dass auch die zweite Alternative einen haftungsdeckenden Mechanismus fordert.

---

113 *Fischer* in: Deutsch/Schreiber/Spickhoff/Taupitz, Die klinische Prüfung in der Medizin, S. 31.

114 Vgl. *Achtmann*, Der Schutz des Probanden bei der klinischen Arzneimittelprüfung, S. 253.

115 *Deutsch*, NJW 2001, S. 3361 (3362).

116 *Deutsch*, NJW 2001, S. 3361 (3362).

Im Hinblick darauf, dass die Richtlinie Versuchsteilnehmern möglichst umfassenden Schutz gewähren soll (siehe zum Beispiel Erwägungsgrund 6), ist es nur konsequent, dass in beiden Alternativen der Schutz des Geschädigten vor der möglichen Insolvenz des Prüfers oder Sponsors verlangt wird. Zum gleichen Ergebnis gelangt man mithilfe einer systematischen Betrachtung. Wenn Art. 3 Abs. 2 lit. f zum Schutze der Versuchsteilnehmer Vorschriften über Versicherung *oder* „Schadensersatz" fordert, müssen beide Varianten einen etwa gleichwertigen Probandenschutz vermitteln. Diese Gleichwertigkeit ist aber nicht gewahrt, wenn man die zweite Variante im Sinne von *Deutsch* auslegt.

Fraglich bleibt indes, wie eine Vorschrift über Schadensersatz der Haftungsdeckung dienen soll. Eine verständlichere Regelung enthält die englische Fassung der Richtlinie. Hier heißt es: „A clinical trial may be undertaken only if, in particular: [...] provision has been made for insurance or indemnity to cover the liability of the investigator and sponsor." Zwar kann „indemnity" auch mit „Schadensersatz" übersetzt werden, aber „Haftungsfreistellung" dürfte sich mit Blick auf die Zielsetzung der Richtlinie als treffender darstellen (vgl. im Deutschen auch „Indemnität").

Das heißt, damit eine Arzneimittelprüfung am Menschen zulässig ist, ist es erforderlich, dass die Haftung des Sponsors und des Prüfers durch eine Versicherung oder auf andere Art und Weise gedeckt ist.[117] Es muss sich dabei nicht um eine Versicherung im Sinne des VVG handeln wie beispielsweise die Probandenversicherung gemäß AMG und MPG. Vorstellbar wäre zum Beispiel auch ein im Vorfeld der klinischen Forschung eingerichteter Entschädigungsfonds oder eine Deckungszusage durch den Staat, wenn die Forschung an öffentlich-rechtlichen Einrichtungen stattfindet. Der Proband darf aber nicht dem Insolvenzrisiko der Beteiligten ausgesetzt sein.

Welchen Umfang die Haftungsdeckung letztlich besitzen muss und ob die deutsche Probandenversicherung dieser Vorgabe gerecht wird, wird noch zu erörtern sein.[118]

(3) Minderjährige als Prüfungsteilnehmer

Ergänzende Vorschriften für die Teilnahme Minderjähriger an Arzneimittelstudien enthält Art. 4. Die Richtlinie selbst definiert nicht, wer minderjährig ist. Allerdings besagt Erwägungsgrund 5, dass der Begriff des gesetzlichen Vertreters

---

117 So i. E. auch *Voit*, PharmR 2005, S. 345 (350); *Freund/Reus*, PharmR 2009, S. 205 (206); a. A. *Godt/Engelke*, WissR 2010, S. 2 (11), die wie *Deutsch* davon ausgehen, dass das Vorhandensein von jedweden Haftungsvorschriften ausreicht.

118 Siehe dazu D.VII.2.b).

jeweils durch das nationale Recht bestimmt wird. Folgerichtig muss auch der Vertretene, also hier der Minderjährige, durch das nationale Recht definiert werden. Gemäß § 2 BGB und somit auch im Sinne der Richtlinie ist ein Minderjähriger eine Person, die das 18. Lebensjahr noch nicht vollendet hat. Die Fähigkeit, allein wirksam in die Teilnahme an einer Arzneimittelstudie einzuwilligen, geht demnach einher mit der unbeschränkten Geschäftsfähigkeit.[119]

Liegt diese Fähigkeit nicht vor, muss die Zustimmung zur Teilnahme gemäß Art. 4 lit. a durch die Eltern beziehungsweise den gesetzlichen Vertreter erteilt werden. Zuvor müssen sowohl die Eltern (Art. 4 lit. a) als auch der Minderjährige (Art. 4 lit. b) über die klinische Studie aufgeklärt werden. Der Umfang der Aufklärung richtet sich dabei nach Art. 3 Abs. 2 lit. d. Die Aufklärung des Minderjährigen ist dabei unter Berücksichtigung seiner Verständnismöglichkeiten vorzunehmen.

Die Einwilligung durch den gesetzlichen Vertreter muss dabei dem mutmaßlichen Willen des Minderjährigen entsprechen. Um einen mutmaßlichen Willen zu berücksichtigen, muss sich der Minderjährige aber überhaupt einen Willen bilden können.[120] Insoweit kann zumindest bei Säuglingen und Kleinkindern nicht auf den mutmaßlichen Willen zurückgegriffen werden.[121]

Bei älteren Minderjährigen stellt sich hingegen die Frage, warum nicht, soweit möglich, der ausdrückliche Wille zu beachten ist. Stattdessen wird dem Minderjährigen in Art. 4 lit. c ein Vetorecht eingeräumt, sofern er sich eine fundierte eigene Meinung bilden kann. Das heißt, solange der Minderjährige sich nicht zu der klinischen Studie äußert, auch wenn er könnte, müsste auf den mutmaßlichen Willen abgestellt werden. Nur wenn er die Teilnahme explizit ablehnt, ist nach der Richtlinie sein wirklicher Wille zu beachten.

Gemäß Art. 4 lit. e muss die klinische Prüfung mit einem direkten Nutzen für die Patientengruppe verbunden sein und sich unmittelbar auf einen klinischen Zustand beziehen unter dem die betroffene Gruppe leidet. Was unter dem direkten Nutzen für die Patientengruppe zu verstehen ist, ergibt sich nicht eindeutig aus der Vorschrift.

---

119 *Nickel* in: Deutsch/Schreiber/Spickhoff/Taupitz, Die klinische Prüfung in der Medizin, S. 49.; *Taupitz*, JZ 2003, S. 109 (114); a. A. *Deutsch*, NJW 2001, S. 3361 (3362), der auf die Einsichtsfähigkeit zur Bestimmung der Minderjährigkeit abstellt.

120 *Merkel* in: Bernat/Kröll, Recht und Ethik der Arzneimittelforschung, S. 183.

121 *Deutsch/Spickhoff*, Medizinrecht (5.Aufl.), Rn. 969. Nach *von Freier*, MedR 2003, S. 610 (615), dürften solche Minderjährigen ohnehin nicht in eine klinische Studie einbezogen werden.

Mit Patientengruppe könnte die Gesamtheit aller Minderjährigen gemeint sein, die unter demselben klinischen Zustand leidet. Dann wäre es nicht erforderlich, dass überhaupt ein Teilnehmer der klinischen Studie einen eigenen Nutzen hiervon hat.[122]

Zum Teil wird hingegen in der Patientengruppe die Gesamtheit aller Teilnehmer der Studie gesehen. Dabei soll es aber ausreichen, wenn lediglich für die Verum-Gruppe, also die Gruppe die das zu testende Produkt erhält, ein Nutzen besteht. Für die Kontrollgruppe muss nach dieser Ansicht kein Nutzen vorhanden sein.[123]

Nach der engsten Auffassung muss jeder minderjährige Versuchsteilnehmer einen individuellen Nutzen durch den Versuch haben. Für diese Ansicht spricht, dass die Patientengruppe, dem Wortlaut nach, einen „direkten Nutzen" haben muss. Patienten, die nicht Teilnehmer einer Studie sind, könnten demnach als Nicht-Betroffene aber nie einen direkten, sondern nur einen mittelbaren Nutzen durch eine klinische Studie haben, so dass als direkte Nutznießer nur Teilnehmer der Studie infrage kommen.[124]

Allerdings zeigt der Vergleich mit den Vorschriften zum Schutz nicht-einwilligungsfähiger Erwachsener, dass die Richtlinie keinen individuellen Vorteil für jeden minderjährigen Versuchsteilnehmer fordert. In Art. 5 lit. i heißt es nämlich, dass eine klinische Prüfung an nicht-einwilligungsfähigen Erwachsenen nur möglich ist, wenn „die begründete Erwartung besteht, dass die Verabreichung des Prüfpräparats einen Nutzen für den betroffenen Patienten hat, der die Risiken überwiegt oder keinerlei Risiken mit sich bringt." Hier wird klar ein individueller Nutzen für den konkreten Patienten verlangt. Eine solche Vorschrift fehlt aber in Art. 4 der Richtlinie, obwohl im Übrigen Art. 4 und Art. 5 weitgehend identisch aufgebaut sind.

Dass die Richtlinie im bewussten Gegensatz zur Forschung an nicht-einwilligungsfähigen Erwachsenen keinen konkret-individuellen Nutzen für Versuche an Minderjährigen vorschreibt, ergibt sich auch aus den Erwägungsgründen 3 und 4. Demnach soll zwar grundsätzlich eine klinische Prüfung an Einwilligungsunfähigen mit einem therapeutischen Nutzen einhergehen, aber gerade in Bezug auf Minderjährige wird hiervon abgerückt. Zu Grunde liegt die Einsicht, dass es kaum möglich ist, durch Arzneimittelversuche an Erwachsenen verlässliche Aussagen über die pharmakologische

122 So wohl *Taupitz*, JZ 2003, S. 109 (111).

123 *Fischer* in: Deutsch/Schreiber/Spickhoff/Taupitz, Die klinische Prüfung in der Medizin, S. 33; *Spickhoff*, MedR 2006, S. 707 (710).

124 *Wölk*, ZME 2001, S. 387 (400).

Wirkung dieser Arzneimittel bei Kindern treffen zu können.[125] In Verbindung mit restriktiven Vorschriften über die klinische Prüfung an Minderjährigen führt dies zu einer nur geringen Anzahl an zugelassenen Medikamenten für Minderjährige.[126]

Diesen Missstand soll die Richtlinie ausweislich des Erwägungsgrundes 3 beseitigen, indem Art. 4 der medizinischen Forschung an Minderjährigen einen weiteren Spielraum als die Vorschriften zum Schutz der sonstigen Einwilligungsunfähigen einräumt. Vor diesem Hintergrund kann mit dem Erfordernis des direkten Nutzens für die Patientengruppe in Art. 4 lit. e nicht nur ein individueller Nutzen für die Versuchspersonen gemeint sein.

In Anbetracht der Erwägungsgründe der Richtlinie und der Systematik der Art. 4 und 5 muss Art. 4 lit. e dahingehend ausgelegt werden, dass der Nutzen der Arzneimittelstudie nicht zwangsläufig den beteiligten Minderjährigen zugutekommen muss, sondern der Gesamtheit der einschlägig erkrankten Minderjährigen. Eine rein fremdnützige Forschung ist also durch Art. 4 der Richtlinie nicht ausgeschlossen. Ebenso ist dann auch die placebokontrollierte Forschung erlaubt, die nur für einen Teil der Versuchspersonen einen individuellen Nutzen mit sich bringt.

Daneben verlangt Art. 4 lit. e, dass sich die Forschung unmittelbar auf einen klinischen Zustand beziehen muss, unter dem der Minderjährige leidet, oder die Forschung ihrem Wesen nach nur an Minderjährigen möglich ist. Hier bringt die Richtlinie die allgemeine Subsidiarität der Forschung an Einwilligungsunfähigen zum Ausdruck. Soweit möglich sollen als Versuchspersonen einwilligungsfähige Erwachsene herangezogen werden.

Versuche an Minderjährigen müssen gemäß Art. 4 lit. g mit möglichst wenig Schmerzen und anderen Risiken einhergehen. Diese Begrenzung ist äußerst ungenau und zudem relativ.[127] Das heißt, mit der Bedeutung des Versuches darf auch die Belastungsgrenze steigen.[128]

Abschließend ordnet die Richtlinie in Art. 4 lit. i an, dass die Interessen des minderjährigen Patienten stets über den Interessen der Wissenschaft und Gesellschaft stehen müssen. In Anbetracht der zulässigen fremdnützigen Forschung scheint diese Regelung aber eher symbolischen Charakter zu haben.

---

125 *Merkel* in: Bernat/Kröll, Recht und Ethik der Arzneimittelforschung, S. 176.

126 *Heil/Lützeler* in: Dieners/Reese, Handbuch des Pharmarechts, § 4 Rn. 200.

127 *Kopetzki* in: Bernat/Kröll, Recht und Ethik der Arzneimittelprüfung, S. 39.

128 *Fischer* in: Deutsch/Schreiber/Spickhoff/Taupitz, Die klinische Prüfung in der Medizin, S. 34.

(4) Nichteinwilligungsfähige Erwachsene als Prüfungsteilnehmer

Die Vorschriften zum Schutz der nichteinwilligungsfähigen erwachsenen Prüfungsteilnehmer in Art. 5 entsprechen weitgehend den Vorschriften des Art. 4 zum Schutz der minderjährigen Versuchsteilnehmer. Im Gegensatz zu Art. 4 schließt aber Art. 5 lit. i die fremdnützige Forschung aus. Es muss nämlich die begründete Erwartung bestehen, dass die Verabreichung des Prüfpräparats einen Nutzen für den betroffenen Patienten hat, der die Risiken überwiegt oder keinerlei Risiken mit sich bringt.

Da gemäß Art. 2 lit. d auch Placebos unter den Begriff des Prüfpräparats fallen, ist fraglich, ob auch die Einrichtung einer Placebokontrollgruppe unzulässig ist. Ein Placebopräparat wird dem Patienten im Regelfall keinen Nutzen vermitteln.

Im Gegenzug bringt die Einnahme eines Placebomedikaments aber auch kein Risiko mit sich.[129] Es kommt für die Zulässigkeit also darauf an, ob es nach Art. 5 lit. i ausreicht, dass das Präparat keinerlei Risiken mit sich bringt,[130] oder ob das Präparat in jedem Fall einen Nutzen für den betroffenen Patienten haben muss. Die Syntax in der deutschen Fassung spricht für letztere Ansicht.[131] In der englischen Fassung lässt sich die Norm jedoch eher dahingehend auslegen, dass das Prüfpräparat entweder durch seinen Nutzen die Risiken für den Patienten überwiegen muss oder aber gar keine Risiken mit sich bringen darf.[132] Die Erwägungsgründe 3 und 4 geben vor, dass ein an nicht-einwilligungsfähigen Erwachsenen geprüftes Arzneimittel mit einiger Wahrscheinlichkeit einen direkten Nutzen für den betroffenen Patienten haben muss.

Auffällig ist, dass hier das Wort „Arzneimittel" und nicht „Prüfpräparat" verwendet wird, so dass die Erwägungsgründe dafür sprechen könnten, der Placebogabe keinen Nutzen für den Patienten abzuverlangen. Eine eigene Definition für Arzneimittel findet sich in der Richtlinie aber nicht wieder. Zudem enthält die englische Fassung eine solche Unterscheidung nicht. Daher basiert die deutsche Differenzierung zwischen Arzneimittel und Prüfpräparat wohl auf Zufall.

---

129 Anders mag die Situation zu beurteilen sein, wenn das Placebopräparat mittels einer Spritze injiziert wird.

130 So *Taupitz*, JZ 2003, S. 109 (111).

131 *Fischer* in: Deutsch/Schreiber/Spickhoff/Taupitz, Die klinische Prüfung in der Medizin, S. 32.

132 „If [...] there are grounds for expecting that administering the medicinal product to be tested will produce a benefit to the patient outweighing the risks or produce no risk at all."

Die Erwägungsgründe 3 und 4 wie auch Art 5. lit. i bringen eindeutig zum Ausdruck, dass nicht-einwilligungsfähige Erwachsene vor fremdnützigen Versuchen geschützt werden sollen. Im Hinblick auf Patienten, die statt des Arzneimittels ein Placebo erhalten, besteht aber kein Unterschied zur fremdnützigen Forschung.[133] Placebokontrollierte Studien an nicht-einwilligungsfähigen Erwachsenen sind also durch die Richtlinie ausgeschlossen.

Im Übrigen sei auf die Ausführungen zu Art. 4 der Richtlinie verwiesen.[134]

cc) Genehmigung der klinischen Studie durch Ethikkommission und Behörde

Die Einhaltung der Zulässigkeitsvoraussetzungen wird durch Ethikkommissionen gemäß Art. 6 und Behörden gemäß Art. 9 sichergestellt. Die zentrale Rolle kommt hierbei der Ethikkommission zu. Gemäß Art. 9 Abs. 1, Art 6. Abs. 2 darf eine klinische Prüfung nur begonnen werden, wenn eine zustimmende Stellungnahme der Ethikkommission vorliegt. Die zuständige Behörde hingegen muss nicht zustimmen. Es reicht aus, dass sie keinen begründeten Einwand gegen den geplanten Versuch erhebt. Durch dieses Verfahren der „impliziten Genehmigung“ (Erwägungsgrund 11) soll eine klinische Studie möglichst schnell begonnen werden können.

Die Ethikkommission wird in Art. 2 lit. k definiert. Es handelt sich um ein unabhängiges Gremium, dem sowohl im Gesundheitswesen tätige Personen als auch solche aus nicht-medizinischen Bereichen angehören sollen. Neben dem Schutz der Probanden soll die Ethikkommission auch das Vertrauen der Öffentlichkeit in die medizinische Forschung stärken.

Die von der Ethikkommission „insbesondere“ zu überprüfenden Voraussetzungen enthält Art 6. Abs. 3. Im Mittelpunkt stehen dabei die Relevanz der Forschung, die Risiko-Nutzen-Abwägung und die Aufklärung und Einwilligung der Versuchsteilnehmer. Dabei ist dieser Katalog nicht abschließend, wie das Wort „insbesondere“ zeigt. Das heißt, die Ethikkommission kann in ihrer Stellungnahme alle ihr relevant erscheinenden Faktoren berücksichtigen.

Im Regelfall hat die Ethikkommission gemäß Art. 6 Abs. 5 in einem Zeitraum von 60 Tagen ihre Stellungnahme abzugeben. Da die befürwortende Stellungnahme für den Beginn der klinischen Prüfung zwingend ist, darf aber auch bei

---

133 *Laufs*, MedR 2004, S. 583 (590).

134 Siehe dazu C.II.2.c)bb)(3).

einer regelwidrigen Fristüberschreitung seitens der Ethikkommission nicht vor Abgabe der Stellungnahme mit der Studie begonnen werden.[135]

Zur innerstaatlichen Organisation der Ethikkommissionen macht die Richtlinie keine Vorgaben. Einzig legt sie fest, dass im Fall einer multizentrischen Studie unabhängig von der Anzahl der zuständigen Ethikkommissionen lediglich eine Stellungnahme zur gesamten Studie abgegeben wird (Art. 7). Im Fall einer staatenübergreifenden Studie ist in jedem involvierten Staat eine Stellungnahme erforderlich.

Zwar ist zum Beginn einer klinischen Studie die positive Stellungnahme der Ethikkommission erforderlich. Eine Unterbrechung oder den Abbruch einer Studie kann die Ethikkommission jedoch nicht verfügen. Sollte sich nachträglich die Unzulässigkeit einer bereits genehmigten Studie herausstellen, kann nur die zuständige Behörde gemäß Art. 12 die Aussetzung der Studie anordnen. Die Ethikkommission wird hierüber informiert, hat aber nach der Richtlinie keine Mitbestimmungsrechte.

dd) Resümee

Die Richtlinie 2001/20/EG befasst sich sehr detailliert mit den Zulässigkeitsvoraussetzungen der klinischen Prüfung am Menschen. Allerdings beschränkt sie sich auf Arzneimittelstudien. Vergleichbare Richtlinien etwa für die klinische Prüfung von Medizinprodukten existieren nicht.[136]

Insgesamt stellt die Richtlinie sich als eher forschungsfreundlich dar. Fremdnützige Versuche sind an einschlägig erkrankten Personen ebenso erlaubt wie an Minderjährigen. Im Gegensatz dazu sind bei der Teilnahme einwilligungsunfähiger Erwachsener nicht einmal kontrollierte Studien erlaubt. Das kann in Einzelfällen eine starke Einschränkung der medizinischen Forschung bedeuten. Dies ist insbesondere der Fall, wenn die der Medikamentenstudie zugrunde liegende Krankheit die Einwilligungsunfähigkeit auslöst, wie zum Bespiel Alzheimer. Hier ist nach der Richtlinie eine Forschung, die nicht unmittelbar der Therapierung eines jeden Versuchsteilnehmers dient, aufgrund der Einwilligungsunfähigkeit des potenziellen Probanden ausgeschlossen.[137]

---

135 In der Praxis bestehen im Regelfall keine Probleme hinsichtlich der Fristwahrung, *Doppelfeld* in: Deutsch/Duttge/Schreiber/Spickhoff/Taupitz, Die Implementierung der GCP-Richtlinie und ihre Ausstrahlungswirkungen, S. 72.

136 *Schwarz/Wachenhausen* in: Anhalt/Dieners, Medizinprodukterecht, § 6 Rn. 25.

137 Siehe auch *Fischer* in: Deutsch/Schreiber/Spickhoff/Taupitz, Die klinische Prüfung in der Medizin, S. 32.

Auf internationaler Ebene neu ist die Forderung einer Deckungsvorsorge in Art. 3 Abs. 2 lit. f. Indem eine Versicherung oder ein ähnliches Instrument zur Haftungsdeckung vorgeschrieben wird, erhält der Versuchsteilnehmer im Schadensfall zwar keine weitergehenden Ansprüche als jene, die das nationale Recht von sich aus bereithält. Dafür wird er aber nicht durch das Insolvenzrisiko des Sponsors belastet, das aufgrund ernsthafter Komplikationen während einer klinischen Studie und damit verbundenen Schadensersatzansprüchen besteht.[138]

Das heißt, der geschädigte Teilnehmer einer Arzneimittelstudie ist dann gut abgesichert, wenn ihm nach der bestehenden Rechtslage ein Schadenersatzanspruch zusteht. Setzt der Schadenersatzanspruch aber zum Beispiel Verschulden voraus und kann ein solches nicht nachgewiesen werden, greift auch die von Art. 3 Abs 2. Lit f. geforderte Deckungsvorsorge nicht zugunsten des Probanden ein.

d) RL 2005/28/EG

Die Richtlinie 2005/28/EG vom 8. April 2005 befasst sich hauptsächlich mit den Herstellungs- und Einfuhrbedingungen von Prüfpräparaten. Zudem wird eine detaillierte Regelung über das sogenannte Inspektionsverfahren aufgestellt. Hierbei wird die Einhaltung der guten klinischen Praxis bei Arzneimittelstudien überprüft. So muss das Wohlergehen der Probanden Vorrang vor den wissenschaftlichen und gesellschaftlichen Interessen haben, die an der Prüfung beteiligten Personen sollen für ihre Aufgaben entsprechend qualifiziert sein, die klinische Prüfung muss wissenschaftlich fundiert sein und den ethischen Grundsätzen entsprechen, alle einschlägigen Leitlinien für klinische Studien sollen berücksichtigt werden und die Vertraulichkeit der persönlichen Daten der Versuchsteilnehmer muss gewahrt sein.

Vorschriften, welche unmittelbar die Durchführung von Arzneimittelstudien betreffen, enthält die Richtlinie jedoch nur am Rande. Bezüglich des Probandenschutzes und der Zulässigkeitsvoraussetzung einer Arzneimittelstudie bleibt damit die Richtlinie 2001/20/EG maßgeblich.

3. Biomedizinkonvention

a) Allgemeines

Das „Übereinkommen zum Schutz der Menschenrechte und der Menschenwürde im Hinblick auf die Anwendung von Biologie und Medizin: Übereinkommen

138 *TeGenero* musste unmittelbar nach der Studie mit dem monoklonalen Antikörper TGN 1412 Insolvenz anmelden, *Godt/Engelke*, WissR 2010, S. 2 (4).

über Menschenrechte und Biomedizin"[139] vom 4. April 1997 wurde vom Europarat erarbeitet und stellt einen multilateralen Vertrag dar. Mittlerweile sind dem Übereinkommen, das am 1. Dezember 1999 in Kraft trat, 29 Staaten beigetreten und haben es ratifiziert.[140] Die Bundesrepublik hat allerdings bis zum heutigen Tag die Konvention aufgrund teils heftiger öffentlicher Ablehnung nicht unterzeichnet.[141]

Das Übereinkommen trägt der Erkenntnis Rechnung, dass der Fortschritt der Medizin und Biologie nicht immer dem Wohl des einzelnen Menschen dient. So ist es das Ziel der Konvention, die Vorteile der fortschreitenden Biomedizin in ein angemessenes Verhältnis zu den von ihr ausgehenden Gefahren für die Menschenwürde und die Menschenrechte des Individuums zu setzen.[142] Dazu müssen die Vorgaben der Konvention auf staatlicher Ebene in nationales Recht umgesetzt werden. Das Übereinkommen stellt dabei nur Mindestanforderungen gemäß Art. 27 auf. Weitergehende Schutzvorschriften zugunsten der betroffenen menschlichen Individuen bleiben zulässig.

Gemäß Art. 1 der Konvention erfasst der Anwendungsbereich grundsätzlich sämtliche Situationen, in denen die Rechte des menschlichen Lebewesens mit der Anwendung von Biologie und Medizin konfligieren. Wie sich schon an den Art. 4 und 5 erkennen lässt, stehen dabei Interventionen, also medizinische Eingriffe am menschlichen Lebewesen im Mittelpunkt.[143]

b) Regeln zur wissenschaftlichen Forschung

Das fünfte Kapitel (Art. 15 bis 18) widmet sich der wissenschaftlichen Forschung am Menschen, wobei diese auch durch die allgemeinen Bestimmungen der Konvention determiniert wird. Art. 15 stellt klar, dass die medizinische und biologische Forschung frei ist und nur durch Normen zum Schutz betroffener menschlicher Lebewesen eingeschränkt wird.

Aus Art. 5 ergibt sich zunächst, dass ein Eingriff am Menschen nur mit dessen höchstpersönlicher Einwilligung erfolgen darf. Zuvor ist der Betroffene

---

139 Abgedruckt bei *Deutsch/Spickhoff*, Medizinrecht, Rn. 1734.

140 Aktueller Stand abrufbar unter: http://conventions.coe.int/Treaty/Commun/ChercheSig.asp?NT=164&CM=1&DF=&CL=GER (Stand: 27.03.2015).

141 *Taupitz* in: Deutsch/Duttge/Schreiber/Spickhoff/Taupitz, Die Implementierung der GCP-Richtlinie und ihre Ausstrahlungswirkungen, S. 38.

142 *Albers*, EuR 2002, S. 801 (804).

143 Ziff. 29 im erläuternden Bericht des Europarates DIR/JUR (97) 5.

angemessen über Zweck und Art des Eingriffs, sowie über die damit verbundenen Folgen und Risiken aufzuklären.

Ein Eingriff an einwilligungsunfähigen Menschen darf darüber hinaus gemäß Art. 6 vorgenommen werden, wenn der Eingriff der betreffenden Person zugutekommen soll. Zusätzlich muss eine Einwilligung durch einen gesetzlichen Vertreter oder eine andere zuständige Stelle vorliegen.

Für Forschungsvorhaben werden diese Regelungen durch die Art. 16 und 17 ergänzt und modifiziert. Art. 16 legt die allgemeinen Zulässigkeitsvoraussetzungen der Forschung am Menschen fest. Danach ist ein Vorhaben zulässig, wenn keine Alternative zur Forschung am Menschen besteht, der mögliche Nutzen der Forschung in keinem Missverhältnis zu den Risiken steht, das Vorhaben sich infolge einer interdisziplinären Prüfung als ethisch vertretbar darstellt, eine zuständige Stelle das Vorhaben gebilligt hat und die Probanden über ihre Rechte und über getroffene Sicherheitsmaßnahmen unterrichtet wurden. Außerdem müssen die Probanden eine ausdrückliche Einwilligung iSv. Art. 5 abgegeben haben.

Für die Forschung an einwilligungsunfähigen Menschen enthält Art. 17 zusätzliche Voraussetzungen. Diese werden unterteilt in Vorschriften für die individualnützliche Forschung (Art. 17 Abs. 1) und Vorschriften für die fremdnützige Forschung (Art. 17 Abs. 2).

Art. 17 Abs. 1 fordert zunächst, dass die erwarteten Forschungsergebnisse für den Probanden von tatsächlichem und unmittelbarem Nutzen sind. Mit dem Vorhaben muss also neben dem wissenschaftlichen Zweck auch ein konkreter therapeutischer Zweck verfolgt werden. Dennoch darf ein solcher therapeutischer Versuch an Nicht-Einwilligungsfähigen nur vorgenommen werden, wenn die Forschung an einwilligungsfähigen Personen nicht mit gleicher Wirksamkeit möglich wäre.

Außerdem wird eine Einwilligung iSv. Art. 6 durch den gesetzlichen Vertreter oder eine andere zuständige Stelle verlangt. Zwar ist eine positive Stellungnahme der betroffenen nicht-einwilligungsfähigen Person nicht erforderlich, aber im Fall der expliziten Ablehnung durch die betroffene Person ist das Forschungsvorhaben unzulässig.

Gemäß Art. 17 Abs. 2 darf in Ausnahmefällen abweichend von Art. 6 ein Forschungsvorhaben an Einwilligungsunfähigen auch ohne therapeutischen Nutzen durchgeführt werden. Dazu muss die Forschung darauf angelegt sein, das wissenschaftliche Verständnis hinsichtlich der Krankheit oder Störung des Einwilligungsunfähigen wesentlich zu erweitern. Zudem soll diese Wissenserweiterung einen Nutzen für die von der Forschung betroffene Person oder für andere Personen, die an derselben Krankheit leiden oder die derselben Altersgruppe angehören, mit sich bringen.

Als weitere Einschränkung darf die nicht-einwilligungsfähige Versuchsperson lediglich minimalen Risiken und minimalen Belastungen ausgesetzt werden. Definiert wird das Merkmal „minimal“ in der Biomedizinkonvention nicht.

c) Entschädigung im Schadensfall

Art. 24 sieht vor, dass Personen, die durch eine Intervention in ungerechtfertigter Weise einen Schaden erleiden, Anspruch auf angemessenen Schadensersatz haben.[144] Maßgeblich für einen solchen Anspruch sollen allerdings die in den nationalen Rechtsordnungen vorgesehenen Voraussetzungen und Modalitäten sein, so dass Art. 24 lediglich ein bloßer Hinweis auf die bestehenden Schadensersatzvorschriften der Vertragsstaaten darstellt.[145]

d) Resümee

Die Biomedizinkonvention enthält erstmals international verbindliche Vorgaben für medizinische Versuche am Menschen. Die Verbindlichkeit beschränkt sich freilich auf die unterzeichnenden Staaten. Man merkt dem Übereinkommen deutlich an, dass es eine Rahmenkonvention darstellt, die durch nationales Recht und weitere Zusatzprotokolle ausgefüllt und ergänzt werden soll.[146] Die Vorschriften über die medizinische Forschung sind kurz gehalten und bedürfen der Konkretisierung. So ist zum Beispiel unklar, welchen Umfang eine angemessene Aufklärung der Versuchsperson haben sollte. Auch die interdisziplinäre Prüfung der ethischen Vertretbarkeit eines Forschungsvorhabens wird nicht näher spezifiziert. Ob hierfür eine unabhängige Ethikkommission erforderlich ist und nach welchem Verfahren die interdisziplinäre Prüfung ablaufen soll, erschließt sich aus dem Konventionstext nicht. Im erläuternden Bericht heißt es aber zumindest in Ziff. 100, dass die Prüfung durch eine unabhängige Ethikkommission erfolgen soll.[147] Warum diese Bestimmung nicht im Übereinkommen selbst aufgenommen wurde, bleibt unklar.

Keine Erwähnung findet des Weiteren eine speziell Vorsorgeregelung für den Fall, dass Versuchspersonen durch die medizinische Forschung zu Schaden

---

144 Im die Biomedizinkonvention ergänzenden Forschungsprotokoll findet sich in Art. 31 eine ähnliche Vorschrift. Siehe dazu ausführlicher C.II.4.f)cc).

145 *Taupitz*, Festschrift für Egon Lorenz, S. 833.

146 *Rudloff-Schäffer* in: Winter/Fenger/Schreiber, Genmedizin und Recht, S. 66 f.

147 Erläuternder Bericht des Europarats DIR/JUR (97) 5.

kommen. Lediglich auf die Möglichkeit des Schadensersatzes für ungerechtfertigte Schäden wird verwiesen.

Obwohl der Regelungsgehalt der eigentlichen Biomedizinkonvention im Hinblick auf die medizinische Forschung recht knapp und ausfüllungsbedürftig ist und damit auch im Fall der Ratifizierung letztlich keine neuen Vorgaben für das deutsche Recht bereithalten würde, formierte sich doch nach Veröffentlichung in Deutschland ein breiter Widerstand gegen das Übereinkommen.[148] In der Hauptsache wird von juristischer Seite kritisiert, dass die Biomedizinkonvention unter Verletzung der Menschenwürde und des Gleichheitsgrundsatzes die fremdnützige Forschung an nicht-einwilligungsfähigen Menschen erlaubt.[149] Tatsächlich war die Biomedizinkonvention 1997 das erste Regelwerk, das nichttherapeutische Forschung an Einwilligungsunfähigen als zulässig ansah. Dies könnte eine Ursache für die öffentliche Entrüstung gewesen sein, die so bei späteren Werken wie der Richtlinie 2001/20/EG nicht mehr auftrat.[150] Empörung rief sicherlich auch der Umstand hervor, dass nach der nicht beabsichtigten Veröffentlichung eines Entwurfs der Konvention im Jahr 1994 der Begriff des Einwilligungsunfähigen in den Medien fälschlicherweise mit „Behinderter" übersetzt wurde.[151]

4. Forschungsprotokoll

Das Zusatzprotokoll zum Übereinkommen über Menschenrechte und Biomedizin betreffend biomedizinische Forschung wurde in seiner endgültigen Fassung am 25. Januar 2005 vom Europäischen Rat veröffentlicht.[152] Wie bei der Biomedizinkonvention handelt es sich um einen völkerrechtlichen Vertrag. Er dient der Ergänzung der Konvention. Am 1. September 2007 trat das Forschungsprotokoll in Kraft. Bisher wurde es von 6 Staaten ratifiziert.[153] Da Deutschland schon

148 *Degener*, KritV 1998, S. 7 (7).

149 *Spranger*, MedR 2001, S. 238 (243); *Picker*, JZ 2000, S. 693 (695 ff.); *Degener*, KritV 1998, S. 7 (23 ff.).

150 *Taupitz* in: Deutsch/Duttge/Schreiber/Spickhoff/Taupitz, Die Implementierung der GCP-Richtlinie und ihre Ausstrahlungswirkungen, S. 38.

151 *Kandler*, Rechtliche Rahmenbedingungen biomedizinischer Forschung am Menschen, S. 186.

152 Abrufbar unter: http://conventions.coe.int/Treaty/EN/Treaties/Html/195.htm (Stand: 27.03.2015).

153 Aktueller Stand abrufbar unter: http://conventions.coe.int/Treaty/Commun/ChercheSig.asp?NT=195&CM=2&DF=08/04/2011&CL=GER (Stand: 27.03.2015).

die zugrundeliegende Biomedizinkonvention nicht ratifiziert hat, liegt folgerichtig auch keine Ratifikation bezüglich des Forschungsprotokolls vor.

Ziel des Forschungsprotokolls ist die Kodifizierung von rechtlichen Mindeststandards für die Forschung am Menschen im Gesundheitsbereich (Art. 2 Abs. 1 FP).

Ausweislich Ziff. 15 des Erläuterungsberichts des Europäischen Rates[154] fällt eine exakte Definition des Gesundheitsbereiches schwer. Es dürfte aber zutreffend sein, dass durch die Beschränkung des Protokolls auf den Gesundheitsbereich solche Forschungsprojekte nicht unter das Forschungsprotokoll fallen sollen, die in keiner Weise Erkenntnisse über gesundheitliche Auswirkungen bestimmter Maßnahmen produzieren.[155]

Letztlich wird wie in der Deklaration von Helsinki jegliche medizinisch motivierte Forschung am Menschen durch das Protokoll erfasst.

a) Allgemeine Bestimmungen

Die allgemeinen Bestimmungen über die medizinische Forschung am Menschen enthält Kapitel II des Forschungsprotokolls (Art. 3 bis 8 FP). Gemäß Art. 3 FP haben das Wohl und das Interesse eines Forschungsteilnehmers Vorrang vor dem bloßen Interesse der der Wissenschaft und Gesellschaft. Abgesehen von den jeweiligen Vorschriften zum Schutz der einbezogenen Menschen ist die Forschung jedoch frei (Art. 4 FP).

Weiterhin ist zu beachten, dass die Forschung am Menschen entsprechend Art. 5 FP stets subsidiär ist.[156] Soweit sich einzelne Forschungsprojekte anders realisieren lassen, ist ein Versuch am Menschen unzulässig. Freilich wird sich in der Humanmedizin die Erprobung einer Maßnahme am Menschen früher oder später nicht vermeiden lassen.

Gemäß Art. 6 Abs. 1 FP ist die Forschung am Menschen nur zulässig, wenn der mögliche Nutzen der Forschung in keinem Missverhältnis zu den Risiken steht. Damit stellt auch im Forschungsprotokoll die ärztliche Vertretbarkeit das zentrale Schutzelement dar. Ob darüber hinaus dem Art. 6 Abs 2 FP eine

---

154 Council of Europe – Explanatory Report, DIR/JUR (2004) 4.

155 *Koenig/Busch/Beer/Müller*, Das Übereinkommen zum Schutz der Menschenrechte und der Menschenwürde im Hinblick auf die Anwendung von Biologie und Medizin des Europarates und seine Zusatzprotokolle, S. 221.

156 Krit. im Hinblick auf Selbstbestimmungsrecht des Probanden und Forschungsfreiheit: *Taupitz* in: Deutsch/Duttge/Schreiber/Spickhoff/Taupitz, Die Implementierung der GCP-Richtlinie und ihre Ausstrahlungswirkungen, S. 35.

eigenständige Bedeutung zukommt, scheint zweifelhaft. Danach darf die Teilnahme an medizinischen Versuchen nur ein vertretbares Risiko mit sich bringen, wenn der Versuch für die Gesundheit des Teilnehmers nicht von unmittelbarem Nutzen ist. Im Gegensatz zu Absatz 1 soll das vertretbare Risiko hier eine absolute Grenze darstellen, die nicht von einer Abwägung des Risikos gegen den Nutzen der Forschung abhängt. Zu Recht merkt aber *Kandler* an, dass die Bestimmung des vertretbaren Risikos ohne eine abwägende Gesamtwürdigung des Forschungsvorhabens wohl nicht möglich ist.[157]

Art. 7 FP schreibt eine Prüfung des wissenschaftlichen Wertes, der Wichtigkeit des Forschungsziels und der ethischen Vertretbarkeit vor. Daran anschließend muss das Projekt von einer zuständigen Stelle gebilligt werden. Die zuständige Stelle ist vom jeweiligen Vertragsstaat zu bestimmen.[158]

b) Ethikkommissionen

Kapitel III (Art. 9 bis 12 FP) des Forschungsprotokolls konkretisiert die durch Art. 7 FP vorgesehene Prüfung der ethischen Vertretbarkeit. Jeder medizinische Versuch ist vor Durchführung von einer Ethikkommission zu begutachten (Art. 9 Abs. 1 FP). Die Zusammensetzung der Ethikkommissionen wird durch das Forschungsprotokoll nicht vorgegeben. Allerdings soll die Prüfung der ethischen Vertretbarkeit gemäß Art. 9 Abs. 2 FP interdisziplinär erfolgen. Dementsprechend sind insbesondere auch Nicht-Mediziner an der Begutachtung zu beteiligen.[159] Im Fall von multizentrischen Studien in mehreren Staaten fordert das Protokoll eine Begutachtung durch eine Ethikkommission gesondert in jedem Staat (Art 9 Abs 1 FP).[160]

Eine Zustimmung seitens der Ethikkommission zum Forschungsvorhaben ist keine Zulässigkeitsvoraussetzung. Das Forschungsprotokoll verlangt nur, dass überhaupt eine Stellungnahme durch eine Ethikkommission eingeholt wird. Die anschließende Genehmigung des Vorhabens erfolgt gemäß Art. 7 FP unabhängig vom Votum der Ethikkommission durch die zuständige Stelle. Dies schließt

---

157 *Kandler*, Rechtliche Rahmenbedingungen biomedizinischer Forschung am Menschen, S. 87.

158 Ziff. 28 des Erläuterungsberichts, Council of Europe – Explanatory Report, DIR/JUR (2004) 4.

159 *Koenig/Busch/Beer/Müller*, Das Übereinkommen zum Schutz der Menschenrechte und der Menschenwürde im Hinblick auf die Anwendung von Biologie und Medizin des Europarates und seine Zusatzprotokolle, S. 257.

160 *Kandler*, Rechtliche Rahmenbedingungen biomedizinischer Forschung am Menschen, S. 117.

freilich nicht aus, dass die einzelnen Staaten Regelungen treffen, nach denen die Zustimmung zwingend erforderlich ist, oder direkt Ethikkommissionen als zuständige Stellen im Sinne des Art. 7 FP fungieren.[161]

Gemäß Art. 10 FP muss die Unabhängigkeit der Ethikkommissionen gewährleistet werden. Im Interesse der Probanden darf die Ethikkommission keiner Einflussnahme durch Forscher oder Sponsoren von Forschungsprojekten ausgesetzt sein.[162] Darüber hinaus ist aber auch entsprechend dem Wortlaut, der keine Einschränkungen beinhaltet, jegliche Beeinflussung durch andere Personen und Organisationen unzulässig. Mitglieder der Ethikkommission, die bei der Prüfung eines konkreten Forschungsvorhabens einem Interessenkonflikt ausgesetzt sind, haben diesen anzuzeigen und dürfen nicht an der ethischen Prüfung teilnehmen (Art. 10 Abs. 2 FP). Rechtsfolgen für eine Verletzung des Art. 10 FP enthält das Forschungsprotokoll nicht.

Die Ethikkommissionen müssen gemäß Art. 11 FP alle notwendigen Informationen zur ethischen Bewertung erhalten. Art. 11 Abs. 2 FP verweist auf eine umfangreichen, aber nicht abschließenden Katalog im Anhang des Forschungsprotokolls, welcher die Informationspflicht konkretisiert.

Unter anderem sind gemäß Ziff. xx) des Anhangs nähere Angaben über eine Versicherung oder Deckungszusage für Schäden in Zusammenhang mit dem Forschungsvorhaben erforderlich. Zwar wird durch diese Informationspflicht keine Pflicht zum Abschluss einer Versicherung oder zur anderweitigen Deckungsvorsorge statuiert, doch spricht der deutsche Wortlaut dafür, dass das Forschungsprotokoll regelmäßig eine Deckungsvorsorge für Schäden aus Forschungsprojekten voraussetzt.

Dieser Befund wird aber durch die verbindliche englische Fassung relativiert. Hiernach muss die Ethikkommission informiert werden über „details of *any* insurance or indemnity to cover damage arising in the context of the research project."

Es sind also detaillierte Informationen über jegliche vorgenommene Deckungsvorsorge erforderlich. Diese weite Formulierung lässt aber nicht den Rückschluss zu, dass hier eine bestimmte Form der Deckungsvorsorge vorausgesetzt wird.[163] Im Gegenteil dürfte es im Sinne von Ziff. xx) auch genügen, wenn

161 Ziff. 28 des Erläuterungsberichts, Council of Europe – Explanatory Report, DIR/JUR (2004) 4.

162 *Kandler*, Rechtliche Rahmenbedingungen biomedizinischer Forschung am Menschen, S. 118.

163 So auch Ziff. 60 des Erläuterungsberichts, Council of Europe – Explanatory Report, DIR/JUR (2004) 4.

die Ethikkommission darüber informiert wird, dass keine Deckungsvorsorge besteht.

c) Aufklärung und Einwilligung

Auch das Forschungsprotokoll enthält in Kapitel IV als eine zentrale Zulässigkeitsvoraussetzung der medizinischen Forschung am Menschen die Einwilligung des Probanden nach Aufklärung. Art. 13 FP legt den Umfang der Aufklärung fest. Gemäß Art. 13 Abs 2 FP soll die betroffene Person im Rahmen der Aufklärung zuvorderst über das Ziel, den Gesamtplan und die möglichen Risiken sowie über den möglichen Nutzen des Forschungsvorhabens informiert werden. Darüber hinaus beinhaltet Art. 13 FP im Gegensatz zur Biomedizinkonvention einen ausführlichen Katalog mit aufklärungsrelevanten Umständen.

Zu der notwendigen Aufklärung gehört gemäß Art. 13 Abs. 2 Ziff. vi) FP auch eine Belehrung über die Regelungen für eine angemessene Entschädigung im Schadensfall. Da in der englischen Fassung nicht von Regelungen, sondern von „arrangements“ die Rede ist, soll der Proband also nicht über die Rechtslage im Schadensfall aufgeklärt werden, sondern über die Vorkehrungen, die für das konkrete Forschungsvorhaben getroffen wurden.[164]

Auch hier stellt sich die Frage, ob das Forschungsprotokoll mit Statuierung der Informationspflicht voraussetzt, dass solche Vorkehrungen auch tatsächlich getroffen wurden.

Nach erfolgter Aufklärung wird gemäß Art. 14 FP die Einwilligung der Versuchsperson gefordert. Diese kann frei widerrufen werden, ohne dass dadurch Nachteile gleich welcher Art für den Widerrufenden entstehen dürfen. Es muss gemäß Art. 14 Abs. 3 FP sichergestellt sein, dass im Zweifel die Einwilligungsfähigkeit einer Person nachgeprüft werden kann.

d) Nichteinwilligungsfähige Personen als Forschungsteilnehmer

Das Forschungsprotokoll unterscheidet nicht zwischen nichteinwilligungsfähigen Erwachsenen und Minderjährigen. Kapitel V stellt allgemeine Schutzvorschriften für alle nichteinwilligungsfähigen Personen auf, die in ein medizinisches Forschungsprojekt einbezogen werden sollen. Eine eigenständige Definition der Einwilligungsfähigkeit enthält das Forschungsprotokoll nicht. Einen Anhaltspunkt für die Beurteilung Minderjähriger gibt zumindest Art. 15

164 *Kandler*, Rechtliche Rahmenbedingungen biomedizinischer Forschung am Menschen, S. 146.

Abs. 1 Ziff. iv) FP, der besagt, dass der Meinung einer minderjährigen Person mit zunehmendem Alter und zunehmender Reife immer mehr entscheidendes Gewicht zukommt. Demnach kann bei einem minderjährigen Teilnehmer zwar grundsätzlich keine volle Einwilligungsfähigkeit angenommen werden,[165] aber entsprechend der natürlichen Einsichtsfähigkeit ist die Haltung des Minderjährigen zu berücksichtigen.

Art. 15 FP unterscheidet therapeutische und nicht-therapeutische Versuche an Einwilligungsunfähigen. Art. 15 Abs. 1 FP stellt die Voraussetzungen eines therapeutischen Versuchs auf. Folgerichtig muss das erwartete Forschungsergebnis der Gesundheit des Probanden unmittelbar zugutekommen. Darüber hinaus darf der Versuch nicht mit gleicher Wirksamkeit an einwilligungsfähigen Personen möglich sein. Es gilt also auch hier das Subsidiaritätsprinzip. Allerdings bedeutet diese Regelung ebenfalls, dass Einwilligungsunfähige auch dann nicht in Forschungsprojekte einbezogen werden dürfen, wenn der persönliche therapeutische Nutzen eines medizinischen Versuchs den der Standardbehandlung bei weitem übersteigen würde.[166] Freilich bleibt Arzt und Patient in diesem Fall immer noch die Möglichkeit eines individuellen Heilversuchs.[167]

Weiterhin fordert Art. 15. Abs. 1 FP, dass keine Ablehnung des potenziellen Probanden vorliegen darf und darüber hinaus eine vertretungsberechtigte Person dem konkreten Forschungsvorhaben zugestimmt haben muss. Insbesondere sollen hierbei früher Wünsche oder Ablehnungen des Nichteinwilligungsfähigen beachtet werden. Nichteinwilligungsfähige sollen möglichst umfassend am Einwilligungsverfahren beteiligt werden. Bei Minderjährigen ist der Umfang der Beteiligung abhängig von Alter und geistiger Reife der Person.

Bevor die vertretungsberechtigte Person ihre Genehmigung erteilt, muss auch sie gemäß Art. 16 FP aufgeklärt werden. Der Aufklärungsumfang entspricht den Vorgaben des Art. 13 FP über die Aufklärung einwilligungsfähiger Probanden.[168]

Gemäß Art. 16 Abs. 3 FP muss zudem die einwilligungsunfähige Person ebenfalls in diesem Umfang unterrichtet werden, soweit dies mit dem Zustand der Person zu vereinbaren ist.

---

165 Vgl. *Kandler*, Rechtliche Rahmenbedingungen biomedizinischer Forschung am Menschen, S. 161.

166 *Koenig/Busch/Beer/Müller*, Das Übereinkommen zum Schutz der Menschenrechte und der Menschenwürde im Hinblick auf die Anwendung von Biologie und Medizin des Europarates und seine Zusatzprotokolle, S. 295.

167 *Kandler*, Rechtliche Rahmenbedingungen biomedizinischer Forschung am Menschen, S. 163.

168 Siehe dazu C.II.4.c).

Art. 15 Abs. 2 FP erlaubt in Ausnahmefällen auch die Forschung an Einwilligungsunfähigen, wenn damit kein unmittelbarer Nutzen für den Probanden einhergeht. Zusätzlich zu den Voraussetzungen des Art. 15 Abs. 1 FP muss das Forschungsvorhaben eine wesentliche Erweiterung des wissenschaftlichen Verständnisses zum Ziel haben, die zumindest anderen Personen nutzen könnte, die derselben Altersgruppe angehören oder an derselben Krankheit leiden. Das Forschungsprotokoll lässt also die nicht-therapeutische Forschung an Einwilligungsunfähigen zugunsten eines Gruppennutzens zu. Einschränkungen erfährt die nicht-therapeutische Forschung durch Art. 15 Abs. 2 Ziff. ii) FP. Danach darf der Proband nur minimalen Risiken und minimalen Belastungen ausgesetzt werden. Art. 17 Abs. 2 FP definiert minimale Belastung als allenfalls sehr geringfügige und vorübergehende Unannehmlichkeit. Ein minimales Risiko ist gemäß Art. 17 Abs. 1 FP ein solches, das höchstens zu einer sehr geringfügigen und vorübergehenden Beeinträchtigung führt.

Als Beispiele für Interventionen, die diesen Anforderungen gerecht werden, nennt der Erläuterungsbericht unter anderem die Abgabe einer Urinprobe, die Vornahme einer Computertomografie, eine Blutabnahme oder auch die Entnahme einer zusätzlichen Gewebeprobe, wenn aus anderen Gründen schon Gewebe dem Körper des Probanden entnommen wird.[169]

Auch die fremdnützige Forschung an Einwilligungsunfähigen gemäß Art 15 Abs. 2 FP hat zur Voraussetzung, dass eine vertretungsberechtigte Person für den Probanden in die Forschung eingewilligt hat.

Darüber hinaus gestattet Art. 19 FP den Vertragsstaaten, unter bestimmten Voraussetzungen fremdnützige Forschung an Einwilligungsunfähigen auch ohne die Zustimmung eines Vertreters zu erlauben. Dazu bedarf es gemäß Art. 19 Abs. 1 FP zunächst einer Notfallsituation. Art. 19 Abs. 1 FP definiert zugleich auch die Notfallsituation. Die Person, die in ein Forschungsvorhaben gemäß Art. 19 FP einbezogen werden soll, darf nicht in der Lage sein, selbst eine Einwilligung abzugeben (Art. 19 Abs. 1 Ziff. i) FP). Aus welchen Gründen die Person einwilligungsunfähig ist, ist unbeachtlich.[170] Zusätzlich und im Unterschied zu Art. 15 FP darf es die Dringlichkeit der Lage nicht zulassen, rechtzeitig die Genehmigung einer vertretungsberechtigten Person zu erlangen (Art. 19 Abs. 1 Ziff. ii) FP).

---

169 Ziff. 96 u. 100 des Erläuterungsberichts, Council of Europe – Explanatory Report, DIR/JUR (2004) 4.

170 *Koenig/Busch/Beer/Müller*, Das Übereinkommen zum Schutz der Menschenrechte und der Menschenwürde im Hinblick auf die Anwendung von Biologie und Medizin des Europarates und seine Zusatzprotokolle, S. 324.

In dieser Situation darf die Forschung am Menschen erlaubt werden, wenn die nationale Rechtsordnung die Zulässigkeitskriterien des Art. 19 Abs 2 FP berücksichtigt. Dazu gehört vor allem, dass das Forschungsvorhaben von einer zuständigen Stelle speziell für Notfallsituationen gebilligt worden ist (Art. 19 Abs. 2 Ziff. ii) FP). Hierbei handelt es sich um dieselbe Stelle, die gemäß Art. 7 FP zur Billigung jedes Forschungsvorhabens berufen ist.[171] Dem Charakter der Notfallsituation entsprechend, muss die Billigung nicht auf die konkrete Situation bezogen sein, sondern im Vorhinein pauschal für Notfallsituationen erteilt worden sein.[172]

Gemäß Art. 19 Abs. 2 Ziff. iii) FP soll eine frühere, dem Forscher bekannte, von der betroffenen Person geäußerte Ablehnung respektiert werden. Dass dem Forscher tatsächlich eine früher geäußerte Ablehnung bekannt ist, dürfte in der Praxis äußerst selten vorkommen. Auffällig ist aber auch, dass der Einwilligungsunfähige anders als bei Art. 15 FP nicht selbst gehört werden soll. Offensichtlich geht Art. 19 FP entgegen dem weiten Wortlaut des Absatzes 1 nicht von lediglich einwilligungsunfähigen Personen aus, sondern vielmehr von bewusstlosen Patienten.

Sollten die erwarteten Ergebnisse des Forschungsprojekts nicht dem Probanden unmittelbar zugutekommen, muss die Forschung zumindest zum Ziel haben, anderen Personen zu nutzen, die derselben Gruppe angehören oder an der derselben Krankheit leiden. Wie in Art. 15 Abs. 2 FP kann also der Gruppennutzen die fremdnützige Forschung an Einwilligungsunfähigen rechtfertigen. Auch bei Notfallpatienten dürfen in diesem Fall Risiko und Belastung nur minimal sein (Art. 19 Abs. 2 Ziff. iv) FP).

Nach Einbeziehung eines Probanden in die Notfallforschung soll der Proband beziehungsweise eine vertretungsberechtigte Person gemäß Art. 19 Abs. 3 FP so bald wie möglich über das Forschungsvorhaben unterrichtet werden. Sollte eine weitere Teilnahme des Probanden geplant sein, muss seine Einwilligung oder die Genehmigung einer vertretungsberechtigten Person eingeholt werden. Die weitere Forschung richtet sich dann nach den allgemeinen Vorschriften und gegebenenfalls nach Art. 15 FP.

---

171 *Kandler*, Rechtliche Rahmenbedingungen biomedizinischer Forschung am Menschen, S. 210.

172 *Koenig/Busch/Beer/Müller*, Das Übereinkommen zum Schutz der Menschenrechte und der Menschenwürde im Hinblick auf die Anwendung von Biologie und Medizin des Europarates und seine Zusatzprotokolle, S. 329.

e) *Kontrollierte Studien*

Wird im Rahmen eines medizinischen Forschungsvorhabens eine Kontrollgruppe gebildet, die mit Placebopräparaten behandelt wird, stellt sich das Unterfangen aus Sicht der Kontrollgruppe als fremdnützige Forschung dar.[173] Da die fremdnützige Forschung am Menschen durch das Forschungsprotokoll für keine Probandengruppe per se ausgeschlossen ist, erlaubt das Protokoll grundsätzlich auch die placebokontrollierte Forschung.

Die kontrollierte Forschung wird aber durch Art. 23 FP eingeschränkt. Im Grundsatz darf gemäß Art. 23. Abs. 1 FP dem Forschungsteilnehmer keine notwendige medizinische Versorgung präventiver, diagnostischer oder therapeutischer Art vorenthalten werden. Absatz 2 spezifiziert diesen Grundsatz für die Kontrollgruppe dahingehend, dass dem Teilnehmer eine bewährte Behandlungsmethode zukommen soll. Demnach wären placebokontrollierte Studien unzulässig, sofern bewährte Behandlungsmethoden existierten.

Art. 23 Abs. 3 FP lässt von diesem Grundsatz aber Ausnahmen zu. Zunächst einmal wird klargestellt, dass der Placeboeinsatz zulässig ist, wenn keine erwiesenermaßen wirksame Behandlung existiert. Dies ergibt sich auch schon aus Absatz 2. Daneben soll der Einsatz von Placebos erlaubt sein, wenn der Verzicht auf bewährte Behandlungsmethoden keine unannehmbaren Risiken oder Belastungen mit sich bringt.

Eine feste Grenze zieht das Forschungsprotokoll für Unannehmbarkeit nicht. Es sollen die Ethikkommissionen im Einzelfall darüber entscheiden, ob das Risiko der Forschung noch annehmbar ist oder nicht.[174] Angesichts der Wortwahl dürfte diese Vorschrift aber einen recht weiten Spielraum eröffnen. Hier wird eben nicht auf eine minimales Risiko oder eine minimale Belastung abgestellt. Vielmehr ist die Unannehmbarkeit relativ im Vergleich zur wissenschaftlichen Bedeutung des medizinischen Versuchs zu bestimmen.[175] Im Lichte dieser Vorschrift ist es also durchaus denkbar, dass erhebliche Risiken als annehmbar eingestuft werden könnten.[176] Dies ist insoweit bedenklich, als es sich bei den Probanden im Sinne von Art. 23 Abs. 3 2. HS. FP um behandlungsbedürftige Patienten handelt.

---

173 *Laufs*, MedR 2004, S. 583 (590).

174 Ziff. 121 des Erläuterungsberichts, Council of Europe – Explanatory Report, DIR/JUR (2004) 4.

175 *Kandler*, Rechtliche Rahmenbedingungen biomedizinischer Forschung am Menschen. S. 232.

176 *Ehni/Wiesing*, Ethik in der Medizin 2006, S. 223 (236).

f) Sonstige Vorschriften

aa) Besondere Gruppen

Neben den Regeln über die Forschung an nichteinwilligungsfähigen Personen enthält das Forschungsprotokoll auch besondere Vorschriften für Schwangere (Art. 18 FP) und Personen, denen die Freiheit entzogen ist (Art. 20 FP).

(1) Schwangere

Gemäß Art. 18 Abs 1 FP ist die Forschung an Schwangeren im Rahmen der übrigen Vorgaben dann uneingeschränkt zulässig, wenn das Vorhaben entweder der Gesundheit Schwangeren oder der Leibesfrucht unmittelbar nützlich ist.

Sollte dies nicht der Fall sein, müssen weitere Voraussetzungen beachtet werden. Die erwarteten Forschungsergebnisse sollen anderen Frauen im Zusammenhang mit der Fortpflanzung oder anderen Embryos, Föten oder Kindern zugutekommen. Damit wird ein sehr weit gefasster Gruppennutzen zur Legitimation der Forschung herangezogen.

Desweiteren gilt auch hier der Subsidiaritätsgedanke, so dass die Forschung gemäß Art. 18 Abs. 1 Ziff. ii) FP unzulässig ist, wenn mit ähnlicher Wirksamkeit auch an nicht Schwangeren geforscht werden könnte.

Gemäß Art. 18 Abs. 1 Ziff. iii) FP darf die Forschung nur ein minimales Risiko und eine minimale Belastung mit sich bringen. Auch hierfür gilt die Definition des Art. 17 FP.[177]

Bei der Forschung an Stillenden sollen gemäß Art. 18 Abs. 2 FP ebenfalls nachteilige Auswirkungen für die Gesundheit des Kindes vermieden werden.

(2) Personen, denen die Freiheit entzogen ist

Die Vorschriften gemäß Art. 20 FP über die Forschung an Personen, denen die Freiheit entzogen ist, laufen parallel zu den Vorschriften über die Forschung an Schwangeren. Auch hier ist die Forschung vollumfänglich zulässig, soweit das Vorhaben der beteiligten Person unmittelbar zugutekommen soll.

Anderenfalls muss die Forschung zumindest Personen, denen ebenfalls die Freiheit entzogen ist, nützen; an anderen Personen darf die Forschung nicht möglich sein und die Forschung darf höchstens mit minimalen Risiken und Belastungen verbunden sein.

177 Vgl. C.II.4.d).

bb) Partizipation der Teilnehmer an den Forschungsergebnissen

Gemäß Art. 28 Abs. 2 FP müssen die erzielten Forschungsergebnisse den Teilnehmern auf Anfrage zur Verfügung gestellt werden. Auch ohne vorhergehende Initiative des Forschungsteilnehmers müssen gemäß Art. 27 FP erzielte Ergebnisse und Informationen, die für die konkrete Versuchsperson von Belang sind, mitgeteilt oder zumindest angeboten werden. Das heißt, der Proband partizipiert an dem durch die Forschung erlangten, ihm nützlichen Wissen, aber im Gegensatz zu Ziff. 34 der Deklaration von Helsinki nicht durch die tatsächliche Zurverfügungstellung aller als nützlich erkannten Maßnahmen.[178]

cc) Entschädigung im Schadensfall

Sollte eine Versuchsperson durch die Teilnahme an einem Forschungsvorhaben einen Schaden erleiden, hat sie gemäß Art. 31 FP einen Anspruch auf angemessene Entschädigung nach Maßgabe der nationalen Rechtsordnung. Grundsätzlich überlässt es das Forschungsprotokoll dem nationalen Gesetzgeber, Regelungen für Schadensfälle aufzustellen. Fraglich ist jedoch, inwieweit Art. 31 FP auf die nationale Rechtsordnung einwirkt.

(1) Vorgaben des Art. 31 FP

Zum Teil wird vertreten, dass es sich hierbei um einen rein deklaratorischen Hinweis auf die nationalen Rechtsordnungen handelt. Dafür könnte sprechen, dass eine Entschädigung lediglich nach Maßgabe der jeweiligen Rechtsordnung zu gewähren ist.[179] Die Ausgestaltung der genaueren Voraussetzungen bleibt also scheinbar vollumfänglich dem Vertragsstaat überlassen.

Zunächst ist aber festzuhalten, dass das Forschungsprotokoll verlangt, dass überhaupt Normen existieren, die einen Entschädigungsanspruch vermitteln können. Damit der Schutzzweck des Forschungsprotokolls nicht umgangen werden kann, müssen ebenso gesetzliche Vorkehrungen getroffen werden, die verhindern, dass etwaige Entschädigungsansprüche im Vorfeld eines medizinischen Versuchs zu Lasten des Probanden gänzlich ausgeschlossen werden. Zwar dürften die meisten Rechtsordnungen solche Vorschriften beinhalten, aber allein dieser Umstand kann nicht zu einem rein deklaratorischen Charakter des Art. 31 FP führen.

Fraglich ist, ob Art. 31 FP über das bloße Existieren solcher Normen hinaus, weitere Anforderungen stellt. Der Wortlaut besagt, dass jedem Teilnehmer eines

---

178 Siehe dazu C.II.1.h).

179 *Kandler*, Rechtliche Rahmenbedingungen biomedizinischer Forschung am Menschen, S. 272.

Forschungsvorhabens ein Anspruch auf angemessene Entschädigung im Schadensfall zusteht, soweit der Schaden aufgrund der Teilnahme eingetreten ist. Dies spricht dafür, dass der geforderte Entschädigungsanspruch lediglich eine kausale Verknüpfung von Forschungsteilnahme und Schaden zur Voraussetzung haben soll.

Insbesondere wird nicht auf Pflichtverletzungen der beteiligten Personen abgestellt. Dieser Umstand fällt besonders deutlich auf, da in dem vergleichbaren Art. 24 der Biomedizinkonvention explizit darauf abgestellt wird, dass der Schaden in ungerechtfertigter Weise erlitten wurde. Der Wortlaut lässt also zunächst vermuten, dass das Forschungsprotokoll einen verschuldensunabhängigen Schadensersatzanspruch fordert.[180]

Jedoch darf der nationale Gesetzgeber gemäß Art. 31 a.E. FP die Voraussetzungen und Modalitäten des Entschädigungsanspruchs ohne weitere Einschränkungen festlegen. Auch der Erläuterungsbericht, der allerdings ausweislich Ziff. 7 keine verbindliche Auslegung beinhaltet, nennt als Beispiel für ein mögliches Entschädigungsmodell das System der verschuldensabhängigen Haftung.[181]

(2) Wertungen der Art. 11 Abs. 2 und 13 Abs. 2 Ziff. vi) FP

Die Informationspflichten gegenüber Ethikkommissionen und Probanden gemäß Art. 11 Abs. 2 FP iVm Ziff. xx) des Anhangs sowie Art. 13 Abs. 2 Ziff. vi) FP deuten darauf hin, dass Schäden im Zusammenhang mit Forschungsvorhaben anders behandelt werden sollen als nach den üblichen Schadensersatzvorschriften. So wäre im Rahmen des Art. 13 Abs. 2 Ziff. vi) FP eine Aufklärung über die gesetzlichen Vorschriften (z. B. Haftung aus Delikt gemäß § 823 BGB oder aus Vertrag gemäß § 280 BGB) überflüssig und möglicherweise verstieße diese Pflicht darüber hinaus gegen die Forschungsfreiheit gemäß Art. 5 Abs. 3 GG.[182] Dieser Aufklärungspflicht liegt mithin die Vorstellung einer über die üblichen Vorschriften hinausgehende Entschädigung der Versuchsteilnehmer im Schadensfall zugrunde. Eine Pflicht, Schadensersatz in besonderem Umfang zu gewähren, lässt sich Art. 13 Abs. 2 Ziff. vi) FP aber nicht entnehmen, da hier ausdrücklich nur Aufklärungspflichten gegenüber den Probanden statuiert werden.

Ähnlich ist auch die Offenlegungspflicht gemäß Art. 11 Abs. 2 FP bezüglich einer etwaigen Deckungsvorsorge gegenüber den Ethikkommissionen zu

---

180 *Taupitz*, Biomedizinische Forschung zwischen Freiheit und Verantwortung, S. 167.

181 Ziff. 146 des Erläuterungsberichts, Council of Europe – Explanatory Report, DIR/JUR (2004) 4.

182 *Kandler*, Rechtliche Rahmenbedingungen biomedizinischer Forschung am Menschen, S. 146.

bewerten. Eine solche Verpflichtung ist nur dann sinnhaft, wenn grundsätzlich zu erwarten ist, dass zum Schutz der Forschungsteilnehmer besondere Maßnahmen getroffen werden, die eine angemessene Entschädigung im Schadensfall sicherstellen. Dennoch verpflichtet diese Vorschrift nicht zum Abschluss einer Versicherung oder ähnlichen Maßnahmen. Es wird einzig statuiert, dass diesbezügliche Informationen den Ethikkommissionen übermittelt werden müssen. Auch der Erläuterungsbericht verneint explizit eine weitergehende Verpflichtung aus Art. 11 Abs. 2 FP hinsichtlich der Deckungsvorsorge.[183]

Im Rahmen von Art. 11 und 13 FP ist die Information über das Nichtbestehen besonderer Maßnahmen zur Entschädigung der Teilnehmer im Schadensfall ausreichend.

(3) Ergebnis

Es kann also auch unter Berücksichtigung der Art. 11 und 13 FP nicht angenommen werden, dass das Forschungsprotokoll einen verschuldensunabhängigen Entschädigungsanspruch verlangt. Erst recht wird keine Versicherung oder eine ähnliche Deckungsvorsorge vergleichbar mit Art. 3 Abs. 2 lit. f RL 2001/20/EG gefordert.

g) Resümee

Das Forschungsprotokoll stellt eine umfassende Ergänzung der Biomedizinkonvention dar. Regelungsinhalt ist die gesamte medizinische Forschung am Menschen.

Die Zulässigkeitsvoraussetzungen medizinischer Versuche am Menschen werden durch das Protokoll detailliert festgelegt. Abgesehen davon, dass kein Unterscheid zwischen Minderjährigen und anderen Einwilligungsunfähigen gemacht wird, hält das Forschungsprotokoll zahlreiche spezielle Regeln für schutzbedürftige Personengruppen bereit. Kritisch mag hier zu sehen sein, dass selbst einwilligungsunfähige Notfallpatienten zu fremdnützigen Forschungsvorhaben herangezogen werden dürfen. Hier wird das Selbstbestimmungsrecht des Probanden, wenn auch in sehr engen Grenzen, zugunsten des medizinischen Fortschritts außer Acht gelassen.

Die Entschädigung von Teilnehmern, die durch ein Forschungsvorhaben einen Schaden erlitten haben, wird zwar thematisiert, aber es genügt den Anforderungen des Forschungsprotokolls, wenn die nationale Rechtsordnung

---

183 Ziff. 60 des Erläuterungsberichts, Council of Europe – Explanatory Report, DIR/JUR (2004) 4.

grundsätzlich anwendbare Schadensersatznormen beinhaltet. Insbesondere reicht auch eine verschuldensabhängige Haftung aus. Eine solche ist aber m. E. zumindest dann nicht mehr angemessen, wenn der Schaden durch ein Vorhaben verursacht wurde, zu dem nicht einmal die Zustimmung des Probanden eingeholt wurde. Der Umstand der unfreiwilligen Einbeziehung sollte hier in einem Schadensfall stets zu einem Entschädigungsanspruch führen.

Festzuhalten bleibt aber, dass auch das Forschungsprotokoll nur Mindestanforderungen an die jeweiligen Rechtsordnung aufstellt, von denen zu Gunsten der Forschungsteilnehmer gemäß Art. 34 FP abgewichen werden darf. Des Weiteren handelt es sich bei dem Forschungsprotokoll um das erste (für die Vertragsstaaten) verbindliche internationale Regelwerk, das ausführliche Schutzvorschriften zugunsten der Forschungsteilnehmer in allen medizinischen Forschungsbereichen aufstellt.

Dennoch und obwohl die Proteste gegen die Biomedizinkonvention abgeklungen sind, scheint ein baldiger Beitritt Deutschlands zur Biomedizinkonvention und dem Forschungsprotokoll zum jetzigen Zeitpunkt eher unwahrscheinlich.

5. ICH-Leitlinie zur guten klinischen Praxis

Die Leitlinie zur guten klinischen Praxis wurde 1996 durch die International Conference on Harmonisation (ICH) beschlossen. Die Zielsetzung war dabei die Harmonisierung der klinischen Arzneimittelprüfung in Japan, den USA und der EU. Allerdings besitzt die Leitlinie keine Rechtsverbindlichkeit. Vielmehr enthält sie ausführliche Empfehlungen zur Durchführung einer klinischen Prüfung.[184]

III. Deutsche Gesetze

In Deutschland existiert kein einheitliches Regelwerk über klinische Prüfungen oder sonstige medizinische Versuche am Menschen. Im Bereich der Arzneimittel- und Medizinproduktforschung halten das Arzneimittelgesetz (AMG) und das Medizinproduktegesetz (MPG) spezielle Vorschriften bereit. Darüber hinaus lassen sich auch in der Strahlenschutzverordnung (StrlSchV)

184 *Taupitz*, JZ 2003, S. 109 (110); *Osieka*, Das Recht der Humanforschung, S. 91; a. A. *Heil/Lützeler* in: Dieners/Reese, Handbuch des Pharmarechts, § 4 Rn. 18, die über § 40 Abs. 1 S. 1 AMG iVm Art. 1 Abs. 3 RL 2001/20/EG die Rechtsverbindlichkeit der Leitlinie annehmen.

und in der Röntgenverordnung (RöV) Regeln über die Durchführung medizinischer Versuche mit radioaktiven Stoffen oder ionisierender Strahlung finden.

1. Arzneimittelgesetz (AMG)[185]

a) Allgemeines

Die erste Fassung des AMG trat 1961 (BGBl. 1961 S. 533) in Kraft. Grundsätzlich war in dieser Fassung keine Zulassungspflicht für Arzneimittel vorgesehen. Das Mittel musste vor Inverkehrbringen nur gemäß § 20 AMG1961 in ein Spezialitätenregister eingetragen werden (Ausnahme: § 27 AMG1961). Entsprechend bestand auch keine Verpflichtung zur Durchführung klinischer Prüfungen von Arzneimitteln, so dass das AMG in seiner Urfassung konsequenterweise auch keine Vorschriften über die klinische Prüfung von Arzneimitteln enthielt.

Nach dem Contergan-Vorfall zu Beginn der 60er Jahre sah man dringenden Bedarf, dieses System zu ändern.[186] So wurde 1976 das noch recht junge AMG vollumfänglich durch ein neues AMG ersetzt (BGBl. 1976 S. 2445).

Ein Kernpunkt der Neuregelung bestand in der behördlichen Zulassungspflicht aller Fertigarzneimittel gem. §§ 21 ff. AMG.[187] Im Rahmen des Zulassungsverfahrens ist seitdem auch die klinische Prüfung des Medikaments am Menschen vorgeschrieben. Das AMG enthält hierfür in den §§ 40 ff. besondere Schutzbestimmungen für die Probanden.

b) Schutzvorschriften für die klinische Prüfung

Die allgemeinen Zulässigkeitsvoraussetzungen einer klinischen Arzneimittelprüfung am Menschen sind in § 40 AMG niedergelegt. Die Einhaltung dieser Voraussetzungen wird durch Ethikkommissionen und der zuständigen Bundesoberbehörde sichergestellt, so dass gemäß § 40 Abs. 1 S. 2 AMG eine Prüfung nur durchgeführt werden darf, wenn die Zustimmung einer Ethikkommission vorliegt und die zuständige Behörde die Durchführung genehmigt hat. Damit handelt es sich hierbei um ein Verbot der Prüfung mit Erlaubnisvorbehalt.[188]

---

185 Gesetz über den Verkehr mit Arzneimitteln (Arzneimittelgesetz – AMG) in der Fassung der Bekanntmachung vom 12.12.2005 (BGBl. I S. 3394).

186 Gesetzesbegründung der Regierung, BT-Drucks. 7/3060, S. 43; *Sander*, AMG, § 40 EG-Vorbemerkung.

187 *Feiden* in: Winter/Fenger/Schreiber, Genmedizin und Recht, Rn. 384.

188 *Listl* in: Spickhoff, Medizinrecht, AMG § 40 Rn. 1.

aa) Ärztliche Vertretbarkeit

Ein zentrales Zulässigkeitskriterium stellt die Verhältnismäßigkeit der Studie dar. So müssen die vorhersehbaren Risiken und Nachteile gegenüber dem Nutzen für die Versuchsperson und der Bedeutung des Arzneimittels für die Heilkunde ärztlich vertretbar sein (§ 40 Abs. 1 S. 3 Nr. 2 AMG). Im Rahmen der allgemeinen Anforderungen an eine klinische Prüfung muss der Versuchsperson also nicht zwangsläufig ein eigener Nutzen aus der Studie zugutekommen.[189] Vielmehr erlaubt § 40 Abs. 1 S. 3 Nr. 2 AMG sowohl die Berücksichtigung des Individualnutzens als auch die Berücksichtigung des Kollektivnutzens. Ärztliche Vertretbarkeit kann demnach auch aus der alleinigen Abwägung der Gefahren für die Versuchsperson gegen die Vorteile für die Allgemeinheit resultieren.[190]

Unklar erscheint aber, wie die ärztliche Vertretbarkeit im Einzelfall zu bestimmen ist. *Rehmann* zufolge soll hier die Deklaration von Helsinki maßgeblich sein.[191] Danach müsste die Bedeutung des Versuchs die Gefahren für den Probanden überwiegen (Ziff. 21 DvH 2008). Gewonnen ist durch diese Umschreibung freilich nichts. Zwar dürfte es möglich sein, das Risiko eines Versuchs aufgrund der vorhergegangenen toxikologischen Prüfungen[192] und dem aktuellen medizinischen Standard[193] zu bewerten,[194] aber wie dieses Risiko gegen die allgemeine Bedeutung des Versuchs abgewogen werden soll, lässt sich nicht exakt bestimmen.

Für Studien mit Arzneimitteln, die gentechnisch veränderte Organismen enthalten, dürfen außerdem keine negativen Auswirkungen auf die Gesundheit Dritter und die Umwelt zu erwarten sein (§ 40 Abs. 1 S. 3 Nr. 2a AMG).

bb) Aufklärung und Einwilligung

Gemäß § 40 Abs. 1 S. 3 Nr. 3 AMG muss jeder Proband über die klinische Prüfung aufgeklärt worden sein und im Anschluss eingewilligt haben. Die Aufklärung richtet sich nach § 40 Abs. 2 u. Abs. 2a AMG. Die potentielle Versuchsperson muss durch einen Arzt über Wesen, Bedeutung, Risiken und Tragweite der Prüfung informiert werden. Außerdem muss sie explizit über ihr Recht, die Prüfung jederzeit beenden zu können, aufgeklärt werden.

---

189 *Kloesel/Cyran*, AMG, § 40 Anm. 49.

190 A. A. wohl *Pestalozza*, NJW 2004, S. 3374 (3377), der § 40 Abs. 1 S. 3 Nr. 2 AMG entnimmt, dass auch ein individueller Nutzen für den Probanden erforderlich sei.

191 *Rehmann*, AMG, § 40 Rn. 4; a.A. *Quaas/Zuck*, Medizinrecht, § 52 Rn. 26.

192 *Listl* in: Spickhoff, Medizinrecht, AMG § 40 Rn. 11.

193 *Quaas/Zuck*, Medizinrecht, § 52 Rn. 26.

194 *Heil/Lützeler* in: Dieners/Reese, Handbuch des Pharmarechts, § 4 Rn. 75.

Die Aufklärung soll eine irrtumsfreie Einwilligung sicherstellen. Zu diesem Zweck muss sie in einer der Versuchsperson angepassten, verständlichen Form erfolgen.[195] Dem potentiellen Probanden muss deutlich gemacht werden, dass es sich um ein Vorhaben mit experimentellem Charakter handelt, das gewisse Risiken in sich birgt.[196] Die drohenden Gefahren und Schäden müssen der Versuchsperson klar vor Augen geführt werden. Auf der anderen Seite muss auch darüber informiert werden, welches Ziel durch die Studie erreicht werden soll und welchem therapeutischen Zweck das Arzneimittel dienen soll.[197]

Der Ablauf der Studie soll in verständlichen Worten kurz dargestellt werden. Dazu kann zum Beispiel gehören, wie viele Versuchspersonen einbezogen werden, über welchen Zeitraum sich die Studie erstreckt und ob Kontrollgruppen gebildet werden. Ist dies der Fall, ist außerdem zu beachten, dass der Teilnehmer über die Möglichkeit der Placeboverabreichung und das Randomisierungsverfahren aufgeklärt wird.[198,199]

Im Anschluss an die Aufklärung muss die potentielle Versuchsperson gemäß § 40 Abs. 1 S. 3 Nr. 3 lit. b) AMG schriftlich einwilligen. Diese Einwilligung ist jederzeit schriftlich oder mündlich widerruflich.

Eine wirksame Einwilligung setzt gemäß § 40 Abs. 1 S. 3 Nr. 3 lit. a) AMG voraus, dass die betroffene Person einerseits volljährig und andererseits in der Lage ist, Wesen, Bedeutung und Tragweite der klinischen Prüfung zu erkennen und ihren Willen hiernach auszurichten. Verlangt wird also die natürliche Einsichtsfähigkeit des Probanden und, kumulativ, Volljährigkeit.

Liegt eine dieser beiden Voraussetzungen nicht vor, ist diese Person nicht einwilligungsfähig und darf nur unter besonderen Umständen in eine klinische Studie einbezogen werden.

§ 40 Abs. 2a AMG trägt dem Datenschutz Rechnung. Der Proband muss informiert werden, welche personenbezogenen Daten erhoben und gegebenenfalls weitergeleitet werden. Eine Weiterleitung darf nur pseudonymisiert erfolgen.

In die Datenerhebung und Weitergabe muss die Versuchsperson gemäß Art. 40 Abs. 1 S. 3 Nr. 3 lit. c) AMG gesondert einwilligen. Diese Einwilligung ist nicht widerruflich (§ 40 Abs. 2a Nr. 2 AMG).

---

195 *Osieka*, Das Recht der Humanforschung, S. 173.

196 *Deutsch* in: *Deutsch/Lippert*, AMG, § 40 Rn. 16.

197 *Listl* in: Spickhoff, Medizinrecht, AMG § 40 Rn. 27 ff.

198 *Rehmann*, AMG, § 40 Rn. 5.

199 Zur Aufklärungspflicht bzgl. der Probandenversicherung siehe D.VIII.2.a)bb)(2), S. 221 ff.

Sollte die grundsätzliche Einwilligung bezgl. der klinischen Studie gemäß § 40 Abs. 1 S. 3 Nr. 3 Lit. b) AMG widerrufen werden, dürfen die gespeicherten Daten weiterverwendet werden, um die Wirkungen des getesteten Arzneimittels festzustellen, die schutzwürdigen Interessen des Probanden zu wahren und um die Pflicht zur Vorlage vollständiger Zulassungsunterlagen einzuhalten (§ 40 Abs. 2a Nr. 3 AMG).

cc) Sondervorschriften für schutzbedürftige Personengruppen

Für die nachfolgend aufgeführten Personengruppen gelten grundsätzlich die allgemeinen Schutzvorschriften gemäß § 40 AMG. Diese werden aber zum Teil durch Sondervorschriften ergänzt oder modifiziert.

(1) Minderjährige als Prüfungsteilnehmer

Während das AMG an Einwilligungsunfähigen grundsätzlich nur therapeutische Versuche gemäß § 41 Abs. 3 AMG gestattet,[200] wird im Hinblick auf Minderjährige der Spielraum etwas erweitert. Die Minderjährigkeit richtet sich bei deutscher Staatsangehörigkeit nach § 2 BGB.[201] Danach ist minderjährig, wer das 18. Lebensjahr noch nicht vollendet hat.

(a) Forschung an gesunden Minderjährigen

Gemäß § 40 Abs. 4 AMG kann auch ein gesunder Minderjähriger in eine Arzneimittelstudie einbezogen werden, die folgerichtig für den Probanden keinen therapeutischen Wert hat.[202]

Allerdings lässt auch § 40 Abs. 4 AMG keine rein fremdnützigen Versuche an Minderjährigen zu. Zunächst einmal verlangt die Norm, dass das zu prüfende Arzneimittel zum Erkennen oder Verhüten von Krankheiten bestimmt sein muss (§ 40 Abs. 4 Nr. 1 AMG). Das Hauptanwendungsgebiet dürften Impfstoffe darstellen.[203] Therapeutische Arzneimittel dürfen unter keinen Umständen an gesunden Minderjährigen getestet werden.

Darüber hinaus muss das Arzneimittel angezeigt sein, um bei *dem* Minderjährigen eine Krankheit zu erkennen oder *ihn* vor einer Krankheit zu schützen. Das heißt, der betroffene Minderjährige soll einen persönlichen Nutzen durch die klinische Prüfung erhalten.[204]

---

200 *Taupitz*, JZ 2003, S. 109 (111).
201 *Listl* in: Spickhoff, Medizinrecht, AMG § 40 Rn. 37.
202 *Kloesel/Cyran*, AMG, § 40 Anm. 104.
203 *Kloesel/Cyran*, AMG, § 40 Anm. 105.
204 *Spranger*, MedR 2001, S. 238 (245) m.w.N.

Gemäß § 40 Abs. 4 Nr. 2 AMG ist die Forschung an Minderjährigen subsidiär gegenüber anderen Forschungsmethoden und der Forschung an Erwachsenen.

Der gesetzliche Vertreter des Minderjährigen muss nach Maßgabe des § 40 Abs. 2 AMG aufgeklärt werden (§ 40 Abs. 4 Nr. 3 S. 1 AMG). Ein Verweis auf die datenschutzrechtliche Aufklärung gemäß § 40 Abs. 2a AMG fehlt.

Nach Aufklärung ist die Einwilligung des gesetzlichen Vertreters erforderlich. Der Streit, ob der gesetzliche Vertreter nach § 1627 BGB auch in fremdnützige Forschung einwilligen darf, wirkt sich hier nicht aus, da ja schon § 40 Abs. 4 Nr. 1 AMG einen konkreten Vorteil durch die klinische Studie fordert.[205]

Die Einwilligung der Eltern soll gemäß § 40 Abs. 4 Nr. 3 S. 2 AMG dem mutmaßlichen Willen des Probanden entsprechen. Hier stellt sich dasselbe Problem wie schon bei der RL 2001/20/EG.[206] Ist der Proband aufgrund seines Alters nicht in der Lage einen wirklichen Willen bezüglich der klinischen Prüfung zu bilden, kann auch kein mutmaßlicher Wille fingiert werden.[207] Ist der Proband aber zu dieser Willensbildung fähig, wird er regelmäßig seinen Willen auch artikulieren können.

Dementsprechend verlangt auch § 40 Abs. 4 Nr. 3 S. 4 AMG, dass der Minderjährige selbst ebenfalls seine Einwilligung zur Teilnahme an der klinischen Prüfung erklären muss, wenn er in der Lage ist, Wesen, Bedeutung und Tragweite der Prüfung zu erkennen und seinen Willen hiernach auszurichten. Anderenfalls ist aber dennoch eine wie auch immer ausgedrückte Ablehnung durch den Minderjährigen gemäß Art. 40 Abs. 4 Nr. 3 S. 3 AMG beachtlich. Die Ablehnung soll jedoch (contra legem) übergangen werden können, wenn die Durchführung der klinischen Prüfung einen besonderen Nutzen für den Probanden erwarten lässt.[208] In Anbetracht des experimentellen Charakters einer klinischen Prüfung vermag diese Haltung jedoch nicht zu überzeugen. Vielmehr steht jedwede Ablehnung durch den Minderjährigen der Durchführung eines nichttherapeutischen, medizinischen Versuchs entgegen.

Das Forschungsvorhaben muss nach § 40 Abs. 4 Nr. 4 AMG mit möglichst wenig Belastungen und anderen Risiken für den Probanden verbunden sein. Wo hier die Grenze zur unzulässigen Belastung zu ziehen ist, bleibt offen.[209] Im Einzelfall soll diese Entscheidung den Ethikkommissionen obliegen.[210]

---

205 Zum Streit um § 1627 BGB vgl. *von Freier*, MedR 2003, S. 610 (613 f.).

206 Siehe dazu C.II.2.c)bb)(3).

207 *Merkel* in: Bernat/Kröll, Recht und Ethik der Arzneimittelforschung, S. 183.

208 *Listl* in: Spickhoff, Medizinrecht, AMG § 40 Rn. 39; *Kloesel/Cyran*, AMG § 40 Anm. 111.

209 *Von Freier*, MedR 2003, S. 610 (615).

210 *Listl* in: Spickhoff, Medizinrecht, AMG § 40 Rn. 40.

(b) Forschung an erkrankten Minderjährigen

Die klinische Prüfung von Arzneimitteln an einschlägig erkrankten Minderjährigen wird von § 41 Abs. 2 AMG erfasst. Soll das zu prüfende Arzneimittel dem betroffenen Minderjährigen direkt therapeutischen Nutzen vermitteln, so ist die Studie gemäß § 41 Abs. 2 S. 1 Nr. 1 AMG unter den allgemeinen Voraussetzungen des § 40 AMG zulässig.

Nach der Umsetzung der RL 2001/20/EG[211] gestattet § 41 Abs. 2 S. 1 Nr. 2 AMG nun auch die Durchführung von klinischen Prüfungen an einschlägig erkrankten Minderjährigen ohne individuellen therapeutischen Nutzen. Zentrale Voraussetzung ist hierzu ein direkter Nutzen für die Gruppe der Patienten, die an der gleichen Krankheit leiden (§ 41 Abs. 2 S. 1 Nr. 2 lit. a) AMG). Diesem Erfordernis liegt erkennbar Art. 4 lit. e) RL 2001/20/EG zugrunde, so dass auch hier zunächst fraglich erscheint, wie der direkte Nutzen für die Gruppe der Patienten auszulegen ist.[212] Letztlich muss auch hier gelten, dass ein Nutzen für Patienten außerhalb des Probandenkollektivs ausreicht. Damit ermöglicht § 41 Abs. 2 S. 1 Nr. 2 AMG auch in Deutschland rein fremdnützige Versuche an Minderjährigen.

Darüber hinaus muss die Studie für die Bestätigung bereits gewonnener Daten unbedingt erforderlich sein (§ 41 Abs. 2 S. 1 Nr. 2 lit. b) AMG) und die Forschung muss einen klinischen Zustand zum Gegenstand haben unter dem der Minderjährige leidet (§ 41 Abs. 2 S. 1 Nr. 2 lit. c) AMG). „Klinischer Zustand" ist dabei weit zu verstehen und geht über feste Krankheitsbilder hinaus.[213]

Zuletzt darf das Vorhaben gemäß § 41 Abs. 2 S. 1 Nr. 2 lit. d) AMG für den Probanden nur mit minimalen Risiken und minimalen Belastungen verbunden sein. Ein minimales Risiko besteht, wenn lediglich sehr geringfügige und vorübergehende Beeinträchtigungen der Gesundheit zu erwarten sind. Minimale Belastungen sind vorübergehende und geringfügige Belastungen. Die Belastungsgrenze ist dabei am subjektiven Empfinden der jeweiligen Versuchsperson auszurichten.[214]

Gemäß § 41 Abs. 2 S. 2 AMG dürfen nicht-therapeutische Versuche an Minderjährigen, die aller Wahrscheinlichkeit nach auch bei Erreichen der Volljährigkeit nicht einwilligungsfähig sein werden, nicht vorgenommen werden.[215]

---

211 Siehe dazu C.II.2.c).

212 Siehe dazu C.II.2.c)bb)(3).

213 *Kloesel/Cyran*, AMG, § 41 Anm. 21.

214 *Kloesel/Cyran*, AMG, § 41 Anm. 22.

215 *Listl* in: Spickhoff, Medizinrecht, AMG § 41 Rn. 4.

Im Übrigen gelten die allgemeinen Vorschriften des § 40 AMG und damit insbesondere das Aufklärungs- und Einwilligungserfordernis des § 40 Abs. 4 Nr. 3 AMG.

(2) Nichteinwilligungsfähige Erwachsene als Prüfungsteilnehmer

Personen, die aufgrund geistiger Behinderung oder Erkrankung nicht einwilligungsfähig sind, können nur gemäß § 41 Abs. 3 AMG in klinische Studien einbezogen werden. Dazu müssen sie an einer Krankheit leiden, die mit dem zu prüfenden Arzneimittel behandelt werden soll (§ 41 Abs. 3 S. 1). Diese Formulierung legt zunächst nahe, dass es auf die Art der Krankheit nicht ankommt, diese also insbesondere nicht im Zusammenhang mit der Einwilligungsunfähigkeit stehen muss. § 41 Abs. 3 Nr. 3. S. 2 AMG erklärt aber § 40 Abs. 4 Nr. 2 AMG für entsprechend anwendbar, so dass die Forschung an Einwilligungsunfähigen nicht in Betracht kommt, wenn diese auch an einwilligungsfähigen Erwachsenen durchgeführt werden könnte. Das bedeutet, dass die klinische Forschung an Einwilligungsunfähigen nur bezüglich solcher Arzneimittel zugelassen ist, die zur Behandlung der Krankheit dienen, die im unmittelbaren Zusammenhang zur Einwilligungsunfähigkeit steht. Und auch hier muss im Rahmen der durch § 40 Abs. 4 Nr. 2 AMG angeordneten Subsidiarität zuvor geprüft werden, ob die Forschung nicht auch mit gleichen Erfolgsaussichten an Einwilligungsfähigen durchgeführt werden könnte.[216]

Darüber hinaus muss das Arzneimittel gemäß § 41 Abs. 3 Nr. 1 AMG voraussichtlich geeignet sein, das Leben des Probanden zu retten, seine Gesundheit wiederherzustellen oder sein Leiden zu erleichtern. Ein Gruppennutzen reicht nicht aus.[217] Kontrollierte Studien sind damit an einwilligungsunfähigen Erwachsenen nur insoweit möglich, als die Kontrollgruppe die Standardtherapie erhält, die einen therapeutischen Nutzen mit sich bringt. Placebokontrollierte Studien sind grundsätzlich ausgeschlossen.[218]

Die Forschung muss sich unmittelbar auf einen lebensbedrohlichen oder sehr geschwächten klinischen Zustand der betroffenen Person beziehen. Was unter einem sehr geschwächten klinischen Zustand zu verstehen ist, wird nicht erläutert. Die Gesetzesbegründung weist lediglich darauf hin, dass auch die Altersdemenz darunter zu fassen ist.[219] Mindestens dürfte die Voraussetzung des sehr

216 *Osieka*, Das Recht der Humanforschung, S. 268.

217 *Rehmann*, AMG, § 41 Rn. 3.

218 *Deutsch* in: *Deutsch/Lippert*, AMG, § 41 Rn. 7, geht sogar davon aus, dass Kontrollgruppen grundsätzlich nicht zugelassen sind.

219 BT-Drucks. 15/2109 S. 32.

geschwächten klinischen Zustandes jedenfalls die akute Behandlungsbedürftigkeit der betroffenen Person beinhalten.

Die klinische Prüfung muss für den Probanden mit möglichst wenig Belastungen und anderen vorhersehbaren Risiken verbunden sein und der voraussichtliche Nutzen der Anwendung des Arzneimittels muss für den Forschungsteilnehmer die zu erwartenden Risiken überwiegen oder darf keine Risiken mit sich bringen (§ 41 Abs. 3 Nr. 1 S. 2 AMG). Der Wortlaut macht nicht deutlich, ob auf einen Nutzen für den Probanden ausnahmsweise verzichtet werden kann, wenn der Versuch keine Risiken mit sich bringt. Diese Frage ist aber eher hypothetischer Natur, da ein Versuch im Einzelfall zwar sehr risikoarm sein kann, aber im Regelfall nie von vornherein gänzlich risikolos sein wird.[220]

Weiterhin bedarf es der Einwilligung des gesetzlichen Vertreters des Probanden oder eines Bevollmächtigten in die klinische Prüfung (§ 41 Abs. 3 Nr. 2 AMG). Zuvor müssen diese über die Studie aufgeklärt worden sein. Den Umfang der Aufklärung bestimmt auch hier § 40 Abs. 2 AMG. Wie auch schon in den Bestimmungen für die klinische Prüfung an Minderjährigen fehlt in § 41 Abs. 3 AMG ein Verweis auf die datenschutzrechtliche Aufklärung gemäß § 40 Abs. 2a AMG.

§ 41 Abs. 3 Nr. 3 AMG ordnet eine allgemeine Subsidiarität der Arzneimittelforschung an nicht einwilligungsfähigen Erwachsenen an.

(3) Einwilligungsfähige Erkrankte als Prüfungsteilnehmer

(a) Normalfall

Auch für die Einbeziehung einwilligungsfähiger Personen bestehen zusätzliche Einschränkungen, soweit diese an einer Krankheit leiden, zu deren Behandlung das zu prüfende Arzneimittel angewendet werden soll (§ 41 Abs. 1 AMG).

Die Anwendung des Prüfarzneimittels muss grundsätzlich gemäß § 41 Abs. 1 S. 1 Nr. 1 AMG mit einem individuellen therapeutischen Nutzen für den Probanden verbunden sein. Alternativ reicht gemäß Art. 41 Abs. 1 S. 1 Nr. 2 AMG aber auch ein Nutzen für die Gruppe der Patienten, die an der gleichen Krankheit leiden wie die Versuchsperson, aus. Diese Vorschrift ermöglicht insbesondere kontrollierte Studien. Auch placebokontrollierte Versuche dürften bei entsprechender Aufklärung erlaubt sein, soweit die Gesundheit des Probanden dadurch nicht ernsthaft gefährdet wird.[221]

---

220 *Spickhoff*, MedR 2006, S. 707 (709).

221 *Listl* in: Spickhoff, Medizinrecht, AMG § 41 Rn. 2.

(b) Notfallsituation

§ 41 Abs. 1 S. 2 AMG erlaubt die Behandlung von Patienten in Notfallsituationen auch ohne vorherige Aufklärung und Einwilligung. Unter Behandlung ist hier die Einbeziehung in klinische Studien zu verstehen. Die reine Behandlung, auch mit noch unerprobten Therapien, außerhalb klinischer Studien wird von § 41 AMG nicht erfasst.[222]

Eine Notfallsituation ist eine plötzliche, unvorhergesehene Situation, in der eine Behandlung des Patienten ohne Aufschub erfolgen muss, um das Leben der Person zu retten, ihre Gesundheit wiederherzustellen oder ihr Leiden zu erleichtern.[223] Lebensgefahr oder auch nur die Gefahr einer schweren Gesundheitsschädigung ist nach dem Gesetzeswortlaut nicht erforderlich, um eine Notfallsituation anzunehmen.[224]

Dennoch dürfte der praktische Anwendungsbereich des § 41 Abs. 1 S. 2 AMG stark beschränkt sein, da sich § 41 Abs. 1 AMG nur auf einwilligungsfähige Probanden bezieht.[225] In Notfallsituationen, in denen die Einholung der Einwilligung nicht möglich ist, wird dies oft auf die akute Einwilligungsunfähigkeit der betroffenen Personen zurückzuführen sein. Dann aber gilt § 41 Abs. 3 AMG.[226] Für diese Situation wird daher die entsprechende Anwendung des § 41 Abs. 1 S. 2 AMG diskutiert.[227]

So erfasst § 41 Abs. 1 S. 2 AMG in direkter Anwendung in erster Linie die Situation, in der eine einwilligungsfähige Person aufgrund der zeitlichen Dringlichkeit der Behandlung nicht ausreichend aufgeklärt werden kann, um eine wirksame Einwilligung abzugeben.[228] Sobald möglich, ist die Einwilligung zur weiteren Teilnahme des Notfallpatienten gemäß § 41 Abs. 1 S. 3 AMG einzuholen.

dd) Genehmigung der klinischen Studie durch Ethikkommission und Behörde

Eine klinische Arzneimittelstudie darf gemäß § 40 Abs. 1 S. 2 AMG nur begonnen werden, wenn eine zustimmende Bewertung der zuständigen Ethikkommission gemäß § 42 Abs. 1 AMG und die Genehmigung der zuständigen

---

222 *Bender*, MedR 2005, S. 511 (512).
223 *Spickhoff*, MedR 2006, S. 707 (708).
224 So wohl auch *Kloesel/Cyran*, AMG, § 41 Anm. 10.
225 *Spickhoff*, MedR 2006, S. 707 (708).
226 *Rehmann*, AMG, § 41 Rn. 4.
227 *Listl* in: Spickhoff, Medizinrecht, AMG § 41 Rn. 2.
228 *Spickhoff*, MedR 2006, S. 707 (709).

Bundesoberbehörde gemäß § 42 Abs. 2 AMG vorliegen. Die Überprüfung durch die Ethikkommission soll dabei in erster Linie dem Schutz der teilnehmenden Probanden dienen,[229] während die Prüfung durch die Bundesoberbehörde die Qualität und Sicherheit des Prüfarzneimittels sicherstellen soll.[230]

(1) Zustimmung der Ethikkommission

(a) Allgemeines

§ 42 Abs. 1 AMG in Verbindung mit §§ 7 und 8 GCP-V[231] verpflichtet den Sponsor einer klinischen Arzneimittelprüfung vor Prüfungsbeginn eine zustimmende Bewertung der zuständigen Ethikkommission einzuholen. Diese Zustimmung stellt nach inzwischen allgemeiner Ansicht einen Verwaltungsakt im Sinne des § 35 VwVfG dar.[232]

Die Ethikkommission im Sinne des Arzneimittelrechts wird in § 3 Abs. 2a GCP-V definiert. Demnach ist die Ethikkommission ein unabhängiges Gremium, zusammengesetzt aus Personen des medizinischen und des nicht-medizinischen Bereichs, das den Schutz der Teilnehmer klinischer Prüfungen zur Aufgabe hat und diesbezüglich das Vertrauen der Öffentlichkeit schaffen soll. Die genauere Ausgestaltung obliegt gemäß § 42 Abs. 1 S. 3 AMG dem Landesgesetzgeber. In der Regel sind die Landesärztekammern mit der Einrichtung einer solchen Ethikkommission betraut.[233] Zum Teil existieren Ethikkommissionen im Sinne des AMG auch an den medizinischen Fakultäten der Hochschulen (Vgl. z. B. § 7 HeilBerG NRW).

(b) Verfahren

Auch wenn der Sponsor einer Studie verpflichtet wird, die Bewertung durch die Kommission zu beantragen, richtet sich die Zuständigkeit der Ethikkommission dabei nach der Person des (Haupt-)Prüfers der klinischen Studie.[234] Bei multizentrischen Prüfungen, also Prüfungen an mehreren Standorten, ist gemäß § 42 Abs. 1 S. 2 AMG, § 7 Abs. 1 S. 5 GCP-V die Zustimmung der Ethikkommission einzuholen, die für den Leiter der klinischen Prüfung zuständig ist

229 *Rehmann*, AMG, § 42 Rn. 2.

230 *Heil/Lützeler* in: Dieners/Reese, Handbuch des Pharmarechts, § 4 Rn. 48.

231 Verordnung über die Anwendung der Guten Klinischen Praxis bei der Durchführung von klinischen Prüfungen mit Arzneimitteln zur Anwendung am Menschen (GCP-Verordnung – GCP-V) v. 09.08.2004 (BGBl. I S. 2081).

232 Statt vieler: *Deutsch* in: Deutsch/Lippert, AMG, § 42 Rn. 16.

233 Siehe dazu *Kloesel/Cyran*, AMG, § 42 Anm. 8.

234 *Rehmann*, AMG, § 42 Rn. 4.

(federführende Kommission). Die Ethikkommissionen, die für die Prüfer an den anderen Standorten zuständig wären (beteiligte Ethikkommissionen), erhalten aber gemäß § 7 Abs. 1 S. 4 GCP-V eine Kopie des Zustimmungsantrags.

Die Unterlagen, die der Sponsor zusammen mit dem Antrag der Ethikkommission übermitteln muss, werden durch § 7 Abs. 2 und 3 GCP-V festgelegt. Dazu gehören unter anderem Informationen über die beteiligten Prüfer, die Auswahlkriterien bezüglich der Probandengruppe, Angaben zur Finanzierung der Studie, die Bewertung und Abwägung der vorhersehbaren Risiken sowie der Nachweis einer Versicherung nach § 40 Abs. 1 S. 3 Nr. 8 und Abs. 3 AMG. Um eine sachgerechte Bewertung der abgeschlossenen Versicherung zu ermöglichen,[235] sind dazu insbesondere auch die jeweiligen allgemeinen Versicherungsbedingungen beizufügen.[236]

In der Regel hat die Ethikkommission spätestens 60 Tage nach Eingang der Unterlagen ihre Bewertung gemäß § 42 Abs. 1 S. 9 AMG, § 8 Abs. 2 GCP-V dem Sponsor zu übermitteln. Streitig ist, ob die Bewertung nach 60 Tagen dem Sponsor zugegangen sein muss[237] oder ob die Abgabe der Bewertung in diesem Zeitraum genügt.[238] Je nach Art der klinischen Studie kommen auch kürzere und längere Fristen in Betracht (§ 8 Abs. 3 und 4 GCP-V).

(c) Prüfung

Die abschließende Beurteilung durch die Ethikkommission muss entweder die zustimmende Bewertung im Sinne von § 42 Abs. 1 S. 1 AMG oder deren Versagung beinhalten. Verbesserungsvorschläge bezüglich des Studiendesigns oder Ähnlichem soll das Votum der Kommission nicht enthalten.[239]

Die Versagungsgründe sind abschließend in § 42 Abs. 1 S. 7 AMG aufgelistet und geben gleichzeitig den Umfang der Überprüfung durch die Ethikkommission vor. Die Ethikkommission darf die zustimmende Bewertung verweigern, wenn die vorzulegenden Unterlagen trotz Nachfrist unvollständig sind (Nr. 1), die Unterlagen nicht dem Stand der wissenschaftlichen Erkenntnisse entsprechen (Nr. 2) oder die Anforderungen des § 40 Abs. 1 S. 3 Nr. 2–9, Abs. 4 AMG

---

235 *Kloesel/Cyran*, AMG, § 42 Anm. 38, halten jedoch die Ethikkommissionen mit der Bewertung der Versicherungen für überfordert.

236 Vgl. Checkliste des Arbeitskreises medizinsicher Ethikkommissionen, abrufbar unter: http://www.ak-med-ethik-komm.de/formulare.html (Stand: 27.03.2015).

237 *Listl* in: Spickhoff, Medizinrecht, AMG § 42 Rn. 11.

238 *Kloesel/Cyran*, AMG, § 42 Anm. 40.

239 *Meuser/Platter*, PharmR 2005, S. 395 (401); *Kloesel/Cyran*, AMG, § 42 Anm. 33.

und des § 41 AMG nicht erfüllt sind, wobei der inhaltliche Schwerpunkt der Prüfung eindeutig durch den letztgenannten Versagungsgrund bestimmt wird.[240]

Die Ethikkommission überprüft also in erster Linie die Einhaltung jener gesetzlichen Zulässigkeitsvoraussetzungen, die den Schutz der Teilnehmer klinischer Prüfungen bezwecken.

Hinsichtlich der Feststellung, ob eine dieser Ablehnungsvoraussetzungen vorliegt, besitzt die Ethikkommission einen Beurteilungsspielraum.[241] Kann die Kommission nichts dergleichen feststellen, ist die zustimmende Genehmigung zwingend zu erteilen. In diesem Fall besitzt der beantragende Sponsor einen gebundenen Anspruch auf Zustimmung.[242]

Liegt jedoch einer der Versagungsgründe vor, ist die Kommission berechtigt, die Zustimmung zum Forschungsvorhaben zu verweigern (§ 42 Abs. 1 S. 7 AMG). Aus dem Wortlaut lässt sich folgern, dass die Zustimmung nicht zwingend versagt werden muss. Die Ethikkommission besitzt insoweit scheinbar Ermessen. Dieses Auslegungsergebnis steht aber systematisch im Widerspruch zu § 42 a Abs. 4a S. 1 AMG. Dort heißt es, dass die Zustimmung der Kommission zurückzunehmen *ist*, wenn die Ethikkommission nachträglich davon Kenntnis erlangt, dass ein Versagungsgrund nach § 42 Abs. 1 S. 7 AMG vorgelegen hat. Muss also die Ethikkommission zwingend die zustimmenden Genehmigung zurücknehmen, wenn sie nachträglich von Versagungsgründen iSd § 42 Abs. 1 S. 7 AMG erfährt,[243] kann ihr im Fall der Kenntnis bei Abgabe der Bewertung kein Ermessen zustehen. Liegt also ein Versagungsgrund vor, muss die Ethikkommission die zustimmende Bewertung gemäß § 42 Abs. 1 S. 7 AMG verweigern.

Zu den von der Ethikkommission zu bewertenden Anforderungen gehört gemäß § 40 Abs. 1 S. 3 Nr. 8 AMG auch der Abschluss einer ausreichenden Probandenversicherung. Entspricht also die abgeschlossene Versicherung nicht den gesetzlichen Vorgaben, müsste die Ethikkommission die zustimmende Bewertung versagen.

(d) Rücknahme und Widerruf der Zustimmung

§ 42a Abs. 4a AMG regelt die Rücknahme und den Widerruf der zustimmenden Bewertung und verdrängt als lex specialis die allgemeinen Vorschriften des VwVfG zu Rücknahme und Widerruf in den §§ 48, 49 VwVfG.[244]

240 *Osieka*, Das Recht der Humanforschung, S. 296.

241 *Kloesel/Cyran*, AMG, § 42 Anm. 34.

242 *Meuser/Plattner*, PharmR 2005, S. 395 (400).

243 *Listl* in: Spickhoff, Medizinrecht, AMG § 42a Rn. 6.

244 *Kloesel/Cyran*, AMG, § 42a Anm. 2.

Die Zustimmung ist zu zurückzunehmen, wenn der Kommission nachträglich bekannt wird, dass bereits bei Erteilung der zustimmenden Bewertung ein Versagungsgrund gemäß § 42 Abs. 1 S. 7 AMG vorgelegen hat. Tritt nachträglich eine der in § 42 a Abs. 41 S. 1 Nr. 1–4 AMG beschriebenen Situationen ein, muss die ursprünglich rechtmäßige zustimmende Bewertung durch die Ethikkommission widerrufen werden. Dazu gehört gemäß § 42a Abs. 4a S. 1 Nr. 2 AMG auch der Fall, dass keine ordnungsgemäße Probandenversicherung mehr besteht.

Trotz der Pflicht zur Rücknahme beziehungsweise zum Widerruf der Zustimmung in bestimmten Konstellationen statuiert der Gesetzgeber damit keine Überwachungspflicht der Ethikkommissionen.[245]

(2) Genehmigung durch die Bundesoberbehörde

Neben der zustimmenden Bewertung durch die Ethikkommission muss der Sponsor einer klinischen Arzneimittelprüfung auch die Genehmigung der zuständigen Bundesoberbehörde gemäß § 40 Abs. 1 S. 2 AMG iVm § 42 Abs. 2 AMG beantragen.

Im Grundsatz ist die zuständige Behörde gemäß § 77 Abs. 1 AMG das BfArM. In bestimmten Fällen kann jedoch das PEI gemäß § 77 Abs. 1 und 2 AMG die zuständige Bundesoberbehörde sein, so zum Beispiel bei der klinischen Prüfung xenogener Arzneimittel. Darunter fallen solche Arzneimittel, die lebende tierische Gewebe oder Zellen enthalten (§ 4 Abs. 21 AMG).

Zusammen mit dem Antrag auf Genehmigung muss der Sponsor die erforderlichen Unterlagen gemäß § 7 Abs. 1, 2 und 4 GCP-V bei der Bundesoberbehörde einreichen. Dazu gehört gemäß § 7 Abs. 4 Nr. 2 GCP-V auch der Nachweis der Probandenversicherung, wenn es sich bei dem zu prüfenden Arzneimittel um ein xenogenes Zelltherapeutikum handelt.

Die Versagung der Genehmigung darf nur aufgrund des § 42 Abs. 2 S. 3 AMG erfolgen. Zu den Versagungsgründen gehört auch der nicht ordnungsgemäße Abschluss einer Probandenversicherung, soweit xenogene Arzneimittel geprüft werden (§ 42 Abs. 2 S. 3 Nr. 3 AMG). Dabei soll insbesondere die Absicherung von Drittrisiken sichergestellt werden. Im Fall anderer Arzneimittel überprüft ausschließlich die Ethikkommission das Vorliegen der Probandenversicherung.

Liegt kein Versagungsgrund vor, hat der Sponsor auch gegenüber der Bundesoberbehörde einen gebundenen Anspruch auf Erteilung der Genehmigung.

---

245 *Listl* in: Spickhoff, Medizinrecht, AMG § 42a Rn. 6.

Im Regelfall tritt eine Fiktion an die Stelle der expliziten Genehmigung.[246] Erhebt die Bundesoberbehörde innerhalb von 30 Tagen nach Eingang des Genehmigungsantrags keine Einwände, gilt die Genehmigung gemäß Art. 42 Abs. 2 S. 4 AMG als erteilt. Damit wird das Prinzip der impliziten Genehmigung, das der RL 2001/20/EG zugrunde liegt, auch im deutschen Arzneimittelgesetz übernommen.[247]

Etwas anderes gilt für die klinische Prüfung von speziellen Arzneimitteln gemäß § 42 Abs. 2 S. 7 AMG. Hier ist aufgrund eines erhöhten Gefahrenpotentials eine explizite, schriftliche Genehmigung durch die Bundesoberbehörde Voraussetzung für den Beginn der klinischen Prüfung.[248]

Rücknahme und Widerruf der Genehmigung sind in § 42a Abs. 1–4 AMG geregelt. § 42a Abs. 1 enthält Voraussetzungen, bei deren Vorliegen die Genehmigung zurückgenommen bzw. widerrufen werden muss. So muss die Genehmigung unter anderem zurückgenommen oder widerrufen werden, wenn im Fall einer Prüfung mit xenogenen Arzneimitteln keine ordnungsgemäße Probandenversicherung (mehr) besteht (§ 42a Abs. 1 AMG iVm § 42 Abs. 2 S. 3 Nr. 3 AMG).

ee) Veröffentlichungspflicht

Der zum 1.1.2011 neu eingeführte § 42b AMG statuiert zum ersten Mal in Deutschland eine Art Veröffentlichungspflicht. Die Veröffentlichung von Versuchsergebnissen klinischer Studien wurde bereits in der Deklaration von Helsinki in der Fassung von 1975 gefordert (Ziff. I. 8 DvH 1975). Ohne Berücksichtigung der rechtlichen Qualität der Deklaration von Helsinki galt diese Vorschrift aber unstreitig nicht für pharmazeutische Unternehmer.

Nun muss gemäß § 42b Abs. 1 AMG der pharmazeutische Unternehmer, der ein Arzneimittel zur Anwendung bei Menschen in den Verkehr bringt, das der Pflicht zur Zulassung oder Genehmigung unterliegt, der Bundesoberbehörde Berichte über die Ergebnisse aller klinischen Prüfungen dieses Medikaments zur Verfügung stellen, so dass diese in einer allgemein zugänglichen Datenbank veröffentlicht werden können. Klinische Prüfungen von Arzneimitteln, die nicht in den Verkehr gebracht werden, unterliegen allerdings nicht dieser Veröffentlichungspflicht.

---

246 *Deutsch* in: Deutsch/Lippert, AMG, § 42 Rn. 26.

247 Siehe dazu C.II.2.c)cc).

248 *Rehmann*, AMG, § 42 Rn. 9.

ff) Abschluss einer Versicherung

§ 40 Abs. 1 S. 3 Nr. 8 iVm § 40 Abs. 3 AMG sieht als Zulässigkeitsvoraussetzung der klinischen Arzneimittelprüfung den Abschluss einer Versicherung zugunsten der von der klinischen Prüfung betroffenen Personen vor. Mit der der sogenannten Probandenversicherung[249] befasst sich insbesondere Abschnitt D dieser Arbeit.

gg) Sonstige Vorschriften

Die klinische Prüfung muss gemäß § 40 Abs. 1 S. 3 Nr. 5 AMG unter der Leitung eines qualifizierten Prüfers stattfinden, der mindestens eine zweijährige Erfahrung in der klinischen Prüfung vorweisen kann. Alle anderen Prüfer müssen ebenfalls angemessen qualifiziert sein. Im Regelfall sollte es sich bei den Prüfern um Ärzte handeln (§ 4 Abs. 25 AMG).

Zudem muss jeder Prüfer im Vorfeld über die Ergebnisse der gemäß § 40 Abs. 1 S. 3 Nr. 6 AMG vorangegangenen pharmakologisch-toxikologischen Prüfung und die hierdurch erkannten Risiken für die klinische Prüfung informiert werden (§ 40 Abs. 1 S. 3 Nr. 7 AMG).

Während der klinischen Studie muss gemäß § 40 Abs. 1 S. 3 Nr. 9 AMG ein Arzt für die medizinische Versorgung der Probanden verantwortlich sein.

c) Resümee

Die Schutzvorschriften des AMG für die klinische Forschung am Menschen orientierten sich zunächst deutlich an der Deklaration von Helsinki. Dies zeigt sich insbesondere in der grundsätzlichen Unterscheidung zwischen gesunden und kranken Probanden, die das Gesetz in den §§ 40, 41 AMG vornimmt, während neuere internationale Regelungen wie die RL 2001/20/EG oder das Forschungsprotokoll zunächst nur zwischen einwilligungsfähigen und nicht-einwilligungsfähigen Teilnehmern unterscheiden. Dennoch hält das AMG mittlerweile auch differenzierte Regeln für die Forschung an Minderjährigen und anderen Einwilligungsunfähigen bereit.

In Übereinstimmung mit den internationalen Vorgaben bestehen die Kernelemente des Probandenschutzes im AMG in der ärztlichen Vertretbarkeit der Forschung, der informierten Einwilligung des Probanden sowie der Überprüfung des Vorhabens durch eine Ethikkommission.

---

249 Der Gesetzgeber bezeichnet diese Versicherung lediglich in § 42a Abs. 4a AMG als „Probandenversicherung".

Darüber hinaus soll die Versicherung gemäß § 40 Abs. 1 S. 3 Nr. 8, Abs. 3 AMG den Probanden absichern, wenn trotz der Schutzmaßnahmen ein Schaden durch die klinische Prüfung eingetreten ist.

Der Schutzstandard des AMG ist als sehr hoch anzusehen. Zum Teil wird allerdings der Umgang mit einwilligungsunfähigen Probanden als zu restriktiv kritisiert.[250]

2. Medizinproduktegesetz (MPG)[251]

a) Allgemeines

Das MPG wurde 1994 zur Umsetzung diverser europäischer Richtlinien erlassen.[252] Im Gegensatz zu den Bestimmungen des AMG ist eine klinische Prüfung von Medizinprodukten am Menschen im Grundsatz nicht zwingend vorgeschrieben. Dennoch besteht für bestimmte Medizinprodukte die Notwendigkeit, eine solche Prüfung durchzuführen, um eine klinische Bewertung des Produkts im Sinne des § 19 MPG erstellen zu können.[253]

Daher bedarf es auch für die Prüfung von Medizinprodukten entsprechender Regeln zum Schutz der Probanden. Diese finden sich in den §§ 20 ff. MPG wieder. Sie sind seit der 4. MPG-Novelle vom 29.7.2009 in allen Bereichen weitgehend den Vorschriften des AMG nachempfunden.

b) Schutzvorschriften für die klinische Prüfung

Spiegelbildlich zu § 40 AMG enthält § 20 MPG zum Schutz der Probanden die grundsätzlichen Zulässigkeitsvoraussetzungen einer klinischen Prüfung.

Auch hier darf nur mit der Prüfung am Menschen begonnen werden, wenn die zuständige Ethikkommission und die Bundesoberbehörde gemäß § 20 Abs. 1 S. 1 MPG die Einhaltung der Zulässigkeitsvoraussetzungen überprüft und die Studie zustimmend bewertet beziehungsweise genehmigt haben.

Allerdings kann hier die Genehmigungspflicht für die Prüfung bestimmter Medizinprodukte gemäß § 20 Abs. 1 S. 2 MPG iVm § 7 MPKPV[254] entfallen.

---

250 *Deutsch* in: Deutsch/Lippert, AMG, § 41 Rn. 9; *Spickhoff*, MedR 2006, S. 707 (710).

251 Gesetz über Medizinprodukte (Medizinproduktegesetz – MPG) in der Fassung der Bekanntmachung vom 7.8.2002 (BGBl. I S. 3146).

252 Siehe dazu *Rehmann* in: Rehmann/Wagner, MPG Einführung Rn. 2.

253 Siehe dazu auch B.I.2.

254 Verordnung über klinische Prüfungen von Medizinprodukten (MPKPV) v. 10.05.2010 (BGBl. I S. 555).

Dabei handelt es sich um Produkte, denen nur ein geringes Sicherheitsrisiko anhaftet.

aa) Ärztliche Vertretbarkeit

Die Risiken, die die klinische Prüfung für den Probanden mit sich bringt, müssen im Hinblick auf die voraussichtliche Bedeutung des Medizinprodukts gemäß § 20 S. 4 Nr. 1 MPG ärztlich vertretbar sein. Im Gegensatz zu § 40 Abs. 1 S. 3 Nr. 2 AMG wird nur auf die Bedeutung für die Heilkunde abgestellt. Der individuelle Nutzen für den Forschungsteilnehmer wird nicht erwähnt. Dies ist nur konsequent, da § 20 MPG (wie auch § 40 AMG) zunächst lediglich die Voraussetzungen für klinische Studien an gesunden Probanden aufstellt. Ein solcher kann zumeist von vornherein nicht an dem geprüften Produkt profitieren.

Im Übrigen bleiben auch hier die Modalitäten des Abwägungsvorgangs, den die Feststellung der ärztlichen Vertretbarkeit erfordert,[255] unscharf.[256]

bb) Aufklärung und Einwilligung

Auch der Proband in der Medizinprodukteprüfung muss nach Aufklärung durch einen Arzt in die Durchführung der klinischen Studie einwilligen. § 20 Abs. 1 S. 4 Nr. 2 MPG bestimmt den Umfang der Aufklärung. Insbesondere sind dem Versuchsteilnehmer Wesen, Bedeutung und Tragweite der klinischen Prüfung zu erläutern. Der Patient soll so in die Lage versetzt werden, eine eigene Risikobewertung vornehmen zu können.[257]

Die wirksame Einwilligung setzt gemäß § 20 Abs. 2 S. 1 Nr. 1 MPG voraus, dass der Einwilligende geschäftsfähig und in der Lage ist, Wesen, Risiken, Bedeutung und Tragweite der Prüfung einzusehen. Zudem muss Proband die Einwilligung selbst und schriftlich erteilen (§ 20 Abs. 2 S. 1 Nr. 2 MPG). Sie kann gemäß § 20 Abs. 2 S. 2 MPG jederzeit widerrufen werden.

Gemäß § 20 Abs. 1 S. 4 Nr. 2 MPG muss sich die Einwilligung zwar auch auf die Weitergabe von persönlichen Daten an bestimmte Dritte beziehen, aber das MPG sieht keine mit § 40 Abs. 2a AMG vergleichbare, unwiderrufliche Einwilligung in die Speicherung und Verwendung von Daten vor.[258] Das heißt, dass im Fall des Widerrufs alle über den Probanden erhobene Daten zu löschen sind.[259]

---

255 *Rehmann* in: Rehmann/Wagner, MPG, § 20 Rn. 4.

256 Siehe schon C.III.1.b)aa), S. 69 f.

257 *Rehmann* in Rehmann/Wagner, MPG, § 20 Rn. 5.

258 Vgl. C.III.1.b)bb), S. 70 ff.

259 *Herbst*, MedR 2009, S. 149 (150, 152); *Listl* in: Spickhoff, Medizinrecht, MPG § 20 Rn. 9.

cc) Sondervorschriften für schutzbedürftige Personengruppen

Für die nachfolgend aufgeführten Personengruppen gelten grundsätzlich die allgemeinen Schutzvorschriften gemäß § 20 MPG. Diese werden aber zum Teil durch Sondervorschriften ergänzt oder modifiziert.

(1) Minderjährige als Prüfungsteilnehmer

Gesunde Minderjährige dürfen nach § 20 Abs. 4 MPG nur in klinische Prüfungen für Medizinprodukte einbezogen werden, die zum Erkennen oder Verhüten von Krankheiten bei Minderjährigen bestimmt sind. Außerdem muss die Anwendung dieses Produkts auch bei dem konkreten Prüfungsteilnehmer indiziert sein (§ 20 Abs. 4 Nr. 2 MPG). Ein erwarteter individueller Nutzen für den Probanden ist also Voraussetzung für die Durchführung der klinischen Prüfung.

Ein individueller Nutzen ist auch für die klinische Studie mit einschlägig erkrankten Minderjährigen zwingende Voraussetzung (§ 21 Nr. 1 MPG). Die Prüfung darf hier nur durchgeführt werden, wenn das zu prüfende Medizinprodukt angezeigt ist, um das Leben des Probanden zu retten, seine Gesundheit wiederherzustellen oder sein Leiden zu erleichtern. Ein Gruppennutzen reicht im Gegensatz zur Arzneimittelprüfung am erkrankten Minderjährigen nicht aus.[260]

Die schriftliche Einwilligung wird von den gesetzlichen Vertretern des Minderjährigen abgegeben. Zuvor müssen diese, wie auch der Minderjährige gemäß § 20 Abs. 1 S. 4 Nr. 2 bzw. § 21 Nr. 3 MPG durch einen Arzt aufgeklärt worden sein. Besitzt der Minderjährige die natürliche Einsichtsfähigkeit hinsichtlich der klinischen Prüfung, so muss auch er einwilligen.

(2) Nichteinwilligungsfähige Erwachsene als Prüfungsteilnehmer

Einwilligungsunfähige Erwachsene können nur gemäß § 21 MPG an therapeutischen Versuchen teilnehmen. Auch hier kommt es darauf an, dass die Anwendung des Medizinprodukts angezeigt ist, um das Leben der betroffenen Person zu retten, ihre Gesundheit wiederherzustellen oder ihr Leiden zu erleichtern. Ein lebensbedrohlicher oder sehr geschwächter klinischer Zustand des Probanden wird nicht gefordert. Ebenso fehlt eine Subsidiaritätsklausel. Dies führt insbesondere dazu, dass nach dem MPG Medizinprodukte zur Behandlung einer bestimmten Erkrankung auch dann an nichteinwilligungsfähigen Personen getestet werden dürfen, wenn diese Erkrankung in keinem Zusammenhang mit der Einwilligungsunfähigkeit des Probanden steht.[261] Darüber hinaus dürften

260 *Listl* in: Spickhoff, Medizinrecht, MPG § 21 Rn. 3.

261 Vgl. C.III.1.b)cc)(2), S. 76 ff.

Nichteinwilligungsfähige sogar dann als Probanden herangezogen werden, wenn einwilligungsfähige Freiwillige bereitstünden.

Die Einwilligung zur Teilnahme wird nach Aufklärung durch den gesetzlichen Vertreter oder Betreuer abgegeben (§ 21 Nr. 2 u. 3 MPG). Ist der Einwilligungsunfähige in der Lage Wesen, Bedeutung und Tragweite des Versuchs einzusehen, muss auch er einwilligen.

In Notfallsituationen, in denen eine Behandlung ohne Aufschub erforderlich ist, um das Leben des Probanden zu retten, seine Gesundheit wiederherzustellen oder sein Leiden zu erleichtern, ist eine Einwilligung durch den Vertreter nach § 21 Nr. 3 S. 3 MPG entbehrlich. Soll die Studie jedoch nach Beendigung der Notfallmaßnahme weiter durchgeführt werden, ist die Einwilligung so bald wie möglich nachzuholen.[262]

(3) Einwilligungsfähige Erkrankte als Prüfungsteilnehmer

Leidet eine einwilligungsfähige Person an einer Krankheit, zu dessen Behandlung das zu prüfende Medizinprodukt eingesetzt werden soll, gilt ebenfalls § 21 MPG. Die Forschung darf somit nur durchgeführt werden, wenn sie dem Probanden voraussichtlich einen therapeutischen Nutzen bietet.

Abweichend vom Grundsatz der schriftlichen Einwilligung genügt es, wenn der Erkrankte mündlich vor einem Zeugen in die klinische Prüfung einwilligt (§ 21 Nr. 4 MPG).

Eine Ausnahme vom Einwilligungserfordernis für Notfallsituationen ist im MPG nicht vorgesehen.[263] Solang der erkrankte Prüfungsteilnehmer einwilligungsfähig ist, kann auf die Einwilligung nicht verzichtet werden.

(4) Schwangere als Prüfungsteilnehmer

§ 21 Abs. 5 MPG erlaubt unter bestimmten Voraussetzungen die Einbeziehung von Schwangeren und Stillenden in klinische Prüfungen. Das AMG spart diese Thematik aus.

Das zu prüfende Medizinprodukt muss gemäß § 20 Abs. 5 Nr. 1 MPG grundsätzlich dazu bestimmt sein, Krankheiten bei schwangeren oder stillenden Frauen oder ungeborenen Kindern zu verhüten, zu erkennen, zu heilen oder zu lindern. Zu diesem Zweck muss die Anwendung des Medizinprodukts auch bei der konkreten Versuchsteilnehmerin indiziert sein.

---

262 *Rehmann* in: Rehmann/Wagner, MPG, § 21 Rn. 3.

263 Vgl. § 41 Abs. 1 S. 2 AMG.

In die Risikoabwägung sind insbesondere die Belange des ungeborenen Kindes einzubeziehen (§ 20 Abs. 5 Nr. 3 MPG). Da sich Absatz 5 aber nicht nur auf Schwangere, sondern auch auf Stillende bezieht, sind in letzterem Fall wohl über den Wortlaut hinaus auch die Belange des geborenen Kindes zu berücksichtigen.

Diese zu berücksichtigende Drittgefährdung dürfte die Forschung an Schwangeren und Stillenden oft als ärztlich unvertretbar erscheinen lassen.[264]

dd) Genehmigung der Studie durch Ethikkommission und Behörde

(1) Zustimmung der Ethikkommission

Gemäß §§ 20 Abs. 1 S. 1; 22 MPG darf eine klinische Prüfung nur begonnen werden, wenn sie vorher durch eine Ethikkommission zustimmend bewertet wurde. Seit 2010 kommen hierfür nur nach Landesrecht gebildete Ethikkommissionen in Betracht (§ 22 Abs. 1 S. 4 MPG). Zuvor war die Zustimmung auch durch eine private Ethikkommission möglich, wenn diese beim BfArM registriert war.[265]

Das Verfahren vor den Ethikkommissionen wird durch § 22 MPG iVm §§ 3 ff. MPKPV bestimmt und entspricht dem Verfahren im Arzneimittelrecht.[266] Auch im Medizinprodukterecht gehört die Überprüfung und Beurteilung der abgeschlossenen Probandenversicherung zum Aufgabenbereich der Ethikkommission (§ 5 Abs. 4 Nr. 14 MPKPV).

Die Gründe für die Versagung der zustimmenden Bewertung sind abschließend in § 22 Abs. 3 MPG aufgeführt. Bestimmungen über Rücknahme und Widerruf der Zustimmung sind in § 22 b Abs. 5 MPG niedergelegt. Diese verdrängen als speziellere Vorschriften die §§ 48, 49 VwVfG.[267]

(2) Genehmigung durch die Bundesoberbehörde

Ebenfalls erforderlich für den Beginn einer klinischen Prüfung ist die Genehmigung durch die zuständige Bundesoberbehörde (§§ 20 Abs. 1 S. 1; 22 a MPG). Auch das MPG verfolgt mit § 22 a Abs. 4 MPG das Prinzip der impliziten Genehmigung, so dass die Genehmigung der Bundesoberbehörde als erteilt gilt, wenn die Behörde nicht innerhalb von 30 Tagen Einwände gegen die klinische Studie erhebt.

Als zuständige Bundesoberbehörde kommen, abhängig von der Art des zu prüfenden Medizinprodukts, das BfArM und das PEI gemäß § 32 Abs. 1 u. 2 MPG in Betracht.

---

264 *Osieka*, Das Recht der Humanforschung, S. 315.

265 Zum Konfliktpotential dieser Regelung siehe *Deutsch*, NJW 2002, S. 491 (491).

266 Siehe dazu C.III.1.b)dd)(1).80.

267 *Listl* in: Spickhoff, Medizinrecht, MPG § 22 b Rn. 1.

Gemäß § 20 Abs. 1 S. 2 MPG iVm § 7 MPKPV kann der Sponsor einer klinischen Prüfung eine Befreiung von der Genehmigungspflicht bei der zuständigen Behörde beantragen. Dies betrifft solche klinischen Prüfungen, die ein nur geringes Sicherheitsrisiko aufweisen.[268] Davon unabhängig muss aber dennoch die zustimmende Bewertung der zuständigen Ethikkommission eingeholt werden (§ 7 Abs. 4 MPKPV).

ee) Abschluss einer Versicherung

Nahezu Wortgleich mit § 40 Abs. 1 S. 3 Nr. 8 iVm § 40 Abs. 3 AMG schreibt das Medizinproduktegesetz ebenfalls den Abschluss einer Versicherung zugunsten der von der klinischen Prüfung betroffenen Personen vor (§ 20 Abs. 1 S. 4 Nr. 9 iVm § 20 Abs. 3 MPG).

Abweichend von den Bestimmungen des AMG muss die Versicherung gemäß § 20 Abs. 3 S. 1 MPG bei einem in Deutschland zum Geschäftsbetrieb befugten Versicherer genommen werden, während das AMG einen Versicherer vorschreibt, der in einem Mitgliedstaat der EU oder des EWR zugelassen ist. Inhaltliche Unterschiede gehen damit aber nicht einher.[269]

c) Resümee

Der Schutz, den das MPG dem Teilnehmer einer klinischen Prüfung vermittelt, ist in weiten Teilen identisch mit dem des AMG. Ein Versuch am Menschen darf nur stattfinden, wenn dieser ärztlich vertretbar ist, der Teilnehmer aufgeklärt wurde und zugestimmt hat, Ethikkommission und Behörde den Versuch genehmigt haben und eine Probandenversicherung abgeschlossen wurde.

Relevante Abweichungen lassen sich lediglich in der Behandlung von besonders schutzbedürftigen Personengruppen finden. Insbesondere verzichtet das MPG zum Schutze dieser Personen auf das Rechtfertigungselement des Gruppennutzens.

3. Verordnung über den Schutz vor Schäden durch ionisierende Strahlung (StrlSchV)

a) Allgemeines

Auch die StrlSchV enthält Vorschriften über die medizinische Forschung am Menschen. Darunter ist gemäß § 3 Abs. 2 Nr. 14 StrlSchV die Anwendung von

---

268 *Listl* in: Spickhoff, Medizinrecht, MPG § 20 Rn. 4.

269 *Rehmann* in: Rehmann/Wagner, MPG § 20 Rn. 12.

radioaktivem Material oder ionisierender Strahlung am Menschen zu Zweck der Fortentwicklung der Heilkunde und der medizinischen Wissenschaft zu verstehen. Keine medizinische Forschung liegt mehr vor, wenn primäres Ziel der Anwendung der therapeutische Nutzen für den einzelnen Patienten ist.

Unter ionisierender Strahlung wird eine solche verstanden, die in der Lage ist, die Elektronenanzahl von Atomen und Molekülen zu verändern, so dass im Körpergewebe biochemische Reaktionen ausgelöst werden.[270]

Radioaktive Stoffe sind gemäß § 2 Abs. 1 AtG Stoffe, die Radionuklide enthalten. Es handelt sich also um Materialien, die spontan unter Emission ionisierender Strahlung zerfallen können.[271]

Es kann zu Überschneidungen zwischen StrlSchV und MPG oder AMG kommen, wenn beispielsweise ein Medizinprodukt, das mit ionisierender Strahlung arbeitet, geprüft wird oder im Rahmen einer Arzneimittelstudie ionisierende Strahlung oder radioaktive Stoffe als Hilfsmittel eingesetzt werden. In diesem Fall gelten die Vorschriften der StrlSchV ergänzend neben denen des MPG oder des AMG. Es kann aber auch zur alleinigen Anwendung der StrlSchV kommen, wenn allein die Auswirkungen von ionisierender Strahlung oder radioaktiver Stoffe auf den Menschen unter medizinischen Gesichtspunkten geprüft werden sollen.

In den §§ 23 und 24 StrlSchV statuiert die StrlSchV eine Genehmigungspflicht für Forschungsvorhaben unter Einsatz von radioaktiven Stoffen und ionisierenden Strahlung und stellt zugleich mit den Genehmigungsvoraussetzungen einen Katalog von Vorschriften zum Schutz der Probanden auf. Darüber hinaus finden sich in den §§ 87 ff. StrlSchV weitere besondere Vorschriften zum Schutz der von Forschungsvorhaben betroffenen Personen.

b) Genehmigungspflicht

Gemäß § 23 Abs. 1 StrlSchV unterliegt die Anwendung radioaktiver Stoffe oder ionisierender Strahlung zum Zwecke der medizinischen Forschung einer Genehmigungspflicht. Zuständig für die Erteilung dieser Genehmigung ist das Bundesamt für Strahlenschutz (§ 23 Abs. 2 StrlSchV).

Die Voraussetzungen der Genehmigung sind in § 24 Abs. 1 StrlSchV niedergelegt. In § 24 Abs. 1 Nrn. 1–5 StrlSchV wird der in der medizinischen Forschung oft anzutreffende Subsidiaritätsgrundsatz konkretisiert. Für die Forschung unter Verwendung von radioaktivem Material oder ionisierender Strahlung muss ein

270 Pschyrembel Klinisches Wörterbuch, Stichwort Ionisierung.
271 Pschyrembel Klinisches Wörterbuch, Stichwort Nuklid.

zwingendes wissenschaftliches Bedürfnis bestehen, die strahlenbedingten Risiken müssen sich im Verhältnis zu der voraussichtlichen Bedeutung der Forschung als ärztlich vertretbar darstellen, die Strahlenexposition für den Probanden darf nicht durch eine andere Versuchsanordnung niedriger gehalten werden können und die Anzahl der Probanden muss auf das notwendige Maß beschränkt sein.

Desweiteren muss gemäß § 24 Abs. 1 Nr. 8 StrlSchV die Stellungnahme einer Ethikkommission vorliegen. Allerdings muss diese keine Zustimmung zum Forschungsvorhaben enthalten. Im Rahmen der strahlenschutzrechtlichen Bestimmungen kommt es allein auf die erfolgte Beratung durch die Ethikkommission an.

Grundsätzlich erfordert die Genehmigung, dass eine Vorsorge für die Erfüllung gesetzliche Schadensersatzverpflichtungen getroffen ist (§ 24 Abs. 1 Nr. 10 StrlSchV). Diese Verpflichtung kann zum Beispiel durch eine entsprechende Versicherung erfüllt werden.[272]

c) Weitere Voraussetzungen

Kapitel 4 der StrlSchV (§§ 80 ff.) enthält besondere Anforderungen für die medizinische Anwendung radioaktiver Stoffe und ionisierender Strahlung am Menschen. Innerhalb dieses Kapitels befasst sich der 2. Abschnitt (§§ 87–92) mit der medizinischen Forschung.

aa) Aufklärung und Einwilligung

Die Forschung am Menschen ist nur mit dessen schriftlicher Einwilligung zulässig. Die wirksame Einwilligung setzt die Geschäftsfähigkeit und Einsichtsfähigkeit des Einwilligenden voraus (§ 87 Abs. 1 StrlSchV). Die Einwilligung in das Forschungsvorhaben an sich ist jederzeit widerruflich (§ 87 Abs. 1 S. 4 StrlSchV). Jedoch muss der Proband sich darüber hinaus unwiderruflich mit der Mitteilung der erhaltenen Strahlenexposition an die zuständige Behörde einverstanden erklären (§ 87 Abs. 2 Nr. 2 StrlSchV).

Zuvor ist die betroffene Person gemäß § 87 Abs. 3 StrlSchV über Art, Bedeutung, Tragweite und Risiko der Anwendung radioaktiver Stoffe und ionisierender Strahlung aufzuklären. Zudem muss der Proband befragt werden, ob er zuvor bereits der Anwendung radioaktiver Stoffe oder ionisierender Strahlung ausgesetzt war.

272 Siehe dazu D.XII.

bb) Sondervorschriften für schutzbedürftige Personengruppen

§ 88 Abs. 1 StrlSchV schließt schwangere und gerichtlich oder behördlich verwahrte Personen von der Teilnahme an medizinischen Forschungsvorhaben aus. Stillende Frauen dürfen an Vorhaben mit ionisierender Strahlung teilnehmen, da durch diese das bereits geborene Kind nicht mehr geschädigt werden könne.[273]

Ebenso dürfen gemäß § 88 Abs. 2 StrlSchV Personen, bei denen in den vorausgegangenen 10 Jahren radioaktive Stoffe oder ionisierende Strahlung angewendet wurde, nicht in Forschungsvorhaben einbezogen werden, soweit dadurch eine Strahlenbelastung von mehr als 10 Millisievert zu erwarten ist. Einzelfallausnahmen sind möglich, wenn die Anwendung der Strahlung zugleich mit einem therapeutischen oder diagnostischen Nutzen für den Versuchsteilnehmer verbunden ist.

Unter der gleichen Voraussetzung dürfen gemäß § 88 Abs. 4 StrlSchV auch Studien mit geschäftsunfähigen und beschränkt geschäftsfähigen Personen durchgeführt werden. Die StrlSchV unterscheidet nicht wie AMG und MPG zwischen Minderjährigen und sonstigen nicht-geschäftsfähigen Personen. Zusätzlich zum individuellen Nutzen der betroffenen Person setzt die StrlSchV voraus, dass das Forschungsziel nicht anders erreichbar sein darf und der gesetzliche Vertreter des Probanden nach Aufklärung in die Forschung eingewilligt hat.

Eine besondere Ausprägung des Subsidiaritätsgrundsatzes enthält § 88 Abs. 3 StrlSchV. Danach dürfen Personen, die das 50. Lebensjahr noch nicht vollendet haben, nur in Forschungsvorhaben einbezogen werden, wenn eine besondere Notwendigkeit zur Erreichung des Forschungsziels besteht.

cc) Ethikkommissionen

Gemäß § 92 StrlSchV iVm § 24 Abs. 1 Nr. 8 StrlSchV muss der dem Forschungsvorhaben zugrunde liegende Studienplan einer unabhängigen Ethikkommission vorgelegt werden. Diese kann aber im Gegensatz zu den Vorschriften des AMG und des MPG auch eine privatrechtliche Kommission sein. Sie muss aber bei der zuständigen Bundesoberbehörde registriert sein. Zuständig ist gemäß § 23 Abs. 1 Nr. 7 Atomgesetz (AtG) das Bundesamt für Strahlenschutz.

Die Ethikkommission soll innerhalb von drei Monaten eine schriftliche Stellungnahme abgeben. Eine zustimmende Bewertung ist aber nicht erforderlich. Stellt das Forschungsvorhaben zugleich eine klinische Prüfung im Sinne des

273 *Osieka*, Das Recht der Humanforschung, S. 320.

AMG oder des MPG dar, so ist eine bloße Stellungnahme nicht ausreichend. Hier bedarf es einer zustimmenden Bewertung durch eine öffentlich-rechtliche Ethikkommission.

dd) Deckungsvorsorge

§ 24 Abs. 1 Nr. 5 StrlSchV schreibt verpflichtend eine Deckungsvorsorge für die Erfüllung gesetzlicher Schadensersatzverpflichtungen vor. Die gesetzlichen Schadensersatzverpflichtungen ergeben sich aus den allgemeinen Vorschriften und im Rahmen der Forschung mit radioaktivem Material und ionisierender Strahlung aus §§ 26 ff. AtG.

Die genauere Ausgestaltung der Deckungsvorsorge wird durch die Verordnung über die Deckungsvorsorge nach dem Atomgesetz (AtDeckV) festgelegt. Gemäß § 91 S. 2 StrlSchV kann auf diese Deckungsvorsorge verzichtet werden, wenn eine Probandenversicherung nach § 40 Abs. 1 S. 3 Nr. 8 iVm § 40 Abs. 3 AMG oder § 20 Abs. 1 S. 4 Nr. 9 iVm § 20 Abs. 3 MPG abgeschlossen wurde, die die Erfüllung der gesetzlichen Schadensersatzverpflichtungen dem Grund und der Höhe nach sicherstellt. In diesem Fall würde aber die Probandenversicherung die geforderte Deckungsvorsorge darstellen. Der Vorschrift des § 91 S. 2 StrlSchV kommt damit lediglich ein deklaratorischer Charakter zu.[274]

4. Verordnung über den Schutz vor Röntgenstrahlung (RöV)

Die RöV regelt spezialgesetzlich zu der StrlSchV den Umgang mit Röntgeneinrichtungen und anderen Röntgenstrahlern (§ 1 RöV). Grundsätzlich gehört auch die Röntgenstrahlung zu der ionisierenden Strahlung,[275] aber die StrlSchV findet hierauf gemäß § 2 Abs. 2 Nr. 3 StrlSchV keine Anwendung.

Vorschriften über die medizinische Forschung finden sich in den §§ 28 a ff. RöV. Dabei entsprechen die Vorgaben der RöV denen der StrlSchV inklusive der Forderung einer Deckungsvorsorge. Seit der Neufassung des § 28 b RöV im Jahr 2011 verweist auch § 28 b Abs. 5 RöV auf die Möglichkeit, die erforderliche Deckungsvorsorge durch die Probandenversicherung sicherzustellen. Rechtliche Unterschiede zu StrlSchV ergaben sich aber schon vorher nicht.[276]

---

274 *Taupitz/Krpic-Mocilar*, VersR 2003, S. 533 (540).

275 Pschyrembel Klinisches Wörterbuch, Stichwort Röntgenstrahlung.

276 *Taupitz/Krpic-Mocilar*, VersR 2003, S. 533 (540).

IV. Zwischenergebnis

Die Vorschriften zum Schutz der Teilnehmer medizinischer Versuche wurden im Laufe der Zeit zunehmend erweitert, zum Teil aber auch wieder eingeschränkt. Dabei haben sich verschiedene Prinzipien entwickelt, die heute zum großen Teil nebeneinander den Schutz der Versuchsteilnehmer bewirken sollen. Es lassen sich 3 zentrale Prinzipien feststellen, die die medizinische Forschung am Menschen rechtlich determinieren: Die aufgeklärte Einwilligung, die ärztliche Vertretbarkeit sowie die Beteiligung einer Ethikkommission.

1. Aufklärung und Zustimmung

Allen bislang ergangenen Regelwerken ist gemein, dass die Forschung am Menschen im Grundsatz nicht ohne die wirksame Zustimmung des Probanden vorgenommen werden darf. In konsequenter Umsetzung dieses Prinzips waren zu Beginn des kodifizierten Probandenschutzes geschäftsunfähige oder beschränkt geschäftsfähige Personen (also insbesondere Kinder und Geisteskranke) von medizinischen Versuchen generell ausgeschlossen.[277]

Alle aktuellen Vorschriften lassen jedoch unter bestimmten Voraussetzungen Ausnahmen zu. Dazu zählen insbesondere therapeutische Versuche, die einen individuellen Nutzen für die Versuchsperson mit sich bringen. Hier dürfen im Regelfall auch nicht geschäftsfähige Personen in die Forschung einbezogen werden, wenn die Zustimmung durch den gesetzlichen Vertreter erteilt wird. In Notfallsituationen kann die Zustimmung des Probanden auch vollkommen entbehrlich sein (so zum Beispiel § 41 Abs. 1 S. 2 AMG, § 21 Nr. 3 S. 3 MPG).

Das Zustimmungserfordernis soll gewährleisten, dass die Teilnehmer nicht ohne oder gegen ihren Willen in medizinische Versuche einbezogen werden. Damit eine entsprechende Willensbildung stattfinden kann, muss der Proband zuvor über den Versuch und insbesondere über die Risiken aufgeklärt werden. Auch dieses Aufklärungserfordernis ist in allen Reglementierungen der medizinischen Forschung enthalten.

2. Ärztliche Vertretbarkeit

Ebenfalls findet sich in allen Vorschriften, mit Ausnahme des Preußischen Erlasses von 1900, das Prinzip der ärztlichen Vertretbarkeit wieder. Es lassen sich verschiedene Ausprägungen dieser Risikoabwägung feststellen. Zum Teil wird

277 So z. B. im Preußischen Erlass vom 29.12.1900; siehe dazu C.I.1.

gefordert, dass der zu erwartende Nutzen der Forschung die Risiken für den Probanden überwiegt, während andere Regelungen es ausreichen lassen, dass die Risiken nicht den Nutzen überwiegen.

Darüber hinaus muss unterschieden werden, welcher Nutzen jeweils den Risiken für den Probanden gegenübergestellt werden darf. In Betracht kommen der Nutzen für die medizinische Forschung im Allgemeinen, der Nutzen für eine bestimmte Gruppe von Menschen, der auch der Proband selbst angehört, und der Nutzen für den Versuchsteilnehmer selbst.

Ist der Versuchsteilnehmer gesund und kein Angehöriger besonderer Personengruppen, kann nur der allgemeine wissenschaftliche Nutzen dem Risiko des Versuchs gegenübergestellt werden.

Besteht eine Therapiebedürftigkeit des Probanden, wird primär der individuelle therapeutische Nutzen gegen die Risiken für den Probanden abgewogen. Handelt es sich um eine placebokontrollierte Studie, bei der für die Kontrollgruppe kein therapeutischer Nutzen besteht, muss der Nutzen für die gesamte Gruppe der Probanden oder der allgemeine wissenschaftliche Nutzen herangezogen werden.

3. Beteiligung einer Ethikkommission

Die Deklaration von Helsinki sah 1975 erstmals die Begutachtung des Studiendesigns durch einen unabhängigen Ausschuss vor, der aber nur beratende Funktion haben sollte. Nunmehr ist die Begutachtung des Studienplans in allen Bereichen der medizinischen Forschung am Menschen ein Standardverfahren. Unterschiedlich sind allerdings die Befugnisse der Ethikkommissionen ausgestaltet. Während die Kommissionen zum Teil weiterhin nur beratend tätig werden sollen, ist anderen Bestimmungen zufolge die Genehmigung einer Studie durch eine Ethikkommission unerlässlich.

4. Entschädigung im Schadensfall

Die oben beschriebenen Sicherheitsvorkehrungen eliminieren jedoch nicht jegliche Gefahren für die Versuchsteilnehmer. Zwar sollen die Gefahren so gering wie möglich gehalten werden, aber das Zustimmungserfordernis und die Risikoabwägung zeigen, dass Risiken für die beteiligten Personen ganz bewusst in Kauf genommen werden. Vor diesem Hintergrund erstaunt es, dass Vorkehrungen für etwaige Schadensfälle in den internationalen Regelwerken entweder gar nicht oder nur am Rande angesprochen werden.

Lediglich die RL 2001/20/EG fordert für klinische Prüfungen mit Arzneimitteln Vorschriften über Versicherung oder Schadensersatz zur Deckung der

Haftung des Prüfers und des Sponsors (Art. 3 Abs. 2 lit. f) RL 2001/20/EG).[278] In allen anderen Bereichen der medizinischen Forschung fehlen vergleichbare Vorgaben.

Eine besondere Entschädigung der Probanden im Schadensfall gehört damit bisher nicht zu den international standardisierten Bedingungen, welche an die Durchführung medizinischer Versuche am Menschen gestellt werden.

Die Ausgestaltung der Probandenversicherung ist somit gänzlich dem deutschen Gesetzgeber überlassen. Die internationalen Regelwerke zur medizinischen Forschung wirken auf die Versicherung nur mittelbar ein, insofern sie den Rahmen der Forschung vorgeben, die versichert werden soll.

278 Siehe dazu C.II.2.c)bb)(2).

D. Die Probandenversicherung

Das AMG und das MPG schreiben in § 40 Abs. 1 S. 3 Nr. 8 AMG bzw. § 20 Abs. 1 S. 4 Nr. 9 MPG „für den Fall, dass bei der Durchführung einer klinischen Prüfung ein Mensch getötet oder der Körper oder die Gesundheit eines Menschen verletzt wird" das Bestehen einer Versicherung vor, „die auch Leistungen gewährt, wenn kein anderer für den Schaden haftet." Etwas genauere Vorgaben sind in § 40 Abs. 3 AMG und § 20 Abs. 3 MPG enthalten.

Die Versicherung muss gemäß § 40 Abs. 3 S. 1 AMG bei einem Versicherer abgeschlossen werden, der in einem Mitgliedstaat der Europäischen Union oder in einem anderen Staat des EWR-Abkommens[279] zum Geschäftsbetrieb zugelassen ist. In § 20 Abs. 3 S. 1 MPG heißt es, dass der Versicherungsvertrag bei einem in Deutschland zum Geschäftsbetrieb befugten Versicherer abgeschlossen werden muss. Inhaltliche Unterschiede dürften sich hieraus nicht ergeben.[280]

Gemeinhin wird diese Versicherung als Probandenversicherung bezeichnet, obwohl der Gesetzgeber diesen Ausdruck erst seit 2009 und auch nur in § 42 a Abs. 4 a S. 1 Nr. 2 AMG verwendet.[281] Erstmals verwendet wurde der Begriff in den ersten „Allgemeinen Versicherungsbedingungen für klinische Prüfungen von Arzneimitteln (Probandenversicherung)".[282]

Da das MPG, das 1994 in Kraft getreten ist, die gleiche Versicherungskonstruktion wie das AMG vorschreibt, hat sich auch hier der Begriff Probandenversicherung durchgesetzt.

Die Deckungsvorsorge zugunsten der Probanden in Versuchen mit radioaktivem Material und ionisierender Strahlung nach StrlSchV und RöV kann auch in Form einer Versicherung vorgenommen werden.[283] Hierfür wird der Ausdruck Probandenversicherung aber regelmäßig nicht verwendet. Auch in der vorliegenden Arbeit soll mit Probandenversicherung lediglich die Versicherung nach § 40 AMG und § 20 MPG gemeint sein.

279 Abkommen über den Europäischen Wirtschaftsraum.

280 *Rehmann* in: Rehmann/Wagner, MPG, § 20 Rn. 12.

281 § 42 a Abs. 4 a eingefügt mit Wirkung vom 23.07.2009 durch Gesetz vom 17.7.2009 (BGBl. I S. 1990).

282 VerBAV 1978, S. 87.

283 Siehe dazu auch D.XII.

I. Anwendungsbereich

In der medizinischen Forschung werden zahlreiche Studien an Menschen durchgeführt. Eine Pflicht zum Abschluss einer Versicherung zugunsten der Teilnehmer solcher Studien existiert aber nicht allgemein, sondern nur in den speziell geregelten Fällen. Die Probandenversicherung in der hier beschriebenen Form wird nur durch AMG und MPG für bestimmte Studien vorgeschrieben. Es ist also zu klären, welche Studien unter diese Versicherungspflicht fallen.

1. Arzneimittelstudien

Gemäß § 40 Abs. 1 S. 3 AMG besteht die Pflicht zum Abschluss einer Versicherung für die Durchführung einer klinischen Prüfung eines Arzneimittels am Menschen. § 4 Abs. 23 AMG definiert die klinische Prüfung als „jede am Menschen durchgeführte Untersuchung, die dazu bestimmt ist, klinische oder pharmakologische Wirkungen von Arzneimitteln zu erforschen oder nachzuweisen oder Nebenwirkungen festzustellen oder die Resorption, die Verteilung, den Stoffwechsel oder die Ausscheidung zu untersuchen, mit dem Ziel, sich von der Unbedenklichkeit oder Wirksamkeit der Arzneimittel zu überzeugen."

a) Arzneimittel

Gegenstand der Forschung muss ein Arzneimittel sein. Der Begriff wird durch § 2 Abs. 1 AMG definiert. Bei einem Arzneimittel handelt es sich um einen Stoff oder eine Zubereitung aus Stoffen. Der Begriff Stoff wird in § 3 AMG definiert und dient der Abgrenzung zu Gegenständen.[284] Die Einordnung eines Stoffes als Arzneimittel kann sowohl über die Zweckbestimmung (Nr. 1) als auch über die tatsächliche Funktion eines Stoffes erfolgen (Nr. 2). Es wird daher zwischen Präsentation- und Funktionsarzneimitteln unterscheiden.[285]

Präsentationsarzneimittel sind Stoffe, die zur Heilung, Linderung oder Verhütung von Krankheiten bestimmt sind und aufgrund ihrer äußeren Erscheinung den Anschein vermitteln, diese Funktionen erfüllen zu können.[286]

Funktionsarzneimittel im Sinne des § 2 Abs. 1 Nr. 2 lit. a) AMG hingegen wirken objektiv auf die physiologischen Funktionen des menschlichen Körpers ein, indem sie diese wiederherstellen, korrigieren oder beeinflussen.[287] In

284 *Heßhaus* in: Spickhoff, Medizinrecht, AMG § 3 Rn. 1.
285 *Müller* in: Kügel/Müller/Hofmann, AMG § 2 Rn. 3.
286 *Heßhaus* in: Spickhoff, Medizinrecht; AMG § 2 Rn. 4.
287 *Müller* in: Kügel/Müller/Hofmann, AMG § 2 Rn. 87.

Abgrenzung zu den Medizinprodukten muss die Beeinflussung auf eine pharmakologische, immunologische oder metabolische Wirkung des Stoffes zurückzuführen sein. Das heißt, es muss zu einer Wechselwirkung des verabreichten Stoffes und dem menschlichen Organismus kommen.[288]

Zudem sind solche Stoffe Arzneimittel gemäß § 2 Abs. 1 Nr. 2 lit. b) AMG, die angewendet oder verabreicht werden, um Diagnosen zu erstellen.

In § 2 Abs. 2 AMG werden weitere Produkte als Arzneimittel klassifiziert, ohne dass diese die Anforderungen des § 2 Abs. 1 AMG erfüllen würden (Geltungsarzneimittel).[289]

b) Untersuchung

Der Begriff der klinischen Prüfung setzt keine Methode voraus, nach der die Untersuchung am Menschen durchführt werden müsste. Vielmehr entscheidet die Zielsetzung einer Maßnahme über das Vorliegen einer klinischen Prüfung.[290]

Allerdings zählen nicht-interventionelle Prüfungen, bei denen nicht aufgrund der Untersuchung in die Therapie des Patienten eingegriffen wird, gemäß § 4 Abs. 23 S. 2 AMG nicht zu den klinischen Studien.[291] Im Umkehrschluss muss eine wissenschaftliche Untersuchung, die therapeutische Vorgaben macht, also eine therapeutische Intervention beinhaltet, als klinische Studie im Sinne des AMG angesehen werden, insofern ein Arzneimittel mit entsprechender Zielsetzung geprüft werden soll.[292]

c) Forschungszweck

Das prägende Merkmal einer klinischen Prüfung nach dem AMG ist das mit der Untersuchung verfolgte Ziel.[293] Die Untersuchung muss gemäß § 4 Abs. 23 S. 1 AMG dazu bestimmt sein, wissenschaftliche Erkenntnisse bezüglich der pharmakologischen oder klinischen Wirkung eines Arzneimittels, der Nebenwirkungen oder der Resorption, Verteilung, Ausscheidung oder des Stoffwechsels zu produzieren. Werden also gelegentlich einer routinemäßigen, arzneimittelbasierten Therapie bei einem Patienten über die Therapie hinausgehende verwertbare

---

288 Pschyrembel klinisches Wörterbuch, Stichwort: Pharmakologie.

289 *Heßhaus* in: Spickhoff, Medizinrecht, § 2 Rn. 15.

290 *Wachenhausen* in: Kügel/Müller/Hofmann, AMG § 4 Rn. 156.

291 *Kloesel/Cyran*, AMG § 4 Anm. 72.

292 *Sander*, AMG § 40 Erl. 4a.

293 *Ehling*, Die Versicherung und Rückversicherung von Pharmarisiken in nationaler und internationaler Beziehung, S. 126.

Erkenntnisse gewonnen, handelt es sich noch nicht um eine klinische Prüfung, da eine entsprechende Bestimmung fehlt.

Sollen aber entsprechende wissenschaftliche Erkenntnisse gewonnen werden, ist es für die Pflicht zum Abschluss einer Probandenversicherung unerheblich, ob daneben auch ein therapeutischer Zweck zugunsten des Versuchsteilnehmers verfolgt wird.

d) Abgrenzung Heilversuch

Problematisch wird die Abgrenzung der klinischen Prüfung zum sogenannten individuellen Heilversuch. Der Begriff beschreibt eine auf den Einzelfall beschränkte, nicht dem Standard entsprechende Behandlungsmethode. Im Bereich der Arzneimittel ist hierunter die Anwendung eines nicht oder nicht für die zu behandelnde Krankheit zugelassenes Medikaments zu verstehen.[294]

In diesem Bereich steht zwar grundsätzlich allein die Heilung des Patienten im Fokus der Behandlung, aber die Therapie rückt aufgrund fehlender wissenschaftlicher Daten in die Nähe der medizinischen Forschung. In beiden Fällen wird bewusst vom medizinischen Standard abgewichen.[295]

Der Heilversuch ist aber nicht dazu bestimmt, wissenschaftliche Erkenntnisse bezüglich des angewendeten Arzneimittels zu erhalten. Vielmehr stellt er den letzten Versuch einer Therapie nach Versagen der Standardbehandlung dar.[296] Grundsätzlich handelt es sich damit um keine klinische Prüfung im Sinne des § 4 Abs. 23 AMG.[297] Zum Teil wird aber eine andere Wertung vertreten, wenn die gleiche, nicht dem Standard entsprechende Methode mehrfach in Heilversuchen angewandt wird. Hier soll es sich dann um eine klinische Prüfung im Sinne des AMG handeln.[298] Richtig ist, dass eine ganze Reihe gleichartiger Heilversuche ohne weiteres geeignet sind, neue wissenschaftliche Erkenntnisse zu produzieren.

Dennoch kommt es nach dem klaren Wortlaut des § 4 Abs. 23 AMG nicht auf die prinzipielle Eignung an, sondern auf die tatsächliche Zielsetzung.[299] Werden also im Rahmen einer neuen Behandlung keine Maßnahmen ergriffen, die

---

294 *Hennies*, Arztrecht 1996, S. 95 (96).

295 *Deutsch*, VersR 2005, S. 1009 (1010).

296 *Helle/Frölich/Haindl*, NJW 2002, S. 857 (860).

297 Zweifelnd: *Deutsch*, VersR 2005, S. 1009 (1009).

298 *Bender*, MedR 2005, S. 511 (514), die ab 10 gleichen Heilversuchen eine klinische Prüfung annimmt.

299 A. A. *Deutsch*, VersR 2005, S. 1009 (1010).

über das für die Therapie erforderliche Maß hinausgehen, liegt keine klinische Prüfung vor und die Bestimmungen der §§ 40 ff. AMG sind nicht anwendbar.[300]

e) Zielsetzung

Die Zielsetzung, die im letzten Satzteil des § 4 Abs. 23 S. 1 AMG zum Ausdruck kommt, dürfte sich auf alle vorgenannten Alternativen beziehen. Um als klinische Prüfung zu gelten, muss die Untersuchung das Ziel verfolgen, die Unbedenklichkeit oder Wirksamkeit des Arzneimittels nachzuweisen.

Das heißt aber, dass ein Forschungsprojekt, das lediglich die pharmakologische Wirkung eines Stoffes auf den Menschen zum Gegenstand hat, keine klinische Prüfung im Sinne des AMG darstellt. Gerade in der medizinischen Grundlagenforschung, in der noch nicht die Unbedenklichkeit oder Wirksamkeit eines konkreten Arzneimittels geprüft wird, würden demnach die Schutzvorschriften der §§ 40 ff. AMG nicht gelten. Dies Ergebnis ist insoweit stimmig, als es sich bei den geprüften Stoffen oft schon nicht um Arzneimittel im Sinne des § 2 AMG handeln dürfte. Nur weil ein Stoff möglicherweise schädlich für den menschlichen Organismus ist, handelt es sich nicht um ein Arzneimittel.[301]

Anders stellt sich aber die Situation dar, wenn in der Grundlagenforschung Stoffe geprüft werden, die bereits in anderen Zusammenhängen als Arzneimittel anerkannt sind. Es handelt sich dann eindeutig um Funktionsarzneimittel im Sinne des § 2 Abs. 1 Nr. 2 AMG. Hier wird also die pharmakologische Wirkung eines Arzneimittels am Menschen untersucht, ohne dabei jedoch die geforderte Zielsetzung zu erfüllen, so dass es sich dem Wortlaut nach nicht um eine klinische Prüfung handelt. Wenn aber Arzneimittel am Menschen geprüft werden, erscheint es nicht hinnehmbar, dass die Anwendung der Schutzvorschriften des AMG nur von der Intention, Nebenwirkungen oder Wirksamkeit des Stoffes zu untersuchen, abhängt. Insoweit dürfte die Zielsetzung des Versuches unbeachtlich sein.[302]

f) Ausnahme gemäß § 40 Abs. 1b AMG

Auch wenn alle Kriterien der klinischen Prüfung erfüllt sind, gewährt § 40 Abs. 1b AMG eine Ausnahme der Versicherungspflicht, wenn die Prüfung nur mit zugelassenen Arzneimitteln im Rahmen ihrer Zulassung durchgeführt wird,

300 So auch *Listl* in: Spickhoff, Medizinrecht, § 40 AMG Rn. 5.
301 *Müller* in: Kügel/Müller/Hofmann, AMG § 2 Rn. 26.
302 *Kloesel/Cyran*, AMG § 4 Anm. 71.

die Risiken und Belastungen durch die Studie gering sind und eine anderweitige Versicherung für Prüfer und Sponsor besteht.

Damit statuiert der Gesetzgeber nun eine ausdrückliche Befreiung von der Versicherungspflicht für klinische Arzneimittelstudien der Phase IV, in der lediglich zugelassene Medikamente im Rahmen ihrer Indikation geprüft werden. Bereits vor Einführung des § 40 Abs. 1b AMG war umstritten, ob Phase IV Studien der Versicherungspflicht unterfallen. Zum Teil wurde vertreten, dass keine Notwendigkeit einer Probandenversicherung bestünde, da bei dem Einsatz von zugelassenen Arzneimitteln bereits eine verschuldensunabhängige Haftung des pharmazeutischen Unternehmers eingreifen würde.[303]

2. Klinische Prüfung von Medizinprodukten

Werden Medizinprodukte einer klinischen Prüfung am Menschen unterzogen, besteht eine Versicherungspflicht nach § 20 Abs. 1 S. 4 Nr. 9, Abs. 3 MPG.

Im Gegensatz zum AMG wird im MPG die klinische Prüfung nicht definiert. Die Vorschriften über die klinische Prüfung sind in beiden Gesetzen jedoch annähernd gleich, so dass auch bei der Begriffsbestimmung auf die Vorgaben des AMG als Orientierung dienen. Demnach handelt es sich um eine wissenschaftliche Untersuchung am Menschen, bei der bestimmte Eigenschaften eines Medizinprodukts erforscht werden sollen.[304]

a) Medizinprodukt

Medizinprodukte werden in § 3 MPG definiert. Die grundlegende Definition eines Medizinprodukts lässt sich in § 3 Nr. 1 MPG finden. Grundsätzlich können Instrumente, Apparate, Software, Vorrichtungen, Stoffe, Zubereitungen aus Stoffen und andere Gegenstände Medizinprodukte darstellen. Eine gegenständliche Eingrenzung findet damit nicht statt. Nahezu alles könnte als Medizinprodukt fungieren. Entscheidend ist die Zweckbestimmung des Produkts.

Gemäß § 3 Nr. 1 lit. a) MPG sind solche Gegenstände Medizinprodukte, die zur Erkennung, Verhütung, Überwachung, Behandlung oder Linderung von Krankheiten oder gemäß § 3 Nr. 1 lit. b) MPG zur Erkennung, Überwachung, Behandlung, Linderung oder Kompensierung von Verletzungen oder Behinderungen bestimmt sind. Des Weiteren sind solche Produkte als Medizinprodukte einzuordnen, die der Untersuchung, der Ersetzung oder der Veränderung des

303 *Heubeck*, PHi 2007, S. 210 (213); a. A. *Kollhosser*, MedR 1991, S. 184 (187).

304 Vgl. auch *Schwarz/Wachenhausen* in: Anhalt/Dieners, Medizinprodukterecht, § 6 Rn. 34.

anatomischen Aufbaus oder eines physiologischen Vorgangs (§ 3 Nr. 1 lit. c) MPG) oder der Empfängnisregelung dienen sollen (§ 3 Nr. 1 lit. d) MPG).

Der mit dem Einsatz eines Medizinproduktes verfolgte Zweck deckt sich zum großen Teil mit dem eines Arzneimittels.[305]

Im Gegensatz zu diesem wird jedoch gemäß § 3 Abs. 1 letzter Hs. MPG die Wirkung eines Medizinprodukts nicht pharmakologisch, immunologisch oder metabolisch herbeigeführt. Abzustellen ist auf die Hauptwirkung. Als Beispiel sei auf die mit Antibiotika angereicherte Zahnfüllung verwiesen. Hauptwirkung ist die physikalische Ausfüllung eines Zahns, so dass trotz des Antibiotikums ein Medizinprodukt vorliegt.[306]

Stark verallgemeinernd lässt sich sagen, dass alle Gegenstände mit medizinischer Zweckbestimmung, die nicht Arzneimittel sind, Medizinprodukte darstellen.[307]

Die Spannbreite reicht damit von Pflastern über Skalpelle und Herzschrittmacher bis hin zu Röntgenstrahlern.

b) Untersuchung und Zielsetzung

Bestimmte Untersuchungsmethoden können auch hier nicht maßgebend für die Definition der klinischen Prüfung sein, da schon allein die Vielzahl völlig unterschiedlicher Medizinprodukte ebenso unterschiedliche Untersuchungsmethoden erfordert. Die Prüfung eines MRT-Geräts muss notwendigerweise anders aufgebaut sein als die Prüfung eines künstlichen Gelenks.

Soll die klinische Prüfung von Arzneimitteln dazu dienen, die Wirksamkeit oder Unbedenklichkeit des Arzneimittels nachzuweisen, wird die klinische Prüfung eines Medizinprodukts regelmäßig dem Nachweis der Sicherheit und Leistungsfähigkeit des Produkts dienen müssen.[308] Allerdings müssen die Regeln über die klinische Prüfung zugunsten der Probandensicherheit auch gelten, wenn andere Eigenschaften als die Leistungsfähigkeit oder Sicherheit eines Medizinprodukts am Menschen untersucht werden sollen.

Bezüglich der Abgrenzung zum Heilversuch kann auf das oben gesagte verwiesen werden.[309]

---

305 *Dettling*, PharmR 2006, S. 578 (579).

306 *Anhalt* in: Anhalt/Dieners, Medizinprodukterecht, § 3 Rn. 27.

307 Siehe ausführlich zur Abgrenzung: *Voit*, PharmR 2010, S. 501 ff.

308 *Listl* in: Spickhoff, Medizinrecht, § 20 MPG Rn. 3.

309 Siehe dazu D.I.1.d).

3. Sonstige medizinische Forschung

Werden außerhalb der klinischen Prüfung von Medizinprodukten und Arzneimitteln experimentelle medizinische Forschungsvorhaben am Menschen durchgeführt, existieren keine mit AMG und MPG vergleichbaren Regelwerke. Werden also neue Operationstechniken oder bestimmte Behandlungsmethoden unabhängig von Arzneimitteln und Medizinprodukten am Menschen getestet, muss hierfür keine Probandenversicherung abgeschlossen werden.[310] Die Vorschriften des AMG und MPG können aufgrund ihrer Spezialität auch nicht im Wege der Analogie für andere Forschungsprojekte herangezogen werden.[311] Allerdings bieten vereinzelte Versicherer auch für solche Vorhaben ein mit der Probandenversicherung vergleichbares Produkt an.[312]

II. Adressat

Wer genau zum Abschluss der Probandenversicherung verpflichtet ist, lassen § 40 Abs. 1 S. 3 Nr. 8 AMG und § 20 Abs. 1 S. 4 Nr. 9 MPG offen. Es wird lediglich bestimmt, dass eine klinische Prüfung ohne entsprechende Versicherung von niemandem durchgeführt werden darf.

Gemäß § 4 Abs. 24 AMG und § 3 Abs. 23 MPG übernimmt der Sponsor die Verantwortung für die Organisation und Finanzierung einer klinischen Prüfung, so dass er im Regelfall auch als Versicherungsnehmer die Probandenversicherung abschließen wird.[313]

Das bedeutet zugleich, dass es primär auch im Verantwortungsbereich des Sponsors liegt, dass die Probandenversicherung den Vorgaben von AMG und MPG entspricht. § 40 AMG und § 20 MPG wenden sich hingegen nicht an den Versicherungsunternehmer, so dass dieser grundsätzlich nicht die Einhaltung dieser Normen sicherstellen muss.[314]

---

310 *Koyuncu*, Phi 2005, S. 86 (88).

311 *Osieka*, Das Recht der Humanforschung, S. 323; *Taupitz* in: *Dute/Faure/Koziol*, Liability for and Insurability of Biomedical Research, S. 163.

312 *Taupitz* in: Festschrift für Egon Lorenz, S. 832.

313 *Listl* in: *Spickhoff*, Medizinrecht, § 40 AMG Rn. 20; *Wachenhausen* in: Kügel/Müller/Hofmann, AMG, § 40 Rn. 61.

314 *Taupitz* in: Festschrift für Egon Lorenz, S. 840.

III. Versicherungstypus

Seit Einführung der Versicherungspflicht ist umstritten, welchem Versicherungstypus i.S.d. VVG die Probandenversicherung zuzuordnen ist.[315] Entgegen vereinzelter Stimmen[316] ist diese Frage nicht bloß rein akademischer Natur, da der Versicherungstyp entscheidend dafür ist, welche Regelungen des VVG anwendbar sind.[317]

1. Schadens- oder Summenversicherung?

Der Struktur des VVG folgend muss zunächst entschieden werden, ob eine Schadensversicherung im Sinne der §§ 74 ff. VVG vorliegt oder in Abgrenzung dazu eine Summenversicherung.[318]

a) Summenversicherung

Die Summenversicherung leistet bei Eintritt des Versicherungsfalls eine im Vorfeld bestimmte Versicherungssumme unabhängig davon, wie groß der entstandene Schaden tatsächlich ist.[319]

Eine Summenversicherung ist stets eine Personenversicherung,[320] also eine Versicherung, bei der die versicherte Gefahr in einer natürlichen Person begründet liegt.[321]

Die versicherte Gefahr in der Probandenversicherung ist gemäß § 40 Abs. 1 S. 3 Nr. 8 AMG und § 20 Abs. 1 S. 4 Nr. 9 MPG der Tod und die Gesundheitsschädigung einer von einer klinischen Prüfung betroffenen Person. Somit liegt zumindest eine Personenversicherung vor.[322]

---

315 *Ehling*, Die Versicherung und Rückversicherung von Pharmarisiken in nationaler und internationaler Beziehung, S. 145.

316 *Godt/Engelke*, WissR 2010, S. 2 (12); *Deutsch/Spickhoff*, Medizinrecht, Rn. 1341.

317 So auch *Wenckstern*, Die Haftung bei der Arzneimittelprüfung, S. 245.

318 *Halbach* in: MünchKomm VVG, § 74 Rn. 1.

319 *Wandt*, Versicherungsrecht, Rn. 34.

320 *Lorenz* in: Beckmann/Matusche-Beckmann, Versicherungsrechts-Handbuch, § 1 Rn. 86; *Looschelders* in: MünchKomm VVG, § 1 Rn. 27.

321 *Lorenz* in: Beckmann/Matusche-Beckmann, Versicherungsrechts-Handbuch, § 1 Rn. 90; *Wandt*, Versicherungsrecht, Rn. 35.

322 *Metzmacher*, Der Schadensausgleich des Probanden im Rahmen klinischer Arzneimittelprüfungen, S. 181.

Das bedeutet aber nicht im Umkehrschluss, dass die Probandenversicherung eine Summenversicherung darstellt. Denn eine Personenversicherung kann auch in Form einer Schadensversicherung auftreten.[323]

Der ursprüngliche Wortlaut des AMG von 1976 gibt keine eindeutige Auskunft, ob die Probandenversicherung eine Summen- oder Schadensversicherung darstellen soll, wenn es dort heißt, dass der Umfang für den Fall des Todes oder der dauernden Erwerbsunfähigkeit 500.000 Deutsche Mark betragen muss (§ 40 Abs. 3 S. 2 AMG a.F.).[324] *Bausch* entnimmt dieser Formulierung, dass jedenfalls hinsichtlich der angesprochenen Risiken Tod und Erwerbsunfähigkeit eine Summenversicherung mit einer Mindestversicherungssumme von 500.000 DM vom Gesetzgeber gefordert wurde.[325]

Zudem könnte für eine Summenversicherung sprechen, dass etwaige Ersatzansprüche der versicherten Person gegen einen Schädiger gemäß § 40 Abs. 3 S. 3 AMG und § 20 Abs. 3 S. 3 MPG nicht auf den Versicherer übergehen.[326] Dieser Nicht-Übergang von Ansprüchen ist regelmäßig in der Summenversicherung anzutreffen.[327]

Zum Teil wird darüber hinaus vertreten, dass die Gesetzesgenese auf eine Ausgestaltung als Summenversicherung hindeute. Im Regierungsentwurf zum AMG von 1976 sollte gemäß § 38 Abs. 1 Nr. 8 eine Deckungsvorsorge mögliche Schäden der Teilnehmer klinischer Prüfungen absichern.[328] Diese Deckungsvorsorge wurde aber wurde jedoch in der endgültigen Fassung durch eine unmittelbare Versicherung zugunsten der von der klinischen Prüfung betroffenen Personen ersetzt. Daraus könnte gefolgert werden, dass die Probandenversicherung im Gegensatz zu einer Deckungsvorsorge eben nicht für den konkret entstandenen Schaden aufkommen soll.[329]

Wenn *Ehling* behauptet, ein weiteres Argument für eine Summenversicherung sei in der Ähnlichkeit zwischen den Regelungen in AMG bzw. MPG und

---

323 *Looschelders* in: MünchKomm VVG, § 1 Rn. 27; *Armbrüster* in: Prölss/Martin, VVG, Vor §§ 74 ff. Rn. 30.

324 *Kloesel/Cyran*, AMG, § 40 Anm. 96; *Wenckstern*, Die Haftung bei der Arzneimittelprüfung, S. 246.

325 *Bausch*, VersR 1979, S. 212 (215).

326 *Wenckstern*, Die Haftung bei der Arzneimittelprüfung, S. 247.

327 *Prölss* in: Prölss/Martin, VVG, § 86 Rn. 3.

328 BT-Drucks. 7/3060, S. 21.

329 *Bausch*, VersR 1979, S. 212 (213); *Ehling*, Die Versicherung und Rückversicherung von Pharmarisiken in nationaler und internationaler Beziehung, S. 208.

§ 50 LuftVG zu sehen,[330] so ist das insoweit unrichtig, als § 50 LuftVG seit 2004 explizit eine Haftpflichtversicherung des Luftfrachtführers vorschreibt.[331]

Tatsächlich forderte aber § 50 LuftVG a.F. den Abschluss einer Unfallversicherung durch ein Luftfahrtunternehmen zugunsten der Fluggäste. Diese wurde regelmäßig auch in Form einer Summenversicherung abgeschlossen.[332] Die besagte Ähnlichkeit zur Probandenversicherung zeigte sich in der Bezugnahme auf die Risiken Tod und Erwerbsunfähigkeit sowie in der Anordnung des Erlöschens von Schadensersatzansprüchen, soweit die Versicherung geleistet hatte.[333]

b) Schadensversicherung

Das Gegenteil der Summenversicherung ist die Schadensversicherung. Hier wird die Höhe der Versicherungsleistung durch den konkret entstandenen Schaden im Versicherungsfall bestimmt.[334] Auch hier wird zwar eine Versicherungssumme im Versicherungsvertrag vereinbart, aber dieser kommt die Funktion einer Entschädigungsgrenze zu.[335] Sonderregeln für die Schadensversicherung sind in den §§ 74–87 VVG enthalten.

Laut *Kloesel/Cyran* hat der Gesetzgeber mit dem 14. [sic] Änderungsgesetz[336] zum AMG die Probandenversicherung eindeutig als Schadensversicherung klassifiziert. Dies lasse sich dem geänderten Wortlaut entnehmen.[337] Während das Gesetz in § 40 Abs. 3 S. 2 AMG bis dahin einen Umfang vorschrieb, der für Tod und Erwerbsunfähigkeit mindestens 500.000 € *betragen* musste, heißt es nun, dass für Tod und Erwerbsunfähigkeit mindestens 500.000 € *zur Verfügung* stehen müssen. Damit sei klargestellt, dass die Mindestsumme von 500.000 € sich

---

330 *Ehling*, Die Versicherung und Rückversicherung von Pharmarisiken in nationaler und internationaler Beziehung, S. 209.

331 § 50 LuftVG neu gefasst mit Wirkung vom 28. 6. 2004 durch Gesetz v. 6. 4. 2004 (BGBl. I S. 550).

332 BGH Urteil vom 9.10.1979, Az.: VI ZR 232/77, NJW 1980, S. 524 (525).

333 *Wenckstern*, Die Haftung bei der Arzneimittelprüfung, S. 248; *Bausch*, VersR 1979, S. 212 (214); *Ehling*, Die Versicherung und Rückversicherung von Pharmarisiken in nationaler und internationaler Beziehung, S. 209.

334 *Halbach* in: MünchKomm VVG, § 74 Rn. 1.

335 *Armbrüster* in: Prölss/Martin, VVG, Vor §§ 74 ff. Rn. 1.

336 Zwölftes Gesetz zur Änderung des Arzneimittelgesetzes vom 30.7.2004 (BGBl. I S. 2031).

337 *Kloesel/Cyran*, AMG, § 40 Anm. 96.

auf die Höchstgrenze der Schadensversicherung beziehe und nicht auf eine Versicherungssumme im Sinne einer Summenversicherung.[338]

Aber bereits die Gesetzesbegründung zum ursprünglichen Wortlaut durch den Bundestagsausschuss für Jugend, Familie und Gesundheit lässt darauf schließen, dass die Probandenversicherung eine Schadensversicherung sein sollte.

Die Begründung besagt, dass die abzuschließende Versicherung nur für den effektiven Schaden eine Entschädigung zu leisten hat.[339]

Zwar wird zu Recht darauf hingewiesen, dass „effektiver Schaden" keinen rechtstechnischen Begriff darstellt,[340] jedoch ist „effektiv" gleichbedeutend mit „wirklich" und „tatsächlich".[341] Die Begründung bringt also klar zum Ausdruck, dass die Probandenversicherung nur für tatsächlich entstandene Schäden aufkommen soll und nicht im Schadensfall eine im Vorfeld vereinbarte Summe leistet.[342]

Die Mindesthöhe der Versicherungssumme (ursprünglich 500.000 DM, heute 500.000 €) deutet auch darauf hin, dass der Gesetzgeber von einer Schadensversicherung ausgeht. Im Fall des Todes und der dauernden Erwerbsunfähigkeit der von der klinischen Prüfung betroffenen Person stets eine Leistung in Höhe von mindestens 500.000 € zu verlangen, erscheint, gemessen an der Zielsetzung, denjenigen, der einen Schaden erleidet, wirtschaftlich *ausreichend* abzusichern,[343] zu hoch.[344]

c) *Stellungnahme*

Der Wortlaut von § 40 Abs. 1 S. 3 Nr. 8, Abs. 3 AMG bzw. § 20 Abs. 1 S. 4 Nr. 9, Abs. 3 MPG ist auch in der aktuellen Fassung nicht eindeutig und lässt die Ausgestaltung der Probandenversicherung sowohl in Form einer Summenversicherung als auch in Form einer Schadensversicherung zu.[345]

---

338 *Kloesel/Cyran*, AMG, § 40 Anm. 96.

339 BT-Drucks. 7/5091, S. 17.

340 *Bausch*, VersR 1979, S. 212 (213); *Wenckstern*, Die Haftung bei der Arzneimittelprüfung, S. 251.

341 Duden, Das Fremdwörterbuch, Stichwort: effektiv.

342 *Granitza* in: Festgabe für Hermann Weitnauer, S. 328; *Wenckstern*, Die Haftung bei der Arzneimittelprüfung, S. 252; *Ehling*, Die Versicherung und Rückversicherung von Pharmarisiken in nationaler und internationaler Beziehung, S. 210; *Swik*, PharmR 2006, S. 76 (77).

343 BT-Drucks. 7/3060, S. 54.

344 *Wenckstern*, Die Haftung bei der Arzneimittelprüfung, S. 252.

345 A. A. *Kloesel/Cyran*, § 40 Anm. 96.

Wenn zum Teil behauptet wird, dass § 40 Abs. 3 S. 3 AMG und § 20 Abs. 3 S. 3 MPG klar für eine Schadensversicherung sprechen würden,[346] so ist dies nicht richtig. Der als Argument herangezogene Satz „Soweit aus der Versicherung geleistet wird, erlischt ein Anspruch auf Schadensersatz." findet sich wortgleich auch in § 50 LuftVG a.F. wieder, der eine Unfallversicherung vorsah, die regelmäßig als Summenversicherung abgeschlossen wurde.[347] Andererseits kann der Formulierung aber auch nicht entnommen werden, dass auf jeden Fall eine Summenversicherung vorliegen müsse. Zwar ist es richtig, dass durch diese Norm der Regress durch den Versicherer verhindert wird und die fehlende Regressmöglichkeit des Versicherers häufig in der Summenversicherung anzutreffen ist.[348] Auf der anderen Seite ergibt sich aus dieser Vorschrift als Konsequenz aber auch, dass der Geschädigte neben der Versicherungsleistung keinen Anspruch mehr gegen den Schädiger besitzt. Ein solcher Untergang von Schadensersatzansprüchen wiederum ist äußerst untypisch für eine Summenversicherung.[349]

Die hohe Mindestversicherungssumme in der Probandenversicherung spricht zwar dafür, dass die Versicherungsleistung zunächst durch den tatsächlich entstandenen Schaden begrenzt werden soll, aber zwingend ist diese Auslegung nicht. Die Versicherungssumme von 500.000 € bezieht sich nur auf die Risiken Tod und dauernde Erwerbsunfähigkeit und gemessen an diesen Risiken ist die Summe jedenfalls nicht unvertretbar hoch angesetzt.[350]

Nimmt man allerdings eine Summenversicherung an, ist fraglich, wie andere Gesundheitsschäden, die gemäß § 40 Abs. 1 S. 3 Nr. 8 AMG und § 20 Abs. 1 S. 4 Nr. 9 MPG ebenfalls versichert werden müssen und wohl deutlich häufiger in Erscheinung treten als Tod und dauernde Erwerbsunfähigkeit, ersetzt werden. Die Auszahlung einer Versicherungssumme in Höhe von 500.000 € unabhängig vom Schweregrad der Schädigung erscheint hier nicht sachdienlich. Möglich wäre eine abstrakte Abstufung der Versicherungssumme nach Schweregrad der Gesundheitsschädigung,[351] aber die Deckung der konkreten Schadenshöhe

---

346 *Granitza* in: Festgabe für Hermann Weitnauer, S. 328; wohl auch *Ehling*, Die Versicherung und Rückversicherung von Pharmarisiken in nationaler und internationaler Beziehung, S. 211.

347 BGH Urteil vom 9.10.1979, Az.: VI ZR 232/77, NJW 1980, S. 524 (525); *Bausch*, VersR 1979, S. 212 (214).

348 *Wenckstern*, Die Haftung bei der Arzneimittelprüfung, S. 247.

349 *Granitza* in: Festgabe für Hermann Weitnauer, S. 328; *Gaidzik*, VersR 2009, S. 1449 (1450).

350 So aber *Wenckstern*, Die Haftung bei der Arzneimittelprüfung, S. 252.

351 *Bausch*, VersR 1979, S. 212 (215).

dürfte der wirtschaftlichen Absicherung des Geschädigten eher gerecht werden. Insoweit sprechen Zweckmäßigkeitserwägungen eher für die Ausgestaltung der Probandenversicherung als Schadensversicherung, auch wenn eine Summenversicherung nicht schlechthin unvereinbar mit Wortlaut und Zielsetzung des Gesetzes wäre.

Die Begründung des Bundestagsausschusses für Jugend, Familie und Gesundheit lässt aber eindeutig erkennen, dass der Gesetzgeber eine Schadensversicherung im Sinn hatte.[352] Wenn die Versicherung demnach nur für den effektiven Schaden aufkommen soll, kann dem nichts anderes entnommen werden, als dass der konkret entstandene Schaden zu ersetzen ist.[353]

Es bleibt also festzuhalten, dass die Probandenversicherung zwar nach dem Willen des Gesetzgebers eine Schadensversicherung sein sollte, dieser Wille aber im Gesetz keinen eindeutigen Niederschlag gefunden hat.[354] Nach hier vertretener Auffassung wäre der Abschluss der Probandenversicherung in Form einer Summenversicherung also nicht *eo ipso* unzulässig.

Die Anwendbarkeit der §§ 74 ff. VVG hängt damit von der Ausgestaltung der Probandenversicherung im Versicherungsvertrag ab.

Der Gesamtverband der Deutschen Versicherungswirtschaft (GDV) hat für die Probandenversicherung gemäß AMG und MPG allgemeine Musterbedingungen (AVB-Prob/AMG[355] und AVP-Prob/MPG[356]) erlassen.

Darin heißt es in Ziff. 3.1.1 Abs. 1 AVB-Prob übereinstimmend, dass der Versicherer im Versicherungsfall den Geldbetrag leistet, der zum Ausgleich des materiellen Schadens erforderlich ist. Weiter definiert Ziff. 3.1.1 Abs. 2 AVB-Prob den materiellen Schaden als den Unterschiedsbetrag zwischen der tatsächlichen

352 BT-Drucks. 7/5091, S. 17.

353 *Ehling*, Die Versicherung und Rückversicherung von Pharmarisiken in nationaler und internationaler Beziehung, S. 210; *Swik*, PharmR 2006, S. 76 (77); *Wenckstern*, Die Haftung bei der Arzneimittelprüfung, S. 252; *Granitza* in: Festgabe für Hermann Weitnauer, S. 328; a. A. *Bausch*, VersR 1979, S. 212 (213).

354 *Koyuncu*, Phi 2005, S. 86 (89).

355 Abrufbar unter: http://www.gdv.de/downloads/versicherungsbedingungen/schaden-und-unfallversicherung/allgemeine-versicherungsbedingungen-fur-eine-versicherungspflichtige-klinische-prufung-von-arzneimitteln-avb-probamg-objekt/ (Stand: 27.03.2015).

356 Abrufbar unter: http://www.gdv.de/downloads/versicherungsbedingungen/schaden-und-unfallversicherung/allgemeine-versicherungsbedingungen-fur-eine-versicherungspflichtige-klinische-prufung-von-medizinprodukten-avb-probmpg-objekt/ (Stand: 27.03.2015).

Vermögenslage der versicherten Person und der Vermögenslage, die bestehen würde, wenn die Gesundheitsschädigung nicht eingetreten wäre.

Die Probandenversicherung stellt damit nicht nur, wie zum Teil behauptet, eine Versicherung sui generis mit Elementen der Schadensversicherung dar,[357] sondern ist in ihrer derzeitigen Ausgestaltung eine reine Schadensversicherung ohne Elemente der Summenversicherung.[358] Die §§ 74–87 VVG sind damit ohne weiteres auf die Probandenversicherung anwendbar.

2. Unfall- Haftpflicht- oder sonstige Versicherung?

Die Einordnung der Probandenversicherung als Schadensversicherung lässt noch keinen Rückschluss zu, ob die Versicherung möglicherweise einem Versicherungszweig des 2. Teils des VVG (§§ 100 ff.) zugeordnet werden kann und wenn ja, welchem.

In Betracht kämen insoweit die Haftpflichtversicherung[359] (§§ 100 ff. VVG) und die Unfallversicherung[360] (§§ 178 ff. VVG).

a) Unfallversicherung

Wäre die Probandenversicherung eine Unfallversicherung im Sinne des VVG, so würden die §§ 178–191 VVG Anwendung finden.

Die private Unfallversicherung ist eine Personenversicherung, die vor den wirtschaftlichen Folgen von Gesundheitsschäden, insbesondere körperlicher Invalidität, verursacht durch Unfälle, schützen soll.[361] Das VVG bestimmt dazu in § 178 Abs. 1 VVG, dass der Versicherer zur Erbringung der vereinbarten Leistung verpflichtet ist, wenn die versicherte Person einen Unfall oder ein gleichgestelltes

---

357 *Rehmann* in: Rehmann/Wagner, MPG, § 29 Rn. 12; *Godt/Engelke*, WissR 2010, S. 2 (11); *Holzhauer*, NJW 1992, S. 2325 (2326); *Wenckstern*, Die Haftung bei der Arzneimittelprüfung, S. 254.

358 So im Ergebnis auch: *Kloesel/Cyran*, AMG, § 40 Anm. 96; *Sander*, AMG § 40 Erl. 39; *Gaidzik*, VersR 2009, S. 1449 (1450); *Metzmacher*, Der Schadensausgleich des Probanden im Rahmen klinischer Arzneimittelprüfungen, S. 181; *Granitza* in: Festgabe für Hermann Weitnauer, S. 327.

359 *Retter* in: Schwintowski/Brömmelmeyer, PK-VersR, Vor § 100 Rn. 18; *Gaidzik*, VersR 2009, S. 1449 (1450).

360 *Deutsch*, PharmR 2001, S. 346 (347); *Fischer*, Medizinische Versuche am Menschen, S. 91.

361 *Dörner* in: MünchKomm VVG, Vor § 178 Rn. 3.

Ereignis erleidet. Die Ausgestaltung der Versicherungsleistung überlässt der Gesetzgeber damit dem Versicherungsvertrag.[362]

aa) Unfallversicherung zwingend Summenversicherung?

Zumeist wird die vereinbarte Leistung in der Auszahlung eines im Vorfeld bestimmten Geldbetrages bestehen. Regelmäßig ist die Unfallversicherung daher eine Summenversicherung.[363]

Vereinzelt wird daraus gefolgert, dass die Probandenversicherung keine Unfallversicherung sein könne, da es sich hierbei um eine Schadensversicherung handele.[364] Dies würde zutreffen, wenn die Unfallversicherung im Sinne des § 178 VVG zwingend als Summenversicherung ausgestaltet werden müsste. Unzweifelhaft sehen die Allgemeinen Versicherungsbedingungen für die Unfallversicherung des GDV eine solche Gestaltung vor.[365] Auch in der Literatur wird mitunter pauschal behauptet, dass die Unfallversicherung eine Summenversicherung sei.[366] Diese Versicherungsform ist aber nicht zwingend. Der Gesetzeswortlaut des § 178 VVG lässt jede Art von Leistung im Versicherungsfall zu (s.o.).

Darüber hinaus spricht § 184 VVG dafür, dass der Gesetzgeber auch die Ausgestaltung der Unfallversicherung als Schadensversicherung als zulässig erachtet. § 184 VVG erklärt für die Unfallversicherung die §§ 82 und 83 VVG für unanwendbar. Diese Normen befinden sich aber im Abschnitt über die Schadensversicherung. Wäre die Unfallversicherung stets Summenversicherung, hätte § 184 VVG keinen Anwendungsbereich.[367] Die Unfallversicherung kann mithin auch eine Schadensversicherung sein.[368] Insoweit ließe sich die Probandenversicherung mit der Unfallversicherung gemäß § 178 ff. VVG vereinbaren.

bb) Unfallbegriff

Charakterisierend für die Unfallversicherung ist somit nicht die Leistung des Versicherers, sondern der Unfall als Versicherungsfall.

---

362 *Dörner* in: MünchKomm VVG, § 178 Rn. 209.

363 *Kloth*, Private Unfallversicherung, S. 3.

364 *Metzmacher*, Der Schadensausgleich des Probanden im Rahmen klinischer Arzneimittelprüfungen, S. 181; *Gaidzik*, VersR 2009, S. 1449 (1449).

365 Siehe Ziff. 2 AUB 2008.

366 *Dörner* in: MünchKomm VVG, Vor § 178 Rn. 4.

367 So wohl auch *Knappmann* in: Prölss/Martin, VVG, § 184 Rn. 1; aber auch *Dörner*, MünchKomm VVG, § 184 Rn. 1.

368 *Looschelders/Götz* in: Looschelders/Pohlmann, VVG, § 178 Rn. 4.

Eine Legaldefinition des Unfalls findet sich in § 178 Abs. 2 VVG. Ein Unfall liegt danach vor, wenn die versicherte Person durch ein plötzlich von außen auf den Körper wirkendes Ereignis unfreiwillig eine Gesundheitsschädigung erleidet.

(1) Von außen wirkendes Ereignis

In der Regel wird die abzusichernde Schädigung in der klinischen Prüfung durch die Anwendung des Arzneimittels oder Medizinprodukts am Menschen verursacht werden, so dass der Schaden durch ein von außen wirkendes Ereignis eintritt.

Auch wenn der Proband erst durch die Verteilung eines Arzneimittels in seinem Körper geschädigt werden sollte, handelt es sich immer noch um ein von außen auf den Körper wirkendes Ereignis, denn das Kriterium „von außen wirkend" soll lediglich rein innere organische Vorgänge ausschließen.[369]

Fraglich ist allerdings, ob ein von außen wirkendes Ereignis auch noch dann vorliegt, wenn die Schädigung auf eine anaphylaktische Reaktion des Körpers zurückzuführen ist. Stellt man auf die Anwendung des Arzneimittels oder Medizinprodukts ab, liegt auch hier eine äußere Einwirkung vor.[370] Zieht man jedoch die unerwartete körpereigene Reaktion als Bezugspunkt heran, müsste ein innerer Vorgang angenommen werden.[371]

(2) Unfreiwillige Gesundheitsschädigung

Eine Gesundheitsschädigung ist unfreiwillig, wenn sie nicht gewollt oder billigend in Kauf genommen wird.[372] Die Unfreiwilligkeit entfällt nicht schon bei bewusster Fahrlässigkeit.[373] Ist dem Versuchsteilnehmer also bewusst, dass ein Arzneimittel schwere Nebenwirkungen haben kann, lässt dieser Umstand nicht automatisch die Unfreiwilligkeit entfallen.

Bei einer klinischen Prüfung wird der Proband im Regelfall darauf vertrauen, dass seine Gesundheit nicht beschädigt wird, auch wenn er durch die ärztliche Aufklärung für die gesundheitlichen Gefahren sensibilisiert wurde. Erleidet die

369 *Dörner* in: MünchKomm VVG, § 178 Rn. 55.

370 BSG, Urt. v. 30.01.2007, Az.: B 2 U 8/06 R (abrufbar bei BeckRS); OLG München, Urt. v. 1.3.2012, Az.: 14 U 2523/11, VersR 2012, S. 895 (896).

371 Vgl. LG Flensburg, Urt. v. 8.4.2005, Az.: 4 O 452/04, r + s 2006, S. 32 (32).

372 *Knappmann* in: Prölss/Martin, VVG, § 178 Rn. 20.

373 *Dörner* in: MünchKomm, VVG, § 178 Rn. 90.

Versuchsperson durch die klinische Prüfung einen Schaden, ist dieser daher im Regelfall unfreiwillig im Sinne des § 178 Abs. 2 VVG.[374]

(3) Plötzlichkeit

Die Einwirkung auf den Körper muss eine plötzliche sein. Die Plötzlichkeit setzt sich aus einer objektiven und einer subjektiven Komponente zusammen.[375]

In objektiver Hinsicht kommt es dabei auf die Dauer der Einwirkung an. Sie muss punktuell, also innerhalb eines kurzen Zeitraumes stattfinden.[376]

Subjektiv liegt Plötzlichkeit vor, wenn das Ereignis für den Betroffenen völlig unerwartet und überraschend erfolgt.[377]

Überwiegend wird angenommen, dass das Vorliegen eines dieser Elemente für die Bejahung der Plötzlichkeit ausreicht.[378]

Fraglich ist, auf welchen Vorgang im Zusammenhang mit Schäden innerhalb klinischer Studien genau abzustellen ist. Jedenfalls kommt es nicht auf eine plötzliche Gesundheitsschädigung an, sondern auf das von außen einwirkende Ereignis.[379]

Zieht man die einmalige Verabreichung eines Medikaments oder die einmalige Anwendung eines Medizinprodukts heran, so könnte man zumindest in objektiv zeitlicher Hinsicht von einem plötzlichen Ereignis ausgehen. Zwar wird gemeinhin das kumulative Vorliegen des subjektiven Elements nicht gefordert, aber schon nach allgemeinen Sprachverständnis ergeben sich Zweifel, ob die freiwillige Einnahme eines Medikaments wirklich ein plötzliches Ereignis darstellt.[380]

Wird hingegen ein Arzneimittel über längere Zeiträume hinweg verabreicht oder ein Medizinprodukt längere Zeit angewandt und kommt es dadurch zu

---

374 *Wenckstern*, Die Haftung bei der Arzneimittelprüfung, S. 249; *Ehling*, Die Versicherung und Rückversicherung von Pharmarisiken in nationaler und internationaler Beziehung, S. 210.

375 *Knappmann* in: Prölss/Martin, VVG, § 178 Rn. 13.

376 *Rüffer* in: Rüffer/Halbach/Schimikowski, VVG, § 178 Rn. 8.

377 *Dörner* in: MünchKomm, VVG, § 178 Rn. 77.

378 *Rüffer* in: Rüffer/Halbach/Schimikowski, VVG, § 178 Rn. 9; *Knappmann* in: Prölss/Martin, VVG, § 178 Rn. 15.

379 *Dörner* in: MünchKomm, VVG, § 178 Rn. 86; *Ehling* will aber auf die „schädigende Wirkung" also auf die Schädigung an sich als plötzliches Ereignis abstellen, Die Versicherung und Rückversicherung von Pharmarisiken in nationaler und internationaler Beziehung, S. 210.

380 Gegen eine rein objektive Auslegung wohl auch *Dörner* in: MünchKomm, VVG, § 178 Rn. 75, mit Hinweis auf Begr. RegE BT-Drucks. 16/3945, S. 107.

einer Schädigung, kann auf keinen Fall mehr von einem plötzlichen Ereignis ausgegangen werden. Weder wäre das Ereignis für den Betroffenen überraschend noch würde es sich in einem eng begrenzten Zeitraum abspielen.[381]

In vielen Fällen, in denen ein Teilnehmer einer klinischen Prüfung einen Schaden erleidet, wird also der Unfallbegriff im Sinne des § 178 Abs. 2 VVG nicht erfüllt sein.[382]

(4) Abweichender Unfallbegriff

Der von § 178 Abs. 2 S. 1 VVG vorgegebene Unfallbegriff ist aber nicht zwingend anzuwenden. Gemäß § 191 VVG steht er zur Disposition der Vertragsparteien.[383]

Insbesondere in den AVB könnte also ein anderer Unfallbegriff verwendet werden, der der Situation einer klinischen Prüfung gerecht wird.

Die aktuellen AVB-Prob gewähren gemäß Ziff. 1.1 Versicherungsschutz für den Fall, dass bei einer klinischen Prüfung eine Person getötet wird oder eine Gesundheitsschädigung erleidet. Diese allgemeine Beschreibung stellt überhaupt keine Definition eines Unfalls dar.

cc) Stellungnahme

Ohne den Unfall als Bezugspunkt und Versicherungsfall kann die Probandenversicherung nicht als Unfallversicherung eingeordnet werden.[384]

Daran ändert auch die Tatsache nichts, dass der Versicherer gemäß § 40 Abs. 3 S. 3 AMG und § 20 Abs. 3 S. 3 MPG keinen Regressanspruch gegen etwaige Schädiger besitzt,[385] zumal der Regress eines Unfallversicherers gemäß § 86 VVG durchaus möglich wäre, soweit die Unfallversicherung als Schadensversicherung ausgestaltet ist.[386] Insofern widerspricht das Regressverbot sogar dem Unfallversicherungscharakter.[387]

---

381 *Wenckstern*, Die Haftung bei der Arzneimittelprüfung, S. 250; *Stock*, Der Probandenschutz bei der medizinischen Forschung am Menschen, S. 182; i. E. auch *Ehling*, Die Versicherung und Rückversicherung von Pharmarisiken in nationaler und internationaler Beziehung, S. 210.

382 *Bausch*, VersR 1978, S. 212 (214); *Klingmüller* in: Festschrift für Fritz Hauß, S. 171; *Koyuncu*, Phi 2005, S. 86 (90). Vgl. auch *Dörner* in: MünchKomm, VVG, § 178 Rn. 82.

383 *Knappmann* in: Prölss/Martin, VVG, § 178 Rn. 2.

384 *Klingmüller* in: Festschrift für Fritz Hauß, S. 171; *Gaidzik*, VersR 2009, S. 1449 (1450).

385 Siehe dazu D.XI.4.

386 *Möller/Segger* in: MünchKomm VVG, § 86 Rn. 40.

387 A. A. *Wenckstern*, Die Haftung bei der Arzneimittelprüfung, S. 247.

Dennoch wäre es möglich, die Probandenversicherung als Unfallversicherung zu betreiben, wenn ein entsprechender Unfallbegriff entwickelt würde, der alle Gefahren einer klinischen Prüfung erfasst. Praktische Vorteile eines solchen Vorgehens lassen sich aber nicht erkennen.

Im Ergebnis stellt die Probandenversicherung, wie gezeigt, keine Unfallversicherung dar und weist auch keine nennenswerten Gemeinsamkeiten mit der Unfallversicherung auf, abgesehen von der Tatsache, dass beide Versicherungen den gesundheitlichen Schaden eines Menschen zum Gegenstand haben.[388]

Die §§ 178 bis 191 VVG sind somit nicht auf die Probandenversicherung anwendbar.

b) Haftpflichtversicherung

Die Regelungen zur Haftpflichtversicherung finden sich in den §§ 100 bis 112 VVG. Darüber hinaus existieren Sondervorschriften für Pflichthaftpflichtversicherungen in den §§ 113 bis 124 VVG.

Eine Haftpflichtversicherung soll das finanzielle Vermögen des Versicherungsnehmers absichern, wenn dieser Schadensersatzansprüchen Dritter ausgesetzt ist.[389] Welche Risiken dabei genau erfasst sind, ergibt sich aus dem Gesetz nicht, so dass die genaue Festlegung den Versicherungsbedingungen überlassen wird.[390]

Das Ziel der Absicherung wird erreicht, indem der Versicherer gemäß § 100 VVG den Versicherungsnehmer von begründeten Ansprüchen gegen ihn freistellt und unbegründete Ansprüche abwehrt.

Ob diese Merkmale ganz oder zumindest teilweise auf die Probandenversicherung zutreffen, erscheint fraglich.

aa) Freistellung des Versicherungsnehmers

Fügt der Versicherungsnehmer einer dritten Person einen Schaden zu, kann er vom Versicherer verlangen von seiner daraus resultierenden Verbindlichkeit gegenüber dem Dritten befreit zu werden. Einen eigenen Zahlungsanspruch gegen

---

388 A. A. *Bausch*, VersR 1979, S. 212 (214); *Deutsch*, PharmR 2001, S. 346 (347); *Deutsch/Spickhoff*, Medizinrecht, Rn. 1341; *Godt/Engelke*, WissR 2010, S. 2 (11); *Achtmann*, Der Schutz des Probanden bei der klinischen Arzneimittelprüfung, S. 241.

389 *Wandt*, Versicherungsrecht, S. 353.

390 *Retter* in: Schwintowski/Brömmelmeyer, PK-VersR, Vor § 100 Rn. 1.

den Versicherer hat der Versicherungsnehmer grundsätzlich nicht.[391] Wenigstens letzterer Punkt trifft auch auf die Probandenversicherung zu. Gemäß § 40 Abs. 1 S. 3 Nr. 8 AMG und § 20 Abs. 1 S. 4 Nr. 9 MPG gewährt die Probandenversicherung der geschädigten Person direkt Leistungen. Dazu ist sie gemäß den genannten Paragrafen allerdings auch dann verpflichtet, wenn weder der Versicherungsnehmer noch sonst jemand für den Schaden haften muss. Damit unterscheidet sie sich erheblich von einer üblichen Haftpflichtversicherung, die ja eben nur die Haftpflicht übernehmen soll.[392]

Dennoch könnte die Probandenversicherung zumindest insofern als Haftpflichtversicherung zu betrachten sein, als sie auch Leistungen erbringt, wenn andere haften müssten. § 40 Abs. 3 S. 3 AMG und § 20 Abs. 3 S. 3 MPG ordnen nämlich an, dass Ansprüche des Probanden auf Schadensersatz erlöschen, soweit aus der Versicherung geleistet wird. Das heißt, dass der Versicherer, der an den geschädigten Probanden leistet, gegen den Schädiger mangels Ersatzanspruches grundsätzlich nicht gemäß § 86 VVG regressieren kann. Auch der Geschädigte kann nicht mehr gegen den Schädiger vorgehen, soweit der Probandenversicherer geleistet hat.

Eine Leistung der Versicherung an den Geschädigten hat also befreiende Wirkung für den Schädiger. Dies kommt der Funktion einer Haftpflichtversicherung sehr nah,[393] auch wenn primär wohl sichergestellt werden soll, dass der Geschädigte seinen Schaden nur einmal ersetzt bekommen soll.[394]

Damit ist aber noch nicht entscheiden, ob der schädigende Versicherungsnehmer auch tatsächlich einen Freistellungsanspruch hat. Der Freistellungsanspruch im Sinne von § 100 VVG ist ein vom Versicherungsnehmer selbstständig einklagbarer Anspruch.[395]

Im Fall der Probandenversicherung ist somit fraglich, ob der Versicherungsnehmer den (zu Unrecht) nicht leistenden Versicherer auf Leistung an die geschädigte Person verklagen kann.

Wenckstern bejaht einen Freistellungsanspruch mit der Begründung, dass es zu wirtschaftlich unsinnigen Ergebnissen führte, wenn der geschädigte Proband sich an den Schädiger wenden würde und dieser nicht gegen den Versicherer

---

391 *Schneider* in: Beckmann/Matusche-Beckmann, Versicherungsrechts-Handbuch, § 24 Rn. 13.

392 *Wenckstern*, Die Haftung bei der Arzneimittelprüfung, S. 253.

393 *Ehling*, Die Versicherung und Rückversicherung von Pharmarisiken in nationaler und internationaler Beziehung, S. 212.

394 BT-Drucks. 15/2849, S. 60 f.

395 *Schimikowski* in: Rüffer/Halbach/Schimikowski, VVG, § 100 Rn. 3.

regressieren könne.[396] Dabei übersieht sie aber, dass der Freistellungsanspruch nicht deckungsgleich mit der Möglichkeit zum Regress ist. Besäße der an den Geschädigten zahlende Versicherungsnehmer im Einzelfall einen Regressanspruch gegen den Versicherer, so ließe sich daraus noch nicht schlussfolgern, dass ihm immer auch ein Freistellungsanspruch zustünde.

Die AVB-Prob gewähren weder einen Regressanspruch noch einen Freistellungsanspruch. Auch die Anordnung des Gesetzes, dass Schadensersatzansprüche der Probanden erlöschen sollen, soweit aus der Versicherung geleistet wurde, spricht nicht unmittelbar für einen Freistellungsanspruch des Versicherungsnehmers.

Vielmehr gewährt Ziff. 3 AVB-Prob den Versuchsteilnehmern im Schadensfall unmittelbar Ansprüche gegen den Versicherer.

Die Freistellung von Schadensersatzansprüchen gehört damit nicht zum originären Leistungsumfang der Probandenversicherung.[397] Ein vertraglicher Freistellungsanspruch, der kennzeichnend für die Haftpflichtversicherung ist, besteht nicht.[398]

bb) Abwehr unbegründeter Ansprüche

Neben der Pflicht zur Freistellung ist die Abwehr unbegründeter Ansprüche die zweite charakterisierender Hauptleistungspflicht des Haftpflichtversicherers.[399]

Dazu gehört, dass der Versicherer zunächst prüft, ob der Versicherungsnehmer haftpflichtig geworden ist, um anderenfalls dem behaupteten Anspruch auf eigene Kosten notfalls gerichtlich entgegenzutreten.[400]

Eine solche Verpflichtung findet sich weder in AMG und MPG noch in den AVB-Prob. Dementsprechend wird zum Teil angenommen, dass die Probandenversicherung deswegen keine Haftpflichtversicherung sein könne.[401]

Auf der anderen Seite lässt sich argumentieren, dass eine Abwehrdeckung nicht explizit vereinbart sein muss, da der Geschädigte ohnehin unabhängig von Einstandspflicht des Schädigers gegen den Probandenversicherer Ansprüche

---

396 *Wenckstern*, Die Haftung bei der Arzneimittelprüfung, S. 253.

397 So auch *Klingmüller* in: Festschrift für Fritz Hauß, S. 173.

398 Es kann aber ein Freistellunganspruch gemäß § 426 BGB in Betracht kommen. Siehe dazu D.XI.4.b).

399 *Schneider* in: Beckmann/Matusche-Beckmann, Versicherungsrechts-Handbuch, § 24 Rn. 15.

400 *Lücke* in: Prölss/Martin VVG, § 100 Rn. 9.

401 *Deutsch/Spickhoff*, Medizinrecht, Rn. 1341; *Ehling*, Die Versicherung und Rückversicherung von Pharmarisiken in nationaler und internationaler Beziehung, S. 212.

gemäß § 40 Abs. 1 S. 3 Nr. 8 AMG bzw. § 20 Abs. 1 S. 4 Nr. 9 MPG geltend machen kann.[402]

Dennoch wäre die Abwehr unberechtigter Ansprüche nicht nutzlos. Es ist möglich, dass sich trotz bestehender Probandenversicherung der Geschädigte an den vermeintlichen Schädiger hält. Das Bestehen der Versicherung zwingt den Geschädigten nicht, sich zunächst an den Versicherer zu wenden.[403] Um tatsächlich als Haftpflichtversicherer zu fungieren, müsste in dieser Konstellation der Probandenversicherer Abwehrschutz bieten, zumindest wenn die in Anspruch genommene Person gleichzeitig der Versicherungsnehmer ist. Wie oben erwähnt, folgt eine solche Pflicht aber weder aus Gesetz noch aus den Versicherungsbedingungen.

cc) Stellungnahme

Soweit der Probandenversicherer im Schadensfall an den Geschädigten leistet, wirkt die Versicherung zugunsten des haftpflichtigen Schädigers aufgrund der angeordneten Haftungsersetzung gemäß § 40 Abs. 3 S. 3 AMG und § 20 Abs. 3 S. 3 MPG wie eine Haftpflichtversicherung.

Trotzdem kann die Probandenversicherung ihrem Wesen nach nicht als Haftpflichtversicherung eingeordnet werden.[404]

Die Leistung des Probandenversicherers an eine geschädigte Person hat im Gegensatz zur Haftpflichtversicherung nicht zur Voraussetzung, dass überhaupt eine Haftpflicht besteht.[405] Vielmehr kommt es nur darauf an, dass der Schaden durch eine klinische Prüfung verursacht wurde. Folgerichtig werden auch in den Versicherungsbedingungen nicht die potentiellen Schädiger als versicherte Personen genannt, sondern die Teilnehmer der klinischen Prüfung (Ziff. 1.1 AVP-Prob). Zwar ist auch in der Haftpflichtversicherung das Phänomen anzutreffen, dass der Versicherer gemäß den AVB für Schäden zahlt, obwohl keine Einstandspflicht besteht, zum Beispiel wenn ein deliktsunfähiges Kind ohne vorangegangene Aufsichtspflichtverletzung der Eltern einen Schaden verursacht,[406] doch wird hier eine Haftung zumindest fingiert. Eine Fiktion der Haftung ist aber im Rahmen der Probandenversicherung nicht notwendig.

---

402 So *Gaidzik*, VersR 2009, S. 1449 (1450).

403 LG Göttingen Urteil vom 31.11.2008, Az.: 2 O 1735/07, Rn. 21 (abrufbar bei juris).

404 A. A. *Retter* in Schwintowski/Brömmelmeyer, PK-VersR, Vor § 100 Rn. 18; *Kollhosser* in: Lippert/Eisenmenger, Forschung am Menschen, S. 162.

405 *Wenckstern*, Die Haftung bei der Arzneimittelprüfung, S. 253.

406 *Wandt*, Versicherungsrecht, Rn. 1021.

Aber auch in den Fällen, in denen grundsätzlich eine Haftung neben der Probandenversicherung bestehen würde, kann diese nicht der Haftpflichtversicherung zugeordnet werden. Zum einen übernimmt der Probandenversicherer keine Abwehrdeckung, obgleich diese in Einzelfällen, wie gezeigt, erforderlich wäre.

Zum anderen sieht die Konstruktion der Probandenversicherung weder für den Versicherungsnehmer noch für andere Schädiger einen Freistellungsanspruch vor.[407] Versicherte Person ist der Proband selbst, der von vornherein einen eigenen Anspruch gegen den Versicherer hat. Das führt darüber hinaus dazu, dass das Trennungsprinzip der Haftpflichtversicherung gegen die Einordnung der Probandenversicherung als solche spricht. In der Haftpflichtversicherung wird demnach auf der einen Seite festgestellt, ob der Versicherungsnehmer dem Geschädigten gegenüber haftpflichtig geworden ist. Davon losgelöst ist im Deckungsverhältnis zu entscheiden, ob der Versicherer für den Haftpflichtschaden eintritt.[408] In der Probandenversicherung steht der Geschädigte aber von vornherein dem Versicherer gegenüber und nicht dem Schädiger. Ein für die Haftpflichtversicherung typisches Dreiecksverhältnis liegt also nicht vor.

Auch der Wortlaut der § 40 Abs. 3 S. 1 AMG und § 20 Abs. 3 S. 1 MPG lässt darauf schließen, dass mit der Probandenversicherung keine Haftpflichtversicherung statuiert werden sollte. Dort heißt es nämlich, dass die Versicherung zugunsten der von der klinischen Prüfung betroffenen Personen, also zugunsten der potentiell Geschädigten abgeschlossen werden muss. Eine Haftpflichtversicherung wird aber im Gegensatz dazu zugunsten des potentiellen Schädigers abgeschlossen.

Da es sich bei der Probandenversicherung um keine Haftpflichtversicherung handelt, liegt trotz der gesetzlichen Verpflichtung zu Abschluss auch keine Pflichtversicherung im Sinne des § 113 VVG vor.[409]

c) Versicherung sui generis

Wie dargestellt lässt sich die Probandenversicherung keinem einzelnen Versicherungszweig des zweiten Teils des VVG (§§ 100 bis 208 VVG) zuordnen.

---

407 *Klingmüller* in: Festschrift für Fritz Hauß, S. 173.

408 *Schneider* in: Beckmann/Matusche-Beckmann, Versicherungsrechts-Handbuch, § 24 Rn. 4.

409 *Hedderich*, Pflichtversicherung, S. 399; *Achtmann*, Der Schutz des Probanden bei der klinischen Arzneimittelprüfung, S. 239.

Insofern ist es auch verfehlt, die Probandenversicherung als Mischform aus Unfall- und Haftpflichtversicherung zu bezeichnen.[410]

Im Ergebnis handelt es damit um eine Versicherung gänzlich eigener Art außerhalb dieser Einteilung.[411]

3. Ergebnis

Die Probandenversicherung stellt eine Personenversicherung dar. Leistungsberechtigter ist aber nicht der Versicherungsnehmer (im Regelfall der Sponsor), sondern der Teilnehmer einer klinischen Prüfung (Ziff. 1.1 AVP-Prob, § 20 Abs. 3 S. 1 MPG, § 40 Abs. 3 S. 1 AMG) als versicherte Person. Der Versicherungsvertrag ist mithin eine Versicherung für fremde Rechnung im Sinne der §§ 43 ff. VVG.[412]

Im Grundsatz handelt es sich dabei um einen echten Vertrag zugunsten Dritter im Sinne von § 328 Abs. 1 BGB.[413] Die Vorschriften über den Vertrag zugunsten Dritter des BGB werden im Anwendungsbereich des Versicherungsvertragsrechts aber durch die Spezialnormen des VVG (§§ 43–48 VVG) verdrängt.[414] Daraus folgt gemäß § 44 Abs. 2 VVG, dass der Versicherte seine Rechte grundsätzlich nur dann gerichtlich geltend machen kann, wenn er im Besitz des Versicherungsscheins ist oder der Versicherungsnehmer zugestimmt hat. § 44 VVG ist aber dispositiv.[415] Ziff. 8.1 AVB-Prob gestattet es jedoch dem Versicherten seinen Anspruch unmittelbar selbst geltend zu machen. Daneben sieht auch Ziff. 3.4.1 Abs. 2 AVB-Prob[416] vor, dass der Versicherte ggf. selbst Klage erhebt. Damit wird die Regelung des § 44 Abs. 2 VVG abbedungen.

---

410 So aber *Rehmann* in: Rehmann/Wagner, MPG § 20 Rn. 12; *Holzhauer*, NJW 1992, S. 2325 (2326); *Godt/Engelke*, WissR 2010, S. 2 (11); *Wenckstern*, Die Haftung bei der Arzneimittelprüfung, S. 254.

411 Vgl. *Koyuncu*, Phi 2005, S. 86 (90); *Metzmacher*, Der Schadensausgleich des Probanden im Rahmen klinischer Arzneimittelstudien, S. 181.

412 *Metzmacher*, Der Schadensausgleich des Probanden im Rahmen klinischer Arzneimittelprüfungen, S. 181; *Schneider*, Neue Behandlungsmethoden im Arzthaftungsrecht, S. 264.

413 *Kollhosser*, MedR 1983, S. 201 (205); *Ehling*, Die Versicherung und Rückversicherung von Pharmarisiken in nationaler und internationaler Beziehung, S. 208.

414 *Rixecker* in: Römer/Langheid, VVG, § 43 Rn. 5; *Dageförde* in: MünchKomm VVG, Vor § 43 Rn. 1.

415 *V. Rintelen* in: Beckmann/Matusche-Beckmann, Versicherungsrechts-Handbuch, § 23 Rn. 52.

416 Ziff. 3.4 AVB-Prob regelt das Verfahren bei Meinungsverschiedenheiten. Siehe dazu auch D.IV.5.

Wie gezeigt ist die Probandenversicherung durch die AVB-Prob als Schadensversicherung ausgestaltet.[417] Eine Zuordnung zu einem einzelnen Versicherungszweig des zweiten Teils des VVG ist nicht möglich. Insofern ist es nicht falsch, sie als Versicherung sui generis zu bezeichnen.[418] Eine Mischform aus Unfall- und Haftpflichtversicherung liegt aber nicht vor.[419]

Im Hinblick auf die Systematik des VVG handelt es sich letztlich um eine Personenschadensversicherung für fremde Rechnung.[420] Damit gelangen die §§ 1 bis 87 VVG sowie die Schlussvorschriften (§§ 209 bis 216 VVG) zur Anwendung. Der zweite Teil des VVG ist grundsätzlich nicht anwendbar.

IV. Der Versicherungsfall

Allgemein wird mit Begriff Versicherungsfall das maßgebliche Ereignis bezeichnet, das die Leistungspflicht des Versicherers auslöst.[421]

AMG und MPG sehen vor, dass eine Versicherung für den Fall bestehen muss, dass bei der Durchführung der klinischen Prüfung ein Mensch getötet oder der Körper oder die Gesundheit eines Menschen verletzt wird. Damit ist zumindest einmal das versicherte Risiko grob bestimmt.[422]

1. Maßgebliches Ereignis

Einen dem Gesetz ähnelnden Wortlaut enthält Ziff. 1.1 AVB-Prob, in der es heißt, dass Versicherungsschutz gewährt wird, wenn eine Person, bei der die klinische Prüfung durchgeführt wurde, getötet oder ihr Körper oder ihre Gesundheit verletzt wird.

Ziff. 1.3.1 AVB-Prob konkretisiert dies dahingehend, dass Versicherungsschutz für Gesundheitsschädigungen besteht, die auf die bei der klinischen Prüfung angewandten Arzneimittel, Medizinprodukte und Stoffe zurückzuführen sind. Zudem werden gemäß Ziff. 1.3.2 AVB-Prob auch Gesundheitsschäden

---

417 Siehe dazu D.III.1.c).

418 *Swik*, PharmR 2006, S. 76 (77); *Sander*, AMG § 40 Erl. 39; *Klingmüller* in: Festschrift für Fritz Hauß, S. 169.

419 So aber *Rehmann* in: Rehmann/Wagner, MPG, § 20 Rn. 12; *Wenckstern*, Die Haftung bei der Arzneimittelprüfung, S. 254; *Godt/Engelke*, WissR 2010, S. 2 (11).

420 So im Ergebnis auch *Metzmacher*, Der Schadensausgleich des Probanden im Rahmen klinischer Arzneimittelprüfungen, S. 181.

421 *Beckmann* in: Beckmann/Matusche-Beckmann, Versicherungsrechts-Handbuch, § 15 Rn. 18.

422 *Wachenhausen* in: Kügel/Müller/Hofmann, AMG, § 40 Rn. 62.

erfasst, die durch Maßnahmen am Körper der versicherten Person im Zusammenhang mit der klinischen Prüfung entstanden sind.

Insbesondere Ziff. 1.1 AVB-Prob deutet aufgrund der Überschrift („Versicherungsfall") darauf hin, dass hier das erstmalige Auftreten der Gesundheitsschädigung (der Schadenseintritt) den Versicherungsfall darstellt.[423] *Wenckstern* hingegen überträgt die Verstoßtheorie aus der Haftpflichtversicherung auf die Probandenversicherung und nimmt an, dass das schädigende Ursachenereignis den Versicherungsfall darstellt.[424]

Der Anspruch des Geschädigten gegen den Probandenversicherer setzt aber keinen Verstoß gegen gesetzliche oder vertragliche Pflichten voraus, so dass auf einen solchen jedenfalls nicht abgestellt werden kann.

Auch die Annahme des schädigenden Ursachenereignisses als Versicherungsfall bereitet Probleme. Wird dem Probanden zum Beispiel innerhalb einer Arzneimittelstudie über einen längeren Zeitraum hinweg ein Arzneimittel verabreicht und kommt es später zu einer Schädigung, lässt sich regelmäßig nicht mehr ermitteln, welche Arzneimittelgabe letztlich die Schädigung herbeigeführt hat. Zudem ist zu bedenken, dass sich das genaue schädigende Ursachenereignis immer erst nach Eintritt der Schädigung feststellen lässt. Ist aber nachgewiesen, dass die Schädigung überhaupt kausal durch ein angewendetes Arzneimittel, Medizinprodukt oder durch eine sonstige Maßnahme im Rahmen der klinischen Prüfung verursacht wurde, besteht auch ein Anspruch auf Versicherungsleistung (Ziff. 1.3 AVB-Prob). Der Versicherungsfall ist also der Eintritt der Gesundheitsschädigung.

Auch hier kann aber im Einzelfall schwer zu ermitteln sein, wann diese eingetreten ist. Ziff. 1.5.2 Abs. 2 AVB-Prob bestimmt daher, dass die Gesundheitsschädigung im Zweifel in dem Zeitpunkt als eingetreten gilt, in dem die versicherte Person erstmals einen Arzt wegen der mit der Schädigung im Zusammenhang stehenden Symptome aufgesucht hat.

2. Versicherungsfall in zeitlicher Hinsicht

Der Versicherungsfall muss innerhalb des Haftungszeitraums eingetreten sein.[425] Gemäß Ziff. 1.5.2 AVB-Prob besteht Versicherungsschutz für solche

423 *Ehling*, Die Versicherung und Rückversicherung von Pharmarisiken in nationaler und internationaler Beziehung, S. 151.

424 *Wenckstern*, Die Haftung bei der Arzneimittelprüfung, S. 256 f.

425 *Brömmelmeyer* in: Rüffer/Halbach/Schimikowski, VVG, § 1 Rn. 62.

Gesundheitsschädigungen, die spätestens 5 Jahre nach Abschluss der klinischen Prüfung aufgetreten sind.

Fraglich ist, worin der Abschluss der klinischen Prüfung zu sehen ist. Nach Ziff. 1.5.1 AVB-Prob endet die klinische Prüfung mit eventuell vorgesehenen Nachbehandlungen/ -beobachtungen. Dem lässt sich entnehmen, dass die zeitliche Dauer der Prüfung durch den Prüfplan bestimmt wird. Es stellt sich aber die Frage, ob Ziff. 1.5.2 AVB-Prob hierbei auf die klinische Prüfung insgesamt abstellt oder auf die Beendigung der erforderlichen Maßnahmen am konkreten Versuchsteilnehmer.

Der Wortlaut der Ziff. 1.5.2 AVB-Prob („fünf Jahre nach Abschluss der **bei** der versicherten Person durchgeführten klinischen Prüfung")[426] legt nahe, dass das Ende der Prüfung konkret für den jeweiligen Teilnehmer bestimmt werden muss. Zwingend ist diese Auslegung jedoch nicht. Der Begriff „klinische Prüfung" wird im übrigen Vertragswerk und insbesondere in Ziff. 1.1 AVB-Prob in dem Sinne verwendet, dass die gesamte Studie als klinische Prüfung bezeichnet wird. Demnach würde der Haftungszeitraum 5 Jahre nach Abschluss der letzten, im Prüfplan vorgesehenen Maßnahmen für alle Probanden gleichermaßen enden. Der Haftungszeitraum des Probandenversicherers wäre damit für den Großteil der Versuchsteilnehmer länger als im Fall der individuell-konkreten Bestimmung.

Beide Auslegungen sind mit dem Wortlaut der Bestimmung vereinbar. Da die Allgemeinen Versicherungsbedingungen eigentlich Allgemeine Geschäftsbedingungen darstellen,[427] kann zur Auslegung auf § 305c Abs. 2 BGB zurückgegriffen werden. Danach wird die Bestimmung zu Lasten des Verwenders ausgelegt. Es ist also auf den Abschluss der gesamten Studie abzustellen.[428]

Der Haftungszeitraum beginnt mit dem im Versicherungsschein angegebenen Zeitpunkt (Ziff. 2.1 AVB-Prob). Vor Beginn der klinischen Studie existiert aber noch kein versichertes Risiko, so dass der Versicherungsschutz regelmäßig gleichzeitig mit der klinischen Prüfung beginnt. Dazu zählt gemäß Ziff. 1.5.1 AVB-Prob bereits die Screening-/Rekrutierungsphase. Voruntersuchungen zur Auswahl der Versuchsteilnehmer fallen also auch in den versicherten Zeitraum.

---

426 Hervorhebung durch den Verfasser.

427 *Wandt*, Versicherungsrecht, Rn. 176.

428 So wohl auch *Swik*, PharmR 2006, S. 76 (81).

3. Kausalität und Zurechnung

Der Eintritt des Versicherungsfalles setzt voraus, dass ein Kausalzusammenhang zwischen der Gesundheitsschädigung und der klinischen Prüfung besteht. Der Gesetzeswortlaut in § 40 Abs. 1 S. 3 Nr. 8 AMG und § 20 Abs. 1 S. 4 Nr. 9 MPG fordert eine Versicherung, die Leistungen erbringt, wenn bei der Durchführung einer klinischen Prüfung ein Mensch eine Gesundheitsschädigung erleidet. Das ist zunächst relativ ungenau. Unter den Wortlaut „bei" lassen sich auch solche Schäden subsumieren, die lediglich in zeitlicher Hinsicht mit der klinischen Prüfung zusammenfallen und nicht auf die klinische Prüfung zurückzuführen sind (zum Beispiel ein plötzlicher Herzinfarkt, noch bevor das Prüfarzneimittel verabreicht wird).

Da die Regelung die Versuchsteilnehmer vor den Gefahren der klinischen Prüfung schützen will, muss die Norm so verstanden werden, dass der Versicherungsfall dann eintritt, wenn die Gesundheitsschädigung in einem Zusammenhang mit der klinischen Prüfung steht.[429] Das Wort „bei" soll also eine haftungsbegründende kausale Beziehung zwischen der klinischen Prüfung und der Schädigung zum Ausdruck bringen.[430] Wie eng der Zusammenhang zwischen klinischer Prüfung und Schädigung sein muss, damit die gesetzlich geforderte Versicherung Leistungen zu erbringen hat, ist umstritten.

Die AVB-Prob konkretisieren diesen Zusammenhang insoweit, als sie in Ziff. 1.3.1 und 1.3.2 AVB-Prob nicht auf die klinische Prüfung an sich abstellen, sondern Versicherungsschutz explizit für den Fall gewähren, dass die Gesundheitsschädigung eine Folge der bei der Prüfung angewandten Arzneimittel, Medizinprodukte (nur AVB-Prob/MPG) oder Stoffe ist (Ziff. 1.3.1 AVB-Prob) oder auf eine Maßnahme, die im Zusammenhang mit der klinischen Prüfung am Körper der versicherten Person durchgeführt wurde, zurückzuführen ist (Ziff. 1.3.2 AVB-Prob).

Fraglich ist, ob diese Einschränkung den Vorgaben des Gesetzes Rechnung trägt.

a) Kausalität im Sinne der Äquivalenz

Versteht man die Formulierung „bei der Durchführung der klinischen Prüfung" in dem Sinne, dass es nach der Äquivalenztheorie ausreicht, dass die Durchführung der klinischen Prüfung eine Ursache ist, die nicht hinweg gedacht werden

---

429 Siehe auch Gesetzesbegründung der Regierung, BT-Drucks. 7/3060, S. 54.
430 *Löwer* in: Söllner, Gedächtnisschrift für Meinhard Heinze, S. 564.

kann, ohne dass der Schaden entfiele,[431] so wären die AVB-Prob eindeutig zu eng.

Zu bedenken ist aber, dass der Gesetzgeber für die Leistungserbringung des Versicherers keine weiteren Bedingungen vorsieht als die, dass der Schaden mit der klinischen Prüfung kausal verknüpft ist. Würde hier Kausalität im Sinne der Äquivalenztheorie ausreichen, wäre die geforderte Einstandspflicht des Versicherers fast endlos weit. So müsste ein Versuchsteilnehmer beispielsweise gegen Schäden abgesichert sein, die er auf dem Weg zu einem Bekannten erleidet, mit dem er sich nur treffen wollte, um über die klinische Prüfung zu sprechen.[432] Eine so weit gefasste Einbeziehung der Folgen einer klinischen Prüfung ist nur schwer mit dem Wortlaut „bei der Durchführung" zu vereinbaren. Zudem findet sich nirgendwo im Zivilrecht eine Haftung, die allein auf äquivalenter Kausalität beruht.[433] Eine Einschränkung der Äquivalenztheorie ist also geboten.[434]

b) Kausalität im Sinne der Adäquanz

Mitunter wird zu diesem Zweck die Adäquanztheorie herangezogen.[435] Der Probandenversicherer soll also nur für solche Schäden einstandspflichtig sein, die adäquat-kausal auf die Durchführung der klinischen Prüfung zurückzuführen sind.

Gänzlich unwahrscheinliche Kausalverläufe sollen nach der Adäquanztheorie keine Haftung auslösen können.[436] Dazu werden unterschiedliche Formeln verwendet. So soll, negativ formuliert, keine adäquate Kausalität vorliegen, wenn die Möglichkeit des Schadenseintritts außerhalb jeder Lebenserfahrung liegt.[437] Nach einer positiven Formulierung lässt sich Adäquanz dann bejahen, „wenn das Ereignis im allgemeinen und nicht nur unter besonders eigenartigen, unwahrscheinlichen und nach dem gewöhnlichen Verlauf der Dinge

---

431 *Oetker* in: MünchKomm BGB, § 249 Rn. 103.

432 Beispiel nach *Kratz*, VersR 2010, S. 999 (1003).

433 *Esser/Schmidt*, Schuldrecht Bd. 1 Teilbd. 2, S. 223 f.

434 *Kratz*, VersR 2010, S. 999 (1003); *Löwer* in: Söllner, Gedächtnisschrift für Meinhard Heinze, S. 558; gegen eine weitere Beschränkung wohl: *Freund/Reus*, PharmR 2009, S. 205 (207).

435 *Wenckstern*, Die Haftung bei der Arzneimittelprüfung, S. 260; *Ehling*, Die Versicherung und Rückversicherung von Pharmarisiken in nationaler und internationaler Beziehung, S. 151; *Heubeck*, PHi 2007, S. 210 (215); *Kratz*, VersR 2010, S. 999 (1003); *Löwer* in: Söllner, Gedächtnisschrift für Meinhard Heinze, S. 558.

436 *Palandt/Grüneberg*, Vor § 249 Rn. 26.

437 BGH, Urt. v. 7.3.2001, Az.: X ZR 160/99, NJW-RR 2001, S. 887 (888).

außer Betracht zu lassenden Umständen geeignet ist, einen Erfolg dieser Art herbeizuführen."[438]

Die Beurteilung der Eignung, den bestimmten Schaden herbeiführen zu können, wird aus Sicht eines anfänglichen optimalen Beobachters vorgenommen.[439] Das heißt, alle zur Zeit des Schadenseintritts erkennbaren Umstände sind zu berücksichtigen.[440]

Nach der Adäquanztheorie müssten also solche Schäden, die zwar durch die klinische Prüfung verursacht wurden, aber nicht vorhersehbar waren, bei der Entschädigung außer Betracht bleiben.

Diese Art der Kausalitätsbegrenzung ist damit aber für die Entschädigungspflicht im Sinne der § 40 AMG und §20 MPG nur wenig sinnvoll. So liegt es im Wesen einer klinischen Prüfung, dass die möglichen Gefahren des zu prüfenden Arzneimittels oder Medizinprodukts eben noch nicht erkennbar und erst recht nicht Bestandteil der Lebenserfahrung sind. Die klinische Prüfung dient ja dem Zweck, etwaige Gefahren (insbesondere Nebenwirkungen) überhaupt zu erkennen (vgl. § 4 Abs. 21 S. 1 AMG).

Die Adäquanztheorie ist also zur Bestimmung von Schäden, die bei Durchführung der klinischen Prüfung entstanden sind und eine Leistungspflicht des Versicherers auslösen sollen, nicht geeignet.

c) Zurechnung über das spezifische Risiko

§ 40 Abs. 1 S. 3 Nr. 8 AMG und § 20 Abs. 1 S. 4 Nr. 9 MPG knüpfen den Kausalverlauf, der in einer Schädigung des Probanden mündet, an die Durchführung der klinischen Prüfung an. Ein bestimmtes schädigendes Verhalten ist für die Entschädigungspflicht nicht erforderlich.

Die Haftung des Versicherers für Schäden aus einer klinischen Prüfung folgt zwar allein aus dem Versicherungsvertrag, ohne dass eine allgemeine gesetzliche Haftung für Schäden durch klinische Prüfungen existieren würde, aber die Nähe zu den gesetzlich normierten Gefährdungshaftungen ist unübersehbar.[441] Insbesondere die Haftung des Fahrzeughalters gemäß § 7 StVG ist ähnlich ausgestaltet. Auch hier wird kein bestimmtes Verhalten des Halters vorausgesetzt. Der zu ersetzende Schaden muss lediglich bei Betrieb eines Fahrzeuges entstanden sein.

---

438 BGH, Urt. v. 4.7.1994, Az.: II ZR 126/93, NJW 1995, S. 126 (127).

439 *Schiemann* in: Staudinger, BGB, § 249 Rn. 15.

440 *Palandt/Grüneberg*, Vor § 249 Rn. 27.

441 *Löwer* in: Söllner, Gedächtnisschrift für Meinhard Heinze, S. 559.

Hier wird der Zurechnungszusammenhang zwischen dem Betrieb eines Kfz und einem Schaden über das Kriterium der spezifischen Betriebsgefahr hergestellt.[442] Der Schaden muss danach auf der typischen Gefahr beruhen, die von dem Betrieb eines Kfz ausgeht.[443]

Diese Art der Schadenszurechnung, die bei anderen Gefährdungshaftungen ebenfalls anzutreffen ist,[444] kann auch auf die Probandenversicherung übertragen werden. Die Ausgangssituation in der Fahrzeughalterhaftung ist, wie schon angedeutet, sehr ähnlich mit der in der Probandenversicherung. Zunächst fällt auf, dass der Gesetzgeber untypischerweise sowohl in § 7 Abs. 1 StVG als auch in den § 40 Abs. 1 S. 3 Nr. 8 AMG und § 20 Abs. 1 S. 4 Nr. 9 MPG den Zurechnungszusammenhang durch die Wendung „bei" beschrieben hat („bei Betrieb", „bei der Durchführung der klinischen Prüfung"). Damit wird die Haftung also nicht an die konkrete Schadenszufügung, sondern an eine gefährdende Situation angeknüpft.

In beiden Fällen ist keine schuldhafte Herbeiführung eines Schadens notwendig, um eine Leistungspflicht des Halters beziehungsweise des Versicherers auszulösen. Auch ein bestimmtes Verhalten wird nicht vorausgesetzt. Es ist unerheblich wie, der Schaden entstanden ist, soweit er sich auf den Betrieb eines Fahrzeuges oder auf die Durchführung einer klinischen Prüfung zurückführen lässt.

Auch der Wortlaut der weiteren Ausführungen zur Versicherungspflicht in § 40 Abs. 3 S. 2 AMG und § 20 Abs. 3 S. 2 MPG lässt erahnen, dass der Versicherer nur für prüfungsspezifische Risiken einstehen soll, wenn es dort heißt, dass der Umfang der Versicherung in einem angemessenen Verhältnis zu den mit der klinischen Prüfung verbundenen Risiken stehen muss.[445]

Eine andere Sicht vertritt *Kratz*, der „bei der Durchführung" mit Hilfe von § 40 Abs. 1 S. 1 AMG auslegen möchte. Dort heißt es wörtlich: „Der Sponsor, der Prüfer und alle weiteren an der klinischen Prüfung beteiligten Personen haben bei der Durchführung der klinischen Prüfung eines Arzneimittels bei Menschen die Anforderungen der guten klinischen Praxis nach Maßgabe des Artikels 1 Abs. 3 der Richtlinie 2001/20/EG einzuhalten." *Kratz* entnimmt dieser Wendung, dass „bei der Durchführung" den gesamten Verlauf der Studie, vom Beginn der Vorbereitungen an bis zur Veröffentlichung der Ergebnisse, umfasst.

---

442 *Burmann* in: Burmann/Heß/Jahnke/Janker, StVR, § 7 StVG Rn. 13.

443 *König* in: Hentschel/König/Dauer, Straßenverkehrsrecht, § 7 StVG Rn. 10.

444 Vgl. *Palandt/Sprau*, § 833 Rn. 7; *Teichmann* in: Jauernig, BGB, § 836 Rn. 7.

445 *Metzmacher*, Der Schadensausgleich des Probanden im Rahmen klinischer Arzneimittelprüfungen, S. 194.

Daher sei es unzulässig, den Anwendungsbereich von § 40 Abs. 1 S. 4 Nr. 8 AMG auf solche Schäden zu beschränken, die auf spezifische Gefahren der klinischen Prüfung zurückzuführen seien.[446]

Letztlich ist diese Argumentation nicht schlüssig. Der von *Kratz* zitierte Passus wurde erst mit Wirkung vom 6.8.2004[447] in den § 40 AMG eingefügt. Dabei diente er dazu, die Richtlinie 2001/20/EG umzusetzen.[448] Demgegenüber wurde § 40 Abs. 1 S. 3 Nr. 8 AMG in dieser Form bereits 1976 mit der Neufassung des Arzneimittelgesetzes wirksam (damals § 40 Abs. 1 S. 1 Nr. 8 AMG a. F.). Erkennbar wollte der Gesetzgeber mit der Einfügung des neuen § 40 Abs. 1 S. 1 AMG also nicht den Inhalt der Versicherungspflicht beeinflussen. Darüber hinaus wird auch nicht verständlich, inwiefern die Auslegung von *Kratz* die Schadenszurechnung determiniert. Wenn er behauptet, dass „bei der Durchführung" das zeitlich weite Spektrum der klinischen Prüfung bezeichnet, so kann damit ja kaum gemeint sein, dass innerhalb dieses Zeitraums jeder Schaden, den die Versuchsperson äquivalent-kausal durch die klinische Prüfung erleidet, versichert sein müsste. Dann wäre nämlich auch der oben angeführte Unfall auf dem Weg zum Freund, dem es über die Prüfung zu berichten gilt, versichert. Dieses Ergebnis lehnt auch *Kratz* ab.[449] Der Vergleich mit § 40 Abs. 1 S. 1 AMG führt also nicht weiter. Zudem sei darauf hingewiesen, dass eine vergleichbare Regelung im MPG fehlt, während die Vorschrift zur Versicherungspflicht jedoch an dieser Stelle wortgleich mit der des AMG ist.

Daher ist es sachgerecht, das Kriterium der spezifischen Betriebsgefahr auf die Situation der Probandenversicherung zu übertragen. Gemäß § 40 AMG und § 20 MPG hat der Versicherer also für solche Schäden einzustehen, die sich als Verwirklichung der spezifischen Gefahr einer klinischen Prüfung darstellen.[450]

Schäden, die zwar äquivalent-kausal durch eine klinische Prüfung verursacht werden, sind dann nicht mehr von der Probandenversicherung zu ersetzen, wenn sich in ihnen kein spezifisches Risiko der Prüfung verwirklicht hat.[451] Dem gesetzlichen Wortlaut entsprechend, gewährt Ziff. 1.1 AVB-Prob

446 *Kratz*, VersR 2010, S. 999 (1003f.).

447 Durch Gesetz vom 30.7.2004 (BGBl. I S. 2031).

448 Siehe schon C.II.2.c), S. 34.

449 *Kratz*, VersR 2010, S. 999 (1003).

450 *Swik*, PharmR 2006, S. 76 (81); a. A. *Freund/Reus*, PharmR 2009, S. 205 (207).

451 So im Ergebnis auch *Taupitz* in: Dute/Faure/Koziol, Liability for and Insurability of Biomedical Research; S. 184; *Metzmacher*, Der Schadensausgleich des Probanden im Rahmen klinischer Arzneimittelprüfungen, S. 194; *Kloesel/Cyran*, § 40 Anm. 78; *Heil/Lützeler* in: Dieners/Reese, Handbuch des Pharmarechts, § 4 Rn. 237.

Versicherungsschutz für den Fall einer Gesundheitsschädigung eines Versicherten bei der klinischen Prüfung. Auch hier geht der Versicherungsschutz also nicht über das spezifische Risiko einer klinischen Prüfung hinaus.

Damit ist zwar abstrakt beschrieben, wie der Zurechnungszusammenhang zwischen klinischer Prüfung und Schädigung sinnvollerweise nur hergestellt werden kann, in Einzelfällen kommt es dann aber darauf an, eben diese spezifische Gefahr der klinischen Prüfung konkret zu bestimmen.

Die klinische Prüfung dient unter anderem dazu, die Sicherheit von Arzneimitteln und Medizinprodukten nachzuweisen. Zum spezifischen Risiko der Prüfung gehören folglich eindeutig die noch unbekannten Auswirkungen der zu testenden Arzneimittel und Medizinprodukte auf den menschlichen Organismus. Auch die Auswirkungen von begleitenden medizinischen Maßnahmen sind ohne weiteres dem typischen Risiko der klinischen Prüfung zuzuordnen, denn hierbei handelt es sich um Gefahren, die dem Probanden im alltäglichen Leben nicht begegnen würden. Realisieren sich diese Gefahren (ein Medikament löst beispielsweise behandlungsbedürftige Nebenwirkungen aus oder der Versuchsteilnehmer wird durch ein Medizinprodukt verletzt), kann der Schaden der klinischen Prüfung zugerechnet werden. Er ist also „bei der Durchführung der klinischen Prüfung" entstanden. Diese Fälle werden auch unzweifelhaft von den AVB-Prob in Ziff. 1.3.1 und 1.3.2 erfasst. Möglicherweise sind neben den Folgen, die die Anwendung der in der klinischen Prüfung verwendeten Medizinprodukte, Arzneimittel und anderen Stoffe mit sich bringt (Ziff. 1.3.1 AVB-Prob) sowie Gesundheitsschäden durch Maßnahmen am Körper des Versuchsteilnehmers im Zusammenhang mit der klinischen Prüfung (Ziff. 1.3.2 AVB-Prob), aber auch andere Gefahren dem spezifischen Risiko der klinischen Prüfung zuzurechnen. Diese müssten gemäß § 40 Abs. 1 S. 3 Nr. 8 AMG und § 20 Abs. 1 S. 4 Nr. 9 MPG ebenfalls versichert sein.

aa) Wegeunfälle

Ein besonderes Problem stellt in diesem Zusammenhang die Zurechenbarkeit von Wegeunfällen dar. Verletzt sich der Versuchsteilnehmer infolge eines Unfalls auf dem Weg zum Ort der klinischen Prüfung oder auf dem Rückweg, so ist umstritten, ob diese Gesundheitsschädigung der klinischen Prüfung zugerechnet werden kann, also versichert sein müsste.[452] Die AVB-Prob bieten jedenfalls für bloße Wegeunfälle keinen ausdrücklichen Schutz.

---

452 Exemplarisch: *Löwer* in: Söllner, Gedächtnisschrift für Meinhard Heinze, S. 553 ff. (gegen eine Zurechnung); *Kratz*, VersR 2010, S. 999 ff. (für eine Zurechnung).

Kausalität im Sinne der Äquivalenztheorie liegt ohne Frage vor.[453] Wäre die klinische Prüfung nicht an der betreffenden Person durchgeführt worden, hätte diese den Weg zum Ort der Prüfung beziehungsweise von diesem nicht zurückgelegt und hätte keinen Unfall erlitten. Die Frage, die sich aber stellt, lautet: Ist die Gefahr, auf dem Weg zur klinischen Prüfung einen Unfall zu erleiden, ein spezifisches Risiko der klinischen Prüfung?

Ein typisches Risiko der klinischen Prüfung verwirklicht sich sicherlich dann, wenn der Proband durch die Prüfung in seiner Verkehrstauglichkeit eingeschränkt ist und deshalb einen Unfall verursacht.[454] Das wäre zum Beispiel dann der Fall, wenn ein verabreichtes Arzneimittel Schläfrigkeit oder Konzentrationsstörungen verursacht. Hier realisiert sich das spezifische Risiko der unbekannten Auswirkungen des zu prüfenden Stoffes. Versicherungsschutz (für die Gesundheitsschädigung) wird hier gemäß Ziff. 1.3.1 AVB-Prob zu bejahen sein, da die Gesundheitsschädigung eine Folge des bei der klinischen Prüfung angewandten Arzneimittels ist.[455]

Anders stellt sich die Situation dar, wenn der Versuchsteilnehmer wegen eigener oder fremder Unachtsamkeit oder äußeren Umständen (Schnee, Glatteis etc.) einen Unfall erleidet.

Oft wird die Versicherungspflicht für diesen Fall mit dem Hinweis auf das allgemeine Lebensrisiko abgelehnt.[456] Diese Argumentation kann in ihrer Pauschalität aber angezweifelt werden. Immerhin müssten die entsprechenden Wege ohne die Durchführung der klinischen Prüfung nicht zurückgelegt werden.[457] Wenn die Versuchsteilnehmer darüber hinaus aufgrund der Erkrankung, die ausschlaggebend für die Einbeziehung in die klinische Studie war, nicht mehr regelmäßig am Straßenverkehr teilnehmen, kann der Weg von oder zum Studienort ein erhöhtes Risiko darstellen.[458]

Auf der anderen Seite ist aber zu berücksichtigen, dass das Risiko, auf dem Weg einen Unfall zu erleiden, maßgeblich von der betroffenen Person selbst beeinflusst wird. So liegt es in ihrer Hand, ob der Weg zu Fuß, mit dem Auto,

---

453 *Rittner/Kratz/Walter-Sack*, VersR 2000, S. 688 (690).

454 *Lippert/Riemenschneider*, VersR 2002, S. 1354 (1357).

455 A. A. *Osieka*, Das Recht der Humanforschung, S. 230.

456 *Schneider*, Neue Behandlungsmethoden im Arzthaftungsrecht, S. 269 f.; *Metzmacher*, Der Schadensausgleich des Probanden im Rahmen klinischer Arzneimittelprüfungen, S. 194; *Löwer* in: Söllner, Gedächtnisschrift für Meinhard Heinze, S. 559.

457 *Taupitz* in: Festschrift für Egon Lorenz, S. 842.

458 *Kratz*, VersR 2010, S. 999 (1001).

dem Taxi usw. zurückgelegt wird. Je nach Fortbewegungsmittel und Wegstrecke sind die möglichen Gefahren äußerst unterschiedlich zu beurteilen. Zudem kann die Versuchsperson auch durch eigens Verhalten wie zum Beispiel die Fahrweise das Risiko unmittelbar selbst beeinflussen. Das Wegerisiko liegt also in der Sphäre des Probanden und stellt keine spezifische Gefahr der klinischen Prüfung dar.[459]

Vereinzelt wird jedoch vertreten, dass § 40 Abs. 1 S. 3 Nr. 8 AMG und § 20 Abs. 1 S. 4 Nr. 9 MPG dennoch die Einbeziehung von Wegeunfällen in den Versicherungsschutz fordern würden, da die sozialrechtliche Unfallversicherung diesen Schutz ebenfalls umfassen würde.[460] In der sogenannten unechten Unfallversicherung sind gemäß § 2 Abs. 1 Nr. 12 u. 13 SGB VII Personen versichert, die sich für die Allgemeinheit aufopfern.[461] So werden beispielsweise Blutspender gemäß § 2 Abs. 1 Nr. 13 lit. b) SGB VII entschädigt, wenn ihnen ein Unfall infolge der Blutspende zustoßen sollte. Gemäß § 8 Abs. 2 SGB VII ist dabei auch der Weg zum und vom Ort der Blutspende versichert. *Kratz* hat sicher nicht ganz Unrecht, wenn er Blutspender und Probanden in einer ähnlichen Lage sieht. Beide bringen ein körperliches Opfer für die Allgemeinheit.[462] Der Gesetzgeber hat aber die Teilnahme an klinischen Versuchen eben nicht der unechten Unfallversicherung zugewiesen, sondern mutmaßlich aufgrund des wirtschaftlichen Interesses, mit dem insbesondere Arzneimittelprüfungen verbunden sind, eine zivilrechtliche Versicherungspflicht geschaffen.[463] Daraus kann nicht abgeleitet werden, dass die Probandenversicherung der unechten Unfallversicherung gleichgestellt werden sollte. Schon der Ausschluss des Regresses gegen einen etwaigen Schädiger gemäß § 40 Abs. 3 S. 3 AMG und § 20 Abs. 3 S. 3 MPG zeigt, dass hier ein anderes Instrumentarium als die unechte Unfallversicherung vorliegt, die gemäß § 116 SGB X den Regress gegen den Schädiger zulässt.[464] Würde der Versuchsteilnehmer auf dem Weg zur klinischen Prüfung von einem anderen Verkehrsteilnehmer schuldhaft verletzt und würde der Probandenversicherer für diesen Schaden aufkommen, könnte der Versicherer nicht

459 *Swik*, PharmR 2006, S. 76 (81); *Löwer* in: Söllner, Gedächtnisschrift für Meinhard Heinze, S. 564; *Wachenhausen* in: Kügel/Müller/Hofmann, AMG, § 40 Rn. 69.

460 *Kratz*, VersR 2010, S. 999 (1004); ähnlich wohl *Rittner/Kratz/Walter-Sack*, VersR 2000, S. 688 (690).

461 *Muckel/Ogorek*, Sozialrecht, § 10 Rn. 92.

462 Vgl. *Deutsch/Spickhoff*, Medizinrecht, Rn. 1340.

463 *Kratz*, VersR 2010, S. 999 (1004).

464 *Muckel/Ogorek*, Sozialrecht, § 10 Rn. 92.

einmal gegen den Schädiger regressieren. Diese haftungsrechtlich widersinnige Konsequenz sowie die ausdrückliche Einbeziehung von Wegeunfällen in den Versicherungsschutz der gesetzlichen Unfallversicherung gemäß § 8 Abs. 2 SGB VII sprechen angesichts der Tatsache, dass in § 40 AMG und § 20 MPG jeder Hinweis auf Wegeunfälle fehlt, dafür, dass der Gesetzgeber Wegeunfälle nicht der Probandenversicherung zuweisen wollte.[465]

Insgesamt bleibt also festzuhalten, dass Wegeunfälle grundsätzlich nicht von den AVB-Prob erfasst werden und gemäß AMG und MPG auch nicht erfasst werden müssen, da solche Unfälle nicht auf spezifischen Risiken der klinischen Prüfung beruhen, sondern in die Risikosphäre des Versuchsteilnehmers fallen.[466]

bb) Verschlimmerungen/Schaden durch Placebo?

Eine weitere Zurechnungsfrage betrifft die Verschlimmerung einer bestehenden Krankheit. Wird die klinische Prüfung in Form eines therapeutischen Versuchs vorgenommen, wird das zu testende Arzneimittel oder Medizinprodukt zur Behandlung einer bestehenden Erkrankung oder Verletzung angewendet. In der Arzneimittelprüfung werden darüber hinaus regelmäßig Kontrollgruppen gebildet, so dass eine Gruppe das Prüfmedikament erhält und die Kontrollgruppe ein Standardpräparat, soweit ein solches existiert.

Nun sind, abgesehen von Nebenwirkungen, folgende Konstellationen denkbar:

1. Das neue Arzneimittel oder Medizinprodukt erweist sich als signifikant wirksamer als die Standardbehandlung.

2. Das zu testende Arzneimittel oder Medizinprodukt ist therapeutisch wirkungslos oder zumindest der Standardbehandlung deutlich unterlegen.

Verschlimmert sich infolge der unterlegenen Behandlungsmethode die Krankheit und kann auf Grund der medizinischen Daten angenommen werden, dass diese Verschlimmerung in der jeweils anderen Gruppe nicht eingetreten wäre, könnte auch ein versicherungspflichtiger Schaden vorliegen.

---

465 *Löwer* in: Söllner, Gedächtnisschrift für Meinhard Heinze, S. 563.

466 *Löwer* in: Söllner, Gedächtnisschrift für Meinhard Heinze, S. 564; *Swik*, PharmR 2006, S. 76 (81); *Kloesel/Cyran*, § 40 Anm. 78; *Koyuncu*, PHi 2005, S. 86 (89); *Metzmacher*, Der Schadensausgleich des Probanden im Rahmen klinischer Arzneimittelprüfungen, S. 194; *Schneider*, Neue Behandlungsmethoden im Arzthaftungsrecht, S. 269 f.; a. A. *Kratz*, VersR 2010, S. 999 (1005); *Taupitz* in: Festschrift für Egon Lorenz, S. 842, *Freund/Reus*, PharmR 2009, S. 205 (207); *Listl* in: Spickhoff, Medizinrecht, § 40 AMG Rn. 35.

(1) Fall 1: Das neue Arzneimittel oder Medizinprodukt ist signifikant wirksamer als die Standardbehandlung

Es ist schon fraglich, ob die Verschlimmerung einer Krankheit während einer medizinischen Behandlung überhaupt einen ersatzfähigen Schaden darstellt. Das kann nur der Fall sein, wenn bei einer, dem Stand der Wissenschaft entsprechenden, Behandlung die Verschlimmerung nicht eingetreten wäre.[467] Wurde der Versuchsteilnehmer als Teil der Kontrollgruppe der Standardbehandlung unterzogen, fehlt jedenfalls die äquivalente Kausalität der klinischen Prüfung für den Schaden. Zwar wurde dem Probanden die wirksamere Therapie vorenthalten, aber ohne die Durchführung der klinischen Prüfung wäre die betreffende Person entweder gar nicht oder auch dem medizinischen Standard entsprechend behandelt worden, so dass beim Hinwegdenken der klinischen Prüfung der Schaden nicht entfällt.[468]

(2) Fall 2: Die Standardbehandlung ist wirksamer als das zu testende Arzneimittel oder Medizinprodukt

Etwas anders liegen die Dinge, wenn der Proband mit einem neuen Arzneimittel oder Medizinprodukt versuchsweise behandelt wird und sich letztendlich die Standardmethode als wirksamer herausstellt. Hier erfolgt die Behandlung nicht nach dem Stand der Wissenschaft, sondern es wird bewusst davon abgewichen.[469] Ein Schaden liegt dann vor, wenn die Krankheit einen ungünstigeren Verlauf nimmt als bei Anwendung der Standardbehandlung, wobei nicht die Krankheit insgesamt den Schaden darstellt, sondern lediglich der Unterschied der Krankheitsverläufe. Unterzieht sich der Proband eben aufgrund der Teilnahme an der klinischen Studie nicht der Standardbehandlung, liegt auch die Kausalität zwischen klinischer Prüfung und Schaden vor.

(a) Spezifisches Risiko

Darüber hinaus müsste auch der erforderliche Zurechnungszusammenhang vorliegen. Abgesehen von Phase I Studien im Arzneimittelbereich soll mit einer klinischen Prüfung auch die Wirksamkeit des Arzneimittels[470] oder die Leistungsfähigkeit des Medizinprodukts[471] nachgewiesen werden. Damit eine solche

---

467 *Laufs/Kern* in: Laufs/Kern, Handbuch des Arztrechts, § 97 Rn. 7.

468 *Deutsch/Spickhoff*, Medizinrecht, Rn. 1343; a. A. offenbar *Fischer*, Medizinische Versuche am Menschen, S. 96.

469 *Schneider*, Neue Behandlungsmethoden im Arzthaftungsrecht, S. 25.

470 Siehe dazu D.I.1.e).

471 Siehe dazu D.I.2.b).

Feststellung überhaupt getroffen werden kann, erhält der Versuchsteilnehmer notwendigerweise nicht die Standardbehandlung.

Das Risiko, dass die Wirksamkeit des Prüfungsgegenstands hinter der einer vorhandenen Standardbehandlung zurückbleibt und es daher zu einer Schädigung des Probanden kommt, ist also originärer Bestandteil der klinischen Prüfung und stellt damit eine spezifische Gefahr dar, die gemäß § 40 Abs. 1 S. 3 Nr. 8 AMG und § 20 Abs. 1 S. 4 Nr. 9 MPG zu versichern ist.

(b) Versicherungsschutz

Die durch die Probandenversicherung abgedeckten Risiken werden in Ziff. 1.3 AVB-Prob beschrieben. Versicherungsschutz könnte nach Ziff. 1.3.1 und 1.3.2 AVB-Prob bestehen, wenn die Gesundheitsschädigung durch in der Prüfung angewandte Stoffe/Produkte oder am Körper des Probanden durchgeführte Maßnahmen verursacht wurde.

Werden aber die durchgeführten Maßnahmen und angewandten Stoffe/Produkte hinweggedacht, entfällt der Schaden dennoch nicht.[472] Die nach Ziff. 1.3.1 und 1.3.2 AVB-Prob erforderliche Kausalität liegt somit auf den erste Blick nicht vor.[473] Die Verschlimmerung ist vielmehr auf die unterbliebene wirksame Therapie zurückzuführen.

Fraglich ist, ob in diesem Fall Versicherungsschutz gemäß Ziff. 1.3.3 AVB-Prob gewährt wird. Darin heißt es, dass für Gesundheitsschädigungen, bei denen unabhängig von der klinischen Prüfung bestehende Krankheiten oder andere Ursachen mitgewirkt haben, Versicherungsschutz nur für den ursächlichen Anteil der klinischen Prüfung besteht.

Der Wortlaut lässt zunächst offen, ob sich der Passus „unabhängig von der klinischen Prüfung" auf die bestehenden Krankheiten oder auf die Mitwirkung an der Gesundheitsschädigung bezieht. Erstere Variante würde aber bedeuten, dass bestehende Krankheiten, die in Zusammenhang mit der klinischen Prüfung stehen (z. B. eine Erkältung bei einer Prüfung eines Erkältungsmedikaments), versicherungstechnisch anders behandelt würden als Krankheiten, die in keinem Zusammenhang mit der Studie stehen. Für eine solche Ungleichbehandlung gibt es keinen Grund, so dass die Mitwirkung der Krankheit an der Gesundheitsschädigung im Sinne der Ziff. 1.3.3 AVB-Prob unabhängig von der klinischen Prüfung erfolgt sein muss.

---

472 Vgl. auch *Gaidzik*, VersR 2009, S. 1449 (1450).

473 Ohne weiteres bejahend hingegen: *Wenckstern*, Die Haftung bei der Arzneimittelprüfung, S. 256.

Problematisch ist aber, ob Ziff. 1.3.3 AVB-Prob überhaupt einen eigenständigen Bereich des Versicherungsschutzes definiert. Es könnte sich auch lediglich um eine Einschränkung des Versicherungsschutzes nach Ziff. 1.3.1 und 1.3.2 AVB-Prob handeln.

Für eine Erweiterung des Versicherungsschutzes spricht die systematische Stellung der Klausel. Sie ist Teil der Ziff. 1.3 AVB-Prob, die den Versicherungsumfang festlegen, während Ausschlüsse in Ziff. 1.4 AVB-Prob geregelt sind.

Andererseits knüpft Ziff. 1.3.3 AVB-Prob zunächst an Schäden an, die eben nicht ausschließlich auf die klinische Prüfung zurückzuführen sind, um dann den Versicherungsschutz auf den ursächlichen Anteil der Prüfung zu beschränken. Das legt nahe, dass hier lediglich der Versicherungsschutz aus Ziff. 1.3.1 und 1.3.2 AVB-Prob eingeschränkt werden sollte.

Allerdings lässt Ziff. 1.3.3 AVB-Prob auch erkennen, dass Schäden durch bestehende Krankheiten versicherungstechnisch relevant sein können.

Berücksichtigt man zudem, dass die Unwirksamkeit einer neuen Behandlungsmethode ein originäres Risiko der klinischen Prüfung ist, wäre es völlig unverständlich, wenn für dieses Risiko kein Versicherungsschutz bestehen würde. Letztlich ist die Nicht-Anwendung der Standardbehandlungsmethode auch eine Maßnahme, die zur Durchführung der klinischen Prüfung erforderlich ist. Insoweit muss Ziff. 1.3.2 AVB-Prob weit verstanden werden. Auch das bewusste Unterlassen kann demnach eine Maßnahme im Sinne von Ziff. 1.3.2 AVB-Prob darstellen.

Für Schäden, die durch die durch mangelnde Wirksamkeit des Prüfgegenstands gegenüber der Standardbehandlung verursacht wurden, besteht also Versicherungsschutz. Dass Ziff. 1.3.3 AVB-Prob den Versicherungsschutz auf den ursächlichen Anteil der klinischen Prüfung beschränkt, ist unproblematisch, da der Schaden von vornherein nur die negative Abweichung des Krankheitsverlaufs im Vergleich zum üblichen Krankheitsverlauf bei einer dem medizinischen Standard entsprechenden Behandlung umfasst.

Einen damit im Zusammenhang stehenden Ausschluss enthält Ziff. 1.4.2 AVB-Prob. Danach sind Verschlimmerungen bestehender Gesundheitsschädigungen ausgeschlossen, die auch eingetreten wären, wenn die betroffene Person nicht an der klinischen Prüfung teilgenommen hätte. Hier gilt das oben Gesagte: Soweit die Alternative zur Teilnahme an der klinischen Prüfung eine wirksame Behandlung entsprechend dem medizinischen Standard wäre, ist die Kausalität der klinischen Prüfung für die Verschlimmerung gegeben. Der Ausschluss der Ziff. 1.4.2 AVB-Prob greift in diesem Fall nicht.

(3) Placebogabe

Ein ähnliches Problem ergibt sich, wenn die Kontrollgruppe einer Studie ein Placebopräparat erhält. Soweit die Gesundheitsschädigung unmittelbar durch die Placebogabe ausgelöst wurde, besteht Versicherungsschutz gemäß Ziff. 1.3.1 AVB-Prob. Ein Placebopräparat ist zwar kein Arzneimittel, aber stellt einen bei der klinischen Prüfung verabreichten Stoff dar.[474]

Kommt es hingegen aufgrund der Wirkungslosigkeit des Placebopräparates zu einer Verschlimmerung der bestehenden einschlägigen Erkrankung, so handelt es sich nicht mehr um eine direkte Folge des angewandten Placebos. Es ist danach zu differenzieren, ob außerhalb der klinischen Studie eine wirksame Standardbehandlung verfügbar gewesen wäre. Falls nicht, wäre die Verschlimmerung auch ohne die Teilnahme an der klinischen Prüfung eingetreten. Unabhängig vom Ausschluss in Ziff. 1.4.2 AVB-Prob bestünde schon keine Kausalität zwischen der Prüfung und der Schädigung.

Existiert jedoch eine wirksame Standardbehandlung und hat die Teilnahme an der klinischen Prüfung den Teilnehmer von dieser Behandlung abgehalten, ist die klinische Studie kausal für die eingetretene Verschlimmerung geworden, soweit diese bei einer Behandlung nach dem medizinischen Standard nicht eingetreten wäre. Unabhängig von der Frage, ob in dieser Konstellation die Gabe eines Placebos überhaupt zulässig war,[475] schreiben für diesen Fall § 40 Abs. 1 S. 3 Nr. 8 AMG und § 20 Abs. 1 S. 4 Nr. 9 MPG Versicherungsschutz vor.[476]

Auch hier wird man von einem bestehenden Versicherungsschutz gemäß Ziff. 1.3.2 AVB-Prob ausgehen müssen.[477]

d) Ergebnis

Verursacht die klinische Prüfung äquivalent kausal eine Gesundheitsschädigung, sehen AMG und MPG die Eintrittspflicht des Probandenversicherers vor, wenn sich darüber hinaus auch eine spezifische Gefahr der klinischen Prüfung verwirklicht.

---

474 *Metzmacher*, Der Schadensausgleich des Probanden im Rahmen klinischer Arzneimittelprüfungen, S. 191.

475 Siehe dazu bzgl. minderjähriger Patienten: C.III.1.b)cc)(1)(b);
bzgl. einwilligungsunfähiger Patienten: C.III.1.b)cc)(2);
bzgl. einwilligungsfähiger Patienten: C.III.1.b)cc)(3).

476 *Fischer*, Medizinische Versuche am Menschen, S. 95.

477 Anders *Metzmacher*, Der Schadensausgleich des Probanden im Rahmen klinischer Arzneimittelprüfungen, S. 191, die von Versicherungsschutz gemäß Ziff. 1.3.1 AVB-Prob ausgeht.

Wie oben bereits beschrieben, wird der Versicherungsfall in Ziff. 1.3 AVB-Prob konkretisiert.[478] Ziff. 1.3.1 und 1.3.2 AVB-Prob gewähren Versicherungsschutz für Schäden, die durch bei der Prüfung angewandte Stoffe und Produkte oder am Körper des Versicherten durchgeführte Maßnahmen entstanden sind. Damit stellen sie letztlich Ausprägungen des spezifischen Risikos einer Prüfung dar. Lassen sich Gesundheitsschäden eben auf diese Risiken im Sinne von Ziff. 1.3.1 und 1.3.2 AVB-Prob zurückführen, genügt somit eine einfache Kausalität im Sinne der Äquivalenztheorie, um die Leistungspflicht des Versicherers zu begründen. Resultieren Schäden des Versuchsteilnehmers aus dem Unterlassen bestimmter Handlungen, ist dieses Unterlassen ebenfalls als Maßnahme im Sinne der Ziff. 1.3.2 AVB-Prob zu qualifizieren, wenn das Unterlassen dem Zweck der klinischen Prüfung dienen soll.

4. Beweislast und Beweismaß

Will der Versicherte Leistungsansprüche gegen den Versicherer gerichtlich geltend machen, trägt er nach allgemeinen Grundsätzen die Beweislast für alle anspruchsbegründenden Voraussetzungen, insbesondere für den Eintritt des Versicherungsfalls.[479]

Für die Probandenversicherung bedeutet das, dass der Versuchsteilnehmer die Teilnahme an der klinischen Prüfung, eine Gesundheitsschädigung und vor allem die Kausalität zwischen Teilnahme und Gesundheitsverletzung nachweisen muss.[480]

Der Nachweis von Teilnahme und Schaden dürfte regelmäßig kein Problem darstellen. Der Beweis der Kausalität kann aber zu erheblichen Schwierigkeiten führen. Der Geschädigte muss beweisen, dass seine Gesundheitsbeeinträchtigung durch die klinische Prüfung verursacht wurde. Problematisch wird es insbesondere, wenn auch andere Ursachen in Betracht kommen. Erkrankt ein Teilnehmer einer Röntgengerätprüfung zwei Jahre nach Abschluss der Studie an Krebs, kommen dafür unzählige Ursachen in Betracht.[481] Ebenso lassen sich Schäden, die möglicherweise Nebenwirkungen eines bestimmten Arzneimittels darstellen, oftmals ebenso gut auf andere Verursachungen zurückführen.[482]

---

478 Siehe D.IV.1.

479 *V. Rintelen* in: Beckmann/Matusche-Beckmann, Versicherungsrechts-Handbuch, § 23 Rn. 81.

480 *Voit* hält ohne Begründung Kausalitätsnachweis nicht für erforderlich, PharmR 2005, S. 345 (349).

481 Pschyrembel klinisches Wörterbuch, Stichwort: Kanzerogene.

482 Vgl. OLG München, Urt. v. 26.11.2009 Az.: 1 U 2283/09 (abrufbar bei juris).

In diesen Fällen wird es dem Probanden nahezu unmöglich sein, den von § 286 ZPO geforderten Vollbeweis[483] zu erbringen.[484]

Es stellt sich also die Frage, ob zugunsten des Versuchsteilnehmers eine Beweiserleichterung hinsichtlich des erforderlichen Kausalzusammenhangs angenommen werden kann.

a) Beweislastumkehr

In der Literatur wird vereinzelt eine Beweislastumkehr befürwortet.[485] Diese sei aus den AVB-Prob abzuleiten. Ziff. 1.4.2 AVB-Prob (ehemals § 3 Abs. 1 AVB-Prob) enthalte einen Ausschluss für nicht kausal durch die Prüfung verursachte Schäden und daher müsse das Nicht-Vorliegen der Kausalität eben vom Versicherer nachgewiesen werden.[486]

Richtig ist, dass Ziff. 1.4.2 AVB-Prob einen Ausschluss darstellt und Ausschlüsse vom Versicherer bewiesen werden müssen.[487] Dennoch muss der Geschädigte den Versicherungsfall nachweisen, bevor es auf einen Ausschluss überhaupt ankommen kann. Wie gezeigt, gehört zum Versicherungsfall aber auch die kausale Verknüpfung zwischen klinischer Studie und Gesundheitsschädigung.[488] Trotz Ziff. 1.4.2 AVB-Prob obliegt es also dem Anspruchssteller, die Kausalität zu beweisen.[489] Eine explizit vertraglich geregelte Beweislastumkehr kann nicht angenommen werden. Der Ausschluss für nicht-kausale Schäden in den AVB hat damit nur deklaratorische Bedeutung.

b) Kausalitätsvermutung analog zu § 84 Abs. 2 AMG

Es könnte aber eine Vermutung der Kausalität nach dem Vorbild des § 84 Abs. 2 S. 1 AMG eingreifen.[490] Wird im Rahmen der Haftung des pharmazeutischen

---

483 *Prütting* in: MünchKomm ZPO, § 286 Rn. 35.

484 *Deutsch* in: Toellner, Organtransplantation – Beiträge zu ethischen und juristischen Fragen, S. 143.

485 *Fischer*, Medizinische Versuche am Menschen, S. 95; *Cloidt-Stotz*, Der Schadensausgleich für Probanden der humanmedizinischen Forschung, S. 166.

486 *Fischer*, Medizinische Forschung am Menschen, S. 95.

487 *V. Rintelen* in: Beckmann/Matusche-Beckmann, Versicherungsrechts-Handbuch, § 23 Rn. 84.

488 Siehe dazu D.IV.3.

489 *Schneider*, Neue Behandlungsmethoden im Arzthaftungsrecht, S. 280; *Wenckstern*, Die Haftung bei der Arzneimittelprüfung, S. 283.

490 *Voß*, Produktsicherheit bei Erforschung somatischer Gentherapie, S. 166; analoge Anwendung des § 84 AMG andeutend: *Deutsch*, PharmR 2001, S. 346 (350).

Unternehmers gemäß § 84 Abs. 1 AMG eine Schädigung durch ein Arzneimittel behauptet, muss zunächst festgestellt werden, ob das Arzneimittel im Einzelfall geeignet war, die in Rede stehende Schädigung zu verursachen. Ist dies der Fall, wird die Kausalität des Arzneimittels für den Schaden gemäß § 84 Abs. 2 S. 1 AMG vermutet.

Würde man diese Regelung auf die Probandenversicherung übertragen, müsste der geschädigte Versuchsteilnehmer lediglich nachweisen, dass die klinische Prüfung in ihrem konkreten Verlauf überhaupt geeignet war, die Gesundheitsschädigung hervorzurufen.

§ 84 AMG gilt nur für das Verhältnis der betroffenen Person zum pharmazeutischen Unternehmer, also demjenigen, der das Arzneimittel in Deutschland in den Verkehr gebracht hat. Für das Verhältnis Versuchsteilnehmer – Versicherer gilt § 84 AMG direkt nicht.

Die analoge Anwendung dieser gesetzlichen Vermutung stößt aber auf mehrere Bedenken. Zum einen handelt es sich hier um eine Regelung eigens für die Haftung des pharmazeutischen Unternehmers, so dass die Vorschrift als Spezialregelung nicht analogiefähig sein könnte.[491]

Zum anderen ist die Ausgangssituation der jeweils Geschädigten nicht vergleichbar. § 84 AMG bezieht sich nur auf Schäden, die durch ein Arzneimittel verursacht wurden. In der klinischen Prüfung gibt es jedoch eine Reihe weiterer möglicher Schadensursachen, die auch unter den Schutz der Probandenversicherung fallen. Selbst wenn es sich um einen Arzneimittelschaden in der klinischen Prüfung handelt, liegt keine vergleichbare Situation vor. Die Voraussetzung für die Kausalitätsvermutung des § 84 Abs. 2 S. 1 AMG ist die prinzipielle Eignung des Arzneimittels, den Schaden verursachen zu können. Eine solche Eignung soll bei neuen Arzneimitteln im Rahmen der klinischen Prüfung erst noch erforscht werden. Das heißt, es stehen nur wenige oder keine Daten zur Verfügung, die eine potenzielle Schädlichkeit belegen könnten.[492] Eine analoge Anwendung der Kausalitätsvermutung kommt daher nur in Betracht, wenn der betroffene Proband Teil der Kontrollgruppe einer Arzneimittelstudie war, die ein bereits zugelassenes Standardpräparat erhalten hat. Hier befindet sich der Geschädigte in der gleichen Situation, die auch ohne die Teilnahme an der klinischen Prüfung vorläge. Der Geschädigte hat in diesem Fall aber unabhängig von der Probandenversicherung einen Anspruch gemäß § 84 Abs. 1 AMG gegen den

491 So *Metzmacher*, Der Schadensausgleich des Probanden im Rahmen klinischer Arzneimittelprüfungen, S. 219.

492 *V. d. Sanden*, Haftung medizinischer Ethik-Kommissionen bei klinischer Arzneimittelprüfung, S. 133.

pharmazeutischen Unternehmer, bei dem die Kausalitätsvermutung des § 84 Abs. 2 AMG zum Tragen kommt. Einer Übertragung der Vermutung auf das Verhältnis zum Versicherer bedarf es nicht.

In den wohl häufigeren und weitaus schwierigeren Fällen, in denen fraglich ist, ob der Schaden durch das noch zu erprobende Arzneimittel oder Medizinprodukt verursacht wurde, ist eine Analogie zu § 84 Abs. 2 S. 1 AMG abzulehnen.[493]

c) *Anscheinsbeweis*

Eine weitere Möglichkeit der Beweiserleichterung wäre die Zubilligung eines Anscheinsbeweises. Beim Anscheinsbeweis werden anerkannte Erfahrungssätze herangezogen, nach denen beim Auftreten bestimmter Umstände auf das Vorhandensein anderer Umstände oder Tatsachen geschlossen wird.[494] Ist Tatsache A bewiesen, wird angenommen, dass auch Tatsache B vorliegt. Letztlich handelt es sich um eine Ausprägung der freien Beweiswürdigung gemäß § 286 ZPO.[495]

Wenn behauptet wird, dass der Anscheinsbeweis auch dem geschädigten Versuchsteilnehmer zur Verfügung stehe,[496] ist das grundsätzlich nicht falsch, da der Anscheinsbeweis unabhängig von bestimmten Fallgruppen immer dann Anwendung findet, wenn im Gesamtbild nach allgemeiner Lebenserfahrung ein typischer Geschehensablauf erkennbar ist.[497]

An diesem typischen Geschehensablauf wird es jedoch regelmäßig dann fehlen, wenn die Auswirkungen von neuen Arzneimitteln und Medizinprodukten als Ursache von Gesundheitsschädigungen in Betracht kommen. Durch die klinische Prüfung soll erst noch festgestellt werden, welche typischen Geschehensabläufe sich bei der Anwendung dieser Produkte ergeben.[498]

Wird eine Gesundheitsschädigung aufgrund ärztlichen Fehlverhaltens bei der klinischen Prüfung geltend gemacht, kann der Anscheinsbeweis eher in Betracht kommen.[499]

---

493 I. E. auch *Metzmacher*, Der Schadensausgleich des Probanden im Rahmen klinischer Arzneimittelprüfungen, S. 219; *v. d. Sanden*, Haftung medizinsicher Ethik-Kommissionen bei klinischer Arzneimittelprüfung, S. 133.

494 Hk-ZPO/*Saenger*, §286 Rn. 38.

495 *Prütting* in: MünchKomm ZPO, § 286 Rn. 48.

496 *Schneider*, Neue Behandlungsmethoden im Arzthaftungsrecht, S. 279; *Wenckstern*, Die Haftung bei der Arzneimittelprüfung, S. 283.

497 Hk-ZPO/*Saenger*, § 286 Rn. 41.

498 *Taupitz* in: Dute/Faure/Koziol, Liability for and Insurability of Biomedical Research, S. 170; *Eberbach*, Die zivilrechtliche Beurteilung der Humanforschung, S. 143.

499 *Prütting* in: MünchKomm ZPO, § 286 Rn. 68.

d) *Beweismaßerleichterung*

Das Beweismaß beschreibt den notwendigen Grad der Überzeugung von der Wahrheit eines Umstandes, der beim Richter vorliegen muss, damit ein Umstand als bewiesen gilt.[500] Bestimmt wird das Beweismaß grundsätzlich durch § 286 Abs. 1 ZPO.[501] Dies gilt auch für den Beweis des Eintritts des Versicherungsfalls.[502] Nach dem Wortlaut der Norm hat der Richter nach freier Überzeugung zu entscheiden, ob eine tatsächliche Behauptung für wahr oder für nicht wahr zu erachten sei. Das in § 286 ZPO statuierte Regelbeweismaß sieht also die volle Überzeugung des Richters vor.[503] Für wie wahrscheinlich ein Richter das tatsächliche Vorliegen eines Umstands halten muss, um voll überzeugt im Sinne des Regelbeweismaßes zu sein, entzieht sich der exakten Bestimmung. Zum Teil wird von einer sehr hohen Wahrscheinlichkeit gesprochen,[504] auf die persönliche Gewissheit des Richters abgestellt[505] oder eine an Sicherheit grenzende Wahrscheinlichkeit,[506] die ab einer Wahrscheinlichkeit von 99,8 % erreicht sein soll,[507] gefordert. Hier sollte nicht übersehen werden, dass die Berechnung exakter Wahrscheinlichkeiten für einen in der Vergangenheit liegenden Sachverhalt realitätsfern ist.[508] Die Rechtsprechung verlangt folgerichtig einen „für das praktische Leben brauchbaren Grad an Gewissheit, der den Zweifeln Schweigen gebietet".[509] Weitgehende Einigkeit besteht insofern, als eine bloß überwiegende Wahrscheinlichkeit für das Vorliegen eines bestimmten Umstandes nicht als ausreichende Grundlage für die richterliche Überzeugung angesehen wird.[510]

---

500 *Foerste* in: Musielak, ZPO, § 286 Rn. 17; *Weber*, Der Kausalitätsbeweis im Zivilprozess, S. 17.

501 *Foerste* in: Musielak, ZPO, § 286 Rn. 1.

502 *Looschelders* in: MünchKomm VVG, § 81 Rn. 151.

503 *Prütting* in: MünchKomm ZPO, § 286 Rn. 40.

504 *Prütting* in: MünchKomm ZPO, § 286 Rn. 40.

505 *Foerste* in: *Musielak*, ZPO, § 286 Rn. 19; *Zöller/Greger*, ZPO, § 286 Rn. 19.

506 *Fuchs*, Das Beweismaß im Arzthaftungsprozess, S. 85.

507 *Fuchs*, Das Beweismaß im Arzthaftungsprozess, S. 80; *Bender* in: Festschrift für Fritz Baur, S. 258.

508 Grundsätzlich kritisch zur Wahrscheinlichkeit im Rahmen richterlicher Beweiswürdigung: *Weber*, Der Kausalitätsbeweis im Zivilprozess, S. 28 ff.

509 BGH Urteil vom 4.11.2003, Az.: VI ZR 28/03, NJW 2004, S. 777 (778).

510 *Prütting* in: MünchKomm ZPO § 286 Rn. 40; *Foerste* in: *Musielak*, ZPO § 286 Rn. 18; Hk-ZPO/*Saenger*, § 286 Rn. 13; *Fuchs*, Das Beweismaß im Arzthaftungsprozess, S. 83; *Zöller/Greger*, ZPO, § 286 Rn. 18; *Baumbach/Lauterbach/Albers/Hartmann*, ZPO, § 286 Rn. 17.

Wie beschrieben, kann dies zu erheblichen Schwierigkeiten führen, die Kausalität zwischen klinischer Prüfung und Gesundheitsschädigung nachzuweisen. Daher wird mitunter eine Herabstufung des Beweismaßes zugunsten des Probanden befürwortet.[511] Fraglich ist allerdings, ob sich eine solche Senkung de lege lata begründen lässt.

aa) Beweismaßsenkung gemäß § 287 Abs. 1 S. 1 ZPO

Möglich erscheint auf den ersten Blick eine Beweismaßsenkung gemäß § 287 Abs. 1 S. 1 ZPO. Hiernach entscheidet das Gericht nach freier Überzeugung unter Würdigung aller Umstände über die Entstehung eines Schadens, soweit diese unter den Parteien streitig ist. Im Gegensatz zu § 286 ZPO kommt es nicht darauf an, ob eine tatsächliche Behauptung für wahr oder unwahr zu erachten ist. Daraus wird gefolgert, dass § 287 ZPO im Vergleich zu § 286 ZPO ein geringeres Beweismaß fordert.[512] § 287 Abs. 1 S. 1 ZPO bezieht sich aber ausdrücklich nur auf die Frage, ob (und in welcher Höhe) ein Schaden entstanden ist. Das Bestehen eines Haftungsgrundes wird dazu vorausgesetzt. Für die (haftungsbegründende) Kausalität ergibt sich aus § 287 ZPO keine Beweismaßsenkung. Diese unterfällt dem Regelungsbereich des § 286 ZPO.[513]

bb) Analoge Anwendung beweismaßsenkender Vorschriften

Im materiellen Recht lassen sich einige Normen für spezielle Konstellationen finden, die eine Erleichterung des Kausalitätsnachweises anordnen. Es erscheint also naheliegend, deren analoge Anwendung für den Kausalitätsbeweis allgemein oder zumindest bezüglich der Situation des geschädigten Probanden in Betracht zu ziehen.

(1) § 119 Abs. 1 BGB

§ 119 Abs. 1 BGB gestattet demjenigen die Anfechtung einer Willenserklärung, der bei Abgabe einem Inhalts- oder Erklärungsirrtum unterlag, wenn

---

511 *Schneider*, Neue Behandlungsmethoden im Arzthaftungsrecht, S. 280; *Deutsch/Spickhoff*, Medizinrecht, Rn. 1344.

512 *Zöller/Greger*, ZPO, § 287 Rn. 1; *Prütting* in: MünchKomm ZPO, § 287 Rn. 17; *Foerste* in: *Musielak*, ZPO, § 287 Rn. 6.

513 *Zöller/Greger*, ZPO, § 287 Rn. 3; *Foerste* in: *Musielak*, ZPO, § 287 Rn. 4; *Prütting* in: MünchKomm ZPO, § 287 Rn. 10; Hk-ZPO/*Saenger*, § 287 Rn. 6; *Baumbach/Lauterbach/Albers/Hartmann*, ZPO, § 287 Rn. 6; *Fuchs*, Das Beweismaß im Arzthaftungsprozess, S. 93; a.A. *Maassen*, Beweismaßprobleme im Schadensersatzprozess, S. 157.

anzunehmen ist, dass er die Willenserklärung anderenfalls nicht abgeben hätte. Grundsätzlich ist also die Kausalität des Irrtums für die Abgabe der Willenserklärung erforderlich.[514] Nach dem Wortlaut des Gesetzes ist es ausreichend, dass die Kausalität *anzunehmen* ist; es wird dem Anfechtenden also eine Beweismaßerleichterung zugestanden.[515] Damit dürfte in erster Linie dem Umstand Rechnung getragen werden, dass Gegenstand der Kausalität hier eine autonome Willensentscheidung des Anfechtenden ist, die naturgemäß nicht tatsächlich bewiesen werden kann. Zudem handelt es sich um einen Fall der hypothetischen Kausalität.[516] Es wird danach gefragt, was wäre, wenn der Irrtum nicht bestanden hätte. Auch hierüber kann kein echter Beweis geführt werden.

Demgegenüber muss der geschädigte Proband nachweisen, dass ein bestimmter Kausalverlauf in der Vergangenheit stattgefunden hat. Die Interessenlagen vom Anfechtenden und von Probanden sind somit nicht miteinander vergleichbar. Der Gedanke des § 119 Abs. 1 BGB kann hier nicht herangezogen werden.[517]

(2) § 61 IfSG[518]

In § 61 S. 1 IfSG heißt es: „Zur Anerkennung eines Gesundheitsschadens als Folge einer Schädigung im Sinne des § 60 Abs. 1 Satz 1 genügt die Wahrscheinlichkeit des ursächlichen Zusammenhangs."

§ 60 Abs. 1 IfSG begründet einen Anspruch gegen den Staat, soweit eine Person durch eine staatlich empfohlene oder angeordnete Impfung einen Schaden davongetragen hat. Hier kommt es, ähnlich den Haftungsvoraussetzungen der Probandenversicherung, nur darauf an, dass die Impfung eine Gesundheitsschädigung verursacht hat. Ein vorhergehendes gleichwie geartetes Fehlverhalten ist für die Haftungsbegründung nicht erforderlich.

Auch wenn sich § 61 S. 1 IfSG explizit nur auf den Kausalzusammenhang zwischen Erstschaden und späteren Gesundheitsschäden, also die haftungsausfüllende Kausalität, bezieht, muss davon ausgegangen werden, dass die Beweiserleichterung gleichermaßen auch für die haftungsbegründende Kausalität zwischen Impfung und Schaden gilt.[519]

---

514 *Palandt/Ellenberger*, § 119 Rn. 31.

515 *Prütting* in: MünchKomm ZPO, § 286 Rn. 47.

516 *Weber*, Der Kausalitätsbeweis im Zivilprozess, S. 57 f.

517 Vgl. *Weber*, Der Kausalitätsbeweis im Zivilprozess, S. 57 f.

518 Gesetz zur Verhütung und Bekämpfung von Infektionskrankheiten beim Menschen (Infektionsschutzgesetz – IfSG) vom 20.7.2000 (BGBl. I S. 1045).

519 Ausführlich mit weiteren Nachweisen: LSG Bayern, Urt. v. 28.7.2011, Az.: L 15 VJ 3/09, (abrufbar bei juris).

Danach genügt es, dass der Ursachenzusammenhang wahrscheinlich ist. Gemeint ist damit, dass mehr für das Vorliegen des Kausalzusammenhangs spricht als dagegen, die Kausalität mithin überwiegend wahrscheinlich ist.[520]

Eine analoge Anwendung dieser Regelung erscheint naheliegend, da der Nachweis der Kausalität der Impfung für eine Gesundheitsschädigung vergleichbare Probleme in sich birgt, wie die Feststellung des Zusammenhangs zwischen klinischer Prüfung und Schaden.

In beiden Fällen handelt es sich um innere Vorgänge im menschlichen Körper, die zudem in der Vergangenheit liegen. Eine sichere Beurteilung der Kausalität ist also erheblich erschwert.

Dennoch ist eine Analogie hier nicht zulässig. Anspruchsgegner im Fall eines Impfschadens ist der Staat. Wird diesem gegenüber eine Beweiserleichterung gewährt, so ist dies Ausdruck einer besonderen Fürsorgepflicht des Staates gegenüber dem Bürger.[521] Demgegenüber richtet sich der Anspruch eines Geschädigten Versuchsteilnehmers gegen ein privates Versicherungsunternehmen. Der Gedanke der staatlichen Fürsorge kann hier nicht verfangen.

Darüber hinaus handelt es sich bei § 61 S. 1 IfSG um eine spezialgesetzliche Regelung für Impfschäden. Schon die Analogiefähigkeit dieser Norm ist daher zu bezweifeln.

(3) Weitere Normen aus dem Sozialrecht

Um eine Beweismaßsenkung für die Kausalität im Allgemeinen[522] oder speziell für das Arzthaftungsrecht[523] zu konstruieren, werden auch andere sozialrechtliche Normen herangezogen. Namentlich sind dies § 1 Abs. 3 S. 1 BVG[524] sowie §§ 15 Abs. 1 S. 2, 28 Abs. 1 S. 2, 41 Abs. 2 S. 1 BEG[525]

Nach § 1 Abs. 3 S. 1 BVG erleichtert den Kausalitätsnachweis für Schädigungen infolge militärischer Dienstverrichtung, während die Normen des BEG Beweiserleichterungen für die Opfer nationalsozialistischer Verfolgung vorsehen. Dabei wird die gleiche Konstruktion wie in § 61 S. 1 IfSG verwendet. Für den

520 LSG Bayern, Urt. v. 28.7.2011, Az.: L 15 VJ 3/09, (abrufbar bei juris); *Fuchs*, Das Beweismaß im Arzthaftungsprozess, S. 101; *Bogs*, SGb 1981, S. 197 (200).

521 *Fuchs*, Das Beweismaß im Arzthaftungsprozess, S. 101.

522 *Prütting* in: MünchKomm ZPO, § 286 Rn. 47.

523 *Fuchs*, Das Beweismaß im Arzthaftungsprozess, S. 95.

524 Gesetz über die Versorgung der Opfer des Krieges (Bundesversorgungsgesetz – BVG) vom 22.1.1982 (BGBl. I S. 21).

525 Bundesgesetz zur Entschädigung für Opfer der nationalsozialistischen Verfolgung (Bundesentschädigungsgesetz – BEG –) vom 29.6.1956 (BGBl. I S. 559).

Beweis des jeweiligen Ursachenzusammenhangs genügt die Wahrscheinlichkeit des Vorliegens.

Bezüglich einer möglichen analogen Anwendung auf die Situation des geschädigten Probanden gilt aber das oben zu § 61 S. 1 IfSG Gesagte. Anspruchsgegner ist jeweils der Staat, den besonders gegenüber seinen Militärs und ehemals durch den Staat Verfolgten eine Fürsorgepflicht trifft.[526] Diese legitimiert die Beweiserleichterung und lässt sich nicht auf das Verhältnis von Versuchsteilnehmer zu Probandenversicherer übertragen.

(4) Gesamtanalogie

Nach *Prütting* lässt sich aus den vorgenannten Normen aber ein allgemeiner Rechtsgedanke dahingehend entnehmen, dass grundsätzlich eine Reduzierung des Beweismaßes auf die überwiegende Wahrscheinlichkeit für den Beweis der haftungsbegründenden Kausalität gelten soll.[527]

Hier wird aber übersehen, dass die Normen des BVG, BEG und IfSG dem Sozialrecht zuzuordnen sind und die besondere Rücksichtnahme des Staates konkretisieren. Eine Übertragung der entsprechenden Beweiserleichterung in das Zivilrecht ist damit unzulässig. Auch die Beweismaßerleichterung des § 119 Abs. 1 BGB ist nicht verallgemeinerungsfähig, da sie sich speziell auf eine hypothetische Willensentscheidung bezieht.[528]

Darüber hinaus sprechen die vereinzelt im Gesetz anzutreffenden Erleichterungen dafür, dass der Gesetzgeber nur in besonderen Situationen eine Beweismaßerleichterung als Ausnahme zum Regelbeweismaß statuieren wollte. Statt einer Gesamtanalogie ist vielmehr im Umkehrschluss zu diesen Normen festzustellen, dass überall dort, wo keine gesetzliche Ausnahme greift, grundsätzlich eben das Regelbeweismaß zum Zuge kommt.[529]

cc) Vertragsimmanente Beweismaßsenkung

Hinsichtlich des erforderlichen Beweismaßes enthalten die AVB-Prob keine ausdrückliche Regelung. In anderen Versicherungssparten werden zum Teil aber auch Beweiserleichterungen bezüglich des Nachweises des Versicherungsfalls

---

526 *Fuchs*, Das Beweismaß im Arzthaftungsprozess, S. 98, 100.

527 *Prütting* in: MünchKomm ZPO, § 286 Rn 47; *Prütting*, Gegenwartsprobleme der Beweislast, S. 109.

528 Siehe dazu D.IV.4.d)bb)(1).

529 *Weber*, Der Kausalitätsbeweis im Zivilprozess, S. 60; *Fuchs*, Das Beweismaß im Arzthaftungsprozess, S. 102.

angenommen. In Anlehnung daran kommt eine vertragsimmanente Beweismaßsenkung auch in der Probandenversicherung in Betracht.

(1) Beweismaßsenkung für Diebstahlversicherungen

Schon 1957 urteilte der BGH, dass in der Hausratsversicherung keine zu hohen Anforderungen an den Beweis des Versicherungsfalles zu stellen seien, sofern es sich um einen Einbruchsdiebstahl handele, da sonst der Zweck des Versicherungsvertrages vereitelt würde. Es genüge, wenn ein äußerer Sachverhalt feststehe, der mit ausreichender Wahrscheinlichkeit auf den Eintritt des Versicherungsfalles schließen lasse.[530]

Gleiches gilt für die Kfz-Diebstahlversicherung.[531] Hier genügt es sogar, dass nachgewiesen werden kann, dass das Fahrzeug an einer bestimmten Stelle abgestellt wurde und dort später nicht mehr auffindbar war.[532] Der Diebstahl an sich als Versicherungsfall muss nicht bewiesen werden.

Grund für diese Beweiserleichterungen ist die Beweisnot, in der sich der Bestohlene typischerweise befindet, da Diebstähle meist unbemerkt von Dritten stattfinden.[533] Müsste der Versicherte den Eintritt des Versicherungsfalles vollumfänglich beweisen, wäre eine Versicherung gegen Diebstahl nahezu nutzlos. Da dieses Ergebnis nicht im Sinne der Vertragsparteien sein kann, die den Versicherungsvertrag abgeschlossen haben, wird der Versicherungsvertrag dahingehend ausgelegt, dass er eine materiell-rechtliche Beweiserleichterung enthält.[534] Das Regelbeweismaß des § 286 ZPO wird reduziert, so dass eine hinreichende Wahrscheinlichkeit des Eintritts des Versicherungsfalles ausreicht.[535] Diese wiederum liegt vor, wenn das äußere Bild eines Diebstahls nachgewiesen wurde.

---

530 BGH, Urt. v. 4.4.1957, Az.: II ZR 95/56 (abrufbar bei BeckRS).

531 *Heß/Höke* in: Beckmann/Matusche-Beckmann, Versicherungsrechts-Handbuch, § 30 Rn. 202.

532 *Römer*, NJW 1996, S. 2329 (2330).

533 *Römer*, NVersZ 1998, S. 63 (63).

534 BGH, Urt. v. 5.10.1983, Az.: IV a ZR 19/82, VersR 1984, S. 29 (29); *Heß/Höke* in: Beckmann/Matusche-Beckmann, Versicherungsrechts-Handbuch, § 30 Rn. 202; *Zopfs*, VersR 1993, S. 140 (141); *Römer*, NJW 1996, S. 2329 (2329); *Römer*, NVersZ 1998, S. 63 (63).

535 *Hansen*, Beweislast und Beweiswürdigung im Versicherungsrecht, S. 209; *v. Rintelen* in: Beckmann/Matusche-Beckmann, Versicherungsrechts-Handbuch, § 23 Rn. 178 ff.; a.A. *Prölss* in: Festschrift für Ernst Steindorff, S. 758, der statt einer Beweismaßsenkung eine Glaubwürdigkeitsvermutung annimmt.

(2) Beweismaßsenkung für die Probandenversicherung
Die Beweiserleichterung in der Diebstahlversicherung kann grundsätzlich nicht auf die Probandenversicherung übertragen werden.[536] Zum einen betrifft die Erleichterung den Versicherungsfall an sich (das Auto wurde gestohlen), während in der Probandenversicherung die haftungsbegründende Kausalität der klinischen Prüfung für eine Gesundheitsschädigung Probleme des Nachweises mit sich bringt. Zum anderen ist die entwickelte Erleichterung hier nicht zielführend. Ein äußeres Bild einer studienbedingten Gesundheitsschädigung ist außer in wenigen Ausnahmefällen nicht vorstellbar.

Jedoch zeigen die Beispiele aus der Diebstahlversicherung, dass ein Versicherungsvertrag unter bestimmten Umständen stillschweigend eine Beweismaßsenkung enthalten kann. Ausgangspunkt ist dabei wie gezeigt die Beweisnot des Versicherten. Um eine vertragliche Beweiserleichterung annehmen zu können, muss diese Beweisnot typisch für die betreffende Versicherung sein, so dass ohne eine Erleichterung der Versicherungsvertrag in einer Vielzahl der Fälle für die Versicherten nutzlos wäre.[537]

Diese Beweisnot besteht für die Versicherten in der Probandenversicherung hinsichtlich der Kausalität. Zu den zu erprobenden Arzneimitteln und Medizinprodukten besteht naturgemäß Datenmaterial in sehr geringem Umfang.[538] Dieses Datenmaterial ist aber oft die einzige Möglichkeit, die Kausalität zwischen einem bestimmten Stoff und einer bestimmen Erkrankung oder Gesundheitsschädigung nachweisen zu können,[539] da die tatsächlichen biologischen Vorgänge im Körper des Geschädigten kaum rekonstruiert werden können. Und selbst beim Vorliegen solcher Daten wird man jedenfalls im Bereich der Arzneimittel von einer Beweisnot des Geschädigten ausgehen müssen, wie die Einführung der gesetzlichen Kausalitätsvermutung in § 84 Abs. 2 S. 1 AMG zeigt.[540]

Im Hinblick auf die klinische Prüfung von Medizinprodukten ist von einer gleichgelagerten Beweisnot auszugehen, wenn die infrage stehende Gesundheitsschädigung durch einen körperinternen Vorgang ausgelöst wurde (Schädigung durch Strahlenbelastung bei Prüfung eines Röntgengeräts etc.). Auch hier wird die Kausalität nur in offensichtlichen Ausnahmefällen keine

---

536 Vgl. *Heß/Höke* in: Beckmann/Matusche-Beckmann, Versicherungsrechts-Handbuch, § 30 Rn. 202.

537 *Prölss* in: Festschrift für Ernst Steindorff, S. 755.

538 *V. d. Sanden*, Haftung medizinischer Ethik-Kommissionen bei klinischer Arzneimittelprüfung, S. 133.

539 *Brock/Stoll* in: Kügel/Müller/Hofmann, AMG, § 84 Rn. 36.

540 BT-Drucks. 14/7752 S. 12, 19, *Pflüger*, PharmR 2003, S. 363 (367).

Beweisschwierigkeiten mit sich bringen (so zum Beispiel wenn eine zu erprobenden Beinprothese bricht und der Proband daraufhin stürzt).

Müsste also der Proband die Kausalität vollumfänglich im Sinne des § 286 ZPO nachweisen, würde er hieran regelmäßig scheitern. Dann wäre die Versicherung für den Versuchsteilnehmer größtenteils nutzlos. Zwar ist diese Problematik in der Praxis bislang nicht in Erscheinung getreten,[541] was aber darauf zurückzuführen ist, dass bisher keine Prozesse gegen den Probandenversicherer geführt wurden oder zumindest nicht bekannt geworden sind.[542]

Damit der Vertragszweck der Probandenversicherung, nämlich die unkomplizierte Abwicklung etwaiger Schadensfälle,[543] nicht gefährdet wird, muss angenommen werden, dass der Versicherungsvertrag eine stillschweigende Beweiserleichterung enthält.

Es stellt sich sodann die Frage, welcher Art die angestrebte Beweiserleichterung sein sollte, um einen gerechten Ausgleich zwischen der Beweisnot des Versuchsteilnehmers und dem Interesse des Versicherers, nicht für solche Schäden zu haften, die tatsächlich nicht im Zusammenhang mit der klinischen Prüfung stehen, herzustellen.

Zu denken wäre an eine Beweislastumkehr, wie sie vereinzelt bereits in Ziff. 1.4.2 AVB-Prob hineingelesen wird.[544] Das Problem der Beweisnot würde sich dann aber spiegelbildlich beim Versicherer stellen. Das Nicht-Vorhandensein einer kausalen Beziehung zwischen klinischer Studie und Gesundheitsschädigung ließe sich aufgrund der komplexen biologischen Vorgänge im menschlichen Körper in vielen Fällen auch nur durch den konkreten Nachweis einer anderen Ursache beweisen. Dies wird dem Versicherer regelmäßig nicht gelingen.[545] Der Proband könnte sich daher wegen nahezu jeder gesundheitlichen Beeinträchtigung nach Teilnahme an einer klinischen Studie Entschädigung aus der Probandenversicherung verlangen. Eine solch einseitige Belastung des Versicherers ist nicht gerechtfertigt. Weder fällt die Gefährdung der Versuchsteilnehmer in seine Risikosphäre, noch profitiert der Versicherer unmittelbar von der Durchführung klinischer Studien. Darüber hinaus ist davon auszugehen, dass, sollte diese Beweislastumkehr tatsächlich angenommen werden,

541 *Kollhosser* in: Toellner, Organtransplantation – Beiträge zu ethischen und juristischen Fragen; S. 135.

542 *Taupitz* in: Dute/Faure/Koziol, Liability for and Insurability of Biomedical Research, S. 189.

543 *Swik*, PharmR 2006, S. 76 (77).

544 *Fischer*, Medizinische Forschung am Menschen, S. 95.

545 *Deutsch*, Ethik in der Medizin 1991, S. 169 (170).

keine Versicherer mehr bereit wäre, die Versicherung von klinischen Studien anzubieten.

Auch eine Kausalitätsvermutung nach dem Vorbild des § 84 Abs. 2 AMG kommt nicht in Betracht. Die zentrale Voraussetzung dieser Norm ist die Geeignetheit eines Arzneimittels, eine bestimmte Schädigung hervorzurufen. Diese Geeignetheit kann zumindest in den frühen Phasen von klinischen Studien nicht bestimmt werden. Daher ist dieses Kriterium kein tauglicher Anknüpfungspunkt für eine Kausalitätsvermutung. Eine grundsätzliche Vermutung der Kausalität würde aber zu weit gehen und zu den gleichen Problemen führen, die eine Beweislastumkehr mit sich bringen würde.

Am geeignetsten scheint eine Beweismaßsenkung nach dem Vorbild des § 61 S. 1 IfSG. Nach hier vertretener Ansicht muss es genügen, dass der Versuchsteilnehmer darlegt, dass der Kausalzusammenhang überwiegend wahrscheinlich ist.[546] Es muss also mehr für die Kausalität der klinischen Prüfung sprechen als gegen sie. Anhaltspunkte können der zeitliche Zusammenhang zwischen Schädigung und Prüfung oder erste aus der klinischen Prüfung gewonnene Daten sein. Nur so kann die Probandenversicherung ihren Zweck erfüllen und geschädigten Probanden unabhängig von anderen Schadensersatzansprüchen einen angemessenen Ausgleich für den erlittenen Schaden gewähren. Durch die Reduzierung des Beweismaßes auf die überwiegende Kausalität wird auch der Versicherer nicht unangemessen benachteiligt. Die Beweislast verbleibt beim Versuchsteilnehmer und die Hürde der überwiegenden Wahrscheinlichkeit ist hoch genug, um den Versicherer vor der übermäßigen Inanspruchnahme zu schützen. Bedenkt man zudem, dass der Proband sich freiwillig der Gefahr einer klinischen Prüfung zum Wohle des medizinischen Fortschritts aussetzt, erscheint es nur als gerecht, dass der geschädigte Proband auch dann Leistungen erhält, wenn die Kausalität der Prüfung zwar nicht restlos aufgeklärt werden kann, aber überwiegend wahrscheinlich ist.[547]

e) Ergebnis

Muss der geschädigte Versuchsteilnehmer die Kausalität der klinischen Prüfung für seine Gesundheitsschädigung voll beweisen, wenn er seinen Anspruch gegen

546 Vgl. *Deutsch/Spickhoff*, Medizinrecht, Rn. 1343.

547 Dies dürfte dem von *Deutsch* geprägten „Aufopferungsgedanken“ entsprechen, in: Toellner, Organtransplantation – Beiträge zu ethischen und juristischen Fragen, S. 141; *Deutsch/Lippert*, AMG, § 40 Rn. 48; *Deutsch/Spickhoff*, Medizinrecht, Rn. 1343.

den Probandenversicherer geltend machen will, wird er hieran oft scheitern. Das deutsche Recht hält keine beweiserleichternden Regelungen für den Probanden, weder in direkter noch in analoger Anwendung, bereit.

Um der Beweisnot des Probanden gerecht zu werden, ist davon auszugehen, dass der Versicherungsvertrag eine stillschweigende Beweiserleichterung enthält.

Um den Interessen sowohl des Versuchsteilnehmers als auch des Versicherers gerecht zu werden, ist eine Reduzierung des Beweismaßes notwendig. Es genügt, wenn die versicherte Person nachweist, dass die Kausalität der klinischen Prüfung für einen eingetretenen Schaden wahrscheinlicher ist als das Nicht-Vorliegen ebendieser.[548]

Eine Beweislastumkehr zugunsten des Probanden oder eine allgemeine Kausalitätsvermutung ist aber abzulehnen. Diese würde eine zu starke Benachteiligung des Versicherers bedeuten.

5. Verfahren vor dem Ärzteausschuss

Besteht zwischen dem Probandenversicherer und der versicherten Person Streit über den Versicherungsfall hinsichtlich der Art und des Umfangs der Gesundheitsschädigung oder der Kausalität der Prüfung für die Schädigung, kann statt der ordentlichen Gerichte ein Ärzteausschuss gemäß Ziff. 3.4.1 Abs. 1 AVB-Prob angerufen werden. Die Anrufung des Ausschusses hat gemäß Ziff. 3.4.1 Abs. 2 AVB-Prob innerhalb von 6 Monaten, nachdem der Versicherer sich gemäß Ziff. 3.3 AVB-Prob zu seiner Leistungspflicht erklärt hat, zu erfolgen. Alternativ bleibt es der versicherten Person möglich, sich direkt an ein Zivilgericht zu wenden. Auch der Versicherer kann trotz Anrufung des Ärzteausschusses die Klärung des Streits vor einem ordentlichen Gericht gemäß Ziff. 3.4.1 Abs. 2 S. 2 AVB-Prob verlangen.

Der Ärzteausschuss besteht aus drei Ärzten. Jeweils ein Arzt wird vom Versicherer und der versicherten Person benannt. Die beiden benannten Ärzte wählen gemäß Ziff. 3.4.2 Abs. 1 lit. a) AVB-Prob einen weiteren Arzt als Obmann des Ausschusses, der in dem medizinischen Gebiet, das der klinischen Prüfung zugrunde liegt, erfahren ist und darüber hinaus in keinem Abhängigkeitsverhältnis zu einer der beiden Parteien steht. Kann keine Einigung auf einen Obmann erzielt werden, entscheidet hierüber der Vorsitzende der Ärztekammer, die für den Wohnsitz der versicherten Person zuständig ist. Der Vorsitzende der

548 A. A. BSG, Urt. v. 20.7.2005, Az.: B 9a/9 VJ 2/04 R, MedR 2007, S. 59 (63).

Ärztekammer ernennt auch gemäß Ziff. 3.4.2 Abs. 1 lit. b) AVB-Prob die beiden anderen Ausschussmitglieder, soweit die Parteien keinen Arzt benannt haben.

Der Ausschuss tritt im Beisein der Parteien zusammen. Soweit es erforderlich ist, hat der Ausschuss die Möglichkeit, die versicherte Person medizinisch zu untersuchen. Sollte die versicherte Person unentschuldigt nicht erscheinen, kann der Ausschuss nach Lage der Akten entscheiden (Ziff. 3.4.2 Abs. 2 lit. b) AVB-Prob).

Vor dem Ärzteausschuss ist die versicherte Person nicht beweisbelastet. Der Ausschuss klärt den relevanten Sachverhalt eigenständig auf, so dass hierin eine Erleichterung für den Versicherten im Vergleich zu einem Verfahren vor einem ordentlichen Gericht zu sehen ist.[549]

a) Verbindlichkeit

Es stellt sich die Frage, inwieweit die Entscheidung des Ärzteausschusses für die Parteien in einem etwaigen anschließenden Rechtsstreit verbindlich ist. Die Entscheidung durch den Ärzteausschuss stellt ein Sachverständigenverfahren gemäß § 84 VVG dar. Regelmäßig wird ein Sachverständigenverfahren zwar durchgeführt, bevor der Versicherer zu einer (vorläufig) abschließenden Bewertung des Versicherungsfalls gekommen ist,[550] aber das ändert nichts daran, dass auch nach den AVB-Prob im Fall der Anrufung des Ärzteausschusses einzelne Voraussetzungen des Versicherungsanspruchs durch Sachverständige festgestellt werden sollen, so dass ein Verfahren im Sinne von § 84 VVG vorliegt. Daraus folgt, dass die Feststellungen des Ärzteausschusses gemäß § 84 Abs. 1 S. 1 VVG dann nicht verbindlich sind, wenn sie offenbar von der wirklichen Sachlage erheblich abweichen. Eine solche Abweichung liegt vor, wenn sich die Unrichtigkeit der Feststellung einem unbefangenen Sachkundigen nach eingehender Untersuchung aufdrängt.[551] Es ist nicht erforderlich, dass die Unrichtigkeit der Feststellung für jeden auf den ersten Blick zu erkennen ist.[552]

Die Feststellungen des Ärzteausschusses können ebenfalls nicht verbindlich sein, wenn sie den vereinbarten Umfang des Sachverständigenverfahrens überschreiten.[553] Verbindlichkeit kann also nur hinsichtlich solcher Feststellungen

---

549 *Ehling*, Die Versicherung und Rückversicherung von Pharmarisiken in nationaler und internationaler Beziehung, S. 152.

550 Vgl. *Halbach* in: MünchKomm VVG, § 84 Rn. 12.

551 *Halbach* in: MünchKomm VVG, § 84 Rn. 22.

552 *Langheid* in: Römer/Langheid, VVG, § 84 Rn. 18.

553 *Voit* in: Prölss/Martin, VVG, § 84 Rn. 20.

bestehen, die sich auf Art und Umfang der Gesundheitsschädigung beziehen oder auf die kausale Verknüpfung zwischen Prüfung und Schaden. Nicht verbindlich sind rechtliche Erwägungen des Ausschusses,[554] also etwa die Frage, wie weit das spezifische Risiko einer klinischen Studie reicht.

b) Ausschlussfrist

Verlangt die versicherte Person nicht innerhalb von 6 Monaten, nachdem ihr die Erklärung des Versicherers über dessen Leistungspflicht gemäß Ziff. 3.3 AVB-Prob zugegangen ist, die Entscheidung des Ärzteausschusses oder erhebt stattdessen Klage, sollen gemäß Ziff. 3.4.1 Abs. 3 AVB-Prob alle weiteren Ansprüche, die der Versicherer nicht anerkannt hat, ausgeschlossen sein. Die Klausel ist § 12 Abs. 3 a. F. VVG nachgebildet. Bis zur Reform des Versicherungsrechts 2008 musste der Versicherungsnehmer innerhalb von 6 Monaten nach Ablehnung der Versicherungsleistung Klage erheben, um mit seinen Ansprüchen nicht ausgeschlossen zu werden. § 12 Abs. 3 a. F. VVG ist im Zuge der VVG-Reform ersatzlos gestrichen worden. Der Versicherer sollte nach dem Willen des Gesetzgebers nicht mehr in der Lage sein, die Verjährungsfrist einseitig zu kürzen.[555] Der BGH hält nunmehr Klagefristklauseln ebenfalls für unzulässig. Diese einseitige Privilegierung des Versicherers sei nicht mehr zu rechtfertigen.[556]

Zudem befindet sich Ziff. 3.4.1 Abs. 3 AVB-Prob im Abschnitt über das Verfahren vor dem Ärzteausschuss. An dieser Stelle ist eine Verkürzung der Verjährungsfristen zu Lasten der versicherten Person nicht zu erwarten. Damit handelt es sich um eine überraschende Klausel gemäß § 305 c Abs. 1 BGB.[557] Selbst wenn man annehmen wollte, dass der Überraschungseffekt durch die Pflicht des Versicherers kompensiert wird, den Betroffenen auf die Rechtsfolgen der Klausel hinzuweisen (Ziff. 3.4.1 Abs. 3 S. 2 AVB-Prob), verstößt die Regelung in jedem Fall gegen wesentliche Grundgedanken des VVG, seitdem § 12 Abs. 3 a. F. VVG gestrichen wurde. Die Ausschlussfrist der Ziff. 3.4.1 Abs. 3 AVB-Prob ist daher unwirksam.[558]

---

554 *Rüffer* in: Rüffer/Halbach/Schimikowski, VVG, § 84 Rn. 18.

555 BT-Drucks. 16/3945, S. 64.

556 BGH, Urt. v. 8.2.2012, Az.: IV ZR 2/11, NJW 2012, S. 1213 (1214).

557 *Achtmann*, Der Schutz des Probanden bei der klinischen Arzneimittelprüfung, S. 259; *Pisani*, PharmR 2009; S. 55 (58).

558 A. A. *Metzmacher*, Der Schadensausgleich des Probanden im Rahmen klinischer Arzneimittelprüfungen, S. 216 ff.; *Ehling*, Die Versicherung und Rückversicherung von Pharmarisiken in nationaler und internationaler Beziehung, S. 152.

V. Versicherter Personenkreis

§ 40 Abs. 1 S. 3 Nr. 8 AMG und § 20 Abs. 1 S. 4 Nr. 9 MPG sehen vor, dass eine Versicherung bestehen muss, die Leistungen gewährt, wenn ein Mensch einen gesundheitlichen Schaden erleidet. Etwas genauere Vorgaben hinsichtlich des versicherten Personenkreises machen § 40 Abs. 3 S. 1 AMG bzw. § 20 Abs. 3 S. 1 MPG, wonach die Versicherung zugunsten der von der klinischen Prüfung betroffenen Personen abzuschließen ist. Dabei stellt sich die Frage, wie weit dieser Personenkreis zu ziehen ist.

1. Betroffene Person i. S. v. § 40 Abs. 1 S. 3 Nr. 2 AMG

Der zu versichernde Personenkreis könnte durch § 40 Abs. 1 S. 3 Nr. 2 AMG bestimmt sein.[559] Diese Norm enthält eine Legaldefinition der betroffenen Person. Es handelt sich um Personen, bei denen eine klinische Prüfung durchgeführt werden soll (insoweit übereinstimmend: Ziff. 1.1 AVB-Prob). Gemäß § 4 Abs. 23 AMG ist eine klinische Prüfung eine Untersuchung am Menschen, die dazu bestimmt ist Wirkungen und Nebenwirkungen eines Arzneimittels zu erforschen.

Fraglich ist aber, ob diese Legaldefinition auch für die Bestimmung des § 40 Abs. 3 S. 1 AMG gilt. Dies kann bezweifelt werden, da die Legaldefinition erst 2004 eingeführt wurde,[560] während § 40 Abs. 3 AMG schon 1976 eine Versicherung zugunsten der von der klinischen Prüfung betroffenen Person verlangte. Darüber hinaus bezieht sich die Definition auch systematisch lediglich auf § 40 Abs. 1 AMG. Allgemeingültige Begriffsbestimmungen enthält das AMG in §§ 2–4 AMG, so dass im Umkehrschluss die Legaldefinition des § 40 Abs. 1 S. 3 Nr. 2 AMG nur einen eingeschränkten Anwendungsbereich hat. Es fällt zudem auf, dass in den 2004 neugefassten Absätzen von der „betroffenen Person“ ohne weitere Zusätze im Singular die Rede ist und dieser Terminus in den Absätzen 1, 2, 2a und 5 des § 40 AMG exakt so verwendet wird, während in Absatz 3 weiterhin auf die „von der klinischen Prüfung betroffenen Personen“ abgestellt wird. Nach alledem kann nicht davon ausgegangen werden, dass der Gesetzgeber durch Einführung der Legaldefinition in § 40 Abs. 1 S. 3 Nr. 2 AMG auch den Anwendungsbereich von § 40 Abs. 3 AMG bestimmen wollte. Vielmehr hat der Gesetzgeber im neugefassten Katalog der allgemeinen Zulässigkeitsvoraussetzungen in § 40 Abs. 1 AMG darauf verzichtet,

---

559 *Achtmann*, Der Schutz des Probanden bei der klinischen Arzneimittelprüfung, S. 243; *Swik*, PharmR 2006, S. 76 (78).

560 Durch Gesetz v. 30. 7. 2004 (BGBl. I S. 2031).

eine Versicherungspflicht nur für betroffene Personen zu statuieren, sondern fordert gemäß § 40 Abs. 1 S. 3 Nr. 8 AMG eine Versicherung für den Fall, dass ein Mensch getötet oder der Körper oder die Gesundheit eines Menschen verletzt wird.[561] Eine Einschränkung des versicherten Personenkreises auf Personen, an denen die klinische Prüfung durchgeführt werden soll, ist mit der insoweit missverständlichen Legaldefinition der betroffenen Person in § 40 Abs. 1 S. 3 Nr. 2 AMG also nicht bezweckt.[562]

Diese Sichtweise wird zudem von einem Vergleich von AMG und MPG gestützt. Eine dem § 40 Abs. 1 S. 3 Nr. 2 AMG entsprechende Legaldefinition fehlt im MPG. Die Versicherungspflicht zugunsten der von der klinischen Prüfung betroffenen Person ist aber in AMG und MPG wortgleich vorgeschrieben, so dass davon auszugehen ist, dass der versicherte Personenkreis sich bei Studien nach AMG und MPG nicht unterscheiden soll. Enthält nun das AMG eine Legaldefinition des Begriffes „betroffene Person", die sich zunächst gemäß § 40 Abs. 1 S. 3 Nr. 2 AMG nur auf die ärztliche Vertretbarkeit der Prüfung bezieht, und das MPG nicht, kann nicht angenommen werden, dass diese Definition auch für die Probandenversicherung gelten soll.

2. Betroffene Person i. S. v. § 3 Abs. 2a GCP-V

Zum Teil wird § 3 Abs. 2a GCP-V herangezogen, um den versicherten Personenkreis zu bestimmen.[563] Auch diese Norm enthält eine Definition der betroffenen Person. Demnach ist die betroffene Person ein Prüfungsteilnehmer oder eine Prüfungsteilnehmerin, die entweder als Empfänger des Prüfpräparates oder als Mitglied einer Kontrollgruppe an einer klinischen Prüfung teilnimmt. Ausweislich § 1 GCP-V soll durch die GCP-V aber lediglich das Verfahren einer klinischen Prüfung hinsichtlich Planung, Durchführung und Dokumentation konkretisiert werden. Die Begriffsbestimmungen beziehen sich dabei lediglich auf die Regelungen der GCP-V und sind nicht dazu geeignet, den Terminus der von der klinischen Prüfung betroffenen Person in § 40 Abs. 1 S. 1 AMG näher zu bestimmen. Im Übrigen würden Definitionen von Begriffen des AMG durch die GCP-V nicht von der Ermächtigungsgrundlage des § 42 Abs. 3 AMG gedeckt, auf der die Verordnung beruht.

---

561 *Ehling*, Die Versicherung und Rückversicherung von Pharmarisiken in nationaler und internationaler Beziehung, S. 215.

562 *Voit*, PharmR 2005, S. 345 (346); *Freund/Reus*, PharmR 2009, S. 205 (206).

563 *Kloesel/Cyran*, AMG, § 40 Anm. 76b; *Metzmacher*, Der Schadensausgleich des Probanden im Rahmen klinischer Arzneimittelprüfungen, S. 192.

3. Eigenständige Definition der betroffenen Person in § 40 Abs. 3 S. 1 AMG und § 20 Abs. 3 S. 1 MPG

Da, wie gezeigt, weder die Definition der betroffenen Person aus § 40 Abs. 1 S. 3 Nr. 2 AMG noch aus § 3 Abs. 2 a GCP-V herangezogen werden können, um den versicherten Personenkreis zu bestimmen, muss eine eigenständige Definition den §§ 40 Abs. 1 S. 3 Nr. 8 und 40 Abs. 3 S. 1 AMG bzw. §§ 20 Abs. 1 S. 4 Nr. 9 und 20 Abs. 3 S. 1 MPG entnommen werden.

Unter Berücksichtigung der § 40 Abs. 1 S. 3 Nr. 8 AMG und § 20 Abs. 1 S. 4 Nr. 9 MPG, die eine Versicherung für den Fall fordern, dass *ein* Mensch bei Durchführung der klinischen Prüfung verletzt wird, sind die § 40 Abs. 3 S. 1 AMG und § 20 Abs. 3 S. 1 MPG also so zu verstehen, dass diejenige Person von der klinischen Prüfung betroffen ist, die bei Durchführung der Prüfung einen Gesundheitsschaden erleiden könnte.[564] Diese Aussage ist insoweit einzuschränken, als nach dem Schutzweck der Probandenversicherung solche Personen nicht zu versichern sind, die als Mitarbeiter der Prüfinstitution an der klinischen Prüfung beteiligt sind.

Unter den Versicherungsschutz fallen damit insbesondere die Teilnehmer der Testgruppe, an denen ein neues Arzneimittel oder Medizinprodukt geprüft wird. Auch die Kontrollgruppe einer Studie, die eine Standard- oder Placebobehandlung erhält, kann potenziell einen Schaden bei der klinischen Prüfung erleiden und gehört damit dem versicherten Personenkreis an.[565]

Gemäß Ziff. 1.1 iVm Ziff. 1.5.1 AVB-Prob zählen zum versicherten Personenkreis auch Personen, die im Vorfeld der eigentlichen klinischen Prüfung zu Screening- und Rekrutierungszwecken untersucht werden. Insoweit gehen die AVB-Prob über die gesetzlichen Anforderungen hinaus.

Problematisch ist, ob sich die Versicherung auch auf Dritte, also Personen, die an der klinischen Prüfung nicht unmittelbar teilnehmen, erstreckt oder erstrecken müsste. Jedenfalls spricht nicht der personale Charakter einer Unfallversicherung gegen die Einbeziehung,[566] da es sich bei der Probandenversicherung eben um keine Unfallversicherung handelt.

Es muss zwischen Abkömmlingen von Versuchsteilnehmern und anderen Dritten unterschieden werden.

564 *Fischer*, Medizinische Versuche am Menschen, S. 96.

565 *Kloesel/Cyran*, AMG, § 40 Anm. 76; *Wenckstern*, Die Haftung bei der Arzneimittelprüfung, S. 255; *Metzmacher*, Der Schadensausgleich des Probanden im Rahmen klinischer Arzneimittelprüfungen, S. 192.

566 So aber *Swik*, PharmR 2006, S. 76 (80).

a) *Abkömmlinge*

Ist eine Versuchsteilnehmerin schwanger, nimmt auch das ungeborene Kind gewissermaßen unfreiwillig an der klinischen Prüfung Teil. Folgerichtig gilt gemäß Ziff. 1.1 a.E. AVB-Prob die Leibesfrucht der Versuchsteilnehmerin als versicherte Person, die bei Durchführung der klinischen Prüfung bereits gezeugt war. Im Umkehrschluss lässt sich dieser Bestimmung aber entnehmen, dass die noch nicht gezeugte Leibesfrucht, also ein späterer Nachkömmling keinen Versicherungsschutz nach den AVB-Prob genießen soll.

Ob sich dieser Befund mit dem Gesetz vereinbaren lässt, ist fraglich. Für eine Vereinbarkeit könnte der Wortlaut von § 40 Abs. 3 S. 1 AMG und § 20 Abs. 3 S. 1 MPG sprechen. Versteht man den Terminus „betroffene Person" im Sinne von § 40 Abs. 1 S. 3 Nr. 2 AMG, so fällt ein zum Zeitpunkt der Prüfung noch nicht gezeugtes Kind nicht hierunter, da die Prüfung eben nicht an diesem durchgeführt wurde.[567] Diese Definition ist aber eben nicht maßgeblich und spricht daher nicht gegen eine Einbeziehung der noch nicht gezeugten Nachkommen.

Problematischer erscheint, dass Versicherungsschutz gemäß § 40 Abs. 1 S. 3 Nr. 8 AMG und § 20 Abs. 1 S. 4 Nr. 9 MPG nur gewährt werden muss, wenn ein Mensch *bei* Durchführung der Prüfung einen Schaden erleidet.[568]

Bei Durchführung der klinischen Prüfung existierte der noch nicht gezeugte Nachkomme nicht. Allerdings zielt die Wendung „bei" nicht auf einen temporalen Zusammenhang ab, sondern soll die Versicherungspflicht an die spezifische Gefahr der Prüfung anknüpfen.[569] Eine spezifische Gefahr geht von der klinischen Prüfung aber auch für die noch ungezeugte F1-Generation aus. Dies ist etwa der Fall, wenn Arzneimittel oder Medizinprodukte auf längere Zeit Rückstände im Körper des Prüfungsteilnehmers hinterlassen. Ebenfalls kann sich die klinische Prüfung auf die gesamte F1-Generation auswirken, wenn es zu Erbgutveränderungen beim Probanden infolge der Teilnahme kommt.[570] Es ist zudem zu bedenken, dass durch die klinische Prüfung bereits in einem ersten Schritt die Fähigkeit des Probanden, gesunde Kinder zu zeugen, beeinträchtigt

567 *Metzmacher*, Der Schadensausgleich des Probanden im Rahmen klinischer Arzneimittelprüfungen, S. 192 f.; *Achtmann*, Der Schutz des Probanden bei der klinischen Arzneimittelprüfung, S. 243.

568 *Metzmacher*, Der Schadensausgleich des Probanden im Rahmen klinischer Arzneimittelprüfungen, S. 192.

569 Siehe dazu oben D.IV.3.c).

570 *Rittner/Kratz/Walter-Sack*, VersR 2000, S. 688 (690).

werden kann. Diese Gesundheitsschädigung wirkt sich sodann auf den Abkömmling aus. Da die Schädigung der Zeugungsfähigkeit regelmäßig zunächst unerkannt bleiben wird, ist es auch nicht gerechtfertigt, im Zeugungsakt eine Zäsur zu erblicken, die den Abkömmling vom Versicherungsschutz ausschließen würde.

Eine Gesundheitsschädigung durch die klinische Prüfung ist also hinsichtlich aller Abkömmlinge der Versuchsteilnehmer möglich. Daher muss sich der Versicherungsschutz im Sinne von § 40 Abs. 1 S. 3 Nr. 8, Abs. 3 AMG und § 20 Abs. 1 S. 4 Nr. 9, Abs. 3 MPG auch auf diesen Personenkreis erstrecken.[571]

b) Dritte

Es ist vorstellbar, dass unbeteiligte Dritte Gesundheitsschäden erleiden, die letztlich auf eine klinische Prüfung zurückzuführen sind. Dies wäre etwa der Fall, wenn sich der Proband während der klinischen Prüfung mit einer Krankheit infiziert und anschließend weitere Personen ansteckt. Hier stellt sich die Frage, ob die betroffenen Personen auch von der Probandenversicherung erfasst sein müssten. Einen Hinweis, was die generelle Einbeziehung Dritter in den versicherten Personenkreis angeht, könnte § 42 Abs. 2 S. 3 Nr. 3 AMG zu entnehmen sein. Wird ein xenogenes Arzneimittel geprüft, soll die Bundesoberbehörde demnach auch das Bestehen der Probandenversicherung prüfen, obwohl diese Aufgabe regelmäßig der Ethikkommission gemäß § 42 Abs. 1 S. 7 Nr. 3 AMG zufällt. Bemerkenswert ist, dass die Bundesoberbehörde dabei die Anforderungen des § 40 Abs. 1 S. 3 Nr. 8 AMG an die Versicherung *insbesondere* im Hinblick auf eine Versicherung von Drittrisiken prüfen soll. Diese Norm kann so verstanden werden, dass § 40 Abs. 1 S. 3 Nr. 8 AMG immer die Absicherung von Drittrisiken vorsieht und hier lediglich die Prüfungskompetenz hinsichtlich des Drittschutzes auf die Bundesoberbehörde übertragen wird.[572] Wenn dagegen eingewandt wird, dass § 42 Abs. 2 S. 3 Nr. 3 AMG lediglich eine Verfahrensvorschrift darstellt, die sich an die Bundesoberbehörde richtet und nicht den geforderten Versicherungsschutz determiniert,

---

571 *Voit*, PharmR 2005, S. 345 (346); *Listl* in: Spickhoff, Medizinrecht, AMG § 40 Rn. 34; a. A. *Swik*, PharmR 2006, S. 76 (78); *Ehling*, Die Versicherung und Rückversicherung von Pharmarisiken in nationaler und internationaler Beziehung, S. 217, der aber de lege ferenda eine Einbeziehung der gesamten F1-Generation fordert.

572 *Voit*, PharmR 2005, S. 345 (346).

ist das zwar richtig.[573] Aber eben dieser Umstand deutet darauf hin, dass der versicherungsrechtliche Drittschutz bereits in § 40 Abs. 1 S. 3 Nr. 8 AMG angelegt ist.

Auch der Wortlaut des § 40 Abs. 3 S. 1 AMG spricht nicht gegen die Einbeziehung Dritter.[574] Wie gezeigt, ist die von der klinischen Prüfung betroffene Person i. S. v. § 40 Abs. 3 S. 1 AMG nicht unter Heranziehung der Definitionen aus § 40 Abs. 1 S. 3 Nr. 2 AMG und § 3 Abs. 2a GCP-V zu bestimmen. Vielmehr gehören auch Dritte zu den von der klinischen Prüfung betroffenen Personen, wenn sie dem spezifischen Risiko der Prüfung ausgesetzt sind. Das ist einerseits der Fall bei Studien mit xenogenen Arzneimitteln, weswegen hier auch die Bundesoberbehörde den Versicherungsschutz überprüfen soll. Andererseits können Dritte aber auch durch andere Studien, zum Beispiel Lebendimpfstoffstudien,[575] gefährdet werden. Dass in Medizinproduktestudien Dritte der spezifischen Gefahr der Prüfung ausgesetzt sind, dürfte eher selten vorkommen, kann aber nicht grundsätzlich ausgeschlossen werden.

In all diesen Fällen fordern AMG und MPG demnach auch Versicherungsschutz für Dritte, die nicht als Probanden an einer klinischen Prüfung teilgenommen haben.[576]

4. Auswirkungen auf den Versicherungsvertrag

Gemäß Ziff. 1.1 Abs. 1 AVB-Prob ist grundsätzlich nur die Person, bei der eine klinische Prüfung durchgeführt wurde, versicherte Person. Zusätzlich gilt auch die bei der Durchführung der klinischen Prüfung bereits gezeugte Leibesfrucht einer versicherten Person als versicherte Person (Ziff. 1.1 Abs. 2 AVB-Prob). Im Umkehrschluss bedeutet das, dass alle weiteren Personen nicht zum versicherten Personenkreis gehören, soweit die AVB-Prob verwendet werden. Auslegungsmöglichkeiten bestehen nicht. Eine andere Auslegung würde gegen den klaren Wortlaut von Ziff. 1.1 AVB-Prob verstoßen. Wie gezeigt, verlangen die Regelungen des AMG und des MPG aber die Versicherung von Dritten. Fraglich ist, welche Auswirkungen dies auf die Versicherungsvertrag hat.

---

573 *Achtmann*, Der Schutz des Probanden bei der klinischen Arzneimittelprüfung, S. 244.

574 So aber *Kloesel/Cyran*, AMG, § 40 Anm. 76b.

575 *Kloesel/Cyran*, AMG, § 40 Anm. 76c.

576 So im Ergebnis auch *Voit*, PharmR 2005, S. 345 (346); *Freund/Reus*, PharmR 2009, S. 205 (206); *Listl* in: Spickhoff, Medizinrecht, AMG § 40 Rn. 34; a. A. *Swik*, PharmR 2006, S. 76 (78); *Kloesel/Cyran*, AMG, § 40 Anm. 76b.

a) Nichtigkeit gemäß § 134 BGB

Eine Nichtigkeit des Versicherungsvertrages gemäß § 134 BGB kommt nicht in Betracht. Dazu müssten die Vorgaben der § 40 Abs. 1 S. 3 Nr. 8, Abs. 3 AMG und § 20 Abs. 1 S. 4 Nr. 9, Abs. 3 MPG als Verbotsgesetze anzusehen sein. Verbotsgesetze sind solche, die bestimmte Rechtsgeschäfte aufgrund ihres Inhalts oder ihres Zustandekommens untersagen.[577] § 40 AMG und § 20 MPG verpflichten aber lediglich den Sponsor einer klinischen Prüfung für Versicherungsschutz in einem bestimmten Umfang zu sorgen. Daraus kann nicht gefolgert werden, dass Probandenversicherungsverträge, die einen zu geringen Versicherungsschutz vermitteln, durch § 40 AMG und § 20 MPG verboten sind.[578]

b) Inhaltskontrolle gemäß § 307 BGB

Da die AVB eines Versicherungsvertrages AGB im Sinne von § 305 BGB darstellen, ist eine Inhaltskontrolle gemäß § 307 BGB grundsätzlich möglich.[579] Für die Inhaltskontrolle ist aber entscheidend, ob der Vertragspartner unangemessen benachteiligt wird. Vertragspartner ist im Regelfall der Sponsor der Studie. Unmittelbare Nachteile erwachsen aber den Dritten, die durch den Versicherungsvertrag eben nicht in den Versicherungsschutz einbezogen werden. Drittinteressen sind bei der Inhaltskontrolle grundsätzlich nicht zu berücksichtigen.[580] Außenstehende Dritte sind jedoch nur solche, die keine Rechte aus dem Vertrag herleiten können.[581] Bei der Probandenversicherung handelt es sich um eine Versicherung für fremde Rechnung im Sinne des § 43 VVG.[582] Das heißt, dass jedenfalls die Interessen der Versicherten, auch wenn sie nicht Vertragspartner sind, unmittelbar im Rahmen des § 307 BGB berücksichtigt werden müssen.[583] Die hier infrage stehenden Dritten, die nicht an der klinischen Prüfung teilnehmen, sind aber eben nicht in den versicherten Personenkreis einbezogen und können insoweit auch keine Rechte gegen den Versicherer aus dem Versicherungsvertrag geltend machen. Eine Verletzung ihrer Interessen kann

---

577 *Palandt/Ellenberger*, § 134 Rn. 5.

578 *Ehling*, Die Versicherung und Rückversicherung von Pharmarisiken in nationaler und internationaler Beziehung, S. 231; vgl. auch *Armbrüster/Dallwig*, VersR 2009, S. 150 (150).

579 *Wandt*, Versicherungsrecht, Rn. 194.

580 *Palandt/Grüneberg*, § 307 Rn. 11.

581 *Wolf* in: Wolf/Lindacher/Pfeiffer, AGB-Recht, § 307 Rn. 169.

582 Siehe oben D.III.3, S. 130.

583 *Wolf* in: Wolf/Lindacher/Pfeiffer, AGB-Recht, § 307 Rn. 167.

nicht unmittelbar zu einer unangemessenen Benachteiligung gemäß § 307 BGB führen. Auch hierbei ist aber zwischen Abkömmlingen und anderen Dritten zu unterscheiden.

aa) Abkömmlinge

Erhält die geschädigte F1-Generation keinen Versicherungsschutz, sind zugleich die Interessen des Elternteils betroffen, der an der klinischen Studie teilgenommen hat und zum versicherten Personenkreis gehört. Es stellt sich also die Frage, ob eine unangemessene Benachteiligung des Studienteilnehmers vorliegt, wenn Abkömmlinge, die zum Zeitpunkt der klinischen Prüfung noch nicht gezeugt sind, keinen Versicherungsschutz erhalten. § 307 Abs. 2 BGB enthält zwei Tatbestände, bei deren Vorliegen eine unangemessene Benachteiligung vermutet wird.[584] Gemäß § 307 Abs. 2 Nr. 1 BGB ist eine unangemessene Benachteiligung im Zweifel dann anzunehmen, wenn eine Bestimmung mit wesentlichen Grundgedanken einer gesetzlichen Regelung nicht zu vereinbaren ist. Wie gezeigt, ist der Ausschluss der noch nicht gezeugten F1-Generation nicht mit § 40 Abs. 1 S. 3 Nr. 8, Abs. 3 AMG und § 20 Abs. 1 S. 4 Nr. 9, Abs. 3 MPG zu vereinbaren.[585] Die Normen sollen den Probanden vollumfänglich vor den schädlichen Auswirkungen einer klinischen Prüfung schützen. Zu diesem Schutzbereich gehört auch die Gesundheit der Abkömmlinge. Wird dieser Schutz nicht gewährt, widerspricht dies damit auch dem wesentlichen Grundgedanken der gesetzlich angeordneten Versicherungspflicht.

bb) Dritte

Dritte, die nicht in den Versicherungsvertrag einbezogen sind, können auch nicht durch diesen unangemessen benachteiligt werden. Da aber der Sponsor einer klinischen Studie gemäß § 40 Abs. 1 S. 3 Nr. 8, Abs. 3 AMG und § 20 Abs. 1 S. 4 Nr. 9, Abs. 3 MPG auch Drittrisiken einer klinischen Prüfung versichern muss, könnte er unangemessen benachteiligt sein. In Betracht kommt eine Vertragszweckgefährdung gemäß § 307 Abs. 2 Nr. 2 BGB. Eine solche liegt vor, wenn der Kernbereich der vertraglichen Interessen des Vertragspartners, der bei redlicher Betrachtung notwendigerweise beachtet werden muss, unangemessen beeinträchtig wird, ohne dass hierfür ein Ausgleich gewährt wird.[586]

Für die Pflichtversicherung wird vertreten, dass Versicherungsbedingungen, die hinter dem gesetzlichen Mindestumfang zurückbleiben, den Vertragszweck

---

584 *Palandt/Grüneberg*, § 307 Rn. 28.

585 Siehe oben D.V.3.a), S. 173.

586 *Wolf* in: Wolf/Lindacher/Pfeiffer, AGB-Recht, § 307 Rn. 132.

gefährden.[587] Zwar besteht für klinische Prüfungen eine Versicherungspflicht, dennoch ist die Probandenversicherung keine Pflichtversicherung im Sinne des § 113 Abs. 1 VVG. Dazu zählen nur Haftpflichtversicherungen, die zwingend abzuschließen sind. Die Probandenversicherung hingegen ist keine Haftpflichtversicherung und damit auch keine Pflichtversicherung.[588] Die Argumentation lässt sich aber trotzdem auf die Probandenversicherung übertragen. Der Sponsor einer klinischen Studie wird durch § 40 Abs. 1 S. 3 Nr. 8 AMG und § 20 Abs. 1 S. 4 Nr. 9 MPG verpflichtet, eine Versicherung mit einem bestimmten Deckungsumfang abzuschließen. Ohne eine entsprechende Versicherung wäre die Durchführung der Prüfung unzulässig. Der Versicherungsvertrag wird durch den Sponsor also vorrangig abgeschlossen, um die klinische Prüfung durchführen zu können. Dazu muss die Versicherung aber auch den Vorgaben des AMG bzw. MPG entsprechen. Erfüllt der Versicherungsvertrag die gesetzlichen Vorgaben nicht, darf die zuständige Ethikkommission gemäß § 42 Abs. 1 S. 7 AMG bzw. § 22 Abs. 3 MPG die notwendige Zustimmung zur klinischen Prüfung untersagen. Gemäß § 40 Abs. 1 S. 2 AMG und § 20 Abs. 1 S. 1 MPG dürfte in diesem Fall die klinischen Studie nicht begonnen werden. Besteht also das vertragliche Interesse an der Probandenversicherung darin, die Zulässigkeitsvoraussetzungen einer klinischen Prüfung zu erfüllen, und bleibt der Vertrag hinter den Anforderungen des Gesetzes zurück, liegt eine Benachteiligung des Kernbereichs des vertraglichen Interesses vor. Ein angemessener Ausgleich für den Ausschluss Dritter ist nicht ersichtlich. Damit liegt eine Vertragszweckgefährdung im Sinne von § 307 Abs. 2 Nr. 2 BGB vor.

c) Rechtsfolge

Ziff. 1.1 AVB-Prob benachteiligt den Vertragspartner in unangemessener Weise, so dass die Klausel grundsätzlich gemäß § 307 Abs. 1 S. 1 BGB unwirksam wäre. In Betracht kommt hier aber auch eine Teilunwirksamkeit. Ob eine Klausel insgesamt oder nur teilunwirksam ist, wird mit Hilfe des sogenannten „blue-pencil-test" beurteilt.[589] Bleibt nach Streichung des unwirksamen Teils noch eine sinnvolle Regelung bestehen, die dem Vertragszweck

---

587 BGH, Urt. v. 20.7.2011, Az.: IV ZR 75/09, NJW 2011, S. 3648 (3650); *Armbrüster/Dallwig*, VersR 2009, S. 150 (151).

588 Siehe dazu oben D.III.2.b).

589 *Palandt/Grüneberg*, § 306 Rn. 7.

interessengerecht entspricht, ohne eine völlig neue Regelung darzustellen, ist der Rest der Klausel weiterhin wirksam.[590]

Ziff. 1.1 S. 1 AVB-Prob lautet: „*Der Versicherer gewährt Versicherungsschutz für den Fall, dass bei der im Versicherungsschein dokumentierten, vom Versicherungsnehmer durchgeführten oder veranlassten oder als Sponsor i. S. v. § 4 Abs. 24 AMG / § 3 Nr. 23 MPG verantworteten versicherungspflichtigen klinischen Prüfung eines Arzneimittels / Medizinproduktes in Deutschland eine Person, bei der die klinische Prüfung durchgeführt wurde (versicherte Person), getötet oder ihr Körper oder ihre Gesundheit verletzt wird (Gesundheitsschädigung).*“

Streicht man den Passus „*bei der die klinische Prüfung durchgeführt wurde (Versicherte Person)*“, bleibt die Regelung bestehen, die auch § 40 Abs. 1 S. 3 Nr. 8 AMG und § 20 Abs. 1 S. 4 Nr. 9 MPG enthalten, nämlich dass Versicherungsschutz für den Fall besteht, dass bei der klinischen Prüfung eine Person an ihrer Gesundheit beschädigt wird. Es bleibt also eine sinnvolle Regelung bestehen, die mit den gesetzlichen Vorgaben in Einklang steht. Damit ist lediglich der Satzteil „*bei der die klinische Prüfung durchgeführt wurde (versicherte Person)*“ unwirksam gemäß § 307 Abs. 1 S. 1 BGB.

Dem 2. Unterabsatz von Ziff. 1.1 AVB-Prob („*Als versicherte Person gilt auch die bei der Durchführung der klinischen Prüfung bereits gezeugte Leibesfrucht der versicherten Person.*“) kommt demnach lediglich deklaratorische Bedeutung zu.

5. Ergebnis

AMG und MPG schreiben eine Versicherung vor, die Schutz bietet, wenn eine Person durch die spezifische Gefahr der klinischen Prüfung in Mitleidenschaft gezogen wird. Das heißt, dass sich der Versicherungsschutz auch auf solche Personen erstrecken muss, die nicht unmittelbar an der klinischen Prüfung teilgenommen haben. Diesen Vorgaben werden die Musterbedingungen der Probandenversicherung in ihrer aktuellen Ausgestaltung nicht gerecht, da gemäß Ziff. 1.1 AVB-Prob nur solche Personen versichert sind, an denen die klinische Prüfung durchgeführt wurde. Einer Inhaltskontrolle gemäß § 307 BGB hält diese Klausel nicht stand. Sowohl der Vertragspartner als auch die versicherten Personen werden unangemessen benachteiligt. Ziff. 1.1 AVB-Prob ist damit insoweit teilunwirksam, als Versicherungsschutz nur für solche Personen bestehen soll, an denen die klinische Prüfung durchgeführt wurde.

---

590 *Wolf* in: Wolf/Lindacher/Pfeiffer, AGB-Recht, § 307 Rn. 347.

VI. Ausschlüsse

1. Vorhersehbare Schäden

Gesundheitsschäden, die durch mit Sicherheit eintretende Wirkungen oder Ereignisse verursacht werden, sind gemäß Ziff. 1.4.1 AVB-Prob von der Versicherung ausgeschlossen, sofern sie der versicherten Person zuvor bekannt gemacht wurden und über ein nach den Erkenntnissen der Wissenschaft vertretbares Maß nicht hinausgehen. Dies gilt aber nur, wenn das zu prüfende Arzneimittel oder Medizinprodukt zur Behandlung einer bei der versicherten Person bestehenden Krankheit angewendet werden soll.

Der Anwendungsbereich dieser Vorschrift ist sehr eng. Da nur mit Sicherheit eintretende Wirkungen und Ereignisse erfasst sind, gilt der Ausschluss nur für übliche Auswirkungen standardisierter Maßnahmen wie etwa die Verletzung der Haut infolge einer Injektion.[591] Insbesondere das Risiko unerwarteter oder schwerwiegender Nebenwirkungen ist nicht betroffen. Zudem findet der Ausschluss nur für therapeutische Studien Anwendung, so dass letztlich nur solche Schäden ausgeschlossen sind, die der Proband im Rahmen einer Standardbehandlung auch hätte erdulden müssen. Das spezifische Risiko einer klinischen Prüfung, das gemäß § 40 Abs. 1 S. 3 Nr. 8 AMG und § 20 Abs. 1 S. 4 Nr. 9 MPG zu versichern ist, ist von diesem Ausschluss nicht betroffen. Damit ist Ziff. 1.4.1 AVB-Prob inhaltlich unbedenklich.[592]

2. Hypothetische Kausalität

Ziff. 1.4.2 AVB-Prob schließt Gesundheitsschäden und Verschlimmerungen bestehender Gesundheitsschäden aus, die auch eingetreten wären oder fortbestünden, wenn die versicherte Person nicht an der klinischen Prüfung teilgenommen hätte. Es sind demnach auch hypothetische Kausalverläufe zu berücksichtigen. Der Anwendungsbereich hierfür ist aber äußerst eng. Der wahrscheinlichste Anwendungsfall dürfte die Unwirksamkeit des geprüften Arzneimittels oder Medizinproduktes sein. Erweist sich die zu erprobende Behandlung in einem therapeutischen Versuch als unwirksam und verschlimmert sich infolgedessen die behandelte Erkrankung, besteht gemäß Ziff. 1.4.2 AVB-Prob hierfür zunächst kein Versicherungsschutz. Anders ist es aber, wenn eine wirksame

591 *Metzmacher*, Der Schadensausgleich des Probanden im Rahmen klinischer Arzneimittelprüfungen; S. 196.

592 So auch *Metzmacher*, Der Schadensausgleich des Probanden im Rahmen klinischer Arzneimittelprüfungen, S. 198.

Standardbehandlung für die entsprechende Krankheit existiert, die dem Probanden im Zuge der klinischen Prüfung vorenthalten wurde. In diesem Fall muss davon ausgegangen werden, dass die betroffene Person die wirksame Standardbehandlung erhalten hätte, wenn sie nicht an der klinischen Prüfung teilgenommen hätte.[593] Dann wäre aber die Verschlimmerung der bestehenden Gesundheitsschädigung ohne Teilnahme an der klinischen Prüfung nicht eingetreten, so dass der Ausschluss gemäß Ziff. 1.4.2 AVB-Prob nicht greift.

Gleiches gilt, wenn der Proband keine wirksame Behandlung erhält, weil er Teil einer Placebokontrollgruppe ist.[594]

Noch nicht bestehende Gesundheitsschäden, die während der klinischen Prüfung eintreten, aber auch ohne die Teilnahme eingetreten wären, können bereits denklogisch nicht auf die klinische Prüfung zurückgeführt werden.

Letztlich beschreibt Ziff. 1.4.2 AVB-Prob damit nur die Notwendigkeit eines äquivalent-kausalen Zusammenhangs zwischen klinischer Prüfung und Gesundheitsschädigung.

3. Genetische Schäden

Genetische Schädigungen sind gemäß Ziff. 1.4.3 AVB-Prob vom Versicherungsschutz ausgeschlossen. Der Begriff „genetische Schädigung" umfasst dabei Veränderungen am Erbgut, an den Chromosomen, an den Genen oder an den einzelnen Nukleotiden. Als Gene werden Abschnitte der Chromosomen bezeichnet, die wiederum aus Nukleotiden zusammengesetzt sind. Das Genom bzw. das Erbgut bezeichnet die Gesamtheit des genetischen Materials.[595]

Dieser Ausschluss ist sehr weitreichend. Er wird jedoch in den aktuellen Versicherungsbedingungen weitgehend entschärft, indem Ziff. 1.4.3 S. 2 AVB-Prob vorsieht, dass genetische Veränderungen, die Auswirkungen auf den Phänotyp und organische Gesundheitsschädigungen zur Folge haben, doch vom Versicherungsschutz erfasst werden. Das heißt, dass eine genetische Veränderung vom Versicherungsumfang erfasst ist, wenn sie sich körperlich bemerkbar macht. Nicht erfasst ist lediglich eine bloße Veränderung des Genotyps, die keine Auswirkung auf den Körper der versicherten Person hat. Es stellt sich die Frage, ob hierin dennoch eine Gesundheitsschädigung zu sehen ist, die gemäß § 40 Abs. 1 S. 3 Nr. 8 AMG und § 20 Abs. 1 S. 4 Nr. 9 MPG versichert sein müsste.

593 *Wenckstern*, Die Haftung bei der Arzneimittelprüfung, S. 256.

594 *Metzmacher*, Der Schadensausgleich des Probanden im Rahmen klinischer Arzneimittelprüfungen, S. 191.

595 Siehe zu den Begrifflichkeiten Pschyrembel, klinisches Wörterbuch.

Eine Gesundheitsverletzung ist eine erhebliche Störung der inneren Lebensvorgänge, ohne dass es auf die Integrität der Organe und Körperteile ankäme.[596]

Die bloße Veränderung eines Chromosoms ohne phänotypische Auswirkungen ist aber keine erhebliche Störung. Hier wird überhaupt kein innerer Lebensvorgang betroffen. Gleichwohl nimmt *Metzmacher* unter Hinweis auf eine eingeschränkte Möglichkeit, gesunden Nachwuchs zu zeugen, und ein erhöhtes Krebsrisiko eine Gesundheitsschädigung bei jeglicher Veränderung des Genotyps an.[597] Dies kann nicht überzeugen. Nicht jede Veränderung des genetischen Materials führt zu der eingeschränkten Möglichkeit, gesunde Kinder zu zeugen. Auch ist ein erhöhtes Krebsrisiko nicht die zwangsläufige Folge genetischer Veränderungen. Darüber hinaus ist es äußerst fraglich, ob allein die Erhöhung des Risikos an Krebs zu erkranken, eine Gesundheitsschädigung darstellt.

Vielmehr kann erst dann von einer Verletzung der Gesundheit ausgegangen werden, wenn die genetische Veränderung tatsächlich Störungen der inneren Lebensvorgänge zeitigt. Dann ist aber auch der Phänotyp betroffen und es besteht Versicherungsschutz gemäß Ziff. 1.4.3 S. 2 AVB-Prob. Der Ausschluss genetischer Veränderungen steht also nicht im Widerspruch zu § 40 Abs. 1 S. 3 Nr. 8 AMG und § 20 Abs. 1 S. 4 Nr. 9 MPG. Dem steht auch nicht entgegen, dass Erbgutschädigungen zu Schäden in der F1-Generation führen können.[598] Richtigerweise gehören die Nachkommen selbst zum versicherten Personenkreis,[599] so dass angeborene Schäden in der F1-Generation, die auf Erbgutveränderungen der Eltern infolge einer klinischen Prüfung zurückgehen, auch gemäß Ziff. 1.4.3 S. 2 AVB-Prob vom Versicherungsschutz erfasst werden. Wesentlich problematischer im Hinblick auf genetische Schäden ist der zeitliche Ausschluss gemäß Ziff. 1.5.2 AVB-Prob.[600]

4. Vorsätzliche Zuwiderhandlungen

Handelt die versicherte Person vorsätzlich den ausdrücklichen Anweisungen der Personen zuwider, die mit der Durchführung der klinischen Prüfung betraut sind, besteht für daraus resultierende Schäden kein Versicherungsschutz gemäß

596 *Wagner* in: MünchKomm BGB, § 823 Rn. 135.

597 *Metzmacher*, Der Schadensausgleich des Probanden im Rahmen klinischer Arzneimittelprüfungen, S. 199.

598 So aber *Freund/Reus*, PharmR 2009, S. 205 (206).

599 Siehe dazu oben D.V.

600 Siehe dazu D.VI.6; vgl. auch *Achtmann*, Der Schutz des Probanden bei der klinischen Arzneimittelprüfung, S. 260 ff.

Ziff. 1.4.4 AVB-Prob. Es wird vertreten, dass diese Versicherungsbedingung eine Modifikation der gesetzlichen Regelung zum Mitverschulden gemäß § 254 BGB zugunsten der versicherten Person darstellt.[601] § 254 BGB ist allerdings innerhalb der Beziehung zwischen Versicherer und versicherter Person in der Schadensversicherung nicht anwendbar,[602] so dass die versicherte Person insoweit nicht durch Ziff. 1.4.4 AVB-Prob begünstigt wird. Es könnte sich aber um eine Abweichung von § 81 Abs. 1 VVG handeln, der die Leistungsfreiheit des Versicherers vorsieht, wenn der Versicherungsnehmer oder im Fall der Versicherung für fremde Rechnung gemäß § 47 Abs. 1 VVG der Versicherte den Versicherungsfall vorsätzlich herbeiführt. Ziff. 1.4.4 AVB-Prob verschärft diese Regelung, indem die vorsätzliche Missachtung von Anweisungen durch den Versicherten ausreicht, den Versicherer von seiner Leistungspflicht zu befreien, ohne dass der tatsächliche Eintritt des Versicherungsfalls vom Vorsatz erfasst sein müsste. Diese Abweichung ist grundsätzlich zulässig, da sich im Umkehrschluss aus § 87 VVG ergibt, dass § 81 VVG zur Disposition der Vertragsparteien steht.[603] Auch im Übrigen wird der Proband durch diesen Ausschluss nicht unangemessen benachteiligt. Es ist für den durchschnittlichen Versuchsteilnehmer einleuchtend, dass er sich zum Wohle seiner eigenen Gesundheit nicht über die Anweisungen des Personals, welches die klinische Prüfung durchführt, hinwegsetzen soll. Dies kann freilich nur insoweit gelten, als die Anweisungen den Probanden nicht in ungerechtfertigter Weise beeinträchtigen.[604]

Darüber hinaus verdrängt Ziff. 1.4.4 AVB-Prob zugunsten des Versicherten auch § 81 Abs. 2 VVG, indem nur die vorsätzliche Zuwiderhandlung mit Folge eines Gesundheitsschadens den Versicherungsschutz ausschließt. Führt also der Proband den Versicherungsfall in grob fahrlässiger Weise herbei, behält er den Versicherungsschutz in vollem Umfang. Eine anteilige Kürzung findet nicht statt.[605]

5. Herbeiführung des Versicherungsfalles gem. § 81 VVG

Gemäß § 81 Abs. 1 VVG ist die Leistungspflicht des Versicherers grundsätzlich ausgeschlossen, wenn der Versicherungsnehmer den Versicherungsfall

601 *Schneider*, Neue Behandlungsmethoden im Arzthaftungsrecht, S. 269.

602 *Schmidt-Kessel* in: Looschelders/Pohlmann, VVG, § 81 Rn. 18.

603 *Prölss* in: Prölss/Martin, VVG, § 81 Rn. 36.

604 *Wendehorst* in: Dute/Faure/Koziol, Liability for and Insurability of Biomedical Research, S. 213.

605 *Metzmacher*, Der Schadensausgleich des Probanden im Rahmen klinischer Arzneimittelprüfungen, S. 200; vgl auch *Kloesel/Cyran*, AMG, § 40 Anm. 100.

vorsätzlich herbeiführt. § 81 Abs. 2 VVG berechtigt den Versicherer bei einer grob fahrlässigen Herbeiführung des Versicherungsfalles, die Leistung zu kürzen.

Gemäß § 47 Abs. 1 VVG würde § 81 VVG auch im Hinblick auf das Verhalten des Versicherten gelten. Hier wird § 81 VVG aber durch die speziellere vertragliche Regelung in Ziff. 1.4.4 AVB-Prob abbedungen (siehe oben). Davon abgesehen erscheint eine Herbeiführung des Versicherungsfalles, der die Verwirklichung der spezifischen Prüfungsgefahr voraussetzt, durch den Versicherten kaum möglich, wenn von der in Ziff. 1.4.4 AVB-Pro beschriebenen Nichtbeachtung ärztlicher Anweisungen abgesehen wird.

a) *Herbeiführung durch den Versicherungsnehmer*

Relevant ist damit zunächst das Verhalten des Versicherungsnehmers. Im Regelfall wird das der Sponsor der klinischen Studie sein. Im Rahmen von kommerziellen Studien ist dies regelmäßig ein pharmazeutisches Unternehmen bzw. der Hersteller eines Medizinprodukts.[606] Insoweit handelt es zumeist um juristische Personen. Da diese selbst nicht unmittelbar handlungsfähig sind, wird ihnen das Verhalten ihrer Organe gemäß § 31 BGB zugerechnet.[607] Zu den Organen zählen die Mitglieder des Vorstands, die verfassungsmäßig berufenen Vertreter sowie Personen, die eigenverantwortlich und selbstständig bedeutsame, wesensmäßige Funktionen der juristischen Person erfüllen und dazu durch allgemeine Handhabe und Betriebsregelung legitimiert sind.[608] Als schuldhafte Herbeiführung des Versicherungsfalles könnte etwa die Bereitstellung fehlerhafter Arzneimittel und Medizinprodukte oder die Auswahl eines völlig ungeeigneten Prüfers in Betracht kommen.

b) *Herbeiführung durch den Prüfer oder den Leiter der klinischen Prüfung*

Der Prüfer oder, sofern mehrere Prüfer an der Studie beteiligt sind, der Leiter der klinischen Prüfung gemäß §§ 4 Abs. 25 AMG, 3 Abs. 24 MPG, also der in der Prüfstelle für die Durchführung der klinischen Prüfung verantwortliche Arzt, kommt nur als Organ des Arzneimittel- oder Medizinprodukteherstellers in Betracht, wenn er tatsächlich in die Organisation der juristischen Person eingebunden ist. Im häufig anzutreffenden Fall der Auftragsforschung, wenn zum Beispiel an der Universität eine klinische Studie im Auftrag eines Herstellers

---

606 *Wachenhausen* in: Kügel/Müller/Hofmann, AMG § 4 Rn. 168.
607 *Looschelders* in: MünchKomm VVG, § 81 Rn. 99.
608 *Reuter* in: MünchKomm BGB, § 31 Rn. 20.

durchgeführt wird, fungiert der Leiter der klinischen Studie nicht als Organ des Sponsors. Er erfüllt innerhalb der betrieblichen Organisation keine Funktionen des Sponsors. Sein Verschulden kann mithin im Rahmen des § 81 VVG dem Sponsor nicht über § 31 BGB zugerechnet werden.

Eine Zurechnung über § 278 BGB kommt im Versicherungsrecht grundsätzlich nicht in Betracht.[609] Mit Abschluss eines Versicherungsvertrages will sich der Versicherungsnehmer auch gegen das Verschulden seiner Gehilfen absichern.[610] Außerdem würde der Versicherungsschutz weitgehend entwertet, wenn das Verschulden einer – gerade im unternehmerischen Bereich nicht überschaubaren – Vielzahl von Erfüllungsgehilfen zugerechnet würde.[611]

Der Prüfer oder der Leiter der klinischen Prüfung könnten aber als Repräsentant des Sponsors im versicherungsrechtlichen Sinne anzusehen sein.[612] Auch dann würde eine durch ihn verschuldete Herbeiführung des Versicherungsfalles dem Sponsor zugerechnet.[613] Es wird zwischen der Repräsentanz in der Vertrags- und in der Risikoverwaltung unterschieden. Die Repräsentantenstellung durch Vertragsverwaltung entsteht, wenn ein Dritter für den Versicherungsnehmer den Versicherungsvertrag eigenständig verwaltet.[614] Mit der Verwaltung des Probandenversicherungsvertrags wird der Prüfarzt im Normalfall nicht betraut sein, so dass hinsichtlich der Vertragsverwaltung eine Repräsentantenstellung ausscheidet. Die Repräsentantenstellung durch Risikoverwaltung setzt grundsätzlich voraus, dass der Dritte bei der Verwaltung des versicherten Risikos in vollem Umfang an die Stelle des Versicherungsnehmers tritt.[615] Das versicherte Risiko, die Gesundheit des Probanden, wird bei klinischen Prüfungen maßgeblich von der Gefahr, die von dem zu prüfenden Arzneimittel oder Medizinprodukt ausgeht, beeinflusst. Auf die Unschädlichkeit des Prüfgegenstandes kann der Leiter der klinischen Prüfung oder der Prüfer aber nicht einwirken. Insoweit übernimmt er auch nicht die Risikoverwaltung für den Hersteller. Vielmehr kann das fehlerhafte Handeln des Prüfers eine eigene Gefahr für die Versuchsteilnehmer darstellen, vor der die Probanden zu schützen sind. Die Bejahung der Repräsentantenstellung des Leiters

---

609 *Langheid* in: Römer/Langheid, VVG, § 81 Rn. 18; *Karczewski* in: Rüffer/Halbach/Schimikowski, VVG § 81 Rn. 67.

610 *Looschelders* in: MünchKomm VVG, § 81 Rn. 104.

611 *Baumann* in: Bruck/Möller, VVG, § 81 Rn. 99.

612 Zur versicherungsrechtlichen Figur des Repräsentanten: *Baumann* in: Bruck/Möller, VVG, § 81 Rn. 98 ff.

613 *Langheid* in: Römer/Langheid, VVG, § 81 Rn. 18.

614 *Karczewski* in: Rüffer/Halbach/Schimikowski, VVG, § 81 Rn. 67.

615 *Looschelders* in: MünchKomm VVG, § 81 Rn. 109.

einer klinischen Prüfung mit der Folge, dass bei einer schuldhaften Herbeiführung des Versicherungsfalles gemäß § 81 VVG der Anspruch auf Versicherungsleistung entfallen oder gekürzt werden könnte, würde den Versicherungsschutz konterkarieren. Die Prüfer und auch der Leiter einer klinischen Prüfung sind keine Repräsentanten des Sponsors im versicherungsrechtlichen Sinne.[616] Eine Zurechnung ihres Verschuldens im Rahmen des § 81 VVG kommt nur in Betracht, wenn sie ausnahmsweise als Organe des Versicherungsnehmers im Sinne des § 31 BGB anzusehen sind.

c) Einschränkungen

Führt der Versicherungsnehmer den Versicherungsfall vorsätzlich herbei, ist der Versicherer gemäß § 81 Abs. 1 VVG nicht zur Leistung verpflichtet. Im Fall einer grob fahrlässigen Herbeiführung findet gemäß § 81 Abs. 2 VVG eine Kürzung statt. Fraglich ist, ob dieses Ergebnis so auch für die Probandenversicherung gelten kann.

aa) Verdrängung durch § 103 VVG

Zum Teil wird vertreten, dass in der Probandenversicherung der § 81 VVG durch § 103 VVG verdrängt wird, so dass lediglich vorsätzliches Verhalten des Versicherungsnehmers beachtlich wäre.[617] Zur Begründung wird ausgeführt, dass die Probandenversicherung Elemente der Haftpflichtversicherung enthalte und insoweit auch die spezielleren Regelungen des VVG für Haftpflichtversicherungen gelten würden.[618] Die Probandenversicherung stellt aber keine Haftpflichtversicherung dar. Der Umstand, dass die Schadensersatzansprüche des geschädigten Versuchsteilnehmers gemäß § 40 Abs. 3 S. 3 AMG und § 20 Abs. 3 S. 3 MPG erlöschen, soweit aus der Probandenversicherung geleistet wird und der Schädiger so von seiner Haftung befreit wird, reicht nicht aus, um eine Haftpflichtversicherung anzunehmen.[619] Allein die „faktische Drittbegünstigung“[620] der Probandenversicherung kann auch nicht die

616 A. A. *Wenckstern*, Die Haftung bei der Arzneimittelprüfung, S. 260.

617 *V. d. Sanden*, Haftung medizinischer Ethik-Kommissionen bei klinischer Arzneimittelprüfung, S. 136.

618 *Metzmacher*, Der Schadensausgleich des Probanden im Rahmen klinischer Arzneimittelprüfungen, S. 212; *Voß*, Produktsicherheit bei Erforschung somatischer Gentherapie, S. 168; *Wenckstern*, Die Haftung bei der Arzneimittelprüfung, S. 258.

619 Siehe dazu D.III.2.b).

620 *Gaidzik*, VersR 2009, S. 1449 (1450).

Anwendbarkeit einzelner Vorschriften aus dem Kapitel über die Haftpflichtversicherung aus dem VVG begründen.[621]

bb) Anwendbarkeit der §§ 123, 117 VVG

Schon aus den vorgenannten Gründen ist § 123 Abs. 1 VVG nicht zum Schutze des Versuchsteilnehmers einschlägig und modifiziert nicht die Regelung des § 81 VVG.[622] Davon abgesehen, dass die Vorschrift schon systematisch nicht auf die Probandenversicherung anwendbar ist, betrifft § 123 VVG die Konstellation, dass das Haftpflichtrisiko des Versicherten durch die Versicherung für fremde Rechnung abgedeckt ist.[623] In der Probandenversicherung ist der Versicherte aber gegen eigene Gesundheitsschäden versichert. Die Anwendbarkeit des § 123 VVG kommt in der Probandenversicherung unter keinem Gesichtspunkt in Betracht.

Aus den oben genannten systematischen Erwägungen ist auch § 117 VVG nicht auf die Probandenversicherung anwendbar. Diese Regelung erhält den Versicherungsschutz gegenüber geschädigten Dritten, auch wenn der Versicherer im Verhältnis zum Versicherungsnehmer von der Verpflichtung zur Leistung frei geworden ist. Risikoausschlüsse lässt § 117 VVG aber unberührt.[624] Damit greift § 117 VVG auch nicht ein, wenn der Versicherer seine Leistungsfreiheit auf die Herbeiführung des Versicherungsfalles durch den Versicherungsnehmer stützt.[625] § 117 VVG ist also weder systematisch noch sachlich anwendbar, wenn der Versicherungsnehmer in der Probandenversicherung den Versicherungsfall grob fahrlässig oder vorsätzlich herbeiführt.[626]

cc) Einschränkung durch § 40 AMG und § 20 MPG

Schneider hält weder § 81 VVG noch § 103 VVG in der Probandenversicherung für anwendbar.[627] Es widerspreche dem Zweck des Probandenschutzes, den Versicherungsschutz wegen einer vorsätzlichen oder grob fahrlässigen

---

621 So auch: *Schneider*, Neue Behandlungsmethoden im Arzthaftungsrecht, S. 271; *Achtmann*, Der Schutz des Probanden bei der klinischen Arzneimittelprüfung, S. 239.

622 Für die Anwendbarkeit des § 123 VVG aber: *Metzmacher*, Der Schadensausgleich des Probanden im Rahmen klinischer Arzneimittelprüfungen, S. 212.

623 *Knappmann* in: Prölss/Martin, VVG, § 123 Rn. 2.

624 *Schneider* in: MünchKomm VVG, § 117 Rn. 10.

625 *Langheid* in: Römer/Langheid, VVG, § 117 Rn. 7.

626 Siehe auch *Wenckstern*, Die Haftung bei der Arzneimittelprüfung, S. 258, die aber die Anwendbarkeit in systematischer Hinsicht bejaht.

627 *Schneider*, Neue Behandlungsmethoden im Arzthaftungsrecht, S. 271.

Herbeiführung des Versicherungsfalles durch den Versicherungsnehmer ganz oder teilweise entfallen zu lassen. Daher sei § 40 Abs. 1 S. 3 Nr. 8 AMG als spezielle Regelung bezüglich der Herbeiführung des Versicherungsfalles zu verstehen, die die Normen des VVG verdränge.[628] Ein Anhaltspunkt für diese Auffassung könnte sein, dass es in § 40 Abs. 1 S. 3 Nr. 8 AMG (und ebenso in § 20 Abs. 1 S. 4 Nr. 9 MPG) heißt, die Versicherung solle *auch* Leistungen gewähren, wenn kein anderer für den Schaden hafte. Dem lässt sich entnehmen, dass die Versicherung ebenso Leistungen erbringen soll, wenn jemand, zum Beispiel der Versicherungsnehmer, für den Schaden haftet. Daraus kann nun aber nicht geschlossen werden, dass der Probandenversicherer in jedem Fall leistet. Der entsprechende Passus in AMG und MPG soll nur klarstellen, dass die Probandenversicherung im Unterschied zur Haftpflichtversicherung nicht von einem Haftungsanspruch abhängig ist. Der Schutzzweck der Probandenversicherung besteht auch nicht darin, den Versuchsteilnehmer vor der vorsätzlichen oder grob fahrlässigen Herbeiführung des Versicherungsfalles durch den Arzneimittel- oder Medizinproduktehersteller zu schützen. Der Proband soll vor den Unwägbarkeiten einer medizinischen Behandlung, insbesondere im Hinblick auf die Gefahren eines noch nicht ausreichend getesteten Produkts, geschützt werden. Dementsprechend lässt sich aus § 40 Abs. 1 S. 3 Nr. 8 AMG und § 20 Abs. 1 S. 4 Nr. 9 MPG keine Modifikation des § 81 VVG entnehmen.

d) Ergebnis

Führt der Versicherungsnehmer, also der Sponsor einer klinischen Studie, den Versicherungsfall grob fahrlässig oder vorsätzlich herbei, findet § 81 VVG Anwendung, so dass der Leistungspflicht des Versicherers gekürzt werden kann oder ganz entfällt. Von diesem Grundsatz wird in der Probandenversicherung nicht abgewichen. Insbesondere scheidet eine Anwendung der Vorschriften über die (Pflicht-)Haftpflichtversicherung aus. Auch aus den Normen über die Probandenversicherung in AMG und MPG ergeben sich keine Abweichungen.

Führt ein Prüfarzt den Versicherungsfall grob fahrlässig oder vorsätzlich herbei, wirkt sich dies regelmäßig nicht auf die Leistungspflicht des Versicherers aus, da im Rahmen des § 81 VVG das Verschulden der Prüfärzte (einschließlich dem Verschulden des Leiters der klinischen Prüfung) dem Sponsor nicht zugerechnet werden kann. Ausnahmsweise findet eine Zurechnung über § 31 BGB statt, wenn der Prüfer als Organ des Versicherungsnehmers fungiert.

628 *Schneider*, Neue Behandlungsmethoden im Arzthaftungsrecht, S. 271.

6. Zeitlicher Ausschluss

Gemäß Ziff. 1.5.2 AVB-Prob fallen solche Gesundheitsschäden nicht mehr unter den Versicherungsschutz, wenn sie 5 Jahre nach Abschluss der klinischen Prüfung auftreten.[629] Kann nicht genau bestimmt werden, wann die Gesundheitsschädigung eingetreten ist, gilt sie gemäß Ziff. 1.5.2 Unterabs. 2 AVB-Prob in dem Moment eingetreten, in dem der Geschädigte erstmals einen Arzt wegen Symptomen konsultiert hat, die sich letztlich als Symptome der betreffenden Gesundheitsschädigung erweisen. Darüber hinaus müssen die Gesundheitsschäden ebenfalls gemäß Ziff. 1.5.2 AVB-Prob innerhalb von 10 Jahren nach Abschluss der Prüfung dem Versicherer gemeldet worden sein. Insbesondere die Fünfjahresfrist stößt auf erhebliche Bedenken. *Kollhosser* geht zwar davon aus, dass eine solche zeitliche Begrenzung eine reine Formalität darstelle, da Spätschäden praktisch ausgeschlossen seien,[630] aber tatsächlich dürfte das Risiko von Gesundheitsschäden, die erst längere Zeit nach Behandlungen mit Arzneimitteln oder Medizinprodukten auftreten, real sein.[631]

Es ist zuzugeben, dass die Risikokalkulation durch die Ausschlussfrist für den Versicherer erheblich erleichtert wird.[632] Zudem würde beim Wegfall oder der Verlängerung der Ausschlussfrist auch die Höhe der Versicherungsprämie steigen, was insbesondere für nicht-kommerzielle Studien ein großer Nachteil wäre.[633]

Allerdings wäre die Risikokalkulation auch ohne die Ausschlussfrist nicht unmöglich. In der Vermögensschadenhaftpflichtversicherung (zumeist Berufshaftpflichtversicherungen), in der der Versicherungsfall nach der Verstoßtheorie bestimmt wird,[634] kann es ebenfalls zu langen Haftungszeiträumen nach Beendigung des Versicherungsvertrages kommen, in denen nicht klar ist, ob und in welcher Höhe die Versicherung in Anspruch genommen wird. Dennoch werden

629 Siehe dazu auch D.IV.2.

630 *Kollhosser*, MedR 1983, S. 201 (204).

631 *Walter-Sack*, VersR 2000, S. 693; *Voß*, Produktsicherheit bei Erforschung somatischer Gentherapie, S. 169 f.

632 *Rittner/Taupitz/Walter-Sack/Wessler*, VersR 2008, S. 158 (160); *Ehling*, Die Versicherung und Rückversicherung von Pharmarisiken in nationaler und internationaler Beziehung, S. 218.

633 *Rittner/Taupitz/Walter-Sack/Wessler*, VersR 2008, S. 158 (160); *Swik*, PharmR 2006, S. 76 (81).

634 *V. Rintelen* in: Beckmann/Matusche-Beckmann, Versicherungsrechts-Handbuch, § 26 Rn. 260.

hier regelmäßig keine Ausschlussfristen vereinbart.[635] Eine grundsätzliche Notwendigkeit der Ausschlussfristen kann also nicht bestehen.

Die 5-jährige Ausschlussfrist ist zudem nicht mit den Vorgaben des AMG und MPG zu vereinbaren. Die Versicherungspflicht soll vor den spezifischen Gefahren der klinischen Prüfung schützen. Dazu gehören aber auch Gesundheitsschäden, die erst nach 5 Jahren nach Abschluss der klinischen Prüfung auftreten oder erkennbar werden. Dies gilt insbesondere für genetische Schäden, die Auswirkungen auf den Phänotyp haben. So ist es nicht unüblich, dass das Auftreten von Tumoren mit einer erheblichen zeitlichen Verzögerung einhergeht.[636] Auch Schäden der, richtigerweise vom Versicherungsschutz erfassten, F1-Generation dürften oftmals nach Ablauf der Ausschlussfrist auftreten.[637] Dieser Gefahr durch Spätschäden kann auch nicht dadurch abgeholfen werden, dass das formale Ende der klinischen Prüfung hinausgezögert wird, um die Fünfjahresfrist später beginnen zu lassen.[638] Ein effektiver Versicherungsschutz darf nicht davon abhängen, dass Verantwortlichen der klinischen Prüfung solche formal-juristischen Möglichkeiten erkennen und nutzen. Darüber hinaus wird es oft nicht gelingen, das Ende einer Studie so zu terminieren, dass mögliche Spätschäden in die Fünfjahresfrist fallen.

Zum Teil wird die Ausschlussfrist damit gerechtfertigt, dass nur ein kleiner Teil der in der Probandenversicherung versicherten Personen durch diese Frist Nachteile erleiden würden.[639] Mit dieser Argumentation lässt sich zwar ein Versicherungsausschluss bei Versicherungsprodukten begründen, deren Abschluss dem potenziellen Versicherungsnehmer freisteht. Daraus lässt sich aber nicht folgern, dass die Probandenversicherung solche Risiken nicht erfassen muss, die eine Vielzahl von Versuchsteilnehmern nicht betreffen. Die Probandenversicherung soll einen möglichst umfassenden Schutz gerade gegen die unbekannten Risiken von Arzneimitteln und Medizinprodukten gewährleisten.[640] Diese Zielsetzung würde konterkariert, wenn selten auftretende Risiken vom Versicherungsschutz ausgenommen würden. Vielmehr gebieten § 40 Abs. 1 S. 3 Nr. 8

---

635 *V. Rintelen* in: Beckmann/Matusche-Beckmann, Versicherungsrechts-Handbuch, § 26 Rn. 298.

636 *Walter-Sack*, VersR 2000, S. 693.

637 *Walter-Sack*, VersR 2000, S. 693.

638 So aber *Swik*, PharmR 2006, S. 76 (81).

639 *Achtmann*, Der Schutz des Probanden bei der klinischen Arzneimittelprüfung, S. 265, mit Verweis auf *Prölss* in: Prölss/Martin, VVG, Vorb I Rn. 79.

640 *Pisani*, PharmR 2009, S. 55 (56).

AMG und § 20 Abs. 1 S. 4 Nr. 9 MPG gerade die Versicherung seltener und unerwarteter Risiken.

In Bezug auf Spätschäden erscheint eine Absicherung umso mehr geboten, als diese regelmäßig erhebliche gesundheitliche Beeinträchtigungen darstellen.[641]

Die Ausschlussfrist stellt damit eine Abweichung von den wesentlichen Grundgedanken der § 40 Abs. 1 S. 3 Nr. 8, Abs. 3 AMG und § 20 Abs. 1 S. 4 Nr. 9, Abs. 3 MPG dar und benachteiligt damit unangemessen die Interessen des versicherten Personenkreises im Sinne von § 307 Abs. 2 Nr. 1 BGB. Daneben liegt auch gemäß § 307 Abs. 2 Nr. 2 BGB eine Vertragszweckgefährdung zu Lasten des Versicherungsnehmers vor, der die Probandenversicherung abschließt, um die Vorgaben des § 40 AMG und § 20 MPG zu erfüllen. Die Ausschlussfrist gemäß Ziff. 1.5.2 AVB-Prob ist damit unwirksam.

VII. Leistungsumfang

Der notwendige Umfang der Versicherungsleistung wird in AMG und MPG nur grob skizziert. Die Leistungen sollen gemäß § 40 Abs. 1 S. 3 Nr. 8 AMG und § 20 Abs. 1 S. 4 Nr. 9 MPG dann erbracht werden, wenn bei der klinischen Prüfung eine Person getötet oder ihre Gesundheit oder ihr Körper verletzt wird. § 40 Abs. 3 S. 2 AMG und § 20 Abs. 3 S. 2 MPG führen aus, dass der Umfang in einem angemessenen Verhältnis zu den mit der klinischen Prüfung verbundenen Risiken stehen muss. Im Fall der dauernden Erwerbsunfähigkeit oder des Todes einer versicherten Person sollen auf Grundlage der Risikoabschätzung mindestens 500.000 € für die betroffene Person zur Verfügung stehen.

Dem lässt sich zunächst einmal entnehmen, dass Sachschäden durch die Probandenversicherung nicht ersetzt werden sollen. Es stellt sich aber die Frage, wie Personenschäden zu ersetzen sind. Vereinzelt wird vertreten, dass hierbei das Prinzip der abstrakten Bedarfsdeckung anzuwenden sei.[642] Das hieße, dass die Probandenversicherung als Summenversicherung ausgestaltet sein müsste und je nach Schweregrad des Schadens eine im Vorfeld festgelegte Summe an die geschädigte Person leisten würde. Die Gesetzesbegründung hingegen spricht eher für eine konkrete Bedarfsdeckung, wenn es heißt, dass der „effektive Schaden"

641 *Metzmacher*, Der Schadensausgleich des Probanden im Rahmen klinischer Arzneimittelprüfungen, S. 202; *Voß*, Produktsicherheit bei Erforschung somatischer Gentherapie, S. 169 f.; *Freund/Reus*, PharmR 2009, S. 205 (207); *Walter-Sack*, VersR 2000, S. 693.

642 *Bausch*, VersR 1979, S. 212 (215).

zu ersetzen ist.[643] Nach hier vertretener Ansicht lässt der Wortlaut von AMG und MPG beide Ausgestaltungen zu.[644] Die Versicherungswirtschaft hat die Probandenversicherung allerdings von Anfang an in Form einer Schadensversicherung betrieben.

1. Materielle Schäden

Ziff. 3.1.1 Abs. 1 AVB-Prob bestimmt, dass die Versicherung den Geldbetrag leistet, der zum Ausgleich des materiellen Schadens erforderlich ist, der durch die Gesundheitsschädigung oder den Tod der versicherten Person entstanden ist.

Wie der materielle Schaden zu berechnen ist, wird in Ziff. 3.1.1 Abs. 2 AVB-Prob beschrieben. Der Schaden ergibt sich demnach aus dem Vergleich der tatsächlichen Vermögenslage der geschädigten Person und der Vermögenslage, die bestehen würde, wenn die Gesundheitsschädigung nicht eingetreten wäre. Die Berechnung des materiellen Schadens folgt damit der Differenzhypothese, die auch im Rahmen des § 249 BGB Anwendung findet.[645] Gemäß Ziff. 3.1.1 Abs. 2 S. 2 AVB-Prob sollen Leistungen aus einer Sozialversicherung, einer Krankenversicherung sowie gesetzliche Ansprüche auf Lohn- und Gehaltsfortzahlung, Fortzahlung von Dienst- oder Amtsbezügen oder auf Gewährung von Versorgungsbezügen bei der Berechnung des Schadens mindernd berücksichtigt werden. Ob diese Klausel wirksam ist, ist allerdings fraglich.[646] Unabhängig von der Wirksamkeit muss diese Auflistung, dem klaren Wortlaut entsprechend, als abschließend verstanden werden. Das heißt, dass insbesondere Leistungen aus der privaten Unfall- oder Berufsunfähigkeitsversicherung nicht schadensmindernd angerechnet werden.

Als zu ersetzende Vermögensschäden kommen vor allem Heilbehandlungskosten und Verdienstausfall im Fall einer Gesundheitsschädigung in Betracht (vgl. Ziff. 3.1.1 Abs. 3 AVB-Prob). Sollte die Gesundheitsschädigung eine Pflegebedürftigkeit verursachen, so sind auch die Kosten für die Pflege von der Probandenversicherung zu ersetzen. Bei einer längeren Erwerbsunfähigkeit oder verminderter Erwerbsfähigkeit steht der betroffenen Person eine Geldrente zu. Da der Schadensberechnung die Differenzhypothese zugrunde liegt, muss sich

643 BT-Drucks. 7/5091, S. 17.

644 Siehe dazu ausführlich D.III.1.

645 *Oetker* in: MünchKomm BGB, § 249 Rn. 18.

646 Siehe dazu D.XI.

die Höhe der Geldrente an dem Einkommen orientieren, das der Versicherte ohne die Gesundheitsschädigung erzielen würde.

a) Heilbehandlung

Während die übliche Heilbehandlung durch die gesetzlichen Krankenkassen gemäß § 12 Abs. 1 S. 1 SGB V nur solche Leistungen umfasst, die ausreichend und zweckmäßig sind, gewährt Ziff. 3.1.1 Abs. 3 lit. a) AVB-Prob Erstattung von Heilbehandlungskosten im Rahmen des Angemessenen. Fraglich ist, ob sich hieraus ein Unterschied in der Heilbehandlung einer Gesundheitsschädigung infolge einer klinischen Prüfung ergibt. § 12 Abs. 1 S. 2 SGB V schließt solche Leistungen aus, die nicht notwendig oder unwirtschaftlich sind. Das heißt, dass in der gesetzlichen Krankenversicherung eine Kosten-Nutzen-Abwägung angestellt werden muss.[647] Auch in der Probandenversicherung müssen die Kosten einer Heilbehandlung dem Nutzen gegenüber gestellt werden. Das ergibt sich aus Ziff. 3.1.1 Abs. 3 AVB-Prob, die die Erstattung von Heilbehandlungskosten im Rahmen des Angemessenen gewährt. Während die Wirtschaftlichkeit von Heilbehandlungen in der gesetzlichen Krankenkasse grundsätzlich allgemein durch die Richtlinien des Gemeinsamen Bundesausschusses gemäß § 92 SGB V konkretisiert wird,[648] kann sich die Erstattungsfähigkeit von Behandlungskosten in der Probandenversicherung hieraus nicht ergeben. Zwar kann man aus den Kriterien, die § 12 Abs. 1 SGB V für die Heilbehandlung durch die gesetzliche Krankenkasse aufstellt, schließen, dass die Leistungen, die die Krankenkasse erbringt, auch angemessen im Sinne von Ziff. 3.1.1 Abs. 3 lit. a AVB-Prob sind. Bei darüber hinausgehenden Leistungen muss aber im Einzelfall bewertet werden, ob sich die Heilbehandlung im Rahmen des Angemessenen befindet. Als Vergleichsmaßstab bietet sich der Leistungsumfang der gesetzlichen Unfallversicherung an. Ebenso wie die Probandenversicherung soll die gesetzliche Unfallversicherung gegen eine spezifische Gefahr (die des Arbeitsplatzes) schützen und zugleich die Haftung des Verantwortlichen durch Versicherungsschutz ablösen (vgl. §§ 104 ff. SGB VII).[649]

Ein weiterer Unterschied zwischen gesetzlicher Krankenversicherung und Probandenversicherung im Hinblick auf die Heilbehandlungsleistungen betrifft die Zuzahlungen der betroffenen Person. Bei einigen Leistungen der Krankenkasse muss der Versicherte eine Selbstbeteiligung zahlen. So sind zum Beispiel

---

647 KSW/*Waltermann*, § 12 SGB V Rn. 5.

648 *Schmidt-De Caluwe* in: Becker/Kingreen, SGB V, § 92 Rn. 1.

649 Zum Leistungsumfang der Unfallversicherung siehe *Keller*, SGb 2000, S. 459 ff.

Zuzahlungen für Arznei- und Verbandsmittel (§ 31 Abs. 2 S. 1 SGB V), Heilmittel (§ 32 Abs. 2 S. 1 SGB V) oder Hilfsmittel (§ 33 Abs. 8 S. 1 SGB V) zu leisten. Nicht verschreibungspflichtige Medikamente werden gemäß § 34 Abs. 1 S. 1 SGB V grundsätzlich nicht bezahlt. Ebenso erstattet die gesetzliche Krankenversicherung auch die Kosten verschreibungspflichtiger Arzneimittel für einige Anwendungsgebiete gemäß § 34 Abs. 1 S. 6 SGB V nicht. Auch für Krankenhausbehandlung und häusliche Krankenpflege wird der Versicherte an den Kosten beteiligt.[650]

All diese Zuzahlungen sind in der Probandenversicherung nicht vorgesehen. Erstattet werden die Kosten, die im Rahmen des Angemessenen liegen. Im Fall einer dem medizinischen Standard entsprechenden Behandlung sind demnach alle anfallenden Kosten zu ersetzen. Das heißt, dass die Probandenversicherung zumindest die Zuzahlungen des Versicherten übernimmt, falls Ziff. 3.1.1 Abs. 2 AVB-Prob wirksam sein sollte und zunächst die Krankenversicherung vom Geschädigten in Anspruch genommen werden muss.

b) Verdienstausfall und Erwerbsunfähigkeit

Zu den materiellen Schäden, die auf eine Gesundheitsschädigung der versicherten Person zurückzuführen sind, gehören entgegen der Ansicht von *Godt/Engelke*[651] sowohl ein kurzzeitiger Verdienstausfall als auch eine langfristige Erwerbsunfähigkeit.[652] Die Höhe des von der Probandenversicherung zu ersetzenden Verdienstausfalls ergibt sich nach der Differenzhypothese ohne weiteres aus dem tatsächlich entgangenen Verdienst. Gemäß Ziff. 3.1.1 Abs. 2 AVB-Prob ist bei der Schadensberechnung insbesondere ein Anspruch auf Lohn- und Gehaltsfortzahlung mindernd zu berücksichtigen.[653] Im Fall der längerfristigen Erwerbsunfähigkeit oder der geminderten Erwerbsfähigkeit ist vom Versicherer gemäß Ziff. 3.1.1 Abs. 3 lit. b) AVB-Prob grundsätzlich eine Rente zu zahlen. Für die Höhe des Rentenanspruchs ist Ziff. 3.1.1 Abs. 6 AVB-Prob zu beachten. Dieser verweist auf § 8 KfzPflVV[654] und stellt wie § 8 KfzPflVV keine Grundlage zur Berechnung der Rentenhöhe dar, sondern behandelt nur den Fall einer nicht

650 Siehe zur Selbstbeteiligung *Muckel/Ogorek*, Sozialrecht, S. 134 ff.
651 *Godt/Engelke*, WissR 2010, S. 2 (15).
652 *Palandt/Grüneberg*, § 252 Rn. 7 ff.
653 Zur Wirksamkeit dieser Klausel siehe D.XI.3, S. 264.
654 Verordnung über den Versicherungsschutz in der Kraftfahrzeug-Haftpflichtversicherung Kraftfahrzeug-Pflichtversicherungsverordnung – KfzPflVV) vom 29.7.1994 (BGBl. I S. 1837).

ausreichenden Versicherungssumme.[655] Ziff. 3.1.1 Abs. 2 AVB-Prob verweist für die Berechnung der Schadenshöhe auf die Grundsätze der §§ 249, 843 BGB. Bezüglich einer Geldrente sind insbesondere die Grundsätze des § 843 BGB heranzuziehen. Da der Verlust der Arbeitskraft an sich noch keinen materiellen Schaden darstellt, muss der Erwerbschaden im Einzelfall anhand der konkreten Umstände beurteilt werden.[656] Dabei muss insbesondere auf die Einkommenslage vor dem schädigenden Ereignis und hypothetische Einkommenssteigerungen in der Zukunft abgestellt werden. Die Differenz zwischen diesen Werten und dem tatsächlich möglichen Verdienst unter Berücksichtigung der Schädigung stellt den ersatzfähigen Schaden dar.[657]

c) *Leistungen im Todesfall*

Verstirbt die versicherte Person infolge der klinischen Prüfung, stehen den Hinterbliebenen Ansprüche aus der Probandenversicherung zu. Der Gesetzgeber statuiert in § 40 Abs. 1 S. 3 Nr. 8 AMG und § 20 Abs. 1 S. 4 Nr. 9 MPG lediglich, dass auch im Todesfall Leistungen gewährt werden müssen. Welche Leistungen dies sind, wird nicht genauer spezifiziert. Es liegt aber nahe, hier die Wertung des § 844 BGB heranzuziehen.[658] Entsprechend gewährt die Probandenversicherung gemäß Ziff. 3.1.1 Abs. 4 AVB-Prob in nahezu wörtlicher Übereinstimmung mit § 844 BGB Leistungen an die Hinterbliebenen. Zum einen werden die Beerdigungskosten ersetzt. Zum anderen haben Dritte, denen der Verstorbene gegenüber kraft Gesetzes unterhaltspflichtig war, Anspruch auf Unterhaltsleistungen aus der Probandenversicherung. Dazu genügt es, wenn der unterhaltsberechtigte Dritte zum Zeitpunkt des Versterbens bereits gezeugt, aber noch nicht geboren war.

Aufgrund der erkennbaren Anlehnung an § 844 BGB lassen sich die zu dieser Norm entwickelten Grundsätze zur Berechnung des Unterhaltsumfangs auch auf die Probandenversicherung anwenden.[659]

Eine dem § 845 BGB vergleichbare Klausel findet sich in den AVB-Prob nicht. Entgangene Dienste werden Dritten aus der Probandenversicherung damit nicht

655 *Jacobsen* in: Feyock/Jacobsen/Lemor, Kraftfahrtversicherung, § 8 KfzPflVV Rn. 1.

656 *Palandt/Sprau*, § 843 Rn. 2.

657 Zu den Einzelheiten siehe *Wagner* in: MünchKomm BGB, § 843 Rn. 17 ff.

658 *Wenckstern*, Die Haftung bei der Arzneimittelprüfung, S. 263.

659 Zum Umfang des Unterhaltsschadens siehe *Röthel* in: Staudinger, BGB, § 844 Rn. 98 ff.

ersetzt.[660] Das Erfordernis einer solchen Entschädigung lässt sich auch nicht aus § 40 AMG und § 20 MPG ableiten.

2. Immaterielle Schäden

Immaterielle Schäden, insbesondere Schmerzensgeld, werden durch Ziff. 3.1.1 Abs. 1 S. 2 AVB-Prob ausgeschlossen. Es stellt sich die Frage, ob dieser Ausschluss mit den gesetzlichen Vorgaben zu vereinbaren ist oder ob die Probandenversicherung auch eine Entschädigung für immaterielle Schäden leisten müsste. § 40 Abs. 1 S. 3 Nr. 8, Abs. 3 AMG und § 20 Abs. 1 S. 4 Nr. 9, Abs. 3 MPG schweigen sich zu dieser Frage aus. Sie ordnen expressis verbis nur die Erbringung von Leistungen an. Im Bericht des 13. Ausschusses für Jugend, Familie und Gesundheit heißt es jedoch, dass die Versicherung „nur Entschädigung für den effektiven Schaden zu leisten" habe.[661] Das lässt vermuten, dass der Gesetzgeber bei Einführung der Probandenversicherung keine Kompensation des immateriellen Schadens im Sinn hatte.[662] Zum Zeitpunkt des Inkrafttretens der Versicherungspflicht war die Zahlung von Schmerzensgeld aber nur im Rahmen von deliktischen Schadensersatzansprüchen gemäß § 847 BGB a.F. vorgesehen. Im Fall von vertraglichen Schadenersatzansprüchen und Ansprüchen aus Gefährdungshaftung wurde grundsätzlich kein Schmerzensgeld gewährt.[663] Dies erklärt, warum der Gesetzgeber ursprünglich keine Schmerzensgeldzahlung aus der Probandenversicherung beabsichtigte.

a) Auswirkungen des neuen Schadensrechts

Es ist fraglich, ob sich die Rechtslage durch das Zweite Gesetz zur Änderung schadensersatzrechtlicher Vorschriften[664] geändert hat. Mit dem Änderungsgesetz sollten die Unterschiede zwischen der außervertraglichen Verschuldenshaftung, der Gefährdungshaftung und Vertragshaftung im Hinblick auf die Gewährung von Schmerzensgeld beseitigt werden. Mit dem § 253 Abs. 2 BGB wurde

---

660 *Wenckstern*, Die Haftung bei der Arzneimittelprüfung, S. 264.

661 BT-Drucks. 7/5091, S. 17.

662 *Metzmacher*, Der Schadensausgleich des Probanden im Rahmen klinischer Arzneimittelprüfungen, S. 209; *Ehling*, Die Versicherung und Rückversicherung von Pharmarisiken in nationaler und internationaler Beziehung, S. 219 f.

663 *Oetker* in: MünchKomm BGB, § 253 Rn. 17.

664 Zweites Gesetz zur Änderung schadensersatzrechtlicher Vorschriften v. 19.06.2002, BGBl. I S. 2674.

insoweit ein einheitlicher Anspruch auf Schmerzensgeld geschaffen.[665] Aus dem Umstand, dass nun auch in der vertraglichen Haftung ein Anspruch auf Schmerzensgeld vorgesehen ist, könnte man schließen, dass die Probandenversicherung auch ohne ausdrückliche Regelung in §20 MPG und § 40 AMG Schmerzensgeld gewähren muss.[666] Allerdings handelt es sich beim Schmerzensgeld um einen Teil des Schadensersatzes, nämlich um den Ersatz des immateriellen Schadens. Damit also innerhalb eines Vertragsverhältnisses ein Schmerzensgeld gewährt wird, muss aufgrund einer Verletzung der Vertragspflichten ein (immaterieller) Schaden entstanden sein. Schäden, die durch die Probandenversicherung ausgeglichen werden sollen, beruhen aber nicht auf einer Vertragspflichtverletzung durch den Versicherer. Wie in einer Schadensversicherung üblich, ist der Anspruch der versicherten Person gegen den Versicherer kein Schadensersatzanspruch, sondern der primäre Leistungsanspruch.[667] Daher kann der Anspruch gegen den Versicherer auch nicht als ein Anspruch aus Gefährdungshaftung angesehen werden oder diesem gleichgestellt werden.[668] Aus der Änderung des Schadensrechts kann also zumindest nicht unmittelbar gefolgert werden, dass ein Anspruch auf Schmerzensgeld aus der Probandenversicherung bestünde. Darüber hinaus ist zu bedenken, dass die Probandenversicherung auch keine Haftpflichtversicherung darstellt,[669] die sich im Umfang an Haftungsgrundlagen orientieren müsste, welche nach der Änderung des Schadensrechts nun auch Schmerzensgeld umfassen (etwa § 87 S. 2 AMG).[670]

Möglicherweise lässt sich aber der Wertung, die dem Schadensrechtänderungsgesetz zugrunde liegt, entnehmen, dass nunmehr auch im Rahmen der § 40 Abs. 1 S. 3 Nr. 8, Abs. 3 AMG und § 20 Abs. 1 S. 4 Nr. 9, Abs. 3 MPG eine Versicherung zu fordern ist, die ein Schmerzensgeld gewährt. Die Versicherung

---

665 BT-Drucks. 14/7752, S. 14.

666 So *Gödicke/Purnhagen*, MedR 2007, S. 139 (141 f.); *Taupitz* in: Dute/Faure/Koziol, Liability for and Insurability of Biomedical Research, S. 184.

667 *Swik* in: Festschrift für Axel Sander, S. 361; *Achtmann*, Der Schutz des Probanden bei der klinischen Arzneimittelprüfung, S. 246; *Kloesel/Cyran*, AMG, § 40 Anm. 76e.

668 *Metzmacher*, Der Schadensausgleich des Probanden im Rahmen klinischer Arzneimittelprüfungen, S. 209; *Schneider*, Neue Behandlungsmethoden im Arzthaftungsrecht, S. 275; *Rittner/Taupitz/Walter-Sack/Wessler*, VersR 2008, S. 158 (159).

669 Siehe dazu D.III.2.b).

670 *Swik*, PharmR 2006, S. 76 (79); *Ehling*, Die Versicherung und Rückversicherung von Pharmarisiken in nationaler und internationaler Beziehung, S. 221; *Schneider*, Neue Behandlungsmethoden im Arzthaftungsrecht, S. 275; a. A. *Schwarz/Wachenhausen* in: Anhalt/Dieners, Medizinprodukterecht, § 6 Rn. 58.

soll dem Wortlaut nach auch Leistungen gewähren, „wenn kein anderer für den Schaden haftet". Es ließe sich vertreten, dass der Gesetzgeber nach der Änderung des Schadensrechts mit dem Begriff „Schaden" auch immer den immateriellen Schaden erfasst wissen will. Dieses Ergebnis erscheint aber im Hinblick auf § 253 Abs. 1 BGB äußerst fraglich. Hier wird angeordnet, dass der Ersatz eines immateriellen Schadens nur in den durch das Gesetz bestimmten Fällen gefordert werden kann.

Ein anderer Ansatzpunkt für die Zahlung eines Schmerzensgeldes könnte in § 40 Abs. 3 S. 2 AMG bzw. § 20 Abs. 3 S. 2 MPG zu sehen sein. Hier heißt es, dass ihr Umfang in einem angemessenen Verhältnis zu den mit der klinischen Prüfung verbundenen Risiken stehen muss. Die Angemessenheit könnte als unbestimmter Rechtsbegriff durch das neue Schadensrecht determiniert sein.[671] Allerdings wird im gleichen Satz weiter ausgeführt, dass der Umfang so festgelegt sein muss, dass im Fall des Todes oder der Erwerbsunfähigkeit einer versicherten Person mindestens 500.000 € zur Verfügung stehen. Mit Umfang ist hier also die Höhe der Versicherungssumme gemeint. Auf diesen Umfang bezieht sich auch das Kriterium der Angemessenheit. Die Wertungen des neuen Schadensrechts im Hinblick auf etwaige Schmerzensgeldansprüche sind somit unerheblich für die Angemessenheit im Sinne von § 40 Abs. 3 S. 2 AMG und § 20 Abs. 3 S. 2 MPG.

b) Richtlinienkonforme Auslegung nach RL 2001/20/EG

Zum Teil wird vertreten, dass eine richtlinienkonforme Auslegung des § 40 AMG ergebe, dass die Probandenversicherung auch die Gewährung von Schmerzensgeld beinhalten müsse.[672] Abgestellt wird dabei auf die Richtlinie 2001/20/EG, die aber nur das Arzneimittel- und nicht das Medizinprodukterecht betrifft.[673] Art. 3 Abs. 2 lit. f) RL 2001/20/EG fordert, wenn auch sehr unglücklich formuliert, gesetzliche Vorgaben zu einer Versicherung oder anderen Mechanismen, die die Haftung des Sponsors und des Prüfers decken.[674] Die Probandenversicherung leistet im Schadensfall aber grundsätzlich unabhängig von einer Haftung der beteiligten Akteure. Damit stellt sich die Frage,

671 *Ehling*, Die Versicherung und Rückversicherung von Pharmarisiken in nationaler und internationaler Beziehung, S. 220.

672 *Freund/Reus*, PharmR 2009, S. 205 (206 f.); *Listl* in: Spickhoff, Medizinrecht, AMG § 40 Rn. 34.

673 Zu RL 2001/20/EG siehe auch C.II.2.c).

674 Siehe dazu C.II.2.c)bb)(2).

ob die Probandenversicherung nach § 40 AMG überhaupt eine Versicherung im Sinne des Art. 3 Abs. 2 lit. f) RL 2001/20/EG darstellt und eine richtlinienkonforme Auslegung in Betracht kommt. Die Haftungsdeckung ist nicht das eigentliche Ziel der Probandenversicherung. Dennoch bestimmt § 40 Abs. 3 S. 3 AMG, dass ein Anspruch auf Schadensersatz erlischt, soweit aus der Versicherung geleistet wird. Insoweit wird durch die Probandenversicherung die Haftung von Prüfern und Sponsoren gedeckt. § 40 Abs. 1 S. 3 Nr. 8, Abs. 3 AMG schreibt damit eine Versicherung im Sinne des Art. 3 Abs. 2 lit. f) RL 2001/20/EG vor. Dem kann nicht entgegengehalten werden, dass es sich bei der Probandenversicherung um keine Haftpflichtversicherung handelt.[675] Die Richtlinie schreibt eine solche nicht vor. Gefordert wird ein Mechanismus, der die Deckung der Haftung von Prüfern und Sponsoren zum Gegenstand hat. Dieser Vorgabe entspricht die Probandenversicherung. Damit ist eine richtlinienkonforme Auslegung des § 40 Abs. 1 S. 3 Nr. 8, Abs. 3 AMG grundsätzlich möglich. Die Richtlinie schreibt aber die genaue Ausgestaltung der Deckung nicht vor. Ebenso findet sich in der Richtlinie kein Hinweis, in welchem Umfang Prüfer und Sponsoren für Schäden, die bei einer klinischen Prüfung auftreten, haften müssten. Die Richtlinie fordert also nicht zwingend den Ersatz von Schmerzensgeld. Damit kann aber auch § 40 Abs. 1 S. 3 Nr. 8, Abs. 3 AMG im Lichte der Richtlinie nicht dahingehend ausgelegt werden, dass die Probandenversicherung zwingend Schmerzensgeld gewähren müsste.[676]

c) *Aufopferungshaftung*

Deutsch sieht die Probandenversicherung als eine Ausprägung der Aufopferungshaftung an und folgert daraus, dass die Probandenversicherung auch Schmerzensgeld gewähren solle.[677] Die Aufopferungshaftung soll grundsätzlich dann eingreifen, wenn zum Wohle der Gesellschaft Rechtsverletzungen durch einzelne Betroffene geduldet werden müssen.[678] Solche Haftungsansprüche finden sich § 904 BGB und § 906 Abs. 2 BGB. Einen allgemeinen Aufopferungsanspruch, vergleichbar etwa mit dem öffentlich-rechtlichen

675 So aber *Achtmann*, Der Schutz des Probanden bei der klinischen Arzneimittelprüfung, S. 253.

676 So i. E. auch *Swik*, PharmR 2006, S. 76 (80).

677 *Deutsch*, VersR 1979, S. 685 (690); vgl. nun aber *Deutsch*, PharmR 2001, S. 346 (347).

678 *Wagner* in: MünchKomm BGB, Vorb. § 823 Rn. 27.

Aufopferungsanspruch, kennt das Zivilrecht hingegen nicht.[679] Es ist zwar zuzugeben, dass Teilnehmer klinischer Prüfungen regelmäßig ein Opfer für die Allgemeinheit bringen. Ansprüche lassen sich aus dieser Feststellung aber nicht herleiten. Darüber hinaus orientiert sich die Probandenversicherung als Schadensversicherung sui generis nicht an den Haftungsansprüchen der bei der klinischen Prüfung geschädigten Personen, so dass der von *Deutsch* zitierte Aufopferungsgedanke[680] keinen Einfluss auf den Umfang der Versicherungsleistung hat.

d) Widersprüche im Haftungsgefüge

aa) Schmerzensgeldansprüche gemäß §§ 84 Abs. 1, 87 S. 2 AMG

Durch den verschuldensunabhängigen Schmerzensgeldanspruch gemäß §§ 84 Abs. 1, 87 S. 2 AMG gegen den pharmazeutischen Unternehmer ergeben sich einige Wertungswidersprüche im Vergleich der verschiedenen Arzneimittelhaftungsansprüche. So steht Arzneimittelgeschädigten unter den Vorrausetzungen des § 84 AMG grundsätzlich ein Schmerzensgeld gemäß § 87 AMG zu. Damit der Schadensersatzanspruch entsteht, muss das Arzneimittel aber entweder der Pflicht zur Zulassung unterliegen oder durch Rechtsverordnung von der Zulassungspflicht befreit sein (§ 84 Abs. 1 S. 1 AMG). Die Zulassungspflicht ergibt sich aus § 21 AMG. Gemäß § 21 Abs. 2 Nr. 2 AMG unterliegen Medikamente, die zur klinischen Prüfung bestimmt sind, aber von vornherein nicht der Zulassungspflicht. Ein Schadensersatzanspruch gemäß § 84 AMG ist hinsichtlich solcher Arzneimittel damit ausgeschlossen.[681] Hielte man also den Ausschluss des Schmerzensgeldes in der Probandenversicherung für wirksam, wäre der „normale" Patient gegen Arzneimittelschäden besser geschützt als der Arzneimittelproband,[682] obwohl das Risiko einer schädlichen Wirkung des Medikaments in der Prüfungssituation naturgemäß höher ist als das Risiko eines geprüften und zugelassenen Wirkstoffs.[683]

---

679 *Larenz/Canaris*, SchuldR II/2, § 85 V. 2. a); a. A. *Deutsch*, Allgemeines Haftungsrecht, S. 460.

680 *Deutsch*, VersR 1979, S. 685 (690).

681 *Brock/Stoll* in: Kügel/Müller/Hofmann, AMG, § 84 Rn. 14; a. A. *Jungk*, Pharm Ind. 2006, S. 1067 (1069).

682 *Voit*, PharmR 2005, S. 345 (347).

683 *Ehling*, Die Versicherung und Rückversicherung von Pharmarisiken in nationaler und internationaler Beziehung, S. 220.

bb) Schmerzensgeldansprüche gemäß §§ 1 Abs. 1, 8 S. 2 ProdHaftG

Ein ähnliches Bild ergibt sich hinsichtlich der Auswirkungen von Medizinprodukten. Hier steht dem Geschädigten ein Anspruch auf Schmerzensgeld gemäß §§ 1 Abs. 1, 8 S. 2 ProdHaftG zu. Diesen Anspruch kann der Teilnehmer einer klinischen Prüfung aber im Regelfall nicht geltend machen. Unabhängig davon, ob ein Produkt, das in einer solchen Prüfung erprobt wird, schon als in den Verkehr gebracht angesehen werden kann, was gemäß § 1 Abs. 2 Nr. 1 ProdHaftG Voraussetzung für einen Schadensersatzanspruch nach dem ProdHaftG wäre, dürfte der Schaden zumeist auf Fehlern beruhen, die zum Zeitpunkt der Prüfung nach dem Stand der Wissenschaft und Technik noch nicht erkannt werden konnten, da die Prüfung gerade dem Zwecke dient, etwaige Fehler erst zu entdecken. Damit greift grundsätzlich der Ausschluss des § 1 Abs. 2 Nr. 5 ProdHaftG ein, so dass auch hier die Probanden trotz des höheren Risikos schlechter gestellt sind als die Empfänger geprüfter Medizinprodukte.

cc) Schmerzensgeldansprüche der Kontrollgruppe

Godt/Engelke weisen zudem darauf hin, dass es auch innerhalb des Teilnehmerkollektivs zu Wertungswidersprüchen kommen könne. So sei es möglich, dass die Teilnehmer der Kontrollgruppe im Schadensfall einen Schmerzensgeldanspruch gemäß §§ 84, 87 AMG gegen den pharmazeutischen Unternehmer haben könnten, wenn in der Kontrollgruppe zugelassene Standardpräparate verwendet würden.[684] Allerdings ist fraglich, ob in diesem Fall tatsächlich ein Anspruch des Versuchsteilnehmers gegen den Arzneimittelhersteller entsteht. Dem Wortlaut des § 84 AMG nach knüpft die Haftung an die *Pflicht* zur Zulassung und nicht an eine tatsächlich erfolgte Zulassung an. Der Zulassungspflicht unterliegen aber die Arzneimittel, die zur klinischen Prüfung am Menschen bestimmt sind, eben nicht. Eine klinische Prüfung findet aber auch hinsichtlich der Teilnehmer der Kontrollgruppe statt. Auch hier werden gemäß § 4 Abs. 23 AMG Untersuchungen am Menschen durchgeführt, um Wirkungen und Nebenwirkungen eines Arzneimittels zu erforschen. Das bedeutet, dass auch die Standardpräparate, die zu Kontrollzwecken verwendet werden, zur klinischen Prüfung am Menschen gemäß § 21 Abs. 2 Nr. 2 AMG bestimmt sind und somit in diesem Moment nicht der Zulassungspflicht unterliegen. Dem Wortlaut nach könnte also auch die Kontrollgruppe keine Schadensersatzansprüche nach § 84 AMG geltend machen, wenn durch das verwendete Arzneimittel Gesundheitsschäden

---

684 *Godt/Engelke*, WissR 2010, S. 2 (16).

einträten.[685] Auf der anderen Seite handelt es sich um zugelassene und in den Verkehr gebrachte Präparate, die innerhalb ihres zugelassenen Anwendungsgebietes genutzt werden. Es ist kein triftiger Grund ersichtlich, weshalb der pharmazeutische Unternehmer nicht gemäß § 84 AMG haften sollte. Es kann keinen Unterschied machen, ob das Medikament gemäß seiner Zulassung außerhalb einer klinischen Studie oder zu den gleichen Behandlungszwecken innerhalb einer Studie verwendet wird.[686] Das Zusammenspiel aus § 84 AMG und § 21 Abs. 2 Nr. 2 AMG muss also dahingehend verstanden werden, dass nur solche Arzneimittel nicht in den Anwendungsbereich des § 84 AMG fallen, die in der klinischen Prüfung erprobt werden sollen. § 21 Abs. 2 Nr. 2 AMG hebt die Zulassungspflicht für Prüfmedikamente gerade auf, um neue Arzneimittel trotz des Verbots in § 21 Abs. 1 AMG am Menschen prüfen zu können, was wiederum Voraussetzung für eine spätere Zulassung ist (vgl. § 25 Abs. 5a AMG).[687] Dass dabei auch andere Arzneimittel, die während einer Studie genutzt werden, theoretisch von der Zulassungspflicht ausgenommen werden, ist ein Zufallsprodukt des Wortlauts. Daraus kann nicht geschlossen werden, dass § 84 AMG hier keine Anwendung finden würde.

In der Konsequenz ist es demnach in der Tat möglich, dass diejenigen Teilnehmer einer klinischen Studie, die der Kontrollgruppe angehören, Schadensersatzforderungen und insbesondere Schmerzensgeldansprüche gemäß §§ 84, 87 AMG gegen den pharmazeutischen Unternehmer geltend machen können, während sich die Angehörigen der Testgruppe nur an die Probandenversicherung halten können.

Dieselbe Konstellation ergibt sich in kontrollierten Medizinproduktestudien. Die Kontrollgruppe, an der bereits erprobte Medizinprodukte angewandt werden, kann im Schadensfall, soweit das Produkt fehlerhaft ist, gemäß §§ 1 Abs. 1, 8 S. 2 ProdHaftG Kompensation samt Schmerzensgeld verlangt werden, während ein solcher Anspruch der Testgruppe oft an § 1 Abs. 2 Nr. 5 ProdHaftG scheitern wird.

dd) Stellungnahme

Aus diesen Umständen lässt sich aber, trotz der Benachteiligung der risikobelasteten Probanden der Testgruppe, keine Verpflichtung der Probandenversicherung

---

685 *Brock/Stoll* in: Kügel/Müller/Hofmann, AMG, § 84 Rn. 14.

686 *Ehling*, Die Versicherung und Rückversicherung von Pharmarisiken in nationaler und internationaler Beziehung, S. 178.

687 *Achtmann*, Der Schutz des Probanden bei der klinischen Arzneimittelprüfung, S. 195 f.

entnehmen, Schmerzensgeld zu gewähren. § 84 AMG und § 1 ProdHaftG statuieren Schadenersatzansprüche gegen den pharmazeutischen Unternehmer bzw. gegen den Hersteller. Die Probandenversicherung leistet an geschädigte Probanden aber völlig unabhängig von den Voraussetzungen der Schadensersatzansprüche gemäß § 84 AMG und § 1 ProdHaftG.[688] Es handelt sich eben um keine Haftpflichtversicherung.[689] Darüber hinaus lässt sich weder den §§ 40 Abs. 1 S. 3 Nr. 8, Abs. 3 AMG, 20 Abs. 1 S. 4 Nr. 9, Abs. 3 MPG noch den Gesetzesbegründungen entnehmen, dass der Umfang der Probandenversicherung anderen Schadensersatzansprüchen vollkommen gleichgestellt sein soll.[690]

ee) Exkurs: Vergleich mit gesetzlicher Unfallversicherung

Die gesetzliche Unfallversicherung erbringt gemäß § 7 Abs. 1, 8 SGB VII Leistungen, wenn eine versicherte Person einen Arbeitsunfall, also einen Unfall infolge einer versicherten Tätigkeit erleidet. Dies geschieht wie in der Probandenversicherung grundsätzlich unabhängig von der Einstandspflicht anderer Personen. Gemäß § 104 SGB VII werden dennoch Unternehmer von der Haftung für Arbeitsunfälle gegenüber versicherten Personen, die in ihrem Unternehmen tätig sind, freigestellt. Ebenso werden auch andere Personen, die mit dem Versicherten im selben Betrieb arbeiten, gemäß § 105 SGB VII haftungsprivilegiert. Das heißt, dass sich eine in der gesetzlichen Unfallversicherung versicherte Person im Fall eines Arbeitsunfalls oftmals nur an die Unfallversicherung halten kann, obwohl ihr nach den allgemeinen Vorschriften Ansprüche gegen den Schädiger zustünden. Die Haftung wird durch Versicherungsschutz ersetzt.

Von Interesse ist hier folgender Umstand: Die gesetzliche Unfallversicherung leistet kein Schmerzensgeld. Der Schmerzensgeldanspruch gegen den Schädiger wird aber auch von der Haftungsbeschränkung der §§ 104, 105 SGB VII erfasst.[691] Der Geschädigte kann also aufgrund seiner Zugehörigkeit zum versicherten Personenkreis keine Schmerzensgeldansprüche geltend machen, obwohl nach allgemeinen Vorschriften ein solcher Anspruch bestehen würde. Diese

---

688 *Ehling*, Die Versicherung und Rückversicherung von Pharmarisiken in nationaler und internationaler Beziehung, S. 221; *Metzmacher*, Der Schadensausgleich des Probanden im Rahmen klinischer Arzneimittelprüfungen, S. 207; *Rehmann*, AMG, § 40 Rn. 16.

689 Siehe dazu D.III.2.b)cc).

690 *Metzmacher*, Der Schadensausgleich des Probanden im Rahmen klinischer Arzneimittelprüfungen, S. 207.

691 BVerfG, Beschluss v. 7.11.1972, Az.: 1 BvL 4 u. 17/71, NJW 1972, S. 502; KSW/*von Koppenfels-Spies*, § 104 SGB VII Rn. 3; *Muckel/Ogorek*, Sozialrecht, § 10 Rn. 87.

Konstellation zeigt, dass es dem Gesetzgeber nicht fremd ist, keine Schmerzensgeldansprüche zu gewähren, wenn im Übrigen die Haftung für Körperschäden durch Versicherungsschutz ersetzt wird. Dem Umstand, dass geschädigten Probanden, die der Testgruppe angehören, kein Anspruch auf Schmerzensgeld aus § 84 Abs. 1, 87 S. 2 AMG zusteht, kann mithin nicht entnommen werden, dass nach dem gesetzgeberischen Willen stattdessen die Probandenversicherung ein Schmerzensgeld gewähren müsste.

e) Ergebnis

Der Probandenversicherer ist nicht verpflichtet, Schmerzensgeld an geschädigte Probanden zu zahlen. Der Ausschluss immaterieller Schäden nach Ziff. 3.1.1 Abs. 1 S. 2 AVB-Prob ist in rechtlicher Hinsicht nicht zu beanstanden. Dem geschädigten Probanden steht es offen, den Schädiger auf Schmerzensgeld in Anspruch zu nehmen. Allerdings müsste die Schädigung schuldhaft erfolgt sein, soweit nicht § 84 AMG oder § 1 ProdHaftG eingreifen. Ein Verschulden wird aber oft nicht vorliegen, wenn sich die spezifische Gefahr eines noch zu erprobenden Medizinprodukts oder Arzneimittels verwirklicht.

Daher wäre die Gewährung einer angemessenen Entschädigung für immaterielle Schäden durch den Probandenversicherer wünschenswert.[692] Es ist nicht ohne Weiteres einsichtig, dass Probanden der Kontrollgruppe gegebenenfalls Schmerzensgeldansprüche aus AMG und ProdHaftG geltend machen können, während sich Probanden der Testgruppe von vornherein nicht auf § 84 AMG berufen können und die Voraussetzungen des ProdHaftG bei noch zu testenden Produkten regelmäßig nicht vorliegen werden. Diese Schlechterstellung ist vor allem insoweit bedenklich, als klinische Studien regelmäßig doppelt verblindet durchgeführt werden. Im Zeitpunkt der klinischen Prüfung weiß weder der Proband noch der Prüfer, zu welcher Gruppe der Proband gehört. Die Zuteilung erfolgt zufällig.[693] Damit hängt es im Fall einer nicht schuldhaft herbeigeführten Schädigung auch vom Zufall ab, ob der Versuchsteilnehmer Schmerzensgeld beanspruchen kann.

Auch hinsichtlich der Funktion des Schmerzensgeldes wäre es nicht verfehlt, den geschädigten Probanden eine verschuldensunabhängige Entschädigung durch die Probandenversicherung zu gewähren. Das Schmerzensgeld soll

---

692 So auch *Voß*, Produktsicherheit bei Erforschung somatischer Gentherapie, S. 163; *Schneider*, Neue Behandlungsmethoden im Arzthaftungsrecht, S. 275; *Kollhosser* in: Lippert/Eisenmenger, Forschung am Menschen, S. 164.

693 *Stapff*, Arzneimittelstudien, S. 52.

einen Ausgleich für die erlittenen Leiden, die sich nicht in einem materiellen Schaden niedergeschlagen haben, herstellen und dem Verletzten Genugtuung verschaffen.[694] Im Fall einer nicht schuldhaften Schädigung durch eine klinische Prüfung spielt die Genugtuung zwar keine Rolle, aber auch hier ist der Geschädigte Leiden ausgesetzt, die zu keinem materiell bezifferbaren Verlust führen. In Anbetracht der Tatsache, dass Versuchsteilnehmer ihren Körper in den Dienst des medizinisch-wissenschaftlichen Fortschritts stellen, wäre ein finanzieller Ausgleich für erlittene Schmerzen und Leiden angemessen.[695] Hier ist der Gesetzgeber gefordert einen entsprechenden Anspruch in die Vorschriften über die Probandenversicherung aufzunehmen.

3. Versicherungssumme

Die Gesamtversicherungssumme muss in einem angemessenen Verhältnis zum Risiko der konkreten klinischen Prüfung stehen und gemäß §§ 20 Abs. 3 S. 2 MPG, 40 Abs. 3 S. 2 AMG so festgelegt werden, dass im Fall des Todes oder Erwerbsunfähigkeit einer versicherten Person mindestens 500.000 € zur Verfügung stehen. Da es sich um eine Mindestversicherungssumme handelt, ist es auch denkbar, dass eine deutlich höhere Versicherungssumme vereinbart werden muss, wenn es das Risiko der Studie erfordert.[696] In der Praxis wird diese Regelung allerdings regelmäßig so ausgelegt, dass die Versicherungssumme pro Einzelperson genau 500.000 € beträgt.[697]

Hinsichtlich der Gesamtversicherungssumme bedeutet diese Regelung aber nicht, dass sie mindestens 500.000 € multipliziert mit der Anzahl der Versuchsteilnehmer betragen müsste.[698] Bei Studien mit vielen Probanden würden so Versicherungssummen erreicht, die nicht mehr zu finanzieren wären.[699] Die Höhe der Gesamtversicherungssumme hängt demnach nicht nur von der Anzahl der beteiligten Personen, sondern auch von einer konkreten Risikoanalyse ab.

---

694 *Palandt/Grüneberg*, § 253 Rn. 4.

695 *Ehling*, Die Versicherung und Rückversicherung von Pharmarisiken in nationaler und internationaler Beziehung, S. 222.

696 *Schorn*, Medizinprodukte-Recht, M2 § 20 MPG Rn. 38; *Deutsch* in: Deutsch/Lippert/Ratzel/Tag, MPG, § 20 Rn. 23.

697 *Gaidzik*, VersR 2009, S. 1449 (1452); *Freund/Reus*, PharmR 2009, S. 205 (207).

698 BT-Drucks. 15/2109, S. 30.

699 *Rittner/Taupitz/Walter-Sack/Wessler*, VersR 2008, S. 158 (159); *Metzmacher*, Der Schadensausgleich des Probanden im Rahmen klinischer Arzneimittelprüfungen, S. 215.

Daraus folgt, dass beim Auftreten unerwartet vieler Schadensfälle innerhalb einer klinischen Prüfung nicht die eigentlich geforderten 500.000 € für jeden Geschädigten zu Verfügung stehen. Übersteigen alle zu erbringenden Versicherungsleistungen zusammengenommen die Gesamtversicherungssumme, werden die einzelnen Versicherungsleistungen gemäß Ziff. 3.1.2 Abs. 2 AVB-Prob anteilig reduziert. Dass hierbei im Einzelfall die Mindestsumme unterschritten werden kann, wird vom Gesetzgeber ausweislich der Gesetzesbegründung hingenommen.[700] Soweit bekannt, wurde zudem bisher die Einzelversicherungssumme von 500.000 € nie ausgereizt.[701]

In Jahresverträgen[702] wird neben der Gesamtversicherungssumme für eine klinische Prüfung eine zweite Begrenzung, nämlich die Gesamtversicherungssumme für ein Versicherungsjahr aufgestellt. Überschreitet die Summe aller Versicherungsleistungen in einem Versicherungsjahr die Jahresgesamtsumme, findet ebenfalls eine verhältnismäßige Kürzung der einzelnen Leistungen statt. Es ist problematisch, ob diese Regelung noch mit den Vorgaben in §§ 20 Abs. 3 S. 2 MPG, 40 Abs. 3 S. 2 AMG in Einklang zu bringen ist. Ein Großschaden in einer klinischen Prüfung würde dazu führen, dass auch in allen weiteren Prüfungen, die in den Jahresvertrag einbezogen werden, erhebliche Kürzungen der Versicherungssummen vorgenommen werden.[703] Es stellt sich also die Frage, ob bei einer Vielzahl von versicherten Prüfungen alle Risiken so genau bewertet werden können, dass insgesamt für jeden einzelnen Probanden ein angemessener Versicherungsschutz besteht. Dies dürfte letztlich zu bejahen sein. Die Erfahrungswerte zeigen, dass bisher die Gesamtversicherungssummen stets ausgereicht haben.[704] Zudem ist es dem Sponsor einer klinischen Prüfung ohne weiteres möglich, eine klinische Prüfung gesondert zu versichern, wenn die Jahresversicherungssumme bereits durch vorhergehende Schadensereignisse stark beansprucht wurde. Dennoch wird mitunter darauf hingewiesen, dass auch eine ordnungsgemäß durchgeführte Risikobewertung eine Mindestversicherungssumme für den einzelnen Betroffenen nie garantieren könne.[705] Konsequenterweise müsste daraus gefolgert werden, dass die Gesamtversicherungssumme tatsächlich 500.000 € multipliziert mit der Anzahl der Versuchsteilnehmer betragen müsste. Dies ist aber, wie

700 BT-Drucks. 15/2109, S. 30; *Voit*, PharmR 2005, S. 345 (348).
701 *Swik*, PharmR 2006, S. 76 (78).
702 Siehe dazu unten D.X.1.
703 *Voit*, PharmR 2005, S. 345 (348).
704 *Swik*, PharmR 2006, S. 76 (79).
705 *Freund/Reus*, PharmR 2009, S. 205 (208).

dargestellt, gerade nicht im Sinne des Gesetzgebers gewesen und kann bei größeren Studien nicht realisiert werden. Eine Gesamtversicherungssumme ist auch im Hinblick auf Jahresverträge zulässig, soweit eine ordnungsgemäße Risikobewertung erstellt wird.[706] Gegebenenfalls ist der Sponsor verpflichtet, trotz eines bestehenden Jahresvertrages, eine klinische Prüfung gesondert zu versichern, wenn absehbar ist, dass die Gesamtversicherungssumme nicht ausreichen könnte.

VIII. Obliegenheiten

Obliegenheiten sind Pflichten des Versicherungsnehmers oder des Versicherten, die zwar vom Versicherer nicht einklagbar sind, deren Verletzung aber zu Leistungsbegrenzungen, Ausschlüssen oder anderen Rechtsfolgen (zum Beispiel Kündigung des Vertrages) führen kann.[707] Obliegenheiten können sich aus gesetzlichen Vorschriften ergeben und vertraglich vereinbart werden.[708]

1. Gesetzliche Obliegenheiten

Die gesetzlichen Obliegenheiten in der Probandenversicherung ergeben sich aus dem allgemeinen Teil einschließlich der Vorschriften über die Schadensversicherung des VVG. Im zweiten Abschnitt der Vorschriften für alle Versicherungszweige wird die vorvertragliche Anzeigepflicht (§§ 19 ff. VVG) und das Verhalten des Versicherungsnehmers in Bezug auf Gefahrerhöhungen (§§ 23 ff. VVG) geregelt. Diese Vorschriften werden durch die AVB-Prob übernommen und zum Teil modifiziert. Daher soll auf sie im Zusammenhang mit den vertraglichen Obliegenheiten eingegangen werden. Ebenso verhält es sich mit Pflicht zur Abwendung und Minderung eines Schadens gemäß § 82 VVG.

Eine weitere Pflicht in der Schadenversicherung stellt § 77 VVG auf. Ob es sich hierbei tatsächlich um eine Obliegenheit handelt, ist fraglich.[709] Der Versicherungsnehmer ist verpflichtet, dem Versicherer Anzeige zu erstatten, wenn er ein Interesse gegen dieselbe Gefahr bereits bei einem anderen Versicherer versichert hat. Voraussetzung ist, dass die Identität des versicherten Interesses

---

706 *Swik*, PharmR 2006, S. 76 (79); *Metzmacher*, Der Schadensausgleich des Probanden im Rahmen klinischer Arzneimittelprüfungen, S. 215.

707 *Wandt*, Versicherungsrecht, Rn. 531.

708 *Prölss* in: Prölss/Martin, VVG, § 28 Rn. 2.

709 Dafür: *Wandt*, Versicherungsrecht, Rn. 556; a. A. *Halbach* in: MünchKomm VVG, § 77 Rn. 29.

und die Identität der versicherten Gefahr kumulativ vorliegen.[710] Problematisch ist, ob zumindest eine teilweise Identität mit einer etwaigen Haftpflichtversicherung, die für die an der Prüfung beteiligten Ärzte abgeschlossen wurde, besteht. Eine Teilidentität könnte angenommen werden, da gemäß § 40 Abs. 3 S. 3 AMG und § 20 Abs. 3 S. 3 MPG Schadensersatzansprüche des Probanden erlöschen, soweit aus der Probandenversicherung gezahlt wird. Dennoch ist das versicherte Interesse nicht identisch. Die Probandenversicherung soll die Gesundheit der Probanden absichern und nicht die Haftungspflicht des Schädigers. Eine Mehrfachversicherung liegt in diesem Fall nicht vor.

§ 77 VVG dürfte damit nur zur Anwendung kommen, wenn der Sponsor für eine Studie mehrere Probandenversicherungen abgeschlossen hat. Die Verletzung der Anzeigepflicht ist mit keinen Rechtsfolgen verknüpft. Geht man aber davon aus, dass es sich um keine Obliegenheit, sondern um eine Rechtspflicht handelt, kämen Schadensersatzansprüche gemäß § 280 BGB gegen den Versicherungsnehmer im Fall einer Nichtanzeige in Betracht.[711] Eine Verletzung führt jedenfalls nicht zu einer Leistungseinschränkung zulasten des Versuchsteilnehmers.

Liegen aber tatsächlich mehrere Probandenversicherungsverträge vor, ist § 78 VVG zu beachten.[712]

2. Vertragliche Obliegenheiten

Die vertraglichen Obliegenheiten sind in den AVB-Prob in den Ziff. 4. ff. geregelt. Es wird zwischen den Obliegenheiten des Versicherungsnehmers und des Versicherten unterschieden.

a) Obliegenheiten des Versicherungsnehmers

aa) Vorvertragliche Anzeigepflichtverletzung

(1) Anzeigepflicht

Der Versicherungsnehmer ist gemäß Ziff. 4.1.1 AVB-Prob verpflichtet, dem Versicherer vor Vertragsschluss alle ihm bekannten gefahrerheblichen Umstände anzuzeigen. Diese Anzeigepflicht ist weitgehend deckungsgleich mit der gesetzlichen Anzeigepflicht gemäß § 19 Abs. 1 VVG. Insbesondere muss der Versicherungsnehmer nur solche Gefahrumstände anzeigen, nach denen der Versicherer in Textform gefragt hat. In Übereinstimmung mit § 20 VVG sind

710 *Langheid* in: Römer/Langheid, VVG, § 77 Rn. 17.

711 *Halbach* in: MünchKomm VVG, § 77 Rn. 29.

712 Siehe dazu nur *Armbrüster* in: Prölss/Martin, VVG, § 78.

auch die Kenntnis und die Arglist eines Vertreters dem Versicherungsnehmer gemäß Ziff. 4.1.1 Unterabs. 2 AVB-Prob zuzurechnen, wenn der Versicherungsvertrag durch einen Vertreter des Versicherungsnehmers abgeschlossen wird. Abweichend von § 166 Abs. 1 BGB sind bei einem Vertretergeschäft sowohl die Kenntnisse des Vertreters als auch die Kenntnisse des Versicherungsnehmers zu berücksichtigen.[713]

Im Einzelfall könnte fraglich sein, welche Umstände gefahrerheblich sind. Nach Ziff. 4.1.1 S. 3 AVB-Prob zählen dazu solche, die geeignet sind, auf den Entschluss des Versicherers Einfluss auszuüben, den Vertrag überhaupt oder mit dem vereinbarten Inhalt abzuschließen. Da der Versicherer konkret nach gefahrerheblichen Umständen in Textform fragen muss, indiziert die Frage auch die Gefahrerheblichkeit.[714] In Betracht kommen im Fall der Probandenversicherung insbesondere Informationen über das zu prüfende Arzneimittel oder Medizinprodukt, die Ergebnisse aus präklinischen Studien (z. B. Tierversuche), die Auswahl des Probandenkollektivs (Alter, aus- oder eingeschlossene Erkrankungen etc.), die Auswahl der Prüfstelle sowie die Qualifikationen der beteiligten Prüfer.

(2) Rechtsfolgen der Anzeigepflichtverletzung

Wenn der Versicherungsnehmer grob fahrlässig oder vorsätzlich falsche oder unvollständige Angaben zu den gefahrerheblichen Umständen macht, kann der Versicherer gemäß Ziff. 4.1.2 AVB-Prob vom Versicherungsvertrag zurücktreten. Es wird beim Vorliegen einer Anzeigepflichtverletzung gemäß Ziff. 4.1.2 Abs. 2 AVB-Prob in Übereinstimmung mit § 19 Abs. 3 S. 1 VVG vermutet, dass diese zumindest grob fahrlässig erfolgte, so dass der Versicherungsnehmer beweisen muss, dass er die Pflichtverletzung nicht grob fahrlässig begangen hat.[715]

Ein Rücktrittrecht des Versicherers ist gemäß Ziff. 4.1.2 Abs. 2 Unterabs. 2 AVB-Prob ausgeschlossen, wenn der Versicherungsnehmer trotz grob fahrlässiger Anzeigepflichtpflichtverletzung nachweisen kann, dass der Versicherungsvertrag auch bei Kenntnis der nicht angezeigten Umstände abgeschlossen worden wäre. Dass hierbei möglicherweise andere Bedingungen vereinbart worden wären, lässt den Ausschluss des Rücktrittsrechtes unberührt.

Hat der Versicherungsnehmer die Anzeigepflichtverletzung nur leicht fahrlässig begangen, scheidet ein Rücktrittsrecht aus. Der Versicherer kann aber mit Frist von einem Monat den Versicherungsvertrag gemäß Ziff. 4.1.3 Unterabs. 1

713 *Muschner* in: MünchKomm VVG, § 20 Rn. 1.

714 *Schimikowski* in: Rüffer/Halbach/Schimikowski, VVG, § 19 Rn. 19.

715 *Prölss* in: Prölss/Martin, VVG, § 19 Rn. 72.

AVB-Prob für die Zukunft kündigen. Auch in diesem Fall steht es dem Versicherungsnehmer offen, nachzuweisen, dass der Vertrag bei Kenntnis der nichtangezeigten Umstände ebenfalls abgeschlossen worden wäre. Sind Rücktritt oder Kündigung aufgrund eines solchen Nachweises ausgeschlossen, ist der Versicherer gemäß Ziff. 4.1.3 Unterabs. 3 AVB-Prob berechtigt, den Versicherungsvertrag anzupassen.

Nach Kenntniserlangung einer Anzeigepflichtverletzung hat der Versicherer gemäß Ziff. 4.1.3 Unterabs. 5 AVB-Prob seine Rechte (Rücktritt, Kündigung oder Vertragsanpassung) innerhalb eines Monats schriftlich geltend zu machen. Die Erklärung muss zudem begründet werden. Die Geltendmachung ist gemäß Ziff. 4.1.3 Unterabs. 6 AVB-Prob ausgeschlossen, wenn der Versicherer nicht durch gesonderte Mitteilung in Textform auf die Folgen der Anzeigepflichtverletzung hingewiesen hat.[716]

Hat der Versicherungsnehmer den Versicherer arglistig über die Gefahrumstände getäuscht, ist der Versicherer gemäß Ziff. 4.1.4 AVB-Prob, § 22 VVG unabhängig von den Regelungen der Ziff. 4.1.1 ff. AVB-Prob berechtigt den Versicherungsvertrag gemäß §§ 123, 142 BGB anzufechten. Arglist liegt vor, wenn der Versicherungsnehmer gefahrerhebliche Umstände bewusst verschwiegen oder unrichtig dargestellt hat und dabei zumindest billigend in Kauf genommen hat, den Versicherer dadurch in seiner Entscheidung, den Versicherungsvertrag in dieser Form oder überhaupt abzuschließen, zu beeinflussen.[717]

(3) Auswirkungen der Anzeigepflichtverletzung für den Versicherten

Im Fall des Rücktritts besteht rückwirkend grundsätzlich kein Versicherungsschutz für die versicherten Probanden. Erfolgt der Rücktritt nach Eintritt eines Versicherungsfalles, bleibt der Versicherungsschutz jedoch gemäß Ziff. 4.1.2 Abs. 3 AVB-Prob bestehen, wenn der Versicherungsnehmer nachweisen kann, dass der nichtangezeigte Gefahrumstand weder für den Eintritt des Versicherungsfalles noch für die Feststellung oder den Umfang der Versicherungsleistung ursächlich geworden ist. Dieser Kausalitätsgegenbeweis ist gemäß Ziff. 4.1.2 Abs. 3 Unterabs. 2 AVB-Prob ausgeschlossen, wenn der Versicherungsnehmer die Anzeigepflichtverletzung arglistig begangen hat.

Neben der Möglichkeit des Kausalitätsbeweises bestimmt Ziff. 4.1.5 AVB-Prob abweichend von den gesetzlichen Vorschriften zugunsten der Probanden,

---

716 Zur Problematik dieses Hinweises siehe: *Schimikowski* in: Rüffer/Halbach/Schimikowski, VVG, § 19 Rn. 42 ff.

717 BGH, Beschluss v. 12.03.2008, Az.: IV ZR 330/06, VersR 2008, S. 809 (810).

dass der Versicherer im Fall der Leistungsfreiheit dennoch gegenüber den versicherten Personen zur Leistung verpflichtet bleibt. Fraglich ist, ob damit sämtliche Rechtsfolgen der vorvertraglichen Anzeigepflichtverletzung erfasst sind, also ob der Versicherer beispielsweise auch leistet, wenn er den Vertrag für die Zukunft gekündigt hat und der Schadensfall nach Ablauf der einmonatigen Frist entsteht. Dabei ist zu unterscheiden: Wird die klinische Prüfung an der betroffenen Person zu einem Zeitpunkt durchgeführt, in dem der Versicherer noch nicht den Rücktritt oder die Kündigung erklärt hat, und tritt ein gesundheitlicher Schaden danach ein, greift Ziff. 4.1.5 AVB-Prob ein und der Versicherer ist der geschädigten Person gegenüber weiterhin zur Leistung verpflichtet. Dies gilt aber nicht zwangsläufig auch für die Situation, dass die klinische Prüfung an der betroffenen Person erst durchgeführt wird, nachdem der Versicherer den Rücktritt erklärt hat oder die Kündigung wirksam geworden ist. Nach diesem Zeitpunkt besteht nämlich nicht nur keine Leistungsverpflichtung des Versicherers, sondern es ist schon kein Versicherungsvertrag mehr vorhanden, der sich auf die konkrete klinische Prüfung erstreckt.[718]

Streng dogmatisch gesehen, ergibt sich dasselbe Problem für die oben beschriebene Situation des nachträglichen Rücktritts. Da dieser das Versicherungsverhältnis von Anfang an beseitigt,[719] würde es sich auch hier um keine Leistungsfreiheit, sondern um ein nicht bestehendes Versicherungsverhältnis handeln.[720] Eine explizite Nachhaftungsregel für solche Fälle wie die des § 117 Abs. 2 VVG für die Pflichthaftpflichtversicherung existiert in den AVB-Prob nicht. Dennoch muss Ziff. 4.1.5 AVB-Prob so verstanden werde, dass im Fall des Rücktritts der Versicherer den Versicherten gegenüber zumindest insoweit zur Leistung verpflichtet ist, als die klinische Prüfung an diesen vor Erklärung des Rücktritts erfolgte. Das ergibt sich schon aus der systematischen Stellung der Regelung in Ziff. 4.1.5 AVB-Prob, die danach auf den Rücktritt in Ziff. 4.1.2 AVB-Prob, die Kündigung in Ziff. 4.1.3 AVB-Prob und die Anfechtung in Ziff. 4.1.4 AVB-Prob Anwendung findet. Hätte Ziff. 4.1.5 AVB-Prob auf rückwirkend entfallene Versicherungsverhältnisse keine Anwendung finden sollen, wäre die systematische Stellung in den AVB-Prob unverständlich. Darüber hinaus gebietet auch der Sinn und Zweck der Norm eine entsprechende Auslegung. Ziff. 4.1.5 AVB-Prob soll die versicherte Person auch dann schützen, wenn der Versicherungsnehmer eine vorvertragliche Anzeigepflichtverletzung begangen hat.

718 Vgl. *Schneider* in: MünchKomm VVG, § 117 Rn. 13.

719 *Langheid* in: Römer/Langheid, VVG, § 19 Rn. 81.

720 Vgl. *Schneider* in: MünchKomm VVG, § 117 Rn. 13.

Dieses Ziel würde aber verfehlt, wenn bei der rückwirkenden Auflösung des Versicherungsvertrages die Leistungspflicht gegenüber dem Versicherten entfiele. Aus denselben Erwägungen bleibt der Versicherer auch im Fall der Anfechtung den versicherten Personen gegenüber zur Leistung verpflichtet. Insbesondere die systematische Stellung der Ziff. 4.1.5 AVB-Prob lässt erkennen, dass die von der klinischen Prüfung betroffene Person trotz Anfechtung nicht rückwirkend ihres Versicherungsschutzes beraubt sein soll.

Anders stellt sich, wie angedeutet, die Situation dar, wenn die klinische Prüfung erst nach Rücktritts- oder Anfechtungserklärung oder im Fall der Kündigung nach Ablauf der Kündigungsfrist vorgenommen wird. Die Leistungspflicht des Versicherers gegenüber dem Versicherten trotz (ggf. rückwirkender) Beendigung des Versicherungsvertrages darf nicht als Freibrief des Sponsors verstanden werden, die klinische Studie weiterzuführen.[721] Es wäre auch dem Versicherer nicht zuzumuten, trotz Rücktritt, Kündigung oder Anfechtung weiterhin einstandspflichtig zu sein, falls die klinische Prüfung nach diesem Zeitpunkt an weiteren Personen durchgeführt wird. Vielmehr hat der Sponsor dafür Sorge zu tragen, dass die klinische Studie ausgesetzt wird, wenn sich der Versicherer wirksam vom Versicherungsvertrag löst. Auf der anderen Seite ist zu bedenken, dass der Sponsor, möglicherweise als großes pharmazeutisches Unternehmen, einige Zeit brauchen wird, um auf die jeweilige Erklärung des Versicherers reagieren zu können. Regelmäßig wird auch nicht der Sponsor selbst die klinische Prüfung durchführen, sondern ein beauftragter Prüfer oder ein beauftragtes Prüfinstitut. Liegt eine multizentrische Prüfung vor, muss der Sponsor bei einer Vielzahl von Prüfstellen die klinische Prüfung stoppen. In Anlehnung an § 117 Abs. 2 VVG und unter Heranziehung der Wertung der Ziff. 4.1.3 Unterabs. 1 AVB-Prob scheint es also zum Schutz der betroffenen Personen angebracht, auch im Rahmen Leistungspflicht gemäß Ziff. 4.1.5 AVB-Prob eine Nachhaftungsfrist von einem Monat anzunehmen.[722] Die Anzeige bei der zuständigen Stelle gemäß § 117 Abs. 2 S. 1 VVG ist hierbei durch den Zugang der Rücktritts- oder Anfechtungserklärung zu ersetzen. Im Fall der Kündigung bedarf es einer solchen Nachhaftung nicht, da bereits Ziff. 4.1.3 Unterabs. 1 AVB-Prob eine einmonatige Kündigungsfrist vorsieht.

721 *Wenckstern*, Die Haftung bei der Arzneimittelprüfung, S. 278; a. A. *Metzmacher*, Der Schadensausgleich des Probanden im Rahmen klinischer Arzneimittelprüfungen, S. 203, die davon ausgeht, dass Obliegenheitsverletzungen des Versicherungsnehmers sich nie auf das Verhältnis des Versicherers zum Versicherten auswirken können.

722 Vgl. *Voß*, Produktsicherheit bei Erforschung somatischer Gentherapie, S. 174.

(4) Regress des Versicherers

Ist der Versicherer dem Versicherungsnehmer gegenüber wegen Kündigung Rücktritt oder Anfechtung grundsätzlich leistungsfrei und leistet aber aufgrund von Ziff. 4.1.5 AVB-Prob an den Versicherten, gewährt ihm Satz 2 der Ziff. 4.1.5 AVB-Prob ein Rückgriffsrecht gegen den Versicherungsnehmer. Im Gegensatz zu der vergleichbaren Regelung in § 117 Abs. 5 VVG handelt es sich aber um keinen Forderungsübergang auf den Probandenversicherer. Zum einen dürfte dem Versicherten oft kein Anspruch gegen den Versicherungsnehmer zustehen, der auf den Versicherer übergehen könnte. Zum anderen ordnen aber auch § 40 Abs. 3 S. 3 AMG und § 20 Abs. 3 S. 3 MPG an, dass etwaige Schadensersatzansprüche erlöschen, wenn aus der Versicherung geleistet wird. Auch insoweit besteht kein übergangsfähiger Anspruch. Der Versicherer hat vielmehr einen unmittelbaren vertraglichen Anspruch gegen den Versicherungsnehmer aus Ziff. 4.1.5 AVB-Prob in der Höhe, in der der Versicherer an den Versicherten geleistet hat.

bb) Weitere Obliegenheiten vor Eintritt des Versicherungsfalles

(1) Pflicht zur ordnungsgemäßen Durchführung der klinischen Prüfung

Gemäß Ziff. 4.2.1 AVB-Prob ist der Versicherungsnehmer verpflichtet bei einer Arzneimittelstudie die Vorgaben der §§ 40–42a AMG einzuhalten.[723] Darüber hinaus sind die Arzneimittelprüfrichtlinien zu beachten, die aufgrund des § 26 AMG erlassen wurden. Ist ein Medizinprodukt Gegenstand der klinischen Prüfung, sind die §§ 12 Abs. 2 u. 3, 20–24 MPG einzuhalten.[724] Sollte der Sponsor als Versicherungsnehmer die klinische Studie nicht selber durchführen, sondern durch externe Prüfstellen ausführen lassen, muss er seinerseits gemäß Ziff. 4.2.2 AVB-Prob die Prüfer vertraglich zur Einhaltung der genannten Vorschriften verpflichten. Der Sponsor der Studie ist auch ohne diese Regelung verpflichtet, die einschlägigen Gesetze zu beachten. Durch diese AVB ist es aber dem Versicherer möglich, seinerseits auf Regelverstöße zu reagieren.

(2) Pflicht zur Unterrichtung der Versuchsteilnehmer über die Versicherung

Unabhängig von der Frage, inwieweit ein Versuchsteilnehmer bereits gemäß § 40 Abs. 1 S. 3 Nr. 3 AMG oder § 20 Abs. 1 S. 4 Nr. 2 MPG über die Probandenversicherung aufgeklärt werden muss, ist der Sponsor gemäß Ziff. 4.2.1 AVB-Prob verpflichtet, die versicherte Person oder deren gesetzlichen Vertreter über das Bestehen der Probandenversicherung zu unterrichten. Zu den Informationen

---

723 Siehe dazu C.III.1.

724 Siehe dazu C.III.2.

über das Bestehen der Versicherung dürften Name und Sitz des Versicherers, Versicherungssumme und eine Beschreibung des Versicherungsfalles gehören.[725] Nur so kann sich die versicherte Person ein Bild davon machen, was für eine Versicherung zu ihren Gunsten besteht.

Über den Wortlaut hinaus ist die versicherte Person auch über die Obliegenheiten nach Eintritt des Versicherungsfalles zu unterrichten, die auch von den versicherten Personen zu erfüllen sind.[726]

Daneben ergeben sich weitere Aufklärungspflichten aus AMG und MPG bezüglich der Probandenversicherung, die zwar nicht Teil der vertraglichen Aufklärungsobliegenheit sind, aber in diesem Zusammenhang erläutert werden sollen. Zum Teil wird vertreten, dass sich aus den gesetzlichen Vorschriften überhaupt keine Pflicht zur Aufklärung über die Probandenversicherung ergibt, da es nur darauf ankomme, dass der potentielle Versuchsteilnehmer die Gefahren und Risiken der klinischen Prüfung abschätzen könne. Der Versicherungsschutz hingegen sei rein vorteilhaft.[727] Dieser Standpunkt kann aber aus mehreren Gründen nicht überzeugen. Zum einen ist der künftige Proband gemäß § 40 Abs. 2 S. 1 AMG und § 20 Abs. 1 S. 4 Nr. 2 MPG über Wesen, Bedeutung, Risiken und Tragweite der klinischen Prüfung aufzuklären, so dass eine Verknappung auf Risiken und Gefahren bereits bedenklich erscheint.[728] Daneben würde es dem Schutzzweck der Probandenversicherung nicht gerecht, wenn der Proband über diese nicht aufgeklärt würde.[729] Ohne Wissen um diese Versicherung wird es dem Geschädigten schwer fallen, sie in Anspruch zu nehmen. Des Weiteren ist es möglich, dass sich ein Versuchsteilnehmer zwar der gesundheitlichen Risiken der klinischen Prüfung bewusst ist, aber in finanzieller Hinsicht von einer vollständigen Absicherung ausgeht. Insoweit ist es notwendig, dem Teilnehmer zu verdeutlichen, dass im Schadensfall eine finanzielle Entschädigung grundsätzlich nur im Rahmen der Probandenversicherung geleistet wird.

Im Umfang muss die Aufklärung so bemessen sein, dass der Betroffene einerseits in der Lage ist, den Umfang des Versicherungsschutzes richtig

---

725 Vgl. *Schwarz/Wachenhausen* in: Anhalt/Dieners, Medizinprodukterecht, § 6 Rn. 47.

726 Siehe dazu D.VIII.2.b).

727 *Achtmann*, Der Schutz des Probanden bei der klinischen Arzneimittelprüfung, S. 69 f.; *Holzhauer*, NJW 1992, S. 2325 (2327).

728 Vgl. zum Aufklärungsspektrum *Listl* in: Spickhoff, Medizinrecht, AMG § 40 Rn. 27 ff.

729 *Bork*, VersR 1983, S. 1094 (1095).

einzuschätzen, und andererseits, die Pflichten, die sich aus dem Versicherungsvertrag für ihn ergeben, einzuhalten.

Dazu gehört insbesondere der Hinweis, dass für eine Gesundheitsschädigung aus der Probandenversicherung kein Schmerzensgeld gezahlt wird.[730] Auf den Ausschluss genetischer Schäden muss nicht hingewiesen werden, da dieser bereits bei einer phänotypischen Manifestation nicht mehr greift. Es liegt keine wesentliche Einschränkung des Versicherungsschutzes vor, die eine Aufklärung erfordern würde.

Geht man wie hier davon aus, dass die F1-Generation insgesamt mit in den Versicherungsschutz einbezogen ist und die Ausschlussfrist der Ziff. 1.5.2 AVB-Prob unwirksam ist, wäre eine besondere Aufklärung hierüber nicht erforderlich.[731] Aufgrund fehlender Rechtsprechung zu dieser Problematik ist es aber keinesfalls sicher, dass Ansprüche der F1-Generation gegen die Versicherung tatsächlich durchsetzbar sind. Hinsichtlich klinischer Prüfungen, bei denen eine Erbgutveränderung zumindest nicht ausgeschlossen werden kann, müssen die Probanden also darauf hingewiesen werden, dass laut den Versicherungsbedingungen Abkömmlinge nur dann in die Versicherung mit einbezogen sind, wenn sie zum Zeitpunkt der Prüfung bereits gezeugt sind, und darauf, dass Versicherungsschutz nur für solche Erkrankungen besteht, die innerhalb von 5 Jahren nach Abschluss der Prüfung auftreten.

Hinsichtlich der Unsicherheit bezüglich der Wirksamkeit der Ausschlussfrist müssen die Probanden auch unabhängig von der Gefahr genetischer Veränderungen auf diese Frist hingewiesen werde, wenn die Gefahr eines Spätschadens möglich erscheint.[732]

Neben dem Hinweis auf die Obliegenheiten, die die versicherte Person treffen, muss sie insbesondere darauf hingewiesen werden, dass ein vorsätzliches Zuwiderhandeln gegen die ausdrücklichen Anweisungen der mit der Durchführung der klinischen Prüfung beauftragten Personen zum Verlust des Versicherungsschutzes führen kann.[733]

Fraglich ist, in welcher Form der Versuchsteilnehmer über die Probandenversicherung aufgeklärt werden soll. Der Arbeitskreis der medizinischen Ethikkommissionen hat einen Mustertext für die Probandenaufklärung

730 *Ehling*, Die Versicherung und Rückversicherung von Pharmarisiken in nationaler und internationaler Beziehung, S. 204.

731 Siehe dazu D.V.3 sowie D.VI.6.

732 *Ehling*, Die Versicherung und Rückversicherung von Pharmarisiken in nationaler und internationaler Beziehung, S. 205.

733 *Heil/Lützeler* in: Dieners/Reese, Handbuch des Pharmarechts, § 4 Rn. 91.

entworfen.[734] Hierin wird allerdings der Umfang der Versicherungsleistung nicht dargestellt, so dass der Mustertext die Anforderungen an die Aufklärung über die Probandenversicherung nicht erfüllt.[735] Am sinnvollsten dürfte die Aushändigung der jeweiligen Versicherungsbedingungen zusammen mit einem Merkblatt sein, auf dem zu den oben erwähnten Punkten kurz Stellung genommen wird.[736]

Ist der Sponsor selbst nicht der Durchführende der Studie, muss er gemäß Ziff. 4.2.2 AVB-Prob den durchführenden Prüfer vertraglich zur Einhaltung der Aufklärungspflicht über die Versicherung anhalten.

(3) Notfallbehandlungen

Im Grundsatz soll sich der Versichsteilnehmer gemäß Ziff. 4.2.1 Abs. 3 lit a) AVB-Prob während der Dauer der klinischen Prüfung nicht anderen medizinischen Behandlungen unterziehen, es sei denn die Behandlung wurde vorher mit dem Prüfer abgesprochen. Dadurch soll die Gefahr einer Gesundheitsschädigung durch das Zusammenwirken verschiedener medizinischer Behandlungen verringert werden.[737] In Notfallsituationen gilt dies nicht. Es wäre dem Probanden je nach Dringlichkeit auch nicht zumutbar, zunächst Kontakt zum klinischen Prüfer aufzunehmen.[738] Liegt eine Notfallbehandlung vor, ist gemäß Ziff. 4.2.1 Abs. 3 lit. b) AVB-Prob unverzüglich der klinische Prüfer hierüber zu unterrichten.

Diese Regelungen zur Notfallbehandlung sind aber nicht als eigene Obliegenheit des Versicherten, sondern als Hinweisobliegenheit des Versicherungsnehmers ausgestaltet. Das heißt, die AVB-Prob verpflichten lediglich den Versicherungsnehmer darauf hinzuweisen, dass der Versicherte sich nicht eigenmächtig einer medizinischen Behandlung unterziehen soll. Hält sich der Versicherte hieran nicht, begeht er dadurch keine Obliegenheitsverletzung und muss keine Einschränkung seines Versicherungsschutzes fürchten.[739]

Bezüglich der Hinweispflicht des Versicherungsnehmers gilt hier ebenfalls Ziff. 4.2.2 AVB-Prob, so dass der Sponsor den klinischen Prüfer vertraglich zur

---

734 Abrufbar unter: http://www.ak-med-ethik-komm.de/documents/AMG-Proband Sommertagung08endg.doc (Stand: 27.03.2015).

735 *Achtmann*, Der Schutz des Probanden bei der klinischen Arzneimittelprüfung, S. 70.

736 *Bork*, VersR 1983, S. 1094 (1097).

737 *Wenckstern*, Die Haftung bei der Arzneimittelprüfung, S. 281.

738 *Voß*, Produktsicherheit bei Erforschung somatischer Gentherapie, S. 174 f.

739 *Schneider*, Neue Behandlungsmethoden im Arzthaftungsrecht, S. 274.

Einhaltung der Hinweispflicht verpflichten muss, wenn er die Prüfung nicht selbst ausführt.

(4) Rechtsfolgen

Wenn der Versicherungsnehmer eine der genannten Pflichten verletzt, ist der Versicherer gemäß Ziff. 4.4.1 Abs. 1 S. 1 AVB-Prob berechtigt, innerhalb eines Monats nach Kenntniserlangung fristlos zu kündigen. Dies gilt allerdings nur, wenn der Versicherungsnehmer die Obliegenheit vorsätzlich oder zumindest grob fahrlässig verletzt. Bei einfacher Fahrlässigkeit steht dem Versicherer kein Kündigungsrecht zu. Die Beweislast dafür, dass die Verletzung nicht grob fahrlässig begangen wurde, liegt gemäß Ziff. 4.4.2 Abs. 1 S. 2 AVB-Prob beim Versicherungsnehmer. Diese Beweislastverteilung stimmt mit der Wertung des § 28 Abs. 1 VVG überein und ist daher nicht zu beanstanden.[740]

Tritt nach einer entsprechenden Obliegenheitsverletzung der Versicherungsfall ein, wird der Versicherer dem Versicherungsnehmer gegenüber gemäß Ziff. 4.4.2 Abs. 2 Unterabs. 1 AVB-Prob leistungsfrei, wenn die Verletzung vorsätzlich geschah. Die Beweislast hinsichtlich des Vorsatzes liegt beim Versicherer. Dem Versicherten gegenüber bleibt die Leistungspflicht aber bestehen. Der Versicherer ist in diesem Fall berechtigt, beim Versicherungsnehmer Rückgriff zu nehmen. Im Fall der grob fahrlässigen Verletzung, die gemäß Ziff. 4.4.2 Abs. 2 Unterabs. 4 AVB-Prob vermutet wird, kann der Versicherer gemäß Ziff. 4.4.2 Abs. 2 Unterabs. 2 AVB-Prob nur in Höhe einer Quote, die der Schwere des Verschuldens des Versicherungsnehmers entspricht, Regress nehmen.[741]

Der Versicherungsnehmer kann den Rückgriff des Versicherers verhindern, indem er nachweist, dass die Obliegenheitsverletzung weder für den Eintritt des Versicherungsfalles noch für die Feststellung des Umfangs der Leistungspflicht ursächlich war. Diese Möglichkeit des Kausalitätsgegenbeweises entspricht dem § 28 Abs. 3 VVG. Der Gegenbeweis ist jedoch ausgeschlossen, wenn die Obliegenheitsverletzung arglistig begangen wurde.

Diese Rechtsfolgen sollen gemäß Ziff. 4.4.1 Abs. 1 Unterabs. 1 und 4.4.1 Abs. 2 Unterabs. 1 AVB-Prob auch gelten, wenn nicht der Versicherungsnehmer, sondern dessen mit der Leitung der klinischen Prüfung verantwortlich Beauftragte eine Obliegenheit verletzt. Fraglich ist, wie weit diese

740 Vgl. *Felsch* in: Rüffer/Halbach/Schimikowski, VVG, § 28 Rn. 138.

741 Zur Berechnung der Quote siehe BGH, Urt. v. 22.6.2011, Az.: IV ZR 225/10, NJW 2011, S. 3299 (3301 ff.); *Wandt* in: MünchKomm VVG, § 28 Rn. 240 ff. m. w. N.

Zurechnungsnorm zu verstehen ist. In den AVB-Prob a.F. wurde die Zurechnung gemäß § 16 Abs. 1 ausdrücklich auf betriebsangehörige Beauftragte beschränkt. Dass diese explizite Einschränkung nun fehlt, heißt aber nicht, dass bei der externen Durchführung der klinischen Studie das Verhalten der dort tätigen klinischen Prüfer dem Versicherungsnehmer zugerechnet würde. In diesem Fall gilt vielmehr Ziff. 4.2.2 AVB-Prob, wonach sich die Obliegenheiten des Versicherungsnehmers dahingehend wandeln, dass er dafür Sorge zu tragen hat, dass die entsprechenden Pflichten durch den ausführenden Prüfer beachtet werden. Auch der Wortlaut von Ziff. 4.4.1 Abs. 1 Unterabs. 1 AVB-Prob („der Versicherungsnehmer oder *dessen* mit der Leitung der klinischen Prüfung verantwortlich Beauftragte") spricht dafür, dass hier lediglich bei durch den Sponsor selbst durchgeführten Prüfung die Zurechnung greifen soll.

cc) Obliegenheiten nach Eintritt des Versicherungsfalles

(1) Anzeigepflicht

Tritt bei einer versicherten Person eine Gesundheitsschädigung ein, so ist diese dem Versicherer gemäß Ziff. 4.3.1 AVB-Prob unverzüglich anzuzeigen. Dabei kommt es nicht darauf an, dass die Gesundheitsschädigung tatsächlich durch die klinische Prüfung verursacht wurde, sondern es reicht aus, dass ein Ursachenzusammenhang möglich erscheint. Der Versicherer behält es sich damit vor, den Kausalzusammenhang selbst zu überprüfen.

Gemäß Ziff. 4.3.3 AVB-Prob ist auch der Tod einer versicherten Person unverzüglich anzuzeigen. Dies gilt auch dann, wenn zuvor bereits eine Gesundheitsschädigung der betroffenen Person angezeigt wurde.

Um einen eingetretenen Schaden möglichst effizient bearbeiten und regulieren zu können, ist der Versicherungsnehmer nach Ziff. 4.3.2 AVB-Prob verpflichtet, ausführliche und wahrheitsgemäße Schadensberichte zu erstellen. Darüber hinaus sind dem Versicherer sämtliche angeforderte Schriftstücke zu übersenden sowie alle Umstände mitzuteilen, die nach Ansicht des Versicherers für die Bearbeitung des Schadens erforderlich sind. Weisungen des Versicherers hinsichtlich der Schadensermittlung hat der Versicherungsnehmer zu befolgen, soweit sie zumutbar sind.

(2) Abwendungs- und Minderungspflicht

In Übereinstimmung mit § 82 VVG hat der Versicherungsnehmer im Rahmen seiner Möglichkeiten bei Eintritt des Versicherungsfalles den Schaden gemäß Ziff. 4.3.2 AVB-Prob abzuwenden oder zu mindern. Da der Versicherungsfall im Eintritt einer Gesundheitsbeschädigung besteht, wird eine gänzliche Abwendung des Schadens regelmäßig nicht in Betracht kommen. Eine Vorerstreckung dieser Obliegenheit in dem Sinne, dass der Versicherungsnehmer sich bereits kurz vor Eintritt des Versicherungsfalles um die Abwendung des Schadens bemühen muss, ist nicht zulässig.[742] Hier muss gegebenenfalls geprüft werden, ob eine Herbeiführung des Versicherungsfalles im Sinne des § 81 VVG durch Unterlassen in Betracht kommt.[743]

Durch die Abwendungs- und Minderungspflicht soll der Versicherungsnehmer davon abgehalten werden, die Schadensentwicklung sich selbst zu überlassen.[744] Daneben ist er aber auch dem Probanden gegenüber aus dem Probandenverhältnis verpflichtet, einer gesundheitlichen Beeinträchtigung des Versuchsteilnehmers entgegenzutreten.

Der Versicherungsnehmer ist dabei verpflichtet, Weisungen des Versicherers zu befolgen, soweit diese zumutbar sind.

Wie oben erwähnt ergibt sich diese Abwendungs- und Minderungspflicht auch aus § 82 VVG. Die Anwendbarkeit dieser Norm auf die Probandenversicherung wird auch nicht durch § 184 VVG ausgeschlossen, da es sich um keine Unfallversicherung im Sinne der §§ 178 ff. VVG handelt.[745] Zudem würde § 184 VVG auch nicht der vertraglichen Vereinbarung einer Schadensminderungsobliegenheit in den AVB entgegenstehen.[746]

(3) Obduktion

Stirbt die versicherte Person infolge der klinischen Prüfung, ist dem Versicherer gemäß Ziff. 4.3.3 S. 2 AVB-Prob das Recht zu verschaffen, eine Obduktion durchzuführen bzw. durchführen zu lassen. Diese Obliegenheit entspricht Ziff. 7.5 S. 2 AUB 2008. Es ist möglich, dass die versicherte Person vor ihrem Tod eine schriftliche Einwilligung zur Obduktion abgeben hat (vgl. § 10 Abs. 1 S. 1 BestG NRW[747], ähnliche Vorschriften finden sich in den Bestattungsgesetzen der anderen Länder). Liegt keine Einwilligung des Verstorbenen vor, ist eine Obduktion nur möglich, wenn der nächste Angehörige ihr zustimmt, soweit

742 *Langheid* in Römer/Langheid, VVG, § 82 Rn. 6.

743 *Looschelders* in: MünchKomm VVG, § 81 Rn. 14.

744 BGH, Urt. v. 12.7.1972, Az.: IV ZR 23/71, NJW 1972, S. 1809.

745 Siehe dazu D.III.2.a).

746 *Rixecker* in: Römer/Langheid, VVG, § 184 Rn. 1.

747 Gesetz über Friedhofs- und Bestattungswesen v. 17.6.2003, GV. NRW S. 313.

kein schriftlicher Widerspruch des Verstorbenen vorliegt (in NRW gemäß § 10 Abs. 2 BestG NRW i.V.m. § 4 Abs. 1 TPG[748]).[749]

Da es sich um eine Obliegenheit handelt, die ausweislich Ziff. 4.3 AVB-Prob nach Eintritt des Versicherungsfalles zu erfüllen ist, kann der Sponsor als Versicherungsnehmer auf Verlangen des Versicherers lediglich die nächsten Angehörigen um eine Zustimmung zur Obduktion bitten. Insbesondere ist der Sponsor nicht verpflichtet, bereits bei Beginn der klinischen Studie eine schriftliche Einwilligung zur Obduktion von der versicherten Person einzuholen.

(4) Rechtsfolgen

Liegt eine Obliegenheitsverletzung vor, richten sich die Rechtsfolgen nach Ziff. 4.4.1 Abs. 2. Insofern sei auf die Ausführungen zu den Rechtsfolgen einer Obliegenheitsverletzung vor Eintritt des Versicherungsfalles verwiesen.[750] Allerdings steht dem Versicherer kein Kündigungsrecht zu. Dieses ergibt sich aus Ziff. 4.4.1 Abs. 1 AVB-Prob und gilt nur im Fall einer Obliegenheitsverletzung vor Eintritt des Versicherungsfalles.

b) Obliegenheiten des Versicherten

aa) Pflichten

Die versicherte Person treffen lediglich Obliegenheiten nach Eintritt des Versicherungsfalles. Dies sind die gleichen, die auch der Versicherungsnehmer einhalten muss. Der versicherte Versuchsteilnehmer muss also eine Gesundheitsschädigung, die im Zusammenhang mit der klinischen Prüfung stehen könnte, gemäß Ziff. 4.3.1 AVB-Prob unverzüglich dem Versicherer anzeigen, wahrheitsgemäß Auskunft geben und nach Möglichkeit einen Schaden gemäß Ziff. 4.3.2 AVB-Prob abwenden oder mindern. Bezüglich der Anzeige- und Auskunftsobliegenheit ist es nicht erforderlich, dass Versicherungsnehmer und versicherte Person sich beide mit dem Versicherer in Verbindung setzen. Abgesehen von weiteren Nachfragen des Versicherers reicht es zunächst aus, wenn eine Schadensanzeige durch einen der Verpflichteten abgegeben wird. Das ergibt sich aus dem Wortlaut der Ziff. 4.3.1

---

748 Gesetz über die Spende, Entnahme und Übertragung von Organen und Geweben (Transplantationsgesetz – TPG) in der Fassung der Bekanntmachung v. 4.9.2007, BGBl. I S. 2260.

749 Vgl. auch *Rittner/Taupitz/Walter-Sack/Wessler*, VersR 2008, S. 158 (159).

750 Siehe D.VIII.2.a)bb)(4), S. 225 f.

AVB-Prob, wonach ohne weitere Differenzierung dem Versicherer eine Gesundheitsschädigung unverzüglich anzuzeigen ist.

Da die Pflicht, im Fall des Todes der versicherten Person dem Versicherer die Möglichkeit zur Obduktion zu verschaffen, erst nach Eintritt des Versicherungsfalles entsteht, kann diese die versicherte Person selbst nicht mehr treffen. Gemäß Ziff. 8.2 AVB-Prob findet die Vorschrift aber auch auf den Rechtsnachfolger der versicherten Person Anwendung. Auch hier müssen jedoch die gesetzlichen Vorgaben zur Obduktion beachtet werden, so dass es dem Rechtsnachfolger nicht zwangsläufig möglich ist, dem Versicherer das Recht zur Obduktion zu verschaffen.[751] In Anlehnung an die vergleichbare Regelung in der Unfallversicherung (Ziff. 7.5 AUB 2008) kann diese Obliegenheit nur gegenüber einem nach den Landesvorschriften zur Totensorge Berechtigtem wirken, der eigene Ansprüche gegen die Probandenversicherung geltend macht.[752]

Sollte die klinische Prüfung an nichteinwilligungsfähigen Erwachsenen oder Kindern[753] durchgeführt werden, gelten die Obliegenheiten gemäß Ziff. 4.3.4 AVB-Prob auch für die gesetzlichen Vertreter oder Bevollmächtigten.

bb) Rechtsfolgen

Gemäß Ziff. 4.4.2 Unterabs. 1 AVB-Prob ist der Versicherer nicht zur Leistung verpflichtet, wenn der der Versicherte eine Obliegenheit vorsätzlich verletzt hat. Im Fall der grob fahrlässigen Verletzung kann der Versicherer die Leistung in Höhe einer Quote, die der Schwere des Verschuldens entspricht, kürzen. Die Beweislast für Vorsatz trägt der Versicherer, während es dem Versicherten obliegt nachzuweisen, dass Verletzung nicht grob fahrlässig geschah.

Die schuldhafte Verletzung einer Obliegenheit setzt voraus, dass der Versicherte seine Obliegenheiten kannte oder kennen musste.[754] Dies ist jedenfalls nicht der Fall, wenn der Versicherte lediglich darüber aufgeklärt wurde, dass eine Probandenversicherung besteht. Es ist dem Versicherten nicht zumutbar und wohl auch nicht möglich, sich die jeweils vereinbarten Versicherungsbedingungen zu beschaffen. Will sich der Versicherer also auf eine Obliegenheitsverletzung des Versicherten berufen, muss der Versicherte zuvor über die ihn treffenden Obliegenheiten aufgeklärt worden sein. Eine mündliche Aufklärung über die Obliegenheiten kann nicht ausreichen. Dies ergibt sich schon aus dem

---

751 *Rittner/Taupitz/Walter-Sack/Wessler*, VersR 2008, S. 158 (159); *Schneider*, Neue Behandlungsmethoden im Arzthaftungsrecht, S. 273.

752 *Marlow* in: Veith/Gräfe, Der Versicherungsprozess, § 8 Rn. 331.

753 Siehe dazu C.III.1.b)cc).

754 Vgl. *Rittner/Kratz/Walter-Sack*, VersR 2000, S. 688 (690).

Grundgedanken der schriftlichen Aufklärung in § 7 Abs. 1 VVG. Darüber hinaus ist es dem Versicherten auch nicht zumutbar, sich mündliche Mitteilungen über lange Zeiträume zu merken und danach zu handeln. Auch in Anbetracht der Tragweite einer Obliegenheitsverletzung bis hin zum vollständigen Verlust des Versicherungsschutzes ist es notwendig, dass der Versicherte schriftlich auf seine Pflichten hingewiesen wird.

Den Nachweis, dass er keine Kenntnis der Obliegenheiten hatte und somit schuldlos gehandelt hat, muss der Versicherte führen.

Will der Versicherer sich auf die (teilweise) Leistungsfreiheit wegen einer Auskunfts- oder Aufklärungsobliegenheitsverletzung berufen, regelt Ziff. 4.4.2 Unterabs. 3 AVB-Prob ausdrücklich, dass er zuvor die versicherte Person durch eine gesonderte Mitteilung in Textform auf die Rechtsfolgen der Obliegenheitsverletzung hingewiesen haben muss. Diese Regelung entspricht dem § 28 Abs. 4 VVG.

Dem Versicherten steht ebenfalls der Kausalitätsgegenbewies offen. Gemäß Ziff. 4.4.2 Unterabs. 5 AVB-Prob bleibt die Leistungspflicht des Versicherers bestehen, wenn der Versicherte nachweist, dass seine Pflichtverletzung weder Auswirkungen auf die Feststellung des Versicherungsfalles noch Auswirkungen auf die Feststellung oder den Umfang der Versicherungsleistung hatte.

IX. Gefahrerhöhung

Das vorgeschriebene Verhalten des Versicherungsnehmers im Fall einer Gefahrerhöhung stellt dogmatisch eine Obliegenheit dar.[755] Das VVG enthält hierzu Vorschriften in den §§ 23 ff. VVG. Diese sind gemäß § 32 VVG halbzwingend, so dass der Versicherer von ihnen nicht zum Nachteil des Versicherungsnehmers abweichen kann. Im Kern wurden die gesetzlichen Regelungen in Ziff. 5 AVB-Prob übernommen.

1. Begriff der Gefahrerhöhung

Im Gesetz wird die Gefahrerhöhung nicht definiert. Nach allgemeiner Meinung ist eine Gefahrerhöhung die nachträgliche Veränderung der Gefahrumstände, die bei Abschluss des Versicherungsvertrages tatsächlich vorhanden waren.[756] Die Veränderung muss dazu führen, dass der Eintritt des Versicherungsfalles, eine Vergrößerung des zu erwartenden Schadens oder eine ungerechtfertigte

755 *Wandt*, Versicherungsrecht, Rn. 822.

756 *Wrabetz/Reusch* in MünchKomm VVG, § 23 Rn. 21.

Inanspruchnahme des Versicherers wahrscheinlicher wird.[757] Die Erhöhung der Gefahr muss dabei so wesentlich sein, dass der Versicherer bei Kenntnis dieser Umstände den Vertrag nicht oder nur zu anderen Bedingungen abgeschlossen hätte.[758] Es handelt sich bei den §§ 23 ff. VVG damit letztlich um eine spezielle Ausprägung der Störung der Geschäftsgrundlage gemäß § 313 BGB.[759]

Diesen recht unbestimmten Begriff der Gefahrerhöhung haben die AVB-Prob in Ziff. 5.1 S. 2 konkretisiert. Demnach liegt eine Gefahrerhöhung vor, wenn die klinische Prüfung nachträglich geändert wird und diese Änderung geeignet ist, sich auf die Sicherheit der versicherten Personen auszuwirken.

Für Arzneimittelstudien nimmt Ziff. 5.1 AVB-Prob/AMG Bezug auf § 10 Abs. 1 Nr. 1 GCP-V und macht das Vorliegen einer Gefahrerhöhung im Sinne der Vorschrift davon abhängig, ob die Änderung der klinischen Prüfung durch Ethikkommission zustimmend bewertet, und durch die Bundesoberbehörde genehmigt wurde. Das heißt, dass eine nicht genehmigte Änderung keine Gefahrerhöhung darstellt. In diesem Fall liegt aber ein Verstoß gegen §§ 10 Abs. 1 GCP-V, 42 Abs. 3 AMG und damit eine Obliegenheitsverletzung nach Ziff. 4.2.1 Abs. 1 AVB-Prob/AMG vor.

Auf die vergleichbare Vorschrift in § 8 Abs. 3 MPKPV wird in Ziff. 5.1 AVB-Prob/MPG nicht abgestellt und die zustimmende Bewertung bzw. Genehmigung der Änderung wird nicht zur Voraussetzung einer Gefahrerhöhung im Sinne der Vorschrift gemacht. Das bedeutet, dass bei der klinischen Prüfung eines Medizinprodukts auch eine nachträgliche, nicht genehmigte Änderung der Prüfung eine Gefahrerhöhung im Sinne der AVB-Prob/MPG darstellt.

2. Pflichten des Versicherungsnehmers

Gemäß Ziff. 5.2.1 AVB-Prob darf der Versicherungsnehmer nach Abschluss des Versicherungsvertrages beziehungsweise nach Abgabe seiner diesbezüglichen Willenserklärung keine Gefahrerhöhung vornehmen oder gestatten. So soll sichergestellt werden, dass der Versicherer das tatsächliche Risikopotenzial der klinischen Prüfung bei Abschluss des Vertrages zutreffend bewerten kann und insbesondere die Versicherungsprämie dem Risiko angemessen kalkulieren kann.[760]

---

757 *Prölss* in: Prölss/Martin, VVG, § 23 Rn. 7.

758 *Wrabetz/Reusch* in MünchKomm VVG, § 23 Rn. 26.

759 *Karczewski* in: Rüffer/Halbach/Schimikowski, VVG, § 23 Rn. 1.

760 *Prölss* in: Prölss/Martin, VVG, § 23 Rn. 3.

Eine Gefahr kann sich aber auch ohne den Willen des Versicherungsnehmers nachträglich erhöhen. Stellt der Versicherungsnehmer nachträglich fest, dass er ohne Zustimmung des Versicherers eine Gefahrerhöhung vorgenommen oder gestattet hat, ist er gemäß Ziff. 5.2.2 AVB-Prob verpflichtet, diesen Umstand dem Versicherer unverzüglich anzuzeigen.

Ebenso hat der Versicherungsnehmer gemäß Ziff. 5.2.3 AVB-Prob auch Gefahrerhöhungen unverzüglich anzuzeigen, die ohne sein Zutun eingetreten sind, sobald er von der Gefahrerhöhung Kenntnis erlangt. Dabei ist es nicht erheblich, ob und ab wann der Versicherungsnehmer von der Gefahrerhöhung hätte Kenntnis haben müssen. Die Anzeigepflicht trifft ihn erst, wenn er positive Kenntnis von den Umständen hat, die die Gefahrerhöhung begründen.[761]

Die beiden letztgenenannten Anzeigepflichtverletzungen im Fall einer unbewussten Gefahrerhöhung dürften gerade bei Arzneimittelstudien keine Rolle spielen. Hier liegt eine Gefahrerhöhung im Sinne der AVB-Prob erst dann vor, wenn die Änderung der klinischen Prüfung von Ethikkommission und Bundesoberbehörde gebilligt wurde. Eine unbewusste Gefahrerhöhung scheidet damit denklogisch aus. Auch im Fall einer Medizinproduktestudie dürfte eine unbewusste Gefahrerhöhung eine Seltenheit darstellen. Die Gefahrerhöhung im Sinne der AVB-Prob besteht hier ebenfalls in der Änderung der Studie. Dass eine Änderung ohne das Wissen des Versicherungsnehmers, also des Sponsors, erfolgt, ist theoretisch zwar denkbar, wenn zum Beispiel der klinische Prüfer eigenmächtig das Studiendesign verändert, dürfte in der Praxis aber keine große Relevanz besitzen.

3. Rechtsfolgen

a) Kündigung des Vertrages

Nimmt der Versicherungsnehmer eine Gefahrerhöhung bewusst vor, kann der Versicherer gemäß Ziff. 5.3.1 Unterabs. 1 AVB-Prob den Versicherungsvertrag fristlos kündigen. Die gilt nicht, wenn der Versicherungsnehmer die Pflichtverletzung nicht grob fahrlässig oder vorsätzlich begangen hat. Das Vorliegen zumindest grober Fahrlässigkeit wird vermutet. Da aber lediglich bewusstes Handeln eine Pflichtverletzung im Sinne der Vorschrift darstellt, stellt sich die Frage, ob ein nicht schuldhaftes oder nur leicht fahrlässiges Verhalten überhaupt möglich ist. Es ist jedoch denkbar, dass der Versicherungsnehmer den

761 *Langheid* in: Römer/Langheid, VVG, § 23 Rn. 39.

gefahrerhöhenden Charakter einer Handlung, die er bewusst vornimmt, nicht erkennt. Hier wäre es dem Versicherungsnehmer möglich nachzuweisen, dass ihm der gefahrerhöhende Charakter nicht schuldhaft oder nur leicht fahrlässig verborgen geblieben ist.[762] Im Fall der leichten Fahrlässigkeit kann der Versicherer den Versicherungsvertrag gleichwohl kündigen. Allerdings ist in diesem Fall eine Kündigungsfrist von einem Monat einzuhalten. Trifft den Versicherungsnehmer kein Schuldvorwurf ist eine Kündigung ausgeschlossen.

Gemäß Ziff. 5.3.1 Unterabs. 2 AVB-Prob ist der Versicherer ebenfalls zur Kündigung berechtigt, wenn ihm eine Gefahrerhöhung nach Ziff. 5.2.2 oder 5.2.3 AVB-Prob bekannt wird. Dem Wortlaut nach kommt es nicht darauf an, dass der Versicherungsnehmer auch eine Pflichtverletzung im Sinne der Ziff. 5.2.2 und 5.2.3 AVB-Prob begangen hat. Dann wäre Ziff. 5.3.1 Unterabs. 2 AVB-Prob keine Sanktion einer Pflichtverletzung, sondern eine grundsätzliche Reaktionsmöglichkeit des Versicherers auf Gefahrerhöhungen. Dies erscheint fragwürdig, insbesondere da so der Versicherungsnehmer, der (schuldlos) eine Gefahrerhöhung selbst herbeigeführt hat, besser gestellt würde, als derjenige, der eine nicht selbst vorgenommene Gefahrerhöhung ordnungsgemäß anzeigt. Dasselbe Problem stellt sich in der parallelen gesetzlichen Regelung gemäß § 24 Abs. 2 VVG. Würde tatsächlich allein der Eintritt der Gefahrerhöhung zur Kündigungsmöglichkeit führen, bestünde für den Versicherungsnehmer kein Anreiz, die Mitteilungspflichten der Ziff. 5.2.2 und 5.2.3 AVB-Prob einzuhalten. Daher und im Hinblick auf die Wertungswidersprüchlichkeit, hat das Kündigungsrecht des Versicherers zur Voraussetzung, dass der Versicherungsnehmer schuldhaft seine Mitteilungspflicht verletzt hat.[763] Im Übrigen muss sich der der Versicherer auf die Vertragsanpassung gemäß Ziff. 5.3.2 AVB-Prob beschränken.

In allen Fällen ist das Recht zur Kündigung gemäß Ziff. 5.3.3 AVB-Prob ausgeschlossen, wenn der Versicherer dieses Recht nicht innerhalb eines Monats nach Kenntniserlangung ausgeübt hat. Dabei kommt es nicht darauf an, dass die Kenntnis auf eine Mitteilung des Versicherungsnehmers zurückgeht. Die Frist läuft auch schon dann, wenn der Versicherer aus anderen Quellen Kenntnis von der Gefahrerhöhung erlangt.[764]

---

762 *Wandt*, Versicherungsrecht, Rn. 846.

763 *Karczewski* in: Rüffer/Halbach/Schimikowski, VVG, § 24 Rn. 4; *Wrabetz/Reusch* in: MünchKomm VVG, § 24 Rn. 11; *Wandt*, Versicherungsrecht, Rn. 844; a. A. *Prölss* in: Prölss/Martin, VVG, § 24 Rn. 7.

764 *Wrabetz/Reusch* in: MünchKomm VVG, § 24 Rn. 15.

b) *Vertragsanpassung*

Unabhängig von einer Pflichtverletzung des Versicherungsnehmers kann der Versicherer gemäß Ziff. 5.3.2 AVB-Prob im Fall einer Gefahrerhöhung den Versicherungsbeitrag anpassen oder die Absicherung der höheren Gefahr ausschließen. Letzteres dürfte oft nicht praktikabel sein. Wird das Studiendesign gefahrerhöhend geändert, indem beispielsweise den Probanden eine höhere Dosis eines zu testenden Arzneimittels verabreicht wird, lässt sich bei einer gesundheitsschädigenden Auswirkung im Einzelfall kaum ermitteln, ob die höhere Dosis ausschlaggebend war. Darüber hinaus wird ein Ausschluss regelmäßig nicht zulässig sein. Die Probandenversicherung ist dazu bestimmt sämtliche spezifische Risiken der klinischen Prüfung abzusichern. Der Sponsor ist gemäß § 40 Abs. 1 S. 3 Nr. 8, Abs. 3 AMG und § 20 Abs. 1 S. 4 Nr. 9, Abs. 3 MPG verpflichtet eine entsprechende Versicherung abzuschließen. Klammert der Versicherer nun aber risikoerhöhende spezifische Gefahren der Prüfung aus dem Versicherungsschutz aus, liegt eine Vertragszweckgefährdung vor, die, soweit es sich um AVB handelt gegen § 307 Abs. 2 Nr. 2 BGB verstößt. Im Übrigen liegt in einem solchen Ausschluss auch ein Verstoß gegen das Gebot von Treu und Glauben gemäß § 242 BGB.

Wird der Versicherungsbeitrag um mehr als 10 % angehoben oder schließt der Versicherer die Absicherung der höheren Gefahr aus, kann der Versicherungsnehmer gemäß Ziff. 5.3.2 Unterabs. 2 AVB-Prob innerhalb eines Monats, nachdem ihm die Vertragsanpassung mitgeteilt wurde, den Versicherungsvertrag fristlos kündigen. Er hat im Hinblick auf die Versicherungspflicht in AMG und MPG aber zu beachten, dass er in diesem Fall entweder die klinische Studie aussetzt oder eine neue Versicherung abschließt, die den Versicherungsschutz lückenlos übernimmt.

Ebenso wie die Kündigung ist auch die Vertragsanpassung gemäß Ziff. 5.3.3 AVB-Prob ausgeschlossen, wenn der Versicherer nicht innerhalb eines Monats nach Kenntniserlangung auf die Gefahrerhöhung reagiert.

c) *Erlöschen des Versicherungsschutzes*

Hat der Versicherungsnehmer die Gefahrerhöhung im Sinne von Ziff. 5.2.1 AVB-Prob bewusst selbst hervorgerufen und tritt danach der Versicherungsfall ein, ist der Versicherer gemäß Ziff. 5.4.1 AVB-Prob nicht zur Leistung verpflichtet, soweit der Versicherungsnehmer vorsätzlich gehandelt hat. Im Fall der groben Fahrlässigkeit kann der Versicherer seine Leistung kürzen. Während der Versicherer die Beweislast für das Vorliegen des Vorsatzes trägt, hat der Versicherungsnehmer zu beweisen, dass er nicht grob fahrlässig gehandelt hat.

Liegt eine Gefahrerhöhung im Sinne der Ziff. 5.2.2 und 5.2.3 AVB-Prob vor, kann der Versicherer gemäß Ziff. 5.4.2 AVB-Prob ebenfalls die Leistung im Versicherungsfall verweigern, wenn der Versicherungsnehmer seiner Mitteilungspflicht vorsätzlich nicht nachgekommen ist und der Versicherungsfall später als einen Monat nach dem Zeitpunkt, zu dem die die Anzeige dem Versicherer hätte zugegangen sein müssen, eintritt. Zur Berechnung der Monatsfrist ist der Zeitpunkt maßgebend, zu dem der Versicherungsnehmer seine Mitteilung noch unverzüglich im Sinne der Ziff. 5.2.2 oder 5.2.3 AVB-Prob abgegeben hätte.[765] Bei grober Fahrlässigkeit kann der Versicherer auch hier eine Kürzung vornehmen. Die (teilweise) Leistungsfreiheit ist jedoch ausgeschlossen, wenn dem Versicherer die Gefahrerhöhung bei Ablauf der Monatsfrist bereits aus anderen Gründen bekannt war.

In allen Fällen steht es dem Versicherungsnehmer gemäß Ziff. 5.4.3 lit. a) AVB-Prob offen, nachzuweisen, dass die Gefahrerhöhung nicht ursächlich für den Eintritt des Versicherungsfalles war. In diesem Fall bleibt der Versicherer im vollen Umfang zur Leistung verpflichtet.

Der Versicherer kann sich gemäß Ziff. 5.4.3 lit. b) AVB-Prob auch nicht auf Leistungsfreiheit berufen, wenn zum Zeitpunkt des Versicherungsfalles die Frist zur Kündigung gemäß Ziff. 5.3.3 AVB-Prob bereits abgelaufen ist und der Versicherer keine Kündigung erklärt hat.

4. Auswirkung der Gefahrerhöhung für den Versicherten

Wird der Versicherer gemäß Ziff. 5.4 AVB-Prob leistungsfrei, so gilt dies nur im Verhältnis zum Versicherungsnehmer. Dem Versicherten gegenüber bleibt er gemäß Ziff. 5.6 AVB-Prob weiterhin zur Leistung verpflichtet. In diesem Fall steht dem Versicherer ein Regressanspruch gegen den Versicherungsnehmer zu.

Kündigt der Versicherer den Vertrag besteht grundsätzlich kein Versicherungsschutz mehr für Schäden, die auf Maßnahmen zurückzuführen sind, welche nach Wirksamwerden der Kündigung durchgeführt wurden. Auch hier stellt die ursprüngliche Probandenversicherung keinen Freibrief zur Fortführung der Forschung dar.[766] Wird der Versicherungsvertrag gekündigt, ist es Aufgabe des Sponsors die klinische Prüfung zu beenden oder einen neuen Versicherungsvertrag abzuschließen.[767] Hier gewährt Ziff. 5.5. AVB-Prob dem Versicherten

---

765 *Prölss* in: Prölss/Martin, VVG, § 26 Rn. 8.

766 A. A *Schneider*, Neue Behandlungsmethoden im Arzthaftungsrecht, S. 274.

767 Vgl. oben D.VIII.2.a)aa)(3), S. 217 ff.

keinen Leistungsanspruch, da keine Leistungsfreiheit vorliegt, sondern schon kein Versicherungsvertrag mehr existent ist.

Dies ist unproblematisch im Fall einer Kündigung gemäß Ziff. 5.3.1 Unterabs. 1 S. 2, Unterabs. 2 AVB-Prob, da hier eine einmonatige Kündigungsfrist vorgesehen ist. Wird der Versicherungsvertrag gemäß Ziff. 5.3.1 Unterabs. 1 S. 1 AVB-Prob fristlos gekündigt, kann dies zu Lücken im Versicherungsschutz führen, da der Sponsor eine gewisse Bearbeitungszeit benötigt, um die klinische Studie abzubrechen. Es ist daher geboten, um dem Schutzzweck der §§ 20 Abs. 1 S. 4 Nr. 9 MPG und 40 Abs. 1 S. 3 Nr. 8 AMG gerecht zu werden, die Regelung des § 117 Abs. 2 S. 1 VVG entsprechend anzuwenden.[768] Die Interessenlage der Versicherten entspricht der der Dritten im Sinne von § 117 VVG.[769] So wie die Pflichtversicherung im Sinne des VVG zum Schutz von Dritten in besonderen Situationen abgeschlossen werden muss, ist auch die Probandenversicherung für die Durchführung klinischer Studien verpflichtend abzuschließen. Sie unterfällt den Vorschriften über die Pflichtversicherung nur deshalb nicht, weil es sich um keine Haftpflichtversicherung handelt. Ebenso wie der Dritte aber auf das Bestehen einer Pflichtversicherung im Sinne des VVG vertrauen können soll,[770] muss auch der Teilnehmer einer klinischen Prüfung auf das Bestehen der Probandenversicherung vertrauen dürfen. Entsprechend § 117 Abs. 2 S. 1 VVG bleibt der Versicherer dem Versicherten gegenüber daher auch nach fristloser Kündigung zur Leistung verpflichtet, wenn innerhalb eines Monats nach der Kündigung noch Maßnahmen an den Versuchsteilnehmern durchgeführt werden.

X. Beitragszahlung

1. Die Prämie

Die Hauptflicht des Versicherungsnehmers, also im Regelfall des Sponsors, besteht darin die vereinbarte Versicherungsprämie zu zahlen. Der Versicherungsvertrag kann entweder für eine einzelne klinische Prüfung abgeschlossen werden oder als Jahresvertrag eine Vielzahl von Prüfungen erfassen. Der GDV hat für den Jahresvertrag gesonderte Musterbedingungen herausgegeben (AVB-Prob/

---

768 Vgl. oben D.VIII.2.a)aa)(3), S. 217 ff.

769 *Voß*, Produktsicherheit bei Erforschung somatischer Gentherapie, S. 174.

770 *Schneider* in: MünchKomm VVG, § 117 Rn. 13.

JV)[771]. Diese sind weitgehend deckungsgleich mit den AVB für eine einzelne klinische Prüfung, so dass im Rahmen dieser Arbeit lediglich bei Abweichungen auf die AVB-Prob/JV hingewiesen wird.

Von der Ausgestaltung als Jahres- oder Einzelvertrag ist abhängig, wie die Versicherungsprämie berechnet wird. In beiden Fällen wird zunächst ein vorläufiger Beitrag erhoben.

Wird der Versicherungsvertrag für eine konkrete Prüfung abgeschlossen, richtet sich die Höhe der vorläufigen Prämie nach voraussichtlicher Anzahl der Probanden, bisherige Erkenntnisse über das Risikopotenzial der zu prüfenden Arzneimittel oder Medizinprodukte und nach der Frage in welcher Phase die klinische Prüfung stattfindet, da insbesondere Phase I Prüfungen ein erhöhtes Risikopotenzial zu eigen ist.[772] Nach Abschluss der Prüfung wird gemäß Ziff. 7.2 AVB-Prob die endgültige Beitragsberechnung vorgenommen. Dazu kommt es vornehmlich auf die Anzahl der Probanden an, die tatsächlich an der klinischen Prüfung teilgenommen haben.

Ist ein Jahresvertrag angeschlossen worden, hat der Versicherungsnehmer gemäß Ziff. 7.2.1 AVB-Prob/JV anzugeben, welche Prüfungen im Verlauf des Versicherungsjahres voraussichtlich durchgeführt oder veranlasst werden, damit eine vorläufige Prämie berechnet werden kann. Die endgültige Prämie wird für jede einzelne Prüfung nach deren Abschluss gesondert berechnet (Ziff. 7.2 AVB-Prob/JV).

Im Jahr 2010 betrug der Versicherungsbeitrag pro Proband zwischen 25 und 180 €.[773] Durchschnittlich ist die Prämie pro Proband in einem Jahresvertrag etwas niedriger als in einem Einzelvertrag.[774]

2. Zahlung der ersten Prämie

Versicherungsschutz besteht gemäß Ziff. 2.1 AVB-Prob nur, wenn der der Versicherungsnehmer den Versicherungsbeitrag rechtzeitig bezahlt hat. Die Ausgestaltung der Beitragszahlung findet sich in Ziff. 6 AVB-Prob. Gemäß Ziff. 6.1.1

771 Abrufbar unter http://www.gdv.de/downloads/versicherungsbedingungen/schaden-und-unfallversicherung/allgemeine-versicherungsbedingungen-fur-versicherungs pflichtige-klinische-prufungen-von-arzneimittelnjahresvertrag-avb-probamg-jv/ (Stand: 27.03.2015).

772 *Godt/Engelke*, WissR 2010, S. 2 (8).

773 *Godt/Engelke*, WissR 2010, S. 2 (8).

774 *Heubeck*, PHi 2007, S. 210 (215).

AVB-Prob wird je nach Vertragsausgestaltung der erste oder einmalige Beitrag zwei Woche nach Erhalt des Versicherungsscheins fällig.

Zahlt der Versicherungsnehmer zu spät, beginnt der Versicherungsschutz gemäß Ziff. 6.1.3 AVB-Prob in Übereinstimmung mit § 37 Abs. 2 VVG erst zum Zeitpunkt der Zahlung. Der Versicherungsnehmer kann sich aber entlasten, indem er nachweist, dass er die zu späte Zahlung nicht zu vertreten hat. Gegenüber dem Versicherten ist der Versicherer aber gemäß Ziff. 6.1.3 Unterabs. 1 S. 2 AVB-Prob auch für den Zeitraum vor der Zahlung der Versicherungsprämie zur Leistung verpflichtet. Im Fall der tatsächlichen Leistung steht dem Versicherer ein Regressanspruch gegen den Versicherungsnehmer zu.

Soweit der Versicherungsnehmer die erste Prämie nicht rechtzeitig bezahlt hat, kann der Versicherer gemäß Ziff. 6.1.2 AVB-Prob vom Versicherungsvertrag zurücktreten, solange die Prämie noch nicht bezahlt ist und der Versicherungsnehmer die Nichtzahlung zu vertreten hat. Tritt der Versicherer zurück, besteht auch gegenüber der versicherten Person kein Versicherungsschutz mehr. Entsprechend Ziff. 6.1.3 Unterabs. 1 AVB-Prob ist der Versicherer aber dem Versicherten gegenüber zu Leistung verpflichtet, wenn die Ursache für die Gesundheitsschädigung zeitlich vor der Rücktrittserklärung liegt.

3. Zahlung der Folgeprämien

Wenn nicht etwas anderes bestimmt worden ist, sieht Ziff. 6.2.1 AVB-Prob vor, dass die weiteren Versicherungsprämien monatlich jeweils zum Monatsersten fällig werden. Die Versicherungsbedingungen hinsichtlich des Zahlungsverzuges sind an § 38 VVG angelehnt. Ist der Versicherungsnehmer im Verzug und zahlt auch bis zum Ablauf einer vom Versicherer nach Ziff. 6.2.2 Unterabs. 3 AVB-Prob gesetzten, mindestens zweiwöchigen Frist nicht, ist der Versicherer gemäß Ziff. 6.2.3 AVB-Prob zwar dem Versicherten gegenüber weiterhin zur Leistung verpflichtet, kann aber bei dem Versicherungsnehmer regressieren. Darüber hinaus ist der Versicherer nach Ablauf der Frist berechtigt, den Versicherungsvertrag fristlos gemäß Ziff. 6.2.4 AVB-Prob zu kündigen. Der Versicherungsnehmer kann die Kündigung abwenden, indem er innerhalb eines Monats nach Zugang der Kündigung den ausstehenden Betrag zahlt. Zwischen Kündigung und nachträglicher Zahlung bleibt der Versicherer dem Versicherten zur Leistung verpflichtet. Auch in diesem Fall steht ihm ein Regressanspruch gegen den Versicherungsnehmer zu.

Kündigt der Versicherer den Vertrag fristlos, kann es zu Lücken im Versicherungsschutz der Probanden kommen, wenn der Sponsor die klinische Prüfung nicht im Moment der Kündigung abbricht. Ein sofortiger Abbruch wird logistisch oftmals nicht möglich sein, insbesondere wenn der Sponsor externe Prüfstellen mit der Prüfung beauftragt hat. Auch hier ist daher eine analoge Anwendung des § 117 Abs. 2 VVG zum Schutz der Versicherten geboten,[775] der bei einer echten Pflichtversicherung im Sinne des VVG im Fall der fristlosen Kündigung unmittelbar eingreifen würde.[776] Unabhängig von der Nachzahlung durch den Versicherungsnehmer gemäß Ziff. 6.2.4 Unterabs. 2 AVB-Prob ist der Versicherer dem Versicherten zum Ersatz solcher Schäden verpflichtet, die auf Maßnahmen zurückzuführen sind, die innerhalb eines Monats nach Zugang der Kündigung durchgeführt wurden.

XI. Verhältnis der Probandenversicherung zu anderen Leistungspflichtigen

Wenn der Versuchsteilnehmer bei einer klinischen Prüfung einen Schaden an seiner Gesundheit erleidet, stehen ihm neben Ansprüchen gegen die Probandenversicherung oftmals weitere Ansprüche zu. So kann der Teilnehmer beispielsweise im Grundsatz deliktische Ansprüche aus § 823 BGB geltend machen, wenn der Prüfer oder ein anderer Beteiligter den Schaden schuldhaft verursacht hat. Es kommen im Einzelfall auch Ansprüche aus § 84 AMG oder § 1 ProdHaftG in Betracht.

Regelmäßig wird der Geschädigte einen Anspruch gegen eine gesetzliche oder private Krankenversicherung haben. Auch Ansprüche gegen den Arbeitgeber auf Lohnfortzahlung im Krankheitsfall dürften keine Seltenheit darstellen.

Dies führt zu der Frage, in welchem Verhältnis die Probandenversicherung zu anderen Leistungspflichtigen steht.

1. Gesetzliche Krankenversicherungen

a) Versicherter Personenkreis

Der versicherte Personenkreis in der gesetzlichen Krankenversicherung richtet sich nach §§ 5 ff. SGB V. Unter die dort normierte Versicherungspflicht fallen vor allem Personen, die in einem abhängigen Arbeitsverhältnis gegen Entgelt beschäftigt sind. Was unter einem Beschäftigungsverhältnis zu verstehen ist, regelt § 7 SGB IV.

---

775 Vgl. oben D.VIII.2.a)aa)(3), S. 217 ff.; a. A. *Wenckstern*, Die Haftung bei der Arzneimittelprüfung, S. 275.

776 *Schimikowski* in: Rüffer/Halbach/Schimikowski, VVG, § 117 Rn. 8.

Neben Arbeitnehmern sind aber auch deren Familienangehörigen, Arbeitssuchende, Studenten, Bezugsberechtigte der gesetzlichen Rentenversicherung und viele weitere Personengruppen in der gesetzlichen Krankenversicherung versichert. Im Jahr 2012 waren insgesamt ca. 70 Mio. Personen in der gesetzlichen Krankenversicherung versichert.[777] Damit sind fast 90 % der Bundesbevölkerung gesetzlich krankenversichert. Das bedeutet ebenfalls, dass auch der Großteil der Teilnehmer klinischer Studien gesetzlich krankenversichert ist und hieraus gegebenenfalls Ansprüche geltend machen kann.

Die gesetzliche Krankenversicherung ist gemäß § 1 SGB V eine Solidargemeinschaft. Sie finanziert sich über die Beiträge der Versicherten, ohne dass der Umfang der Versicherungsleistungen von der Beitragshöhe abhängen würde.[778] In Anbetracht der Mitgliederzahl lässt sich also festhalten, dass die Kosten der gesetzlichen Krankenversicherung faktisch von der Allgemeinheit getragen werden.

b) Anknüpfungspunkt Krankheit

Gemäß §§ 11, 27 SGB V haben in der gesetzlichen Krankenversicherung Versicherte Anspruch auf Heilbehandlung, soweit sie an einer Krankheit im Sinne des SGB V leiden. Eine Krankheit ist ein regelwidriger Geistes- oder Körperzustand, der eine Behandlungsbedürftigkeit und / oder Arbeitsunfähigkeit nach sich zieht.[779] Wird also eine Person bei einer klinischen Prüfung dergestalt an Körper oder Gesundheit geschädigt, dass eine medizinische Behandlung notwendig ist, liegt eine Krankheit im Sinne des SGB vor. Damit ist der Krankheitsbegriff grundsätzlich auch immer dann erfüllt, wenn ein Versicherungsfall nach den AVB-Prob gegeben ist. Ausnahmen können sich ergeben, wenn durch die klinische Prüfung eine Verletzung des Körpers hervorgerufen wird, die nicht als regelwidrig eingestuft wird, wie etwa der Verlust der Kopfbehaarung bei erwachsenen Männern.[780] Im Fall des Todes der betroffenen Person handelt es sich ebenfalls um einen Versicherungsfall im Sinne der AVB-Prob, der keine Krankheit darstellt.

---

777 GKV-Statistik KM 1/13 des Bundesministeriums für Gesundheit, abrufbar unter: http://www.bmg.bund.de/fileadmin/dateien/Downloads/Statistiken/GKV/Mitglieder_Versicherte/KM1_JD_2012.pdf (zuletzt abgerufen am 27.03.2015).

778 *Krauskopf* in: Krauskopf, Soziale Krankenversicherung, § 1 SGB V Rn. 4.

779 M. w. N. *Lang* in: Becker/Kingreen, SGB V, § 27 Rn. 14.

780 KassKomm/*Nolte*, § 27 SGB V Rn. 12c.

c) Leistungsumfang

Die gesetzliche Krankenversicherung funktioniert im Grundsatz nach dem Sach- und Dienstleistungsprinzip gemäß § 2 Abs. 2 SGB V. Das heißt, dass die Versicherten einen direkten Anspruch auf Behandlungsleistungen haben, während die Probandenversicherung im Schadensfall lediglich die notwendigen Kosten ersetzen würde.

Die Leistungen bestehen zuvorderst aus Maßnahmen zur Verhütung, Erkennung und Behandlung von Krankheiten (vgl. § 11 SGB V). Darüber hinaus gewährt die gesetzliche Krankenversicherung auch Leistungen zur Rehabilitation (§ 40 SGB V). Im Fall der Arbeitsunfähigkeit steht dem Versicherten unter den Voraussetzungen des § 44 SGB V ein Anspruch auf Krankengeld zu.

Der Leistungsumfang hat sich gemäß § 12 SGB V am Wirtschaftlichkeitsgebot zu orientieren. Demnach müssen die Leistungen wirtschaftlich und zweckmäßig sein und dürfen das Maß des Notwendigen nicht übersteigen. Das heißt, dass der Nutzen einer medizinischen Maßnahme gegen die Kosten abgewogen werden muss.[781] Daraus folgt aber nicht, dass eine erfolgsversprechende Behandlung unterbleibt, weil sie besonders teuer wäre. Vielmehr spielt die Kosten-Nutzen-Abwägung dann eine Rolle, wenn mehrere erfolgsversprechende Maßnahmen zur Auswahl stehen.[782]

Fraglich ist ob die Leistungen der gesetzlichen Krankenversicherung eingeschränkt oder ausgeschlossen sein können, wenn die Krankheit auf die Teilnahme an einer klinischen Prüfung zurückzuführen ist.

aa) Leistungsausschluss gemäß § 11 Abs. 5 SGB V

§ 11 Abs. 5 SGB V schließt Leistungen der gesetzlichen Krankenversicherung aus, wenn sie als Folge einer Berufskrankheit oder eines Arbeitsunfalls von der gesetzlichen Unfallversicherung zu erbringen wären. Von diesem Leistungsausschluss sind auch Körper- und Gesundheitsschäden betroffen, die durch die Spende von Blut oder körpereigenen Organen, Organteilen und Gewebe entstehen. Hierfür ist gemäß § 2 Abs. 1 Nr. 13 lit. b) SGB VII die gesetzliche Unfallversicherung leistungspflichtig. Dabei kommt es nicht darauf an, ob die Spende zur Verwendung an anderen Menschen oder zu Forschungszwecken erfolgt.[783] Allein der Forschungszweck macht aber aus der Blut-, Organ- oder Gewebespende keine klinische Prüfung, da hierfür eine Untersuchung am Menschen selbst mit

781 *Scholz* in: Becker/Kingreen, SGB V, § 12 Rn. 9.
782 KSW/*Waltermann*, § 12 SGB V Rn. 5.
783 KSW/*Holtstraeter*, § 2 SGB VII Rn. 40.

dem Ziel der Erforschung bestimmter Eigenschaften eines Arzneimittels oder Medizinprodukts erforderlich ist.[784] Umgekehrt fällt eine klinische Prüfung nicht unter den Versicherungsschutz der gesetzlichen Unfallversicherung, auch wenn die Blut- oder Gewebeabnahme Bestandteil der Prüfung sein sollte. Als Bestandteil einer klinischen Prüfung ist die Blut- oder Gewebeentnahme durch die Verknüpfung mit weiteren Maßnahmen nicht mehr als Spende im Sinne des § 2 Abs. 1 Nr. 13 SGB VII zu qualifizieren. Eine Überschneidung der Probandenversicherung mit der gesetzlichen Unfallversicherung scheidet daher aus. Aus diesem Grund greift auch der Leistungsausschluss des § 11 Abs. 5 SGB V hinsichtlich der Leistungspflicht der gesetzlichen Krankenversicherung nicht für Schäden aus klinischen Prüfungen.

bb) Leistungsbeschränkung bei Selbstverschulden gemäß § 52 SGB V

§ 52 Abs. 1 SGB V sieht vor, dass der Versicherte an den Kosten der Versicherungsleistungen zu beteiligen ist, wenn er sich die zu behandelnde Krankheit vorsätzlich zugezogen hat. Der Vorsatz muss sich dabei auf die Krankheit als solche und nicht auf die schädigende Handlung beziehen.[785] Auch wenn dem Teilnehmer einer klinischen Prüfung bewusst ist, dass die Teilnahme mit einem erhöhten Risiko verbunden ist, kann kein Vorsatz angenommen werden.[786] Ebenso scheidet Eventualvorsatz regelmäßig aus, da zumindest eine billigende Inkaufnahme einer Gesundheitsschädigung nicht vorliegen wird.

Eine weitere Leistungsbeschränkung enthält § 52 Abs. 2 für die Folgen medizinisch nicht indizierter Behandlungen. Wird eine Krankheit durch eine ästhetische Operation, die medizinisch nicht notwendig ist, eine Tätowierung oder ein Piercing ausgelöst, hat sich der Versicherte an den Kosten der nachfolgenden Behandlung in angemessener Höhe zu beteiligen.

Handelt es sich bei einer klinischen Prüfung um einen nicht-therapeutischen Versuch, liegt auch keine medizinische Indikation der durchgeführten Maßnahmen vor. Das ist regelmäßig bei Phase-I Studien der Fall. Es stellt sich daher die Frage, ob auch andere, in § 52 Abs. 2 SGB V nicht aufgezählte Maßnahmen unter § 52 Abs. 2 SGB V fallen können.[787] Nach dem Wortlaut der Norm handelt es sich aber nicht um eine beispielhafte Aufzählung, sondern um einen abschließenden Katalog.[788] Beruht die Krankheit nicht auf einer ästhetischen Operation,

784 Siehe dazu D.I.
785 *Lang* in: Becker/Kingreen, SGB V, § 52 Rn. 2.
786 *Klingmüller* in: Festschrift für Fritz Hauß, S. 175.
787 Dafür: KassKomm/*Höfler*, § 52 SGB V Rn. 24.
788 *Lang* in: Becker/Kingreen, SGB V, § 52 Rn. 8; KSW/*Waltermann*, § 52 SGB V Rn. 4.

einer Tätowierung oder einem Piercing, kann nur auf § 52 Abs. 1 SGB V zurückgegriffen werden. Daneben wäre es auch nicht gerecht die Teilnahme an einer klinischen Prüfung mit den genannten Eingriffen gleichzusetzen. Während auf der einen Seite zum eigenen Vergnügen bewusst eine Gesundheitsgefahr in Kauf genommen wird, stellt sich auf der anderen Seite der Proband der Wissenschaft und der Fortentwicklung der Medizin zur Verfügung. Selbst wenn man also die Auflistung in § 52 Abs. 2 SGB V nicht für abschließend hielte, ließe sich die Teilnahme an einer klinischen Studie mangels Vergleichbarkeit nicht unter die Norm subsumieren.

Sowohl Abs. 1 als auch Abs. 2 des § 52 SGB V lassen also die Leistungspflicht der gesetzlichen Krankenkasse unberührt, wenn die Krankheit auf die Teilnahme an einer klinischen Prüfung zurückzuführen ist.

d) Subsidiarität der Probandenversicherung?

Da also regelmäßig die Probandenversicherung und die gesetzliche Krankenversicherung nebeneinander dem geschädigten Probanden gegenüber zur Leistung verpflichtet sind, stellt sich die Frage, in welchem Verhältnis Krankenversicherung und Probandenversicherung untereinander stehen.

Ziff. 3.1.1 Abs. 2 S. 2 AVB-Prob statuiert eine Subsidiarität der Probandenversicherung. Demnach sind bei der Berechnung des zu ersetzenden Schadens die Ansprüche auf Leistung aus einer Sozialversicherung mindernd zu berücksichtigen. Das heißt, dass in Höhe der Sozialversicherungsleistung kein Anspruch aus der Probandenversicherung bestehen soll.

Bei Streit über das Bestehen von mindernd zu berücksichtigenden Ansprüchen leistet der Probandenversicherer gemäß Ziff. 3.1.1 Abs. 2 S. 3 AVB-Prob vorab gegen Abtretung der strittigen Ansprüche. Handelt es sich um Ansprüche gegen die Sozialversicherung könnte die Abtretung allerdings an § 53 Abs. 1 SGB I scheitern.[789] Nach dieser Vorschrift ist die Übertragung von Sach- und Dienstleistungen ausgeschlossen. Damit eine Abtretung an den Probandenversicherer überhaupt denkbar ist, müsste der Versicherte zunächst die Kostenerstattung nach § 13 Abs. 2 SGB V wählen. Die Abtretung des Kostenerstattungsanspruchs müsste sich zudem an § 53 Abs. 2 Nr. 2 SGB I messen lassen. Die Abtretung muss im wohlverstandenen Interesse des Versicherten liegen. Das ist der Fall, wenn dieser einen gleichwertigen Vorteil erhält.[790] Da die Leistung der Probandenversicherung an den Schaden durch eine erlittene Gesundheitsverletzung anknüpft,

---

789 *Gaidzik*, VersR 2009, S. 1449 (1453 f.).
790 KSW/*Hänlein*, § 53 SGB I Rn. 10.

ist von einem gleichwertigen Vorteil auszugehen. Eine Abtretung des Sozialversicherungsanspruchs an den Probandenversicherer ist also möglich, soweit der Versicherte die Kostenerstattung gemäß § 13 Abs. 2 SGB V gewählt hat.

Die Subsidiaritätsklausel in den AVB könnte aber insgesamt gegen § 307 Abs. 2 Nr. 1 BGB verstoßen und damit nichtig sein, wenn sie mit wesentlichen Grundgedanken anderer gesetzlicher Regelungen nicht zu vereinbaren ist.

aa) Vereinbarkeit mit §40 AMG und § 20 MPG

In § 20 Abs. 1 S. 4 Nr. 9 MPG und § 40 Abs. 1 S. 3 Nr. 8 AMG heißt es, dass die Probandenversicherung auch Leistungen gewährt, wenn kein anderer für den Schaden haftet. Zum Teil wird diese Regelung herangezogen, um zu begründen, dass auch der Gesetzgeber von der Subsidiarität der Probandenversicherung ausgeht. Dabei wird die Regelung so gedeutet, dass die Probandenversicherung gerade für den Fall konzipiert sei, in dem kein anderer ersatzpflichtig ist.[791] Dem widerspricht allerdings, dass nach dem Wortlaut die Probandenversicherung *auch* in diesem Fall leisten soll. AMG und MPG statuieren hier also mitnichten eine Subsidiarität.[792] Vielmehr spricht die Formulierung dafür, dass die Probandenversicherung eben auch Leistungen erbringt, wenn andere Haftungsadressaten vorhanden sind.[793] Es erscheint allerdings durchaus denkbar, dass dieser Passus überhaupt keine Aussage über das Verhältnis zu anderen Leistungspflichtigen enthalten soll und lediglich eine Abgrenzung der Probandenversicherung zu einer Haftpflichtversicherung zum Gegenstand hat, indem ausdrücklich die Akzessorietät der Probandenversicherung zu anderen Anspruchsgrundlagen verneint wird.[794]

Ein weiterer Anhaltspunkt für eine gesetzgeberisch gewollte Subsidiarität wird in § 20 Abs. 3 S. 3 MPG und § 40 Abs. 3 S. 3 AMG gesehen. Da Schadensersatzansprüche gegen Dritte nach dieser Vorschrift nur erlöschen, soweit aus der Probandenversicherung gezahlt wurde, könne nicht von einer primären Leistungspflicht ausgegangen werden.[795] Dieser Schluss kann aber gerade nicht gezogen werden. Diese Vorschrift betrifft das Verhältnis der Versicherungsleistung zu anderen Schadensersatzansprüchen, die der Geschädigte besitzt. Für diesen

---

791 *Ehling*, Die Versicherung und Rückversicherung von Pharmarisiken in nationaler und internationaler Beziehung, S. 195.

792 *Schneider*, Neue Behandlungsmethoden im Arzthaftungsrecht, S. 277; *Freund/Reus*, PharmR 2009, S. 205 (207).

793 *Gaidzik*, VersR 2009, S. 1449 (1453).

794 *Klingmüller* in: Festschrift für Fritz Hauß, S. 172.

795 *Voß*, Produktsicherheit bei Erforschung somatischer Gentherapie, S. 171.

Fall lässt die Norm erkennen, dass die Probandenversicherung hier endgültig für den Schaden eintreten soll, da aufgrund des Anspruchsuntergangs grundsätzlich keine Regressmöglichkeit für den Probandenversicherer besteht. Diese Konstellation spricht eher gegen die Subsidiarität der Probandenversicherung. Letztlich betreffen aber § 20 Abs. 3 S. 3 MPG und § 40 Abs. 3 S. 3 AMG nur das Verhältnis der Probandenversicherung zu Schadensersatzansprüchen, so dass sich der Vorschrift keine allgemeine Aussage zu einer Subsidiarität entnehmen lässt.

Im Ergebnis kann den § 20 MPG und § 40 AMG unmittelbar keine eindeutige Regelung entnommen werden, die eine Subsidiarität der Probandenversicherung untersagen würde. Auf der anderen Seite ist aber auch nicht erkennbar, dass der Gesetzgeber die Versicherung lediglich als „Lückenfüller"[796] konzipieren wollte. Im Gegenteil spricht nach hier vertretener Auffassung mehr dafür, dass die Probandenversicherung nach Intention des Gesetzgebers primär einstandspflichtig sein sollte.

bb) Vereinbarkeit mit § 116 SGB X

In Betracht kommt ein Konflikt mit § 116 SGB X. Besteht nämlich neben dem Anspruch gegen den Sozialversicherer ein auf anderen gesetzlichen Vorschriften beruhender Anspruch auf Ersatz eines Schadens, ordnet § 116 Abs. 1 S. 1 SGB X an, dass dieser Anspruch auf den Sozialversicherungsträger übergeht, wenn der Anspruch zur Behebung eines Schadens der gleichen Art dient. Daraus folgt, dass die Sozialversicherungsleistung nicht mindernd auf Schadensersatzansprüche angerechnet werden kann, da sonst der eigentliche Ausgleichspflichtige auf Kosten der Allgemeinheit entlastet würde.[797]

Es können aber nur „echte" Schadensersatzansprüche auf den Sozialversicherungsträger übergehen.[798] Der Anspruch des Geschädigten gegen den Probandenversicherer ist jedoch ein vertraglicher Leistungsanspruch. Dieser stellt eben keinen Schadensersatzersatzanspruch dar und ist als Anspruch aus einem privaten Versicherungsvertrag grundsätzlich nicht von § 116 Abs. 1 S. 1 SGB X erfasst.[799] Dem Wortlaut nach steht § 116 SGB X damit der Subsidiaritätsklausel in Ziff. 3.1.1 Abs. 3 AVB-Prob nicht entgegen.[800] Dies führt aber zu

796 *Ehling*, Die Versicherung und Rückversicherung von Pharmarisiken in nationaler und internationaler Beziehung, 191.

797 *Bieresborn* in: Von Wulffen, SGB X, § 116 Rn. 1a.

798 OLG Karlsruhe, Urt. v. 2.3.1988, Az.: 7 U 157/87, NJW 1988, S. 2676 (2677).

799 KassKomm/*Kater*, § 116 SGB X Rn. 40.

800 *Stock*, Der Probandenschutz bei der medizinischen Forschung am Menschen, S. 188.

Unstimmigkeiten hinsichtlich des in § 20 Abs. 3 S. 3 MPG und § 40 Abs. 3 S. 3 AMG angeordneten Anspruchsuntergangs. Auch wenn aus der Probandenversicherung grundsätzlich unabhängig vom Bestehen einer Haftpflicht eines Dritten im Schadensfall geleistet wird, ist es möglich, dass nach anderen zivilrechtlichen Regelungen auch Dritte zum Schadensersatz verpflichtet sind. Dies wäre etwa der Fall, wenn der klinische Prüfer bei der Durchführung der Studie einen Versuchsteilnehmer schuldhaft verletzt. Zwar ist die Probandenversicherung keine Haftpflichtversicherung, aber zum Schutze der Schädiger wird in den genannten Vorschriften des AMG und MPG angeordnet, dass Schadensersatzansprüche des Geschädigten erlöschen soweit aus der Probandenversicherung geleistet wird. Diese Schutzfunktion wird umgangen, wenn vorrangig die Krankenversicherung einstandspflichtig ist.[801] Gegen einen etwaigen Schädiger besteht in diesem Fall der Regressanspruch aus § 116 Abs. 1 S. 1 SGB X.

Für den Schädiger ergibt sich dann folgendes Bild: Leistet zunächst die Probandenversicherung, besteht gegen ihn kein Schadensersatzanspruch mehr. Ist der Geschädigte aber krankenversichert und leistet zunächst die Krankenversicherung, muss der Schädiger damit rechnen, in Regress genommen zu werden. In Anbetracht dieses Widerspruchs wird daher zum Teil angenommen, dass § 20 Abs. 3 S. 3 MPG und § 40 Abs. 3 S. 3 AMG den Regressanspruch der Krankenversicherung sperren, um so dem Haftpflichtschutz der Probandenversicherung Geltung zu verschaffen.[802] Dies lässt sich aber kaum mit Wortlaut der Normen vereinbaren. Ausdrücklich sollen Ansprüche erlöschen, wenn aus der Probandenversicherung geleistet wird. Diese Vorschriften so auszudehnen, dass Schadensersatzansprüche ebenfalls erlöschen oder zumindest nicht mehr durchgesetzt werden können, wenn die gesetzliche Krankenversicherung leistet, ist nicht möglich. Zudem ginge mit dem bloßen Bestehen einer Probandenversicherung die Schlechterstellung der Krankenversicherung einher. Es ist aber nicht erkennbar, dass der Gesetzgeber mit der Schaffung der § 20 Abs. 3 S. 3 MPG und § 40 Abs. 3 S. 3 AMG zugleich in die Regressmöglichkeiten des Sozialversicherungsträgers eingreifen wollte.[803]

Soll die Probandenversicherung also neben dem Schutz der Versuchsteilnehmer, die Durchführenden einer klinischen Studie effektiv vor Haftpflichtansprüchen schützen, kann die Probandenversicherung nach dem gesetzgeberischen Willen nicht als subsidiäre Versicherung ausgestaltet sein. Für diese

801 *Gaidzik*, VersR 2009, S. 1449 (1453).

802 *Granitza* in: Festgabe für Hermann Weitnauer, S. 323.

803 *Grell* in: Karlsruher Forum 1978, S. 21 (23).

Schutzfunktion spricht neben dem angeordneten Anspruchsuntergang auch die Tatsache, dass der Versicherungsnehmer eben der Sponsor der klinischen Prüfung ist. Es wäre kaum nachvollziehbar, wenn der Sponsor einerseits die Versuchsteilnehmer gegen die gesundheitlichen Gefahren einer klinischen Prüfung versichern muss, andererseits aber dennoch Gefahr läuft, für ebendiese Gefahren im Wege des Regresses durch die Krankenversicherung selbst einstandspflichtig zu sein.[804]

cc) Vereinbarkeit mit § 35c SGB V

§ 35c Abs. 2 SGB V regelt, unter welchen Voraussetzungen die Arzneimittelkosten, die im Rahmen einer klinischen Studie entstehen, durch die gesetzliche Krankenkasse übernommen werden. Die Norm behandelt also nicht unmittelbar die Kostentragung im Fall einer Gesundheitsschädigung durch die klinische Prüfung. Dennoch lässt sich hieraus ein Grundgedanke der Krankenversicherung entnehmen. Die Übernahme von Kosten, die durch die in der klinischen Prüfung verwendeten Arzneimittel hervorgerufen werden, ist äußerst eingeschränkt. Sie ist nur möglich bei Arzneimitteln, die bereits zugelassen sind, aber außerhalb des zugelassenen Anwendungsgebiets in einer klinischen Studie eingesetzt werden.[805] Das heißt, dass die Kosten für noch gar nicht zugelassene Arzneimittel grundsätzlich nicht von der Krankenversicherung getragen werden. Die Kostenübernahme hinsichtlich der nicht für den konkreten Anwendungsbereich zugelassenen Arzneimittel erfolgt gemäß § 35c Abs. 2 S. 1 SGB V nur, wenn die Anwendung zur Behandlung einer schwerwiegenden Erkrankung erfolgt und sie eine deutliche Verbesserung des Therapieerfolges im Vergleich zu bestehenden Behandlungsmöglichkeiten erwarten lässt. Soweit die Arzneimittel für die klinische Prüfung vom pharmazeutischen Unternehmer nach den Vorschriften des AMG kostenlos bereitzustellen sind, entfällt die Leistungspflicht der gesetzlichen Krankenkasse (§ 35c Abs. 2 S. 2 SGB V). Eine solche Vorschrift stellt § 47 Abs. 1 S. 1 Nr. 2 lit. g) AMG dar. Liefert der Arzneimittelhersteller die Arzneimittel zum Zwecke der klinischen Prüfung direkt an die Prüfstellen (Ärzte und Krankenhäuser), müssen sie kostenlos zur Verfügung gestellt werden.

---

804 *V. d. Sanden*, Haftung medizinischer Ethik-Kommissionen bei klinischer Arzneimittelprüfung, S. 131; a. A. *Ehling*, Die Versicherung und Rückversicherung von Pharmarisiken in nationaler und internationaler Beziehung, S. 194; *Metzmacher*, Der Schadensausgleich des Probanden im Rahmen klinischer Arzneimittelprüfungen, S. 211.

805 KassKomm/*Hess*, § 35c SGB V Rn. 7.

Diesem Zusammenspiel aus § 35c Abs. 2 SGB V und § 47 Abs. 1 S. 1 Nr. 2 lit. g) AMG lässt sich entnehmen, dass die Finanzierung der Arzneimittelforschung durch die gesetzliche Krankenversicherung den Ausnahmefall darstellen soll.[806] Wie schon erwähnt betreffen die beiden Vorschriften die Durchführung der klinischen Studie an sich und nicht daraus resultierende Schäden. Nimmt man jedoch hinzu, dass der Gesetzgeber eine spezielle Versicherung für die klinische Prüfung vorschreibt, die bei Gesundheitsschädigungen leisten soll, ist auch hier der zugrunde liegende Gedanke erkennbar, dass nicht die Allgemeinheit für die Folgen einer klinischen Prüfung einstehen soll.[807]

dd) Ergebnis

Die Subsidiaritätsklausel in Ziff. 3.1.1 Abs. 2 AVB-Prob führt dazu, dass ein Großteil der Schäden, die bei klinischen Prüfungen entstehen können, durch die gesetzlichen Krankenkassen und damit durch die Allgemeinheit getragen werden. Um solche Belastungen zu vermeiden, kann der Sozialversicherungsträger grundsätzlich gemäß § 116 SGB X beim Schädiger Regress nehmen.[808] Die Besonderheit der klinischen Prüfung besteht darin, dass trotz eines nicht unerheblichen Risikos für die Teilnehmer oftmals kein Schadensersatzpflichtiger vorhanden ist. Daher leistet die Probandenversicherung gemäß § 20 Abs. 1 S. 4 Nr. 9 MPG und § 40 Abs. 1 S. 3 Nr. 8 AMG auch wenn kein anderer für den Schaden haftet. Diese Konstruktion bringt es mit sich, dass es sich bei den Ansprüchen gegen die Probandenversicherung nicht um eigentliche Schadensersatzansprüche handelt, die auf den Sozialversicherungsträger übergehen würden. Gerade § 20 Abs. 3 S. 3 MPG und § 40 Abs. 3 S. 3 AMG machen aber deutlich, dass die Probandenversicherung wie eine Haftpflichtversicherung auch für echte Schadenersatzansprüche eintritt. Der Gedanke des § 116 SGB X, dass nicht die Allgemeinheit, sondern der jeweils Verantwortliche letzten Endes für die Kosten eines Schadens haften soll, trifft daher auch auf das Verhältnis der Sozialversicherung zur Probandenversicherung zu.[809]

---

806 *Miller* in: Kügel/Müller/Hofmann, AMG, § 47 Rn. 23; *Wagner* in: Krauskopf, Soziale Krankenversicherung, § 35c SGB V Rn. 2.

807 *Schneider*, Neue Behandlungsmethoden im Arzthaftungsrecht, S. 277; *Voß*, Produktsicherheit bei Erforschung somatischer Gentherapie, S. 172; *Wenckstern*, Die Haftung bei der Arzneimittelprüfung, S. 265.

808 KassKomm/*Kater*, § 116 SGB X Rn. 7.

809 *Freund/Reus*, PharmR 2009, S. 205 (207); *Wenckstern*, Die Haftung bei der Arzneimittelprüfung, S. 265.

Für dieses Ergebnis spricht weiterhin die Tatsache, dass die Versicherungspflicht speziell für die klinische Prüfung eingeführt wurde. Hätte man die Risiken der Forschung auf die Allgemeinheit abwälzen wollen, wäre es dem Gesetzgeber unproblematisch möglich gewesen, die Gesundheitsrisiken der Probanden über die gesetzliche Unfallversicherung abzudecken.[810] Auf diesem Weg werden beispielsweise auch Blutspender gemäß § 2 Abs. 1 Nr. 13 lit. b) SGB VII abgesichert. Dieser Weg wurde aber nicht beschritten, um die Verantwortlichkeit dem Sponsor einer klinischen Prüfung aufzuerlegen, der auch der wirtschaftliche Nutznießer der Studie ist.[811] Die verpflichtend vom Sponsor abzuschließende Probandenversicherung entlastet den Probanden vom Insolvenzrisiko des Sponsors und dient den Beteiligten an der klinischen Prüfung zugleich im Rahmen der § 20 Abs. 3 S. 3 MPG und § 40 Abs. 3 S. 3 AMG als Haftpflichtschutz. Die Probandenversicherung ist also nicht bloß ein subsidiäres Sicherungselement, sondern ersetzt zum Teil die Verantwortlichkeit des Sponsors.[812] Diese Verantwortlichkeit kann nach dem gesetzgeberischen Willen nicht durch die Subsidiaritätsklausel auf die Allgemeinheit abgewälzt werden. Der Probandenversicherer ist vielmehr primär leistungspflichtig. Auch wird durch die Subsidiaritätsklausel das Haftpflichtelement der Probandenversicherung ad absurdum geführt, da der Sozialversicherungsträger gemäß § 116 Abs. 1 SGB X bei einem etwaigen Schädiger regressieren kann, wenn er leistungspflichtig sein sollte.

Damit verstößt die Subsidiaritätsklausel gegen wesentliche Grundgedanken, die sich aus §§ 116 SGB X, 20 MPG und 40 AMG ergeben und ist daher unwirksam.[813]

e) Ausgleichsmöglichkeit analog § 116 SGB X

Die Primärverpflichtung der Probandenversicherung wirkt sich nicht im Verhältnis zum Geschädigten aus. Dieser kann trotz bestehender Probandenversicherung Leistungen der Krankenkasse in Anspruch nehmen. Schon aus praktischen Gründen wird der Betroffene sich oftmals von seinem Hausarzt

---

810 Vgl. *Klingmüller* in: Festschrift für Fritz Hauß, S. 178.

811 *Metzmacher*, Der Schadensausgleich des Probanden im Rahmen klinischer Arzneimittelprüfungen, S. 211.

812 A. A. *Ehling*, Die Versicherung und Rückversicherung von Pharmarisiken in nationaler und internationaler Beziehung, S. 195 f.

813 So i. E. auch *Wenckstern*, Die Haftung bei der Arzneimittelprüfung, S. 266; *Kollhosser* in: Lippert/Eisenmenger, Forschung am Menschen, S. 163; *Metzmacher*, Der Schadensausgleich des Probanden im Rahmen klinischer Arzneimittelprüfungen, S. 211; *Voß*, Produktsicherheit bei Erforschung somatischer Gentherapie, S. 172.

behandeln lassen, der wiederum mit der gesetzlichen Krankenkasse abrechnet.[814] Das heißt, dass trotz der Primärverpflichtung der Probandenversicherung oft zunächst die Krankenversicherung für den gesundheitlichen Schaden des Betroffenen aufkommen wird. Damit stellt sich die Frage, ob und wie die gesetzliche Krankenversicherung beim Probandenversicherer regressieren kann. § 116 SGB X ist direkt nicht anwendbar, da der Anspruch des Geschädigten aus der Probandenversicherung kein Schadensersatzanspruch, sondern ein vertraglicher Leistungsanspruch ist.[815] In Betracht kommt hier aber eine analoge Anwendung des § 116 Abs. 1 SGB X.

aa) Planwidrige Regelungslücke

Dazu müsste zunächst eine planwidrige Regelungslücke bestehen. Leistet zunächst die gesetzliche Krankenversicherung besteht nach dem Gesetz keine Möglichkeit, Ersatzansprüche bei der Probandenversicherung geltend zu machen.[816] Eine Ausgleichsanspruch nach § 426 BGB scheitert an der Identität des Leistungsinteresses. Damit ein Ausgleichsanspruch gemäß § 426 BGB zwischen Probanden- und Krankenversicherer bestünde, müssten diese gegenüber dem Geschädigten Gesamtschuldner im Sinne des § 421 BGB sein. Dazu müssten beide aber zur Befriedigung desselben Leistungsinteresses verpflichtet sein.[817] Während die gesetzliche Krankenversicherung dem Geschädigten Sach- und Dienstleistungen erbringt, um die Gesundheit des Versicherten wiederherzustellen oder zu verbessern (§ 1 S. 1 SGB V) und dabei dem Wirtschaftlichkeitsgebot unterworfen ist, richtet sich die Leistung des Probandenversicherers gemäß Ziff. 3.1.1 Abs. 2 S. 1 AVB-Prob nach dem materiellen Schaden, der dem Versicherten entstanden ist. Folglich existiert kein identisches Leistungsinteresse, so dass ein Gesamtschuldnerausgleich nicht stattfindet.

Es besteht also eine gesetzliche Regelungslücke. In Anbetracht der primären Leistungsverpflichtung der Probandenversicherung ist diese auch planwidrig.

bb) Vergleichbare Interessenlage

Um § 116 Abs. 1 SGB X analog anwenden zu können, muss darüber hinaus eine vergleichbare Interessenlage mit dem in § 116 Abs. 1 SGB X geregelten Tatbestand bestehen. § 116 SGB X soll verhindern, dass derjenige, der nach dem

---

814 *Koyuncu*, PHi 2005, S. 86 (90).

815 Siehe dazu oben D.XI.1.d)bb).

816 *Ehling*, Die Versicherung und Rückversicherung von Pharmarisiken in nationaler und internationaler Beziehung, S. 191.

817 *Bydlinski* in: MünchKomm BGB, § 421 Rn. 5.

Gesetz zum Ausgleich eines Schadens verpflichtet ist, durch das Bestehen der Sozialversicherung auf Kosten der Allgemeinheit entlastet wird.[818] Daher gehen die Schadenersatzansprüche, die auf gesetzlichen Vorschriften beruhen, auf den Sozialversicherungsträger über. Zwar handelt es sich bei den Ansprüchen gegen den Probandenversicherer um keine „echten" Schadenersatzansprüche, sondern um vertragliche Leistungsansprüche. Es muss jedoch beachtet werden, dass soweit aus der Probandenversicherung geleistet wird, gemäß § 20 Abs. 2 S. 3 MPG und § 40 Abs. 3 S. 3 AMG die „echten" Schadenersatzansprüche des Geschädigten erlöschen. Die Versicherungsleistung tritt dann an die Stelle des Schadenersatzanspruches. Ist aber der Anspruch gegen die Versicherung identisch mit einem Schadensersatzanspruch, ist kein Grund ersichtlich, warum dieser Anspruch nicht auch gemäß § 116 Abs. 1 SGB X auf den Sozialversicherungsträger übergehen sollte.[819]

Die Probandenversicherung leistet aber auch dann, wenn kein anderer für den Schaden haftpflichtig ist. In diesem Fall besteht keine Identität zwischen einem „echten" Schadensersatzanspruch und dem Anspruch gegen den Probandenversicherer. Dennoch besteht auch hier eine vergleichbare Interessenlage. Es ist schon fraglich, ob sich die beiden dargestellten Situationen in der Praxis überhaupt auseinander halten lassen. Ein Vorteil der Probandenversicherung ist gerade, dass im Schadensfall nicht geprüft werden muss, ob die Voraussetzungen bestimmter Haftungsnormen erfüllt sind. So dürfte es letztlich oft ungeklärt bleiben, ob die Versicherungsleistung an die Stelle eines Schadensersatzanspruches getreten ist. Aber auch davon abgesehen, handelt es sich um einen Anspruch, dessen Umfang gemäß Ziff. 3.1.1 Abs. 2 S. 1 AVB-Prob gleich einem Schadensersatzanspruch bestimmt wird. Zudem wird, wie oben dargestellt, die Verantwortlichkeit für Gesundheitsschäden in klinischen Prüfungen mithilfe der verpflichtend abzuschließenden Probandenversicherung dem Sponsor der klinischen Studie zugewiesen. Damit trifft auch in dieser Konstellation die hinter § 116 SGB X stehende Erwägung zu, dass die Sozialversicherung nicht zur Aufgabe hat, Dritte von ihrer haftungsrechtlichen Verantwortlichkeit zu befreien.[820]

Zum Teil wird aber vertreten, dass Ansprüche aus privaten Versicherungsverträgen nie auf den Sozialversicherungsträger übergehen könnten, da diese durch die Zahlung von Versicherungsprämien erworben seien.[821] Leitbild für

818 KSW/*Waltermann*, § 116 SGB X Rn. 1.
819 *Kollhosser* in: Lippert/Eisenmenger, Forschung am Menschen, S. 162.
820 *Wenckstern*, Die Haftung bei der Arzneimittelprüfung, S. 265.
821 KassKomm/*Kater*, § 116 SGB X Rn. 40.

diese Ansicht dürfte die private Unfallversicherung sein,[822] die im Fall eines Unfalls eine bestimmte Summe an den Versicherten zahlt, um den abstrakten wirtschaftlichen Schaden zu kompensieren.[823] Hier wäre es in der Tat unbillig, diesen Anspruch auf den Sozialversicherungsträger überzuleiten, denn so würde der Zweck der privaten Unfallversicherung, der eben nicht auf den Ausgleich des konkreten Gesundheitsschadens und der Heilbehandlungskosten abzielt, unterlaufen. Die Situation des Versicherten in der Probandenversicherung ist aber eine andere. Der Zweck der Probandenversicherung besteht in der Kompensation des konkreten Gesundheitsschadens und deckt sich daher zum Teil mit dem der Krankenversicherung. Zudem wird in der Probandenversicherung die Versicherungsprämie nie von der versicherten Person gezahlt, so dass dem Versicherten durch einen Anspruchsübergang keine durch eigene Leistung erworbenen Versicherungsansprüche verlustig gehen. Der analogen Anwendung des § 116 SGB X steht es damit nicht im Wege, dass es sich bei der Probandenversicherung um eine Privatversicherung handelt.

Insgesamt besteht also eine vergleichbare Interessenlage zwischen dem Verhältnis der Sozialversicherung zu Schadensersatzansprüchen eines Leistungsberechtigten und zu Ansprüchen aus der Probandenversicherung.[824]

cc) Ergebnis

Im Hinblick auf die Regressmöglichkeit des Sozialversicherungsträgers gegen den Probandenversicherer liegen die Analogievoraussetzungen der planwidrigen Regelungslücke und der vergleichbaren Interessenlage vor, so dass die analoge Anwendung des § 116 SGB X statthaft ist. Die Ansprüche des Geschädigten gegen den Probandenversicherer gehen dabei nur insoweit über, als sachliche Kongruenz zwischen dem Anspruch aus der Probandenversicherung und der Krankenversicherungsleistung besteht.[825]

f) Gesamtergebnis

Die Probandenversicherung tritt primär für Schäden ein, die auf eine klinische Prüfung zurückzuführen sind. Insbesondere die Konsequenzen, die sich aus

---

822 Vgl. OLG Düsseldorf, Beschluss v. 23.5.1995, Az.: 4 W 17/95, r + s 1995, S. 386.

823 *Mangen* in: Beckmann/Matusche-Beckmann, Versicherungsrechts-Handbuch, § 47 Rn. 1 u. 3.

824 So i. E. auch *Kollhosser* in: Lippert/Eisenmenger, Forschung am Menschen, S. 163; *Deutsch* in: Deutsch/Lippert, AMG, § 40 Rn. 49; *Osieka*, Das Recht der Humanforschung, S. 223.

825 *Bieresborn* in: Von Wulffen, SGB X, § 116 Rn. 5.

dem Zusammenwirken der §§ 20 Abs. 3 S. 3 MPG, 40 Abs. 3 S. 3 AMG und § 116 SGB X ergeben, zeigen, dass die Probandenversicherung nicht, wie in Ziff. 3.1.1 Abs. 2 S. 2 AVB-Prob beschrieben, subsidiär hinter der gesetzlichen Krankenversicherung einstandspflichtig ist. Vielmehr weist der Gesetzgeber die Verantwortlichkeit für die Risiken einer klinischen Prüfung dem Sponsor der Prüfung zu und verpflichtet ihn diese Risiken durch eine Probandenversicherung abzusichern. Die Subsidiaritätsklausel in den AVB-Prob ist daher unwirksam.

Um die primäre Einstandspflicht zu gewährleisten, muss der Sozialversicherungsträger die Möglichkeit haben, bei der Probandenversicherung zu regressieren, soweit er für die Heilbehandlung einer Person aufkommt, die bei der Durchführung einer klinischen Prüfung geschädigt wurde. Daher ist es geboten § 116 SGB X analog auf Ansprüche des Geschädigten gegen den Probandenversicherer anzuwenden. Hierbei handelt es sich zwar um vertragliche Leistungsansprüche, die aber letztlich an die Stelle „echter" Schadensersatzansprüche treten.

2. Private Krankenversicherung

Seit 2009 ist gemäß § 193 Abs. 3 VVG ist grundsätzlich jede Person, die ihren Wohnsitz in Deutschland hat, verpflichtet eine private Krankheitskostenversicherung gemäß §§ 192 ff. VVG abzuschließen, soweit die Absicherung nicht über die gesetzliche Krankenversicherung erfolgt. Damit besteht im Ergebnis in Deutschland ein flächendeckender Krankenversicherungsschutz.

Hinsichtlich des Verhältnisses der Probandenversicherung zur privaten Krankenversicherung stellen sich dieselben Fragen wie im Verhältnis zur gesetzlichen Krankenversicherung.

a) Leistungsumfang

Der Leistungsumfang der privaten Krankenversicherung ergibt sich im Wesentlichen aus § 192 VVG und den, dem jeweiligen Versicherungsvertrag zugrundeliegenden AVB. Die Krankheitskostenversicherung als Grundelement sichert gemäß § 192 Abs. 1 VVG medizinisch notwendige Heilbehandlungen wegen Krankheit oder Unfallfolgen ab. Krankheit im Sinne des § 192 VVG ist eine objektive Störung der Körper- oder Geistesfunktion, die nicht ganz unerheblich ist.[826] Liegt ein Versicherungsfall im Sinne der AVB-Prob vor, also eine

826 *Langheid* in: Römer/Langheid, VVG, § 192 Rn. 9.

Gesundheitsschädigung, ist damit grundsätzlich auch die private Krankenversicherung leistungspflichtig, soweit der Geschädigte privat krankenversichert ist.

Im Gegensatz zur gesetzlichen Krankenversicherung funktioniert die private Krankenversicherung grundsätzlich nach dem Prinzip der Kostenerstattung.[827] Das heißt, die Versicherung ersetzt dem Versicherten die für die Heilbehandlung aufgewandten Kosten.

Auch in der privaten Krankenversicherung stellt sich die Frage, ob die Leistungspflicht des Versicherers gegenüber dem Versicherten eingeschränkt sein könnte, wenn die Teilnahme an einer klinischen Prüfung eine Heilbehandlung erforderlich gemacht hat.

Wenn der Versicherte eine Krankheit vorsätzlich herbeiführt, ist die Krankenversicherung gemäß § 201 VVG nicht zur Leistung verpflichtet. § 201 VVG ersetzt die allgemeine Vorschrift zur Herbeiführung des Versicherungsfalls des § 81 VVG, der gemäß § 194 Abs. 1 VVG nicht für die Krankenversicherung gilt. Die grob fahrlässige Herbeiführung einer Krankheit bleibt daher ohne Folgen. Der Vorsatzbegriff umfasst auch den Eventualvorsatz, so dass die Leistungspflicht bereits entfällt, wenn der Versicherte die Herbeiführung einer Krankheit für möglich hält und dies billigend in Kauf nimmt.[828] Nimmt ein Versicherter an einer klinischen Studie teil, dürfte ihm schon aufgrund der erforderlichen Aufklärung die Möglichkeit eines Gesundheitsschadens bewusst sein. Allerdings kann grundsätzlich nicht von einer billigenden Inkaufnahme ausgegangen werden. Der Versicherte wird regelmäßig auf das Ausbleiben eines Schadens vertrauen. Die Gesundheitsschädigung durch eine klinische Prüfung führt somit nicht zum Leistungsausschluss nach § 201 VVG.

Auch die Muster-AVB der Krankenversicherung (MB/KK 2009) enthalten keinen Ausschluss, der eingreifen würde.

b) *Subsidiarität der Probandenversicherung*

Gemäß Ziff. 3.1.1 Abs. 2 S. 2 AVB-Prob wird auch die Leistung der privaten Krankenversicherung mindernd auf den Anspruch aus der Probandenversicherung angerechnet. Diese Subsidiarität verstößt ebenfalls gegen wesentliche Grundgedanken der gesetzlichen Regelung. Die Erwägungen zum Verhältnis der Probandenversicherung zur gesetzlichen Krankenversicherung treffen im Wesentlichen auch hier zu.[829]

---

827 *Wandt*, Versicherungsrecht, Rn. 1279.

828 *Hütt* in: MünchKomm VVG, § 201 Rn. 19.

829 Siehe oben D.XI.1.d), S. 247 ff.

Nicht das Kollektiv der Krankenversicherungsnehmer soll für die Gefahren der klinischen Prüfung einstehen, sondern der Sponsor und damit die von ihm abzuschließende Probandenversicherung. Da auch die private Krankenversicherung gemäß §§ 194 Abs. 1, 86 VVG grundsätzlich beim Schädiger regressieren kann, wäre hier das in §§ 20 Abs. 2 S. 3 MPG, 40 Abs. 3 S. 3 AMG zum Ausdruck kommende Haftpflichtelement der Probandenversicherung wertlos, wenn diese lediglich subsidiär haften würde.

Darüber hinaus zeigt auch § 4 Abs. 6 MB/KK 2009, vergleichbar mit § 35 c SGB V, dass die Finanzierung klinischer Studien nicht die Aufgabe der Krankenversicherung ist.

Insgesamt lässt sich festhalten, dass die private Krankenversicherung parallel zur gesetzlichen Krankenversicherung entgegen Ziff. 3.1.1 Abs. 2 S. 2 AVB-Prob nicht primär für Gesundheitsschäden bei klinischen Prüfungen einzustehen hat, sondern sich subsidiär zur Probandenversicherung verhält.

c) Ausgleichsmöglichkeiten

Die Subsidiarität der Krankenversicherung wirkt sich nicht zu Lasten des Versicherten aus. Dieser kann auch von der Krankenversicherung die volle Leistung verlangen. Zahlt zunächst die private Krankenversicherung ist zu erwägen, ob ein anschließender Regress beim Probandenversicherer gemäß § 86 VVG möglich ist. Bestehen aber zwei Schadensversicherungen für dasselbe Interesse und gegen dieselbe Gefahr gemäß § 78 Abs. 1 VVG nebeneinander, greift grundsätzlich § 78 Abs. 2 VVG als Spezialregelung zu § 86 VVG ein.[830] § 194 Abs. 1 VVG bestätigt die Anwendbarkeit des § 78 VVG für die private Krankenversicherung. Sowohl die Probandenversicherung als auch die Krankenversicherung decken die Heilbehandlungskosten des Versicherten im Fall eines Gesundheitsschadens ab. Während die Krankenversicherung unabhängig von der Ursache der Schadens leistet, setzt die Leistungspflicht der Probandenversicherung voraus, dass die Gesundheitsschädigung durch eine klinische Prüfung hervorgerufen wurde. Damit liegt eine Teilidentität der Versicherungen vor, so dass § 78 VVG grundsätzlich auf die Überschneidung von Kranken- und Probandenversicherung anwendbar ist.[831] Zudem müsste im konkreten Versicherungsfall die Summe der Entschädigungen, die von jedem Versicherer ohne Bestehen der anderen Versicherung zu zahlen wären, den Gesamtschaden übersteigen (§ 78 Abs. 1 Var. 2 VVG). Die private Krankenversicherung

830 *Langheid* in: Römer/Langheid, VVG, § 78 Rn. 15.
831 *Armbrüster* in: Prölss/Martin, VVG, § 78 Rn. 5.

kommt für Heilbehandlungskosten ohne Höchstsummendeckelung auf, während die Probandenversicherung für Schäden bis zu 500.000 € Deckung bietet. Durch die unbegrenzte Leistung der Krankenversicherung wird die Summe der jeweils zu zahlenden Entschädigungen stets die tatsächlich angefallenen Heilbehandlungskosten übersteigen, so dass § 78 VVG Anwendung bezüglich der Heilbehandlungskosten findet.

Damit wären die Versicherer gemäß § 78 Abs. 2 S. 1 VVG im Innenverhältnis anteilig nach Maßgabe ihrer Beiträge verpflichtet, die sie dem Versicherten nach dem jeweiligen Vertrag zu zahlen haben. Das hieße, dass soweit die Behandlungskosten 500.000 € nicht überstiegen, die Versicherer im Innenverhältnis zu gleichen Teilen haften würden. Ein entsprechender Ausgleichsanspruch ergäbe sich unmittelbar aus § 78 Abs. 2.[832] Durch Subsidiaritäts- und Zessionsklauseln kann diese Ergebnis abbedungen werden.[833]

Da die Subsidiaritätsklausel in Ziff. 3.1.1 Abs. 2 S. 2 AVB-Prob allerdings unwirksam ist,[834] wird § 78 Abs. 2 VVG hierdurch nicht abbedungen.

Die hälftige Teilung der Heilbehandlungskosten zwischen Probanden- und Krankenversicherung entspricht aber, wie oben festgestellt, nicht der gesetzgeberischen Intention, nach der die Probandenversicherung für Schäden bei klinischen Prüfungen primär einstehen soll. Auch wird diese Quotelung nicht dem Haftpflichtelement der Probandenversicherung aus § 20 Abs. 3 S. 3 MPG und § 40 Abs. 3 S. 3 AMG gerecht, da die private Krankenversicherung immer noch gemäß § 86 VVG beim Schädiger Regress nehmen könnte. Aufgrund dieser ungeschriebenen, gesetzlichen Subsidiarität der Krankenversicherung kann § 78 Abs. 2 VVG hier keine Anwendung finden. Leistet der Probandenversicherer zuerst, besteht kein Ersatzanspruch gegenüber dem Krankenversicherer. Leistet umgekehrt zunächst der Krankenversicherer geht auf ihn der Anspruch des Versicherten gegen den Probandenversicherer gemäß § 86 VVG über.[835] Im Gegensatz zu § 116 SGB X sind nach § 86 VVG auch vertragliche Erfüllungsansprüche übergangsfähig,[836] so dass § 86 VVG im Verhältnis der Krankenversicherung zur Probandenversicherung direkt angewendet werden kann.

---

832 *Halbach* in: MünchKomm VVG, § 78 Rn. 14.

833 *Armbrüster* in: Beckmann/Matusche-Beckmann, Versicherungsrechts-Handbuch, § 6 Rn. 81.

834 Siehe oben D.XI.2.b), S. 261.

835 Vgl. *Armbrüster* in: Prölss/Martin, VVG, § 78 Rn. 29.

836 *Langheid* in: Römer/Langheid, VVG, § 86 Rn. 14.

d) Ergebnis

Die private Krankenversicherung gemäß § 192 VVG in Form der Krankheitskostenversicherung ist parallel zur gesetzlichen Krankenversicherung trotz der Subsidiaritätsklausel in den AVB-Prob nicht primär einstandspflichtig. Vielmehr ist nach der Intention des Gesetzgebers die Probandenversicherung zuvorderst einstandspflichtig. Gegenüber dem Versicherten ist die Krankenversicherung dennoch voll einstandspflichtig, soweit der Versicherte sie in Anspruch nimmt. Gemäß § 86 VVG kann der Krankenversicherer dann aber beim Probandenversicherer regressieren.

3. Arbeitgeber

Auch ein gesetzlicher Anspruch auf Lohn- oder Gehaltsfortzahlung gegen den Arbeitgeber soll sich gemäß Ziff. 3.1.1 Abs. 2 S. 2 AVB-Prob mindernd auf die Leistung der Probandenversicherung auswirken, die grundsätzlich auch den Verdienstausfall des Geschädigten kompensiert.

Ist ein Arbeitnehmer aufgrund einer Gesundheitsschädigung nicht in der Lage seine Arbeitsleistung zu erbringen, steht ihm gemäß § 3 EFZG[837] für die Dauer von 6 Wochen ein Anspruch auf Lohnfortzahlung gegen den Arbeitgeber zu. Der Anspruch ist ausgeschlossen, wenn der Arbeitnehmer die Arbeitsunfähigkeit schuldhaft herbeigeführt hat. Verschulden meint in diesem Zusammenhang einen groben Verstoß gegen die eigenen Interessen eines verständig handelnden Menschen.[838] Ob ein solcher Verstoß bei der Teilnahme an einer klinischen Prüfung angenommen werden kann, ist fraglich, insbesondere wenn es sich um keinen therapeutischen Versuch handelt. So wurde zum Teil angenommen, dass eine aus der Organspende resultierende Arbeitsunfähigkeit selbst verschuldet ist und daher keinen Entgeltfortzahlungsanspruch auslöst.[839] Diese Ansicht ist jedoch überholt, da der 2012 eingeführte § 3a EZFG klarstellt, dass Entgeltfortzahlung auch im Fall einer fremdnützigen Organ- oder Gewebespende gewährt wird. Daher muss auch bei der fremdnützigen Teilnahme an einer klinischen Studie ein solcher Anspruch bestehen. Zudem ist die Schadenswahrscheinlichkeit bei einer klinischen Prüfung nicht so hoch, dass die Teilnahme besonders leichtfertig erscheinen würde. Ein grobes Verschulden gegen sich selbst liegt somit bei der Teilnahme an einer klinischen Prüfung nicht vor.

---

837 Gesetz über die Zahlung des Arbeitsentgelts an Feiertagen und im Krankheitsfall (Entgeltfortzahlungsgesetz) v. 26.5.1994 (BGBl. I S. 1014).

838 ErfK/*Reinhard*, § 3 EFZG Rn. 23.

839 *Müller-Glöge* in: MünchKomm BGB, § 3 EFZG Rn. 44.

Erleidet ein Arbeitnehmer demnach bei einer klinischen Studie einen Schaden, der Arbeitsunfähigkeit zur Folge hat, bestehen Ansprüche gemäß § 3 EFZG gegen den Arbeitgeber.

Aber auch der Entgeltfortzahlungsanspruch ist nicht dafür konzipiert, ersatzpflichtige Dritte zu entlasten. So ist im Fall der Organ- oder Gewebespende der Arbeitgeber gemäß § 3a Abs. 2 EFZG berechtigt, den gezahlten Lohn, sowie die darauf entfallenden Beiträge zur Sozialversicherung und Altersvorsorge von der Krankenkasse des Empfängers zurückzufordern. Der Arbeitgeber soll also keinen Schaden durch das uneigennützige Verhalten des Arbeitnehmers erleiden. Es soll nur das allgemeine Krankheitsrisiko vom Arbeitgeber getragen werden.[840] Dem gleichen Zwecke dient § 6 EFZG. Hat der Arbeitnehmer aufgrund seiner Arbeitsunfähigkeit einen Schadensersatzanspruch gegen einen Dritten, geht dieser Anspruch auf den Arbeitgeber über.

Ebenso wie bei Sozialversicherung und privater Krankenversicherung ergibt sich unter Berücksichtigung der Vorschriften aus AMG und MPG, dass der Arbeitsausfall, der auf die Teilnahme an einer klinischen Studie zurückzuführen ist, letztlich eben nicht vom Arbeitgeber getragen werden soll. Auch im Verhältnis zum Arbeitgeber ist die Subsidiaritätsklausel in Ziff. 3.1.1 Abs. 2 S. 2 AVB-Prob unwirksam. Die Leistung des Arbeitgebers kann nicht mindernd auf den Anspruch aus der Probandenversicherung angerechnet werden. Zahlt dennoch zunächst der Arbeitgeber gemäß § 3 EFZG dem geschädigten Arbeitnehmer trotz Arbeitsunfähigkeit den Lohn, muss es dem Arbeitgeber möglich sein, beim Probandenversicherer zu regressieren.

Wie auch § 116 SGB X umfasst der von § 6 EFZG angeordnete Anspruchsüberfang nur Schadenersatzansprüche. Insbesondere Leistungsansprüche des Arbeitnehmers aus privaten Versicherungsverträgen sollen nicht erfasst sein, da die Versicherungsbeiträge einen Doppelbezug des Arbeitnehmers rechtfertigen würden.[841] Diese Erwägung trifft hier aber nicht zu. Die Probandenversicherung soll zu keinem Doppelbezug, wie etwa die private Unfallversicherung, sondern zu einer Kompensation des tatsächlich entstandenen Schadens führen. Auch zahlt der Arbeitnehmer die Versicherungsbeiträge nicht selbst. Die Probandenversicherung ist zwingend vom Sponsor einer klinischen Studie abzuschließen und zu finanzieren. Aus Sicht des geschädigten Arbeitnehmers entspricht der Leistungsanspruch aus der Probandenversicherung einem Schadensersatzanspruch.

---

840 ErfK/*Reinhard*, § 3a EFZG Rn. 5.

841 ErfK/*Reinhard*, § 6 EFZG Rn. 5.

Damit rechtfertigt sich die analoge Anwendung des § 6 EFZG. Dem Arbeitgeber steht daher gegen den Probandenversicherer ein Regressanspruch in Höhe des gezahlten Lohns und der darauf entfallenden Nebenkosten zu.

4. Schädiger

Es ist möglich, dass der Proband während der klinischen Prüfung schuldhaft durch das Prüfungspersonal, etwa durch die falsche Anwendung eines Arzneimittels oder Medizinprodukts, an seiner Gesundheit geschädigt wird. In diesem Fall kann der Geschädigte gemäß § 823 BGB deliktische Schadensersatzansprüche geltend machen. Ebenso werden ihm vertraglich Schadensersatzansprüche gemäß §§ 280, 278 BGB gegen den Vertragspartner des Probandenvertrages zustehen.[842]

Es kommen auch Schädigungen durch falsch gelieferte oder fehlerhafte Arzneimittel und Medizinprodukte in Betracht, die dem Hersteller oder Sponsor zuzurechnen sind.

Im Einzelfall kann dem Geschädigten zudem ein verschuldensunabhängiger Schadensersatzanspruch gemäß § 84 AMG oder §§ 1, 8 ProdHaftG zustehen.[843]

Es stellt sich dann die Frage, in welchem Verhältnis diese Ansprüche zu dem Probandenversicherungsanspruch stehen. Soweit die Probandenversicherung an den Geschädigten leistet, erlöschen Schadensersatzansprüche gemäß §§ 20 Abs. 3 S. 3 MPG, 40 Abs. 3 S. 3 AMG. Der Anspruchsuntergang hat zugleich zur Folge, dass der Probandenversicherer nicht beim Schadensersatzpflichtigen regressieren kann. Der Schadensersatzpflichtige wird von den Forderungen befreit. Insoweit beinhaltet die Probandenversicherung ein Element der Haftpflichtversicherung. Aus dieser Konstruktion ergibt sich zudem, dass eine mindernde Anrechnung eines Schadensersatzanspruches gegen Dritte auf die Versicherungsleistung unzulässig wäre.

Es ist aber möglich, dass sich der Geschädigte nicht an die Probandenversicherung hält, sondern unmittelbar den Schadensersatzpflichtigen in Anspruch nimmt. Hier ist fraglich, ob dieses Vorgehen zulässig ist und falls ja, ob der Schädiger einen Freistellungsanspruch gegen den Versicherer hat oder zumindest bei ihm regressieren kann.

842 Dazu: *Ehling/Vogeler*, MedR 2008, S. 273 ff.
843 Vgl. dazu D.VII.2.d)cc), S. 206 f.

a) *Pflicht zur vorrangigen Inanspruchnahme der Probandenversicherung*

Der Durchführung einer klinischen Studie liegt ein Vertrag mit der jeweiligen Versuchsperson zugrunde. Es erscheint möglich, dass sich hieraus für die Versuchsperson die Pflicht ergibt, im Fall einer Schädigung vorrangig die Probandenversicherung in Anspruch zu nehmen.[844]

Eine ähnliche Konstruktion wendet der BGH im Mietrecht an. Hat der Vermieter eine Gebäudeversicherung abgeschlossen und legt die Versicherungskosten auf die Mieter um, ist er aus dem Mietvertrag verpflichtet, zunächst die Gebäudeversicherung in Anspruch zu nehmen, wenn der Mieter einen Schaden am Gebäude verursacht. Dies gilt jedoch nicht, wenn der Vermieter ein besonderes Interesse an der Inanspruchnahme des Mieters hat.[845]

Das LG Göttingen hat für das Verhältnis eines Versuchsteilnehmers zum Schädiger eine solche Inanspruchnahmepflicht abgelehnt. Dem Geschädigten solle durch die Möglichkeit der uneingeschränkten Inanspruchnahme der Probandenversicherung das Prozessrisiko abgenommen werden. Unbenommen bleibe ihm indessen die Inanspruchnahme des verantwortlich Handelnden aus einer Verschuldenshaftung.[846] Bei seiner Entscheidung ist das Gericht allerdings nicht weiter darauf eingegangen, dass gerade zugunsten des verantwortlich Handelnden die §§ 20 Abs. 3 S. 3 MPG, 40 Abs. 3 S. 3 AMG einen Schadensersatzanspruch des Geschädigten entfallen lassen, wenn aus der Probandenversicherung geleistet wird.

Dennoch ist dem LG Göttingen im Ergebnis zuzustimmen. Der gesetzlich angeordnete Anspruchsuntergang führt dazu, dass die Probandenversicherung zugunsten des verantwortlich Handelnden wie eine Haftpflichtversicherung wirkt. Im Verhältnis des Geschädigten zum Schädiger spielt das Bestehen einer Haftpflichtversicherung keine Rolle. Der Geschädigte wendet sich regelmäßig nicht an die Versicherung, sondern an den Geschädigten. Außer im Bereich der Kfz-Haftpflicht steht dem Geschädigten grundsätzlich nicht einmal ein Direktanspruch gegen den Versicherer zu.[847]

Daneben besteht zwischen dem Teilenehmer einer klinischen Studie und den dort agierenden Personen auch kein besonderes Treueverhältnis, dass es gebieten würde, zunächst die Leistung aus der Probandenversicherung zu beanspruchen.

---

844 So wohl *Heil/Lützeler* in: Dieners/Reese, Handbuch des Pharmarechts, § 4 Rn. 236.

845 BGH, Urt. v. 3.11.2004, Az.: VIII ZR 28/04, r + s 2005, S. 64 (66).

846 LG Göttingen, Urt. v. 13.11.2008, Az.: 2 O 1735/07, MedR 2010, S. 270 (271).

847 *Schneider* in: Beckmann/Matusche-Beckmann, Versicherungsrechts-Handbuch, § 24 Rn. 177.

b) Freistellungsanspruch

In der Haftpflichtversicherung hat der versicherte Schädiger, soweit er den Versicherungsfall nicht vorsätzlich herbeigeführt hat, einen Freistellungsanspruch gemäß § 100 VVG gegen den Versicherer. Der Versicherer zahlt gemäß § 267 BGB als Dritter an den Geschädigten und erfüllt so die Schuld des Versicherten.[848]

Einen solchen expliziten Freistellungsanspruch gibt es in der Probandenversicherung nicht. Sie ist keine Haftpflichtversicherung und versichert ist nicht der potenzielle Schädiger, sondern die von der klinischen Prüfung betroffene Person, also der potenziell Geschädigte. Der Schädiger steht, soweit es sich nicht um den Sponsor als Versicherungsnehmer handelt, in gar keinem vertraglichen Verhältnis zum Probandenversicherer.

Ein Freistellungsanspruch könnte sich jedoch aus § 426 BGB ergeben. In einem Gesamtschuldverhältnis hat jeder Schuldner gegen die anderen Schuldner einen Freistellungsanspruch in Höhe der von den anderen zu tragenden Quote.[849] Schädiger und Probandenversicherer müssten somit Gesamtschuldner im Sinne von § 421 BGB sein.

§ 421 BGB enthält drei Merkmale der Gesamtschuld. Es müssen mehrere Schuldner einer Leistung vorhanden sein, die alle zur vollen Leistung gegenüber dem Gläubiger verpflichtet sind, wobei der Gläubiger die volle Leistung insgesamt aber nur einmal fordern darf. Unerheblich ist, ob die Leistungsverpflichtungen auf demselben oder auf verschiedenen Rechtsgründen beruhen.[850]

Der Schädiger und die Probandenversicherung haften beide für den durch die Gesundheitsverletzung entstandenen Schaden. Die Haftung des Schädigers ist allerdings weitergehend, da dieser auch für immaterielle Schäden und in der Höhe unbegrenzt haftet, während die Probandenversicherung regemäßig nur bis zu einer Schadenshöhe von 500.000 € und für immaterielle Schäden gar nicht haftet. Eine solche Teilidentität ist für das Vorliegen einer Gesamtschuld unschädlich.[851] Das hat allerdings zur Folge, dass eine Gesamtschuld nur im Umfang der Leistungspflicht des Versicherers bestehen kann. Sowohl der Schädiger als auch der Versicherer sind in diesem Umfang zur vollen Leistung verpflichtet, während der Gläubiger den Ersatz seines Schadens insgesamt nur einmal fordern kann.

---

848 *Wandt*, Versicherungsrecht, Rn. 1045.

849 *Bydlinski* in: MünchKomm BGB, § 426 Rn. 70.

850 *Bydlinski* in: MünchKomm BGB, § 421 Rn. 10.

851 *Palandt/Grüneberg*, § 421 Rn. 6.

Überwiegend wird als ungeschriebenes Merkmal der Gesamtschuld eine Gleichstufigkeit der Verpflichtungen gefordert.[852] Zwischen den Schuldnern muss demnach grundsätzlich ein wechselseitiger Regress möglich sein.[853]

Zweifel an deren Vorliegen könnten sich hier ergeben, da die Schadensersatzansprüche gegen den Schädiger erlöschen, soweit aus der Probandenversicherung geleistet wird. Daraus folgt, dass im Verhältnis zum Schädiger letztendlich die Versicherung den Schaden tragen soll. Ein Regress des Versicherers beim Schädiger ist demnach nicht möglich. Ein die Gesamtschuld ausschließendes Stufenverhältnis muss aber auch im Außenverhältnis zum Ausdruck kommen.[854] Aus Sicht des geschädigten Gläubigers ist dieses Stufenverhältnis jedoch nicht erkennbar. Er kann sich nach Belieben an Schädiger oder Versicherer halten.[855] Auch ist durch das Gesetz keine Legalzession vorgegeben, die gegen eine Gesamtschuld sprechen würde.[856]

Im Ergebnis stehen damit der Schädiger und der Probandenversicherer dem Geschädigten im Umfang der Leistungspflicht des Versicherers als Gesamtschuldner gegenüber.[857]

§ 426 Abs. 1 S. 1 BGB bestimmt, dass die Gesamtschuldner zu gleichen Anteilen verpflichtet sind, wenn nicht etwas anderes bestimmt ist. Zunächst sind hier Vereinbarungen, ggf. auch konkludent, zwischen den Parteien maßgeblich.[858] Daran wird es zwischen Probandenversicherer und Schädiger aber im Regelfall fehlen.

In der Schadenshaftung kann § 254 BGB herangezogen werden, um Anteilshöhe der Schuldner zu bestimmen.[859] Hier ist dieser Maßstab aber nicht anwendbar, da lediglich gegen den Schädiger ein Schadensersatzanspruch vorliegt, während gegen den Versicherer ein vertraglicher Leistungsanspruch gegeben ist.

Aus dieser Konstellation lässt sich auch nicht schließen, dass der Schädiger als alleiniger Verursacher im Innenverhältnis voll haften müsste, denn die gesetzliche Wertung der §§ 20 Abs. 3 S. 3 MPG, 40 Abs. 3 S. 3 AMG gibt eine andere Verteilung vor. Nach diesen Normen ist es dem Probandenversicherer nicht

852 Hk-BGB/*Schulze*, § 421 Rn. 4.
853 *Stürner* in: Jauernig, § 421 Rn. 2.
854 *Palandt/Grüneberg*, § 421 Rn. 7; *Bydlinski* in: MünchKomm BGB, § 421 Rn. 12.
855 Vgl. LG Göttingen Urt. v. 13.11.2008, Az.: 2 O 1735/07, MedR 2010, S. 270 (271).
856 Vgl. Hk-BGB/*Schulze*, § 421 Rn. 4.
857 A. A. *Klingmüller* in: Festschrift für Fritz Hauß, S. 173, der eine unechte Gesamtschuld annimmt.
858 *Bydlinski* in: MünchKomm BGB, § 426 Rn. 14.
859 *Palandt/Grüneberg*, § 426 Rn. 14.

möglich beim Schädiger zu regressieren, wenn er zuerst an den Geschädigten geleistet hat. Daher wäre es widersprüchlich, wenn intern eine Verpflichtung zu gleichen Anteilen angenommen würde. In diesem Fall wäre die Höhe des Anteils des Schädigers davon abhängig, ob der Geschädigte zunächst die Versicherung oder den Schädiger in Anspruch nimmt. Eine solche Verteilung widerspricht dem Zweck der §§ 20 Abs. 3 S. 3 MPG, 40 Abs. 3 S. 3 AMG und würde zu zufälligen Ergebnissen führen.[860] Um einheitliche Ergebnisse zu erzielen, muss also im Innenverhältnis eine hundertprozentige Haftung des Probandenversicherers vorliegen.[861] Daraus folgt, dass der in Anspruch genommene Schädiger gemäß § 426 Abs. 1 BGB einen Freistellungsanspruch gegen den Probandenversicherer besitzt, soweit auch die Versicherung dem Versicherten gegenüber zur Leistung verpflichtet ist. Dies muss auch dann gelten, wenn Dritte, auf die der Schadensersatzanspruch des Geschädigten übergegangen ist, beim Schädiger regressieren wollen.

c) Regressanspruch

Zahlt der Schädiger trotz des Freistellungsanspruchs zunächst an den Geschädigten, steht ihm gegen den Probandenversicherer gemäß § 426 Abs. 1 BGB ein Regressanspruch zu.[862] Dabei kann der Schädiger grundsätzlich einen Ausgleich in voller Höhe seiner Leistung beanspruchen, soweit die Identität der Leistungsansprüche reicht. Bezüglich immaterieller Schäden kann der Schädiger nicht regressieren, da diese nicht von der Probandenversicherung abgedeckt sind. Auch ist ein Regress nur bis zum Erreichen der Versicherungssumme, die regelmäßig bei 500.000 € liegt möglich.

Neben dem Befreiungs- und Ausgleichsanspruch aus § 426 Abs. 1 BGB geht zudem gemäß § 426 Abs. 2 S. 1 BGB der Anspruch des Geschädigten gegen den Versicherer auf den Schädiger im Wege der Legalzession über, nachdem der Schädiger den Geschädigten befriedigt hat.

5. Resümee

Wird bei der klinischen Prüfung eines Arzneimittels oder eines Medizinprodukts eine Person an ihrer Gesundheit geschädigt, ist zuvorderst die Probandenversicherung zum Ausgleich der Schäden verpflichtet.

860 *Wenckstern*, Die Haftung bei der Arzneimittelprüfung, S. 253.

861 So i. E. auch *Kollhosser* in: Lippert/Eisenmenger, Forschung am Menschen, S. 163.

862 Hk-BGB/*Schulze*, § 426 Rn. 4.

Der Geschädigte ist aber nicht verpflichtet sich an die Probandenversicherung zu halten. Er kann ebenfalls Ansprüche gegen seine gesetzliche oder private Krankenversicherung geltend machen. Der gesetzlichen Krankenversicherung steht ein Regress analog § 116 SGB X offen. Gleiches gilt für andere Sozialversicherungen, die für Schäden aus klinischen Prüfungen aufgekommen sind. Die private Krankenversicherung kann gemäß § 86 VVG beim Probandenversicherer regressieren.

Beeinträchtigt die Gesundheitsschädigung die Arbeitsfähigkeit des Betroffenen und leistet der Arbeitgeber Entgeltfortzahlung, steht ihm analog § 6 EFZG eine Ausgleichsanspruch gegen den Probandenversicherer zu.

Stehen dem Geschädigten Schadensersatzansprüche gegen den Schädiger zu, hat er die Wahl ob er die Versicherung oder den Schädiger in Anspruch nimmt. Soweit die Versicherung zur Leistung verpflichtet ist, sind Versicherer und Schädiger Gesamtschuldner im Sinne des § 421 BGB. Aus §§ 20 Abs. 3 S. 3 MPG, 40 Abs. 3 S. 3 AMG ergibt sich, dass im Innenverhältnis der Versicherer voll haftet. Wird der Schädiger in Anspruch genommen kann er also gegen den Probandenversicherer einen Freistellungs- bzw. Regressanspruch geltend machen.

XII. Verhältnis der Probandenversicherung zu den Versicherungen nach RöV und StrlSchV

Wird bei der medizinischen Forschung am Menschen ein radioaktiver Stoff oder ionisierende Strahlung verwendet, muss das Vorhaben gemäß § 23 StrlSchV durch das Bundesamt für Strahlenschutz genehmigt werden. Zur ionisierenden Strahlung gehört auch die Röntgenstrahlung. § 2 Abs. 2 Nr. 3 StrlSchV bestimmt aber, dass die StrlSchV keine Anwendung für den Betrieb von Röntgenstrahlern findet. Für Forschungsvorhaben bei denen Röntgenstrahlung angewandt wird, ist stattdessen die RöV zu beachten. Solche Vorhaben müssen gemäß § 28 b RöV ebenfalls vom Bundesamt für Strahlenschutz genehmigt werden. Die Genehmigungsvoraussetzungen sind in StrlSchV und RöV inhaltlich identisch, so dass im Folgenden die Genehmigungen nach StrlSchV und RöV parallel dargestellt werden.

Zu den Genehmigungsvoraussetzungen gehört gemäß § 24 Abs. 1 Nr. 10 StrlSchV und § 28 b Abs. 1 Nr. 10 RöV, dass die erforderliche Vorsorge für die Erfüllung gesetzlicher Schadensersatzverpflichtungen getroffen ist. Die wichtigste Schadensersatznorm, sowohl für Vorhaben im Sinne der StrlSchV als auch für solche im Sinne der RöV findet sich in § 26 Abs. 1 AtG. Der Besitzer einer Anlage zu Erzeugung ionisierender Strahlung, hierzu zählen auch

Röntgengeräte,[863] oder eines radioaktiven Stoffes haftet nach dieser Norm für Schäden, die durch die Strahlung verursacht werden. Diese Haftung soll durch eine spezielle Deckungsvorsorge abgesichert werden, die durch die AtDeckV genauer umrissen wird.

1. Verweis auf die Probandenversicherung?

a) § 91 S. 2 StrlSchV, § 28 b Abs. 5 S. 2 RöV

§ 91 S. 2 StrlSchV und § 28 b Abs. 5 S. 2 RöV bestimmen, dass keine gesonderte Deckungsvorsorge abgeschlossen werden muss, wenn die Vorgaben der AtDeckV durch die Vorsorge zur Erfüllung gesetzlicher Schadensersatzverpflichtungen nach den entsprechenden Vorschriften des Arzneimittelgesetzes oder des Medizinproduktegesetzes dem Grund und der Höhe nach erfüllt sind. Dem Wortlaut nach stellt sich die Frage, welche Vorsorge nach AMG und MPG eigentlich gemeint ist. Aus dem Zusammenhang ergibt sich, dass nur eine Vorsorge in Bezug auf die Durchführung medizinsicher Forschungsvorhaben in Betracht kommt. Medizinische Forschungsvorhaben sind in AMG und MPG nur in Form der klinischen Prüfung geregelt. Schadensvorsorge wird hier durch die Probandenversicherung erreicht. Diese ist aber keine Deckungsvorsorge zur Erfüllung gesetzlicher Schadensansprüche, sondern leistet unabhängig vom Bestehen solcher Ansprüche im Schadensfall. Da weder AMG noch MPG eine echte Deckungsvorsorge für Schäden durch Forschungsvorhaben vorsehen, müssen § 91 S. 2 StrlSchV und § 28 b Abs. 5 S. 2 RöV dennoch als Verweis auf die Probandenversicherung verstanden werden.

b) § 91 S. 3 StrlSchV, § 28 b Abs. 5 S. 3 RöV

Gemäß § 91 S. 3 StrlSchV und § 28 b Abs. 5 S. 3 RöV ist neben der Probandenversicherung, unabhängig von deren Ausgestaltung, keine weitere Deckungsvorsorge für die Anwendung von radioaktiven Stoffen, ionisierender Strahlung und Röntgenstrahlen in medizinischen Forschungsvorhaben notwendig, wenn es sich um ein Forschungsvorhaben im Sinne des § 24 Abs. 2 StrlSchV bzw. § 28 b Abs. 2 RöV handelt. Darunter fallen solche, die nicht den Einsatz von radioaktiven Stoffen oder Strahlung zum Gegenstand der Forschung haben (§ 24 Abs. 2 Nr. 1 lit. a) StrlSchV, § 28 b Abs. 2 Nr. 1 lit. a) RöV). Der radioaktive Stoff oder die Strahlung müssen vielmehr zur Erforschung anderer Medizinprodukte, Arzneimittel oder Behandlungsmethoden eingesetzt werden. Der radioaktive

863 *Taupitz/Krpic-Mocilar*, VersR 2003, S. 533 (539).

Stoff oder die Strahlung selbst sind gemäß § 24 Abs. 2 Nr. 1 Lit. b) StrlSchV, § 28 b Abs. 2 Nr. 1 lit. b) RöV im Rahmen bereits anerkannter Standardverfahren einzusetzen. Darüber hinaus setzen § 24 Abs. 2 Nr. 1 lit. d) StrlSchV, § 28 b Abs. 2 Nr. 1 lit. d) RöV voraus, dass die Forschung an einschlägig Kranken durchgeführt wird, es sich mithin um einen therapeutischen Versuch handelt.

Liegen diese Voraussetzungen vor, geht von der Anwendung des radioaktiven Stoffes oder der Strahlung nicht mehr Gefahr aus, als wenn diese zum Zwecke einer standardisierten Heilbehandlung eingesetzt würden. Eine spezielle Absicherung der Strahlengefahr ist daher entbehrlich.

2. Abdeckung der gesetzlichen Schadensersatzverpflichtung durch die Probandenversicherung

Soweit die Probandenversicherung die in § 24 Abs. 1 Nr. 10 StrlSchV und § 28 b Abs. 1 Nr. 10 RöV angeordnete Deckungsvorsorge gemäß § 91 S. 2 StrlSchV und § 28 b Abs. 5 S. 2 RöV ersetzen soll, muss sie die Vorgaben der AtDeckV dem Grunde und der Höhe nach erfüllen.

In der AtDeckV, die aufgrund von § 13 AtG erlassen wurde, ist die Ausgestaltung der erforderlichen Deckungsvorsorge geregelt. Gemäß § 1 AtDeckV kann die Vorsorge durch eine Haftpflichtversicherung oder eine sonstige finanzielle Sicherheit erbracht werden. Eine sonstige finanzielle Sicherheit muss gemäß § 3 Abs. 1 AtDeckV unverzüglich zur Erfüllung gesetzliche Schadensersatzansprüche herangezogen werden können. Die Deckungssumme muss gemäß § 15 AtDeckV so festgelegt werden, dass im Fall des Todes oder der dauernden Erwerbsunfähigkeit mindestens 500.000 € pro Person, an der radioaktive Stoffe oder ionisierender Strahlung angewendet werden, zur Verfügung stehen. Diese Vorgabe entspricht den Anforderungen, die die §§ 20 Abs. 3 S. 2 MPG, 40 Abs. 3 S. 2 AMG für die Probandenversicherung aufstellen. Gemäß § 91 S. 1 StrlSchV und § 28 b Abs. 5 S. 1 RöV muss die Deckungsvorsorge für den Zeitraum von 10 Jahren nach Beendigung des Forschungsvorhabens bereitstehen. Die Probandenversicherung deckt aber gemäß Ziff. 1.5.2 AVB-Prob lediglich Schäden ab, die innerhalb von 5 Jahren nach Beendigung einer klinischen Prüfung eintreten. Um den Vorgaben der StrlSchV und der RöV gerecht zu werden, müsste in den konkreten Versicherungsbedingungen der Probandenversicherung also der Haftungszeitraum auf 10 Jahre ausgedehnt werden.

Der erforderliche Leistungsumfang ergibt sich aus § 4 AtDeckV. Gemäß § 4 Abs. 2 AtDeckV muss Vorsorge für Schadensersatzverpflichtungen im Sinne von § 13 Abs. 5 AtG getroffen werden. Dazu gehören alle Schadensersatzverpflichtungen, die auf gesetzlichen Haftpflichtbestimmungen privatrechtlichen Inhalts beruhen. Damit sind sowohl die allgemeinen deliktischen Ansprüche aus dem BGB erfasst, aber vor allem auch Schadensersatzansprüche gemäß § 26 AtG. Ein Schadensersatzanspruch nach § 26 Abs. 1 S. 1 AtG entsteht, wenn durch die Wirkung ionisierender Strahlen oder der Strahlung eines radioaktiven Stoffes ein Mensch getötet oder an seiner Gesundheit verletzt wird oder eine Sache beschädigt wird. Der Anspruch richtet sich gegen den Besitzer der Anlage oder des Stoffes, von dem die Strahlung ausgeht. Der Umfang des Schadensersatzanspruches wird durch die §§ 27 ff. AtG konkretisiert.

Gemäß § 28 Abs. 1 AtG sind im Fall der Tötung der betroffenen Person die Kosten der versuchten Heilung, der Beerdigung sowie die Vermögensnachteile zu ersetzen, die der Betroffene vor seinem Tod durch verminderte Erwerbsfähigkeit oder Vermehrung seiner Bedürfnisse erlitten hat. Darüber hinaus ist gemäß § 28 Abs. 2 AtG Dritten Unterhalt zu gewähren, soweit eine Unterhaltspflicht des Getöteten bestand. Diese Leistungen werden auch von der Probandenversicherung im Fall des Todes der versicherten Person übernommen, so dass insoweit die erforderliche Deckungsvorsorge durch die Probandenversicherung substituiert werden könnte.

Auch im Fall der Gesundheitsschädigung der betroffenen Person sind gemäß § 29 Abs. 1 AtG Heilungskosten und Vermögensnachteile durch verminderte Erwerbsfähigkeit zu ersetzen. Daneben steht dem Verletzten aber gemäß § 29 Abs. 2 AtG ein Anspruch auf Ersatz des immateriellen Schadens zu. Die Probandenversicherung zahlt aber grundsätzlich kein Schmerzensgeld.[864] Um die Deckungsvorsorge durch die Probandenversicherung im Sinne der § 91 S. 2 StrlSchV und § 28 b Abs. 5 S. 2 RöV sicherzustellen, müssten die Versicherungsbedingungen abweichend von den AVB-Prob dahingehend modifiziert werden, dass auch Schmerzensgeld gewährt wird.[865]

3. Ergebnis

Medizinische Forschungsvorhaben mit radioaktiven Stoffen oder ionisierender Strahlung erfordern eine Deckungsvorsorge nach den Vorgaben der AtDeckV, die insbesondere die Haftung gemäß §§ 26 ff. AtG absichert. Handelt es sich bei diesen Vorhaben zugleich um klinische Prüfungen im Sinne von AMG und MPG ist zudem der Abschluss einer Probandenversicherung vorgeschrieben. Grundsätzlich stehen Probandenversicherung und Deckungsvorsorge eigenständig nebeneinander. Wird bei der klinischen Prüfung der radioaktive Stoff

864 Siehe dazu D.VII.2.

865 Vgl. *Taupitz/Krpic-Mocilar*, VersR 2003, S. 533 (534).

oder die Strahlung lediglich als Hilfsmittel verwendet und ist selbst nicht Gegenstand der Prüfung, ist neben der Probandenversicherung keine weitere Deckungsvorsorge notwendig.

Anderenfalls kann die Probandenversicherung die Deckungsvorsorge ersetzen, wenn sie die Vorgaben von StrlSchV, RöV und AtDeckV erfüllt. Dazu muss entgegen den AVB-Prob aber ein Haftungszeitraum von 10 Jahren vereinbart werden sowie der Ersatz immaterieller Schäden im Schadensfall.

XIII. Konsequenzen beim Fehlen einer ordnungsgemäßen Probandenversicherung

Schließt der Sponsor einer klinischen Studie im Sinne von MPG oder AMG keine Probandenversicherung ab oder erfüllt diese nicht die gesetzlichen Voraussetzungen, folgen daraus verschiedene Konsequenzen.

Zum einen ist der Abschluss der ordnungsgemäßen Probandenversicherung gemäß § 20 Abs. 1 S. 4 Nr. 9 MPG und § 40 Abs. 1 S. 3 Nr. 8 AMG Voraussetzung für die Zulässigkeit einer klinischen Prüfung. Die Prüfung darf ohne ordnungsgemäße Probandenversicherung nicht von der Ethikkommission zustimmend bewertet werden.[866]

1. Strafrechtliche Konsequenzen

Wird die klinische Prüfung ohne ausreichenden Versicherungsschutz dennoch durchgeführt, ist dieses Verhalten gemäß § 96 Nr. 10 AMG und § 41 Nr. 4 MPG strafbar und kann mit Freiheitsstrafe bis zu einem Jahr bestraft werden. Darüber hinaus kommt nach vereinzelter Ansicht eine Strafbarkeit wegen (fahrlässiger) Körperverletzung gemäß §§ 223 Abs. 1, 229 StGB in Betracht, wenn eine Fehlvorstellung des Versuchsteilnehmers über die Probandenversicherung zu der Einwilligung in die Versuchsteilnahme geführt hat.[867] Einer verbreiteten Meinung zufolge führen jedoch nur solche Irrtümer zu einer strafrechtlichen Unwirksamkeit der Einwilligung, die sich auf das verletzte Rechtsgut beziehen, also Umfang, Sinn und Zweck der gesundheitsschädigenden Handlung betreffen.[868] Dies ist bei einer Fehlvorstellung über den Umfang oder das Vorhandensein der Probandenversicherung aber nicht der Fall, so dass eine Strafbarkeit wegen Körperverletzung ausscheidet.

---

866 Siehe dazu C.III.1.b)dd)(1)(c).

867 *Freund/Reus*, PharmR 2009, S. 205 (209 f.).

868 *Paeffgen* in: Kindhäuser/Neumann/Paeffgen, StGB, § 228 Rn. 73.

2. Zivilrechtliche Konsequenzen

In zivilrechtlicher Hinsicht könnte sich die Pflicht zum Abschluss einer Probandenversicherung als Schutzgesetz im Sinne des § 823 Abs. 2 BGB darstellen. Ein Schutzgesetz ist dadurch gekennzeichnet, dass es den Schutz von Individualinteressen bezweckt.[869] Dabei ist es nicht erforderlich, dass der Individualschutz ausschließlicher Normzweck ist. Es reicht vielmehr aus, wenn zumindest auch individuelle Rechtsgüter geschützt werden sollen.[870] Die Pflicht eine Probandenversicherung abzuschließen, dient vor allem dazu, die Versuchsteilnehmer im Fall einer Gesundheitsschädigung abzusichern, so dass es sich bei den §§ 20 Abs. 1 S. 4 Nr. 9 MPG, 40 Abs. 1 S. 3 Nr. 8 AMG um Schutzgesetze im Sinne des § 823 Abs. 2 BGB handelt.[871]

Anspruchsgegner ist derjenige, der das Schutzgesetz verletzt hat. Regelmäßig ist der Sponsor verpflichtet, ausreichenden Versicherungsschutz einzukaufen, so dass sich der Anspruch aus §§ 823 Abs. 2 BGB grundsätzlich gegen ihn richtet.

Der Schaden besteht zunächst in dem entgangenen Versicherungsschutz. Soweit die Prüfung noch nicht abgeschlossen ist und kein Schaden eingetreten ist, kann ein Versuchsteilnehmer grundsätzlich nur einen, den Anforderungen von MPG und AMG entsprechenden, Versicherungsschutz fordern. Erleidet die betroffene Person dann durch die klinische Prüfung tatsächlich eine Gesundheitsverletzung, besteht ein ersatzfähiger Schaden in Höhe der Versicherungsleistung, die der Geschädigte bei ordnungsgemäßem Abschluss der Probandenversicherung erhalten hätte.

Dabei kommt es nicht darauf an, ob der Gesundheitsschaden schuldhaft verursacht wurde. Allerdings muss die Verletzung des Schutzgesetzes, also der Nichtabschluss bzw. der Abschluss einer nicht-ausreichenden Probandenversicherung schuldhaft begangen worden sein. Die schuldhafte Begehung setzt gemäß § 276 Abs. 1 BGB Vorsatz oder Fahrlässigkeit voraus.

Fehlt die Probandenversicherung ganz, dürfte die Verantwortlichkeit des Sponsors keine größeren Probleme aufwerfen. Ein fehlendes Verschulden ist in dieser Situation nicht vorstellbar. Der Sponsor haftet gegenüber dem Probanden nach § 823 Abs. 2 BGB. Daneben ist auch eine Haftung aus § 280 BGB denkbar,

---

869 *Wagner* in: MünchKomm BGB, § 823 Rn. 405.

870 Hk-BGB/*Staudinger*, § 823 Rn. 147.

871 *Sander*, AMG, § 40 Erl. 28; a. A. *Ehling*, Die Versicherung und Rückversicherung von Pharmarisiken in nationaler und internationaler Beziehung, S. 188.

wenn das Probandenverhältnis zwischen der Versuchsperson und dem Sponsor begründet wurde.[872]

Ebenfalls keine Schwierigkeiten bereiten rechtswidrige Leistungsausschlüsse in den AVB. Ist der Leistungsausschluss rechtswidrig, weil er gegen die Vorgaben aus AMG und MPG verstößt, benachteiligt er sowohl den Versicherungsnehmer als auch den Versicherten unangemessen im Sinne von § 307 BGB und ist daher unwirksam, so dass hieraus kein Schaden für die Versicherten entstehen kann.

Etwas anderes gilt, wenn etwa die Gesamtversicherungssumme für eine klinische Prüfung im Hinblick auf §§ 20 Abs. 3 S. 2 MPG, 40 Abs. 3 S. 2 AMG zu niedrig gewählt wurde. In diesem Fall kann es für den einzelnen Versicherten zu Kürzungen der Versicherungsleistung kommen.[873] Damit der Versicherte hieraus Schadensersatzansprüche nach §§ 823 Abs. 2 oder 280 BGB ableiten kann, ist ein Verschulden im Sinne von § 276 BGB erforderlich. Gemäß § 276 Abs. 2 BGB handelt fahrlässig, wer die im Verkehr erforderliche Sorgfalt außer Acht lässt. Der Sorgfaltsbegriff wird im Rahmen des § 276 BGB objektiv-abstrakt bestimmt.[874] Das heißt, es kommt nicht auf die individuellen Fähigkeiten der handelnden Person an.[875] Da der Abschluss einer Probandenversicherung die finanzielle Absicherung auch erheblicher Gesundheitsschäden zum Ziel hat, ist eine besondere Sorgfalt hinsichtlich der Versicherungssumme geboten. Letztlich ist aber im Einzelfall zu bestimmen, ob die Versicherungssumme sorgfaltswidrig zu niedrig gewählt wurde. Zeichnet sich bereits während der Prüfung ab, dass die Summe dem Risiko der Prüfung nicht angemessen ist, muss der Sponsor ggf. für zusätzlichen Versicherungsschutz sorgen, oder die Prüfung abbrechen.

XIV. Zusammenfassung und Ausblick

Die Probandenversicherung ist ein elementarer Bestandteil der Durführungsvoraussetzungen von klinischen Prüfungen mit Arzneimitteln und Medizinprodukten im deutschen Recht. Die Ausgestaltung der Versicherung trägt dem Umstand Rechnung, dass die schädlichen Auswirkungen eines Medikaments oder Medizinprodukts oft ohne das Verschulden eines an der Prüfung Beteiligten auftreten. Um die Betroffenen vor solchen Schäden abzusichern, ohne den Verantwortlichen der klinischen Prüfung eine verschuldensunabhängige Haftung aufzuerlegen, wurde die Pflicht zum Abschluss der Probandenversicherung

---

872 Siehe dazu *Ehling/Vogeler*, MedR 2008, S. 273 (274 ff.).

873 Siehe dazu oben D.VII.3.

874 Hk-BGB/*Schulze*, § 276 Rn. 13.

875 *Palandt/Grüneberg*, § 276 Rn. 15.

geschaffen. Hierbei handelt es sich um eine Personenschadensversicherung eigener Art.

Der Versicherungsfall tritt ein, wenn eine Person durch die klinische Prüfung an ihrer Gesundheit geschädigt wird. Dabei kommt es darauf an, dass sich ein spezifisches Risiko der klinischen Prüfung verwirklicht. Einfache Kausalität der Prüfung im Sinne der Äquivalenztheorie reicht nicht aus, um einen Anspruch aus der Versicherung zu begründen. Im Streitfall kann es häufig Schwierigkeiten bereiten, die Kausalität zwischen der Prüfung und einer Gesundheitsschädigung nachzuweisen, insbesondere wenn eine bisher unbekannte Arzneimittelnebenwirkung als Schädigungsursache in Betracht kommt. Um den Versicherungsschutz nicht auszuhöhlen, muss hier eine Beweismaßerleichterung zugunsten des Geschädigten greifen. Es reicht aus, dass der kausale Zusammenhang zwischen klinischer Prüfung und Schadenseintritt überwiegend wahrscheinlich ist.

In die Versicherung sind alle Personen einbezogen, die von den spezifischen Risiken einer klinischen Prüfung betroffen sind. Im Grundsatz sind dies die Versuchsteilnehmer, unabhängig davon, ob sie das zu prüfende Arzneimittel oder Medizinprodukt erhalten oder einer etwaigen Kontrollgruppe angehören. Werden auch Dritte den spezifischen Gefahren der klinischen Prüfung ausgesetzt, gehören diese ebenfalls zum versicherten Personenkreis. Dies schließt insbesondere die Nachkommen von Versuchsteilnehmern ein. Entgegen den insoweit unwirksamen AVB-Prob fallen auch zum Zeitpunkt der Prüfung noch nicht gezeugte Nachkommen unter den Versicherungsschutz.

Die AVB-Prob enthalten einige Ausschlüsse, die nicht weiter bedenklich sind. So werden übliche Gesundheitsschäden, die mit der Anwendung eines Medikaments oder Medizinprodukts einhergehen, wie etwa die Hautverletzung durch eine Injektion, vom Versicherungsschutz ausgeschlossen. Auch besteht kein Versicherungsschutz für genetische Schädigungen. Allerdings gilt dieser Ausschluss nicht für genetische Schäden, die sich auf den Phänotyp des Betroffenen auswirken. Macht sich also eine genetische Veränderung, die durch die klinische Prüfung hervorgerufen wurde, körperlich bemerkbar, besteht Versicherungsschutz.

Die AVB-Prob sehen vor, dass ein Anspruch auf Versicherungsleistungen nur für solche Schäden besteht, die innerhalb von 5 Jahren nach Abschluss der klinischen Prüfung auftreten. Diese Ausschlussfrist ist aber im Hinblick auf mögliche Spätschäden nicht mit den wesentlichen Grundgedanken der §§ 20 Abs. 1 S. 4 Nr. 9 MPG, 40 Abs. 1 S. 3 Nr. 8 AMG vereinbar und somit gemäß § 307 Abs. 2 BGB unwirksam.

Die Probandenversicherung ersetzt alle Schäden die auf der einer körperlichen oder gesundheitlichen Beeinträchtigung beruhen. Insbesondere kommt die Versicherung damit für Heilbehandlungskosten und Verdienstausfall auf. Der Probandenversicherung muss jedoch kein Schmerzensgeld gewähren, auch wenn eine Entschädigung für immaterielle Einbußen zugunsten der Probanden wünschenswert wäre. Es ist für juristische Laien nicht leicht einzusehen, dass nach der heutigen Rechtslage jeder Schadensersatzanspruch für Gesundheitsschäden von einem Anspruch auf Schmerzensgeld begleitet wird, aber im Fall einer Schädigung durch eine klinische Prüfung, der sich der Betroffene freiwillig unterzogen hat, kein Schmerzensgeld gewährt wird.

Die AVB-Prob sehen vor, dass Leistungen aus der Sozialversicherung, der Krankenversicherung sowie gesetzliche Ansprüche gegen den Arbeitgeber auf den Anspruch gegen den Probandenversicherer angerechnet werden. Dem kann nicht gefolgt werden. Der Gesetzgeber wollte die Kosten der medizinischen Forschung nicht der Allgemeinheit auferlegen und verpflichtet daher den Sponsor einer klinischen Prüfung eine Probandenversicherung abzuschließen. Daraus folgt auch, dass die Probandenversicherung nicht bloß subsidiär eintritt, sondern, wie es sich auch aus dem gesetzlich angeordneten Untergang etwaiger Schadensersatzansprüche ergibt, die Schäden in klinischen Prüfungen vorrangig ersetzt. Kommt trotz Leistungspflicht der Probandenversicherung der Kranken- bzw. Sozialversicherer oder Arbeitgeber für den Schaden auf, steht diesem ein Regressanspruch gegen den Probandenversicherer zu.

Insgesamt bietet die Probandenversicherung eine recht umfassende Absicherung gegen Schäden aus klinischen Prüfungen. Die AVB-Prob werden den Vorgaben des Gesetzgebers jedoch nicht immer gerecht und sollten daher an die Rechtslage angepasst werden.

Am 17. Juli 2012 hat die Europäische Kommission einen „Vorschlag für eine Verordnung des Europäischen Parlaments und des Rates über klinische Prüfungen mit Humanarzneimitteln und zur Aufhebung der Richtlinie 2001/20/EG“[876] unterbreitet. Hiernach sollte der Sponsor einer Studie gemäß Art. 72 der Verordnung dafür Sorge tragen, dass für jeden Schaden, der dem Probanden nach den nationalen Haftungsvorschriften entsteht, Schadensersatz unabhängig von der finanziellen Situation des Sponsors geleistet wird. Zugleich wurde der jeweilige Mitgliedstaat in Art. 73 der Verordnung aufgefordert, einen Entschädigungsmechanismus bereitzustellen, der vom hätte Sponsor genutzt werden können, um seine Verpflichtung nach Art. 72 zu erfüllen. Für Studien, die nicht dazu dienen, eine Zulassung für ein Arzneimittel zu erhalten, sollte dieser

876 EU Ratsdokument 12751/12, abrufbar unter http://register.consilium.europa.eu/pdf/de/12/st12/st12751.de12.pdf (Stand: 27.03.2015).

Entschädigungsmechanismus kostenfrei sein. Hierfür kam in erster Linie ein nationaler Entschädigungsfond in Betracht.

In der am 16.04.2014 verabschiedeten Fassung der VO (EU) Nr. 536/2014[877], die zum 26.05.2016 in Kraft treten wird, sieht Art. 76 Abs. 1 in Abkehr von den geplanten Regelungen nunmehr vor, dass der Mitgliedstaat die Existenz eines Verfahrens zur Entschädigung für jeden Schaden sicherstellt, der durch die Teilnahme an einer klinischen Prüfung entsteht. Beispielhaft für ein solches Verfahren werden eine Versicherung oder eine Garantie genannt. Damit wird die Probandenversicherung auch weiterhin für die Durchführung klinischer Prüfungen maßgeblich sein. Ob die Anknüpfung der Entschädigung an die Teilnahme an der Prüfung – im Gegensatz zu der Anknüpfung an die Durchführung in § 40 Abs. 1 S. 3 Nr. 8 AMG – zu einer weiteren Haftung etwa in Bezug auf Wegeunfälle führen wird, bleibt abzuwarten. Unter Hinweis auf das spezifische Risiko der klinischen Prüfung, dass auch durch Art. 76 Abs. 1 VO (EU) Nr. 536/2014 abgesichert werden soll, erscheint eine solche Ausdehnung auch nach der zukünftigen Rechtslage nicht als angebracht.[878]

Parallel hat die Europäische Kommission am 3. Oktober 2012 einen „Vorschlag für eine Verordnung des Europäischen Parlaments und des Rates über Medizinprodukte und zur Änderung der Richtlinie 2001/83/EG, der Verordnung (EG) Nr. 178/2002 und der Verordnung (EG) Nr. 1223/2009“[879] vorgelegt. Interessanterweise ist ein entsprechender Entschädigungsmechanismus hier nicht vorgesehen. Im Anhang XIV, der sich mit der klinischen Prüfung von Medizinprodukten befasst, heißt es in Ziff. II.4.1 lediglich, dass der Nachweis einer Versicherungs- oder sonstiger Deckung für Schadensersatzansprüche der Probanden im Verletzungsfall gemäß den nationalen Rechtsvorschriften erbracht werden muss.

---

877 Verordnung (EU) Nr. 536/2014 des Europäischen Parlaments und des Rates vom 16. April 2014, abrufbar unter http://eur-lex.europa.eu/legal-content/DE/TXT/PDF/?uri=CELEX:32014R0536&from=DE (Stand: 27.03.2015).

878 Siehe dazu D.IV.3.c)aa).

879 EU Ratsdokument 14493/12, abrufbar unter http://register.consilium.europa.eu/pdf/de/12/st14/st14493.de12.pdf (Stand: 27.03.2015).

Literaturverzeichnis

Achtmann, Julia: Der Schutz des Probanden bei der klinischen Arzneimittelprüfung unter besonderer Berücksichtigung der Haftung der Beteiligten und der Probandenversicherung, Berlin 2013.

Albers, Marion: Die rechtlichen Standards der Biomedizin-Konvention des Europarates in: EuR 2002, S. 801–830.

Anhalt, Erhard / Dieners, Peter: Handbuch des Medizinprodukterechts, München 2003.

Armbrüster, Christian / Dallwig, Florian: Die Rechtsfolgen übermäßiger Deckungsbegrenzungen in der Pflichtversicherung in: VersR 2009, S. 150–153.

Arnold, Pascal / Sprumont, Dominique: Der Nürnberger Kodex: Regeln des Völkerrechts in: Tröhler, Ulrich, Ethik und Medizin, Göttingen 1997, S. 115–130.

Baumbach, Adolf / Lauterbach, Wolfgang / Albers, Jan / Hartmann, Peter: Zivilprozessordnung, 73. Aufl., München 2015 (zitiert: *Baumbach/Lauterbach/Albers/Hartmann*, ZPO).

Bausch, Helmut: Die Regelung der Probandenversicherung im neuen Arzneimittelrecht – Summenversicherung oder Schadensversicherung in: VersR 1979, S. 212–215.

Becker, Ulrich / Kingreen, Thorsten: SGB V Gesetzliche Krankenversicherung, 4. Aufl., München 2014.

Beckmann, Roland Michael / Matusche-Beckmann, Annemarie: Versicherungsrechts-Handbuch, 2. Auflage, München 2009.

Bender, Denise: Heilversuch oder klinische Prüfung? Annäherung an eine diffuse Grenze in: MedR 2005, S. 511–516.

Bender, Rolf: Das Beweismaß in: Grunsky, Wolfgang / Stürner, Rolf / Walter, Gerhard / Wolf, Manfred, Festschrift für Fritz Baur, Tübingen 1981, S. 247–271 (zitiert: *Bender* in: Festschrift für Fritz Baur).

Bergmann, Jan Michael: Handlexikon der Europäischen Union, 4. Aufl., Baden-Baden 2012.

Biermann, Elmar: Die Arzneimittelprüfung am Menschen, Gießen 1985.

Bogs, Walter: Zur Wahrscheinlichkeit des ursächlichen Zusammenhangs und zur Umkehr der Beweislast im sozialgerichtlichen Impfschadenprozess in: SGb 1981, S. 197–204.

Bork, Reinhard: Aufklärungspflichten über die Probandenversicherung in: VersR 1983, S. 1094–1097.

Brandenburg, Stephan / Kollecker, Sandra / Rütenik, Caroline: Medizinprodukterecht, 2. Aufl., Heidelberg 2003.

Bruck, Ernst / Möller, Hans: Versicherungsvertragsgesetz Band 3 (§§ 74–99), 9. Aufl., Berlin 2010 (zitiert: *Bearbeiter* in: Bruck/Möller, VVG).

Bruns, Insa / Sickmüller, Barbara / von Schorlemer, Gloria: Europäische Richtlinie zur klinischen Prüfung: Vorschläge zur Implementierung in deutsches Recht in: PharmR 2002, S. 201–211.

Burmann, Michael / Heß, Rainer / Jahnke, Jürgen / Janker, Helmut: Straßenverkehrsrecht, 23. Aufl., München 2014 (zitiert: *Bearbeiter* in: Burmann/Heß/Jahnke/Janker, StVR).

Cloidt-Stotz, Julia: Der Schadensausgleich für Probanden der humanmedizinischen Forschung, Köln 1990.

Czernik, Christian: A. Aufnahme in die Leistungen der Conterganstiftung wieder möglich – zu den aktuellen Änderungen des Conterganstiftungsgesetzes in: VersR 2010, S. 744–746.

Degener, Theresia: Chronologie der Bioethik – Konvention und ihre Streitpunkte in: KritV 1998, S. 7–33.

Dettling, Heinz-Uwe: Zur Abgrenzung von Arzneimitteln und Medizinprodukten in: PharmR 2006, S. 578–586.

Deutsch, Erwin: Das Recht der klinischen Forschung am Menschen, Frankfurt a. M. 1979.

–: Das Arzneimittelrecht im Haftungssystem in: VersR 1979, S. 685–691.

–: Die zehn Punkte des Nürnberger Ärzteprozesses über die klinische Forschung am Menschen: der sog. Nürnberger Codex in: Broda, Christian, Festschrift für Rudolf Wassermann zum sechzigsten Geburtstag, Neuwied 1985, S. 69–79 (zitiert: *Deutsch* in: Festschrift für Wassermann).

–: Ethische und rechtliche Voraussetzungen der klinischen Prüfung in: Breddin, Klaus, Rechtliche und ethische Probleme bei klinischen Untersuchungen am Menschen, Berlin 1987, S. 10–20.

–: Umkehrung der Beweislast bei Gesundheitsschäden nach Arzneimittelprüfung an alten Menschen? in: Ethik in der Medizin 1991, S. 169–170.

–: Die rechtstatsächliche Situation der Probandenversicherung in Deutschland in: Toellner, Richard, Organtransplantation – Beiträge zu ethischen und juristischen Fragen, Stuttgart 1991, S. 141–144.

–: Der Beitrag des Rechts zur klinischen Forschung in: NJW 1995, S. 3019–3024.

–: Allgemeines Haftungsrecht, 2. Aufl., Köln 1996.

–: Der Nürnberger Kodex in: Tröhler, Ulrich, Ethik und Medizin, Göttingen 1997, S. 103–114.

–: Schmerzensgeld für Unfälle bei der Prüfung von Arzneimitteln und Medizinprodukten? in: PharmR 2001, S. 346–350.

–: Klinische Forschung International: Die Deklaration von Helsinki des Weltärztebundes in neuem Gewand in: NJW 2001, S. 857–860.

–: Klinische Prüfung von Arzneimitteln: eine Europäische Richtlinie setzt Standards und vereinheitlicht Verfahren in: NJW 2001, S. 3361–3366.

–: Private und öffentlich-rechtliche Ethikkommissionen in: NJW 2002, S. 491–492.

–: Heilversuche und klinische Prüfungen in: VersR 2005, S. 1009–1013.

Deutsch, Erwin / Lippert, Hans-Dieter: Kommentar zum Arzneimittelgesetz (AMG), 3. Aufl., Berlin 2011 (zitiert: *Bearbeiter* in: Deutsch/Lippert, AMG).

Deutsch, Erwin / Lippert, Hans-Dieter / Ratzel, Rudolf / Tag, Brigitte: Kommentar zum Medizinproduktegesetz (MPG), 2. Aufl., Berlin 2010 (zitiert: *Bearbeiter* in: Deutsch/Lippert/Ratzel/Tag, MPG).

Deutsch, Erwin / Spickhoff, Andreas: Medizinrecht, 5. Aufl., Berlin 2003 (zitiert: *Deutsch/Spickhoff*, Medizinrecht (5. Aufl.)).

–: Medizinrecht, 6. Aufl., Berlin 2008.

Deutsch, Erwin / Taupitz, Jochen: Deklaration von Helsinki des Weltärztebundes in: Winter, Stefan / Fenger, Hermann / Schreiber, Hans-Ludwig, Genmedizin und Recht, München 2001, S. 205–215.

Dieners, Peter / Reese, Ulrich: Handbuch des Pharmarechts, München 2010.

Dörner, Heinrich / Ebert, Ina / Hoeren, Thomas / Kemper, Rainer / Saenger, Ingo / Schreiber, Klaus / Schulte-Nölke, Hans / Schulze, Reiner / Staudinger, Ansgar: Bürgerliches Gesetzbuch, 8. Aufl., Baden-Baden 2014 (zitiert: Hk-BGB/*Bearbeiter*).

Doppelfeld, Elmar: Die Deklaration von Helsinki 2008 in: Deutsch, Erwin / Duttge, Gunnar / Schreiber, Hans-Ludwig / Spickhoff, Andreas / Taupitz,

Jochen, Die Implementierung der GCP-Richtlinie und ihre Ausstrahlungswirkungen, Berlin 2011, S. 17–28.

–: Statement zur Umsetzung der EU-Richtlinie zur Arzneimittelprüfung in: Deutsch, Erwin / Duttge, Gunnar / Schreiber, Hans-Ludwig / Spickhoff, Andreas / Taupitz, Jochen, Die Implementierung der GCP-Richtlinie und ihre Ausstrahlungswirkungen, Berlin 2011, S. 69–73.

Duin, Nancy / Sutcliffe, Jenny: Geschichte der Medizin von der Antike bis zum Jahr 2020, Köln 1993.

Eberbach, Wolfram H.: Die zivilrechtliche Beurteilung der Humanforschung, Frankfurt a. M. 1982.

Eckart, Wolfgang: Geschichte der Medizin, 3. Aufl., Berlin 1998.

Ehling, Jan: Die Versicherung und Rückversicherung von Pharmarisiken in nationaler und internationaler Beziehung, Karlsruhe 2011.

Ehling, Jan / Vogeler, Marcus: Der Probandenvertrag in: MedR 2008, S. 273–281.

Ehni, Hans-Jörg / Wiesing, Urban: Placebos in klinischen Versuchsreihen in: Ethik in der Medizin 2006, S. 223–236.

Esser, Josef / Schmidt, Eike: Schuldrecht, Bd. 1 Allgemeiner Teil Teilbd. 2, 8. Aufl., Heidelberg 2000.

Feiden, Karl: Arzneimittelgesetz in: Winter, Stefan / Fenger, Hermann / Schreiber, Hans-Ludwig, Genmedizin und Recht, München 2001, S. 155–161.

Feyock, Hans / Jacobsen, Peter / Lemor, Ulf D.: Kraftfahrtversicherung, 3. Aufl., München 2009.

Fischer, Gerfried: Medizinische Versuche am Menschen, Göttingen 1979.

–: Die Prinzipien der Europäischen Richtlinie zur Prüfung von Arzneimitteln in: Deutsch, Erwin / Schreiber, Hans Ludwig, Spickhoff, Andreas / Taupitz, Jochen, Die klinische Prüfung in der Medizin, Berlin 2005, S. 29–39.

Freund, Georg / Reus, Katharina: Probandenversicherung gemäß dem Arzneimittelgesetz? in: PharmR 2009, S. 205–210.

Fuchs, Bianca: Das Beweismaß im Arzthaftungsprozess, Frankfurt a. M. 2005.

Funke, Christian: Die Arzneimittelhaftung des pharmazeutischen Unternehmers– Entwicklung und Reformen, Halle-Wittenberg 2001.

Gaidzik, Peter W.: Die Probandenversicherung bei klinischen Prüfungen mit Medizinprodukten – im Lichte der AVB 08 in: VersR 2009, S. 1449–1454.

Godt, Christine / Engelke, Karsten: Probandenschutz und moderne medizinische Forschung in: WissR 2010, S. 2–27.

Gödicke, Patrick / Purnhagen, Kai Peter: Haftungsgrundlagen für Schmerzensgeld bei der klinischen Prüfung von Arzneimitteln in: MedR 2007, S. 139–143.

Granitza, Axel: Haftung und Versicherungsfragen in Zusammenhang mit der klinischen Prüfung von Arzneimitteln in: Ehmann, Horst / Hefermehl, Wolfgang / Laufs, Adolf, Privatautonomie, Eigentum und Verantwortung – Festgabe für Hermann Weitnauer, Berlin 1980, S. 315–331 (zitiert: *Granitza* in: Festgabe für Hermann Weitnauer).

Grell, Dieter: Diskussionsbeitrag Karslruher Forum 1978, Haftungsprobleme im Heilbereich in: Beiheft VersR, Karlsruher Forum 1978, S. 21–23.

Hansen, Udo: Beweislast und Beweiswürdigung im Versicherungsrecht, Frankfurt a. M. 1990.

Hedderich, Katharina Sophie: Pflichtversicherung, Tübingen 2011.

Helle, Jürgen / Frölich, Jürgen / Haindl, Hans: Der Heilversuch in der klinischen Prüfung von Arzneimitteln und Medizinprodukten in: NJW 2002, S. 857–863.

Hennies, Günter: Heilversuch – Beobachtungsstudie – Klinische Arzneimittelprüfung in: Arztrecht 1996, S. 95–99.

Hentschel, Peter / König, Peter / Dauer, Peter: Straßenverkehrsrecht, 42. Aufl., München 2013.

Herbst, Tobias: Die Widerruflichkeit der Einwilligung in die Datenverarbeitung bei medizinischer Forschung in: MedR 2009, S. 149–152.

Heubeck, Renate: Neue rechtliche Entwicklungen in der Probandenversicherung für Arzneimittelprüfungen in Deutschland in: PHi 2007, S. 2010–215.

Holzhauer, Heinz: Zur klinischen Prüfung von Medikamenten an Betreuten in: NJW 1992, S. 2325–2331.

Jauernig, Othmar: Bürgerliches Gesetzbuch, 15. Aufl., München 2014 (zitiert: *Bearbeiter* in: Jauernig, BGB).

Jungk, Andreas: Gesundheitsschäden in klinischen Studien in: Pharm Ind. 2006, S. 1067–1069.

Kandler, Hans-Christoph: Rechtliche Rahmenbedingungen biomedizinischer Forschung am Menschen, Berlin 2008.

Keller, Wolfgang: „Mit allen geeigneten Mitteln“ – Der umfassende Heilbehandlungsbedarf in der gesetzlichen Unfallversicherung in: SGb 2000, S. 459–465.

Kindhäuser, Urs / Neumann, Ulfrid / Paeffgen, Hans-Ullrich: Strafgesetzbuch, 4. Aufl., Baden-Baden 2013.

Klingmüller, Ernst: Zur Probandenversicherung nach dem neuen AMG in: Von Caemmerer, Ernst / Fischer, Robert / Nüßgens, Karl / Schmidt, Reimer, Festschrift für Fritz Hauß zum 70. Geburtstag, Karlsruhe 1978, S. 169–179 (zitiert: *Klingmüller* in: Festschrift für Fritz Hauß).

Kloesel, Arno / Cyran, Walter: Arzneimittelrecht, Stuttgart, Loseblattsammlung, Stand: 128. Ergänzungslieferung, 2014 (zitiert: *Kloesel/Cyran*, AMG).

Kloth, Andreas: Private Unfallversicherung, München 2008.

Knoepffler, Nikolaus: Forschung: Ethische Normen angesichts medizinischer Forschung am Menschen in: Bundesgesundheitsblatt 2008, S. 880–886.

Koenig, Christian / Busch, Christiane / Beer, Daniela / Müller, Eva: Das Übereinkommen zum Schutz der Menschenrechte und der Menschenwürde im Hinblick auf die Anwendung von Biologie und Medizin des Europarates und seine Zusatzprotokolle, Münster 2003.

Kollhosser, Helmut: Umfang und Form der Aufklärung über die Probandenversicherung bei der klinischen Prüfung von Arzneimitteln in: MedR 1983, S. 201–207.

–: Probandenversicherungspflicht für die klinische Prüfung von Arzneimitteln in der Phase IV? Der Taumel des Gesetzgebers durch die Wirren des Arzneimittelrechts in: MedR 1991, S. 184–188.

–: Rechtsfragen der Probandenversicherung in: Toellner, Richard, Organtransplantation – Beiträge zu ethischen und juristischen Fragen, Stuttgart 1991, S. 131–140.

–: Haftung und Versicherung bei medizinischen Forschungsprojekten am Menschen in: Lippert, Hans-Dieter / Eisenmenger, Wolfgang, Forschung am Menschen, Berlin 1999, S. 159–167.

Kopetzki, Christian: Die klinische Arzneimittelprüfung vor dem Hintergrund des Europarechts und des Übereinkommens über Menschenrechte und Biomedizin in: Bernat, Erwin / Kröll, Wolfgang, Recht und Ethik der Arzneimittelforschung, Wien 2003, S. 26–50.

Koyuncu, Adem: Haftungs- und Versicherungsfragen in der Medizinischen Forschung in: PHi 2005, S. 86–91.

Kraif, Ursula: Duden, das Fremdwörterbuch, 10. Aufl., Mannheim 2010.

Kratz, Ernst Jürgen: Die Wegeversicherung in der klinischen Studie in: VersR 2010, S. 999–1005.

Krauskopf, Dieter / Baier, Gerhard: Soziale Krankenversicherung Pflegeversicherung, München, Loseblattsammlung, Stand: 86. Ergänzungslieferung, 2014.

Kreikebohm, Ralf / Spellbrink, Wolfgang / Waltermann, Raimund: Kommentar zum Sozialrecht, 3. Aufl., München 2013 (zitiert: KSW/*Bearbeiter*).

Kügel, Wilfried / Müller, Rolf-Georg / Hofmann, Hans-Peter: Arzneimittelgesetz, München 2012 (zitiert: *Bearbeiter* in: Kügel/Müller/Hofmann, AMG).

Langheid, Theo / Wandt, Manfred: Münchener Kommentar zum Versicherungsvertragsgesetz, München 2011 (zitiert: *Bearbeiter* in: MünchKomm VVG).

Larenz, Karl / Canaris, Claus-Wilhelm: Lehrbuch des Schuldrechts Band 2 Besonderer Teil, Halbband 2, 13. Aufl., München 1994.

Laufs, Adolf: Die neue europäische Richtlinie zur Arzneimittelprüfung und das deutsche Recht in: MedR 2004, S. 583–593.

Laufs, Adolf / Kern, Bernd-Rüdiger: Handbuch des Arztrechts, 4. Aufl., München 2010.

Leitherer, Stephan: Kasseler Kommentar Sozialversicherungsrecht, München, Loseblattsammlung, Stand: 83. Ergänzungslieferung, 2014 (zitiert: KassKomm/*Bearbeiter*).

Leven, Karl-Heinz: Geschichte der Medizin, München 2008.

Lippert, Hans-Dieter / Riemenschneider, Sabine: Beeinträchtigung der Fahrtauglichkeit durch Einnahme von Arzneimitteln im Rahmen klinischer Prüfungen – Verantwortlichkeit von Prüfungsteilnehmer und Prüfer in: VersR 2002, S. 1354–1357.

Löwer, Wolfgang: Wegeunfallversicherung für Probanden in klinischen Arzneimittelversuchen? in: Söllner, Alfred, Gedächtnisschrift für Meinhard Heinze, München 2005, S. 553–564.

Looschelders, Dirk / Pohlmann, Petra: VVG-Kommentar, 2. Aufl., Köln 2011 (zitiert: *Bearbeiter* in: Looschelders/Pohlmann, VVG).

Maassen, Bernhard M.: Beweismaßprobleme im Schadensersatzprozess, Köln 1975.

Maunz, Theodor / Dürig, Günter: Grundgesetz, München, Loseblattsammlung, Stand 72. Ergänzungslieferung 2014 (zitiert: *Bearbeiter* in: Maunz/Dürig).

Merkel, Reinhard: Nichttherapeutische klinische Studien an Einwilligungsunfähigen: Rechtsethisch legitim oder verboten? in: Bernat, Erwin / Kröll, Wolfgang, Recht und Ethik der Arzneimittelforschung, Wien 2003, S. 171–205.

Metzmacher, Angela: Der Schadensausgleich des Probanden im Rahmen klinischer Arzneimittelprüfungen, Baden-Baden 2010.

Meuser, Stephan / Platter, Julia: Die Bewertung der klinischen Prüfung von Arzneimitteln durch die Ethikkommission – eine Verwaltungsentscheidung besonderer Art? in: PharmR 2005, S. 395–402.

Müller-Glöge, Rudi / Preis, Ulrich / Schmidt, Ingrid: Erfurter Kommentar zum Arbeitsrecht, 15. Aufl., München 2015 (zitiert: ErfK/*Bearbeiter*).

Münchener Kommentar: Bürgerliches Gesetzbuch Band 1 (§§ 1–240), 6. Aufl., München 2012, Band 2 (§§ 241–432), 6. Aufl., München 2012 Band 4 (§§ 611–704), 6. Aufl., München 2012, Band 5 (§§ 705–853), 6. Aufl., München 2013 (zitiert: *Bearbeiter* in: MünchKomm BGB).

Muckel, Stefan / Ogorek, Markus: Sozialrecht, 4. Aufl., München 2011.

Musielak, Hans-Joachim: Kommentar zur Zivilprozessordnung, 11. Aufl., München 2014 (zitiert: *Bearbeiter* in: Musielak, ZPO).

Nickel, Lars Christoph: Überlegungen für die Umsetzung der Richtlinie 2001/20/EG („GCP-Richtlinie") in deutsches Recht in: Deutsch, Erwin / Schreiber, Hans Ludwig, Spickhoff, Andreas / Taupitz, Jochen, Die klinische Prüfung in der Medizin, Berlin 2005, S. 47–52.

Osieka, Thomas: Das Recht der Humanforschung, Hamburg 2006.

Palandt, Otto: Bürgerliches Gesetzbuch, 74. Aufl., München 2015 (zitiert: *Palandt/Bearbeiter*).

Parsa-Parsi, Ramin / Wiesing, Urban: Deklaration von Helsinki: Weltweite Bedeutung in: Dtsch Arztebl 2013; 110: A-2414.

Pestalozza, Christian: Risiken und Nebenwirkungen: Die klinische Prüfung von Arzneimitteln am Menschen nach der 12. AMG-Novelle in: NJW 2004, S. 3374–3379.

Pflüger, Frank: Kausalitätsvermutung und Beweislastumkehr in der novellierten Arzneimittelhaftung in: PharmR 2003, S. 363–368.

Picker, Eduard: Menschenrettung durch Menschennutzung? in: JZ 2000, S. 693–705.

Pisani, Christian: Die Wirksamkeitskontrolle von Allgemeinen Versicherungsbedingungen der Probandenversicherung nach der VVG-Novelle in: PharmR 2009, S. 55–60.

Prölss, Jürgen: Der Nachweis des Versicherungsfalles in der Diebstahlversicherung in: Bauer, Jürgen F. / Hopt, Klaus J. / Mailänder, K. Peter, Festschrift für Ernst Steindorff zum 70. Geburtstag am 13. März 1990, Berlin 1990, S. 755–776 (zitiert: *Prölss* in: Festschrift für Ernst Steindorff).

Prölss, Jürgen / Martin, Anton: Versicherungsvertragsgesetz, 28. Auflage, München 2010 (zitiert: *Bearbeiter* in: Prölss/Martin, VVG).

Prütting, Hanns: Gegenwartsprobleme der Beweislast, München 1983.

Pschyrembel, Willibald: Pschyrembel Klinisches Wörterbuch, 266. Aufl., Berlin 2014.

Quaas, Michael / Zuck, Rüdiger: Medizinrecht, 2. Aufl., München 2008.

Rauscher, Thomas / Wax, Peter / Wenzel, Joachim: Münchener Kommentar zur Zivilprozessordnung mit Gerichtsverfassungsgesetz und Nebengesetzen Band 1 §§ 1–354, 4. Aufl., München 2013 (zitiert: *Bearbeiter* in: MünchKomm ZPO).

Rehmann, Wolfgang A.: Arzneimittelgesetz, 4. Aufl., München 2014 (zitiert: *Rehmann*, AMG).

Rehmann, Wolfgang A. / Wagner, Susanne A.: Medizinproduktegesetz, 2. Aufl., München 2010 (zitiert: *Bearbeiter* in: Rehmann/Wagner, MPG).

Richter, Christoph / Bussar-Maatz, Roswitha: Deklaration von Helsinki: Standard ärztlicher Ethik in: Dtsch Arztebl 2005; 102: A 730–734.

Rid, Annette / Schmidt H.: Die erneut überarbeitete Deklaration von Helsinki: Wie sind die Änderungen aus ethischer Sicht zu beurteilen? in: Dtsch Med Wochenschr 2009, S. 2525–2528.

Rittner, Christian / Kratz, Ernst Jürgen / Walter-Sack, Ingeborg: Zur Angemessenheit des Probandenschutzes nach § 40 Abs. 1 Nr. 8 AMG in: VersR 2000, S. 688–692.

Rittner, Christian / Taupitz, Jochen / Walter-Sack, Ingeborg / Wessler, Ignaz: Die neuen Musterbedingungen für die Probandenversicherung als Pflichtversicherung (AVB-Prob/AMG-JV) und die nicht der Versicherungspflicht unterliegende klinische Prüfung (AVB-Prob/NV-Objekt) – ein Fortschritt für die Versicherten in: VersR 2008, S. 158–163.

Römer, Wolfgang: Der Kraftfahrzeugdiebstahl als Versicherungsfall Voraussetzungen und Beweis eines Anspruchs aus der Kaskoversicherung in: NJW 1996, S. 2329–2335.

–: Schwierigkeiten beim Kfz-Entwendungsbeweis in: NVersZ 1998, S. 63–65.

Römer, Wolfgang / Langheid, Theo: Versicherungsvertragsgesetz, 4. Aufl., München 2014 (zitiert: *Bearbeiter* in: Römer/Langheid, VVG).

Rothmann, David J.: Der Nürnberger Kodex im Licht früherer Prinzipien und Praktiken im Bereich der Humanexperimente in: Tröhler, Ulrich, Ethik und Medizin, Göttingen 1997, S. 75–88.

Rudloff-Schäffer, Cornelia: Übereinkommen über Menschenrechte und Biomedizin des Europarates vom 4. April 1997 in: Winter, Stefan / Fenger, Hermann / Schreiber, Hans-Ludwig, Genmedizin und Recht, München 2001, S. 63–78.

Rüffer, Wilfried / Halbach, Dirk / Schimikowski, Peter: Versicherungsvertragsgesetz, 2. Aufl., Baden-Baden 2011 (zitiert: *Bearbeiter* in: Rüffer/Halbach/Schimikowski, VVG).

Saenger, Ingo: Zivilprozessordnung, 5. Aufl., Baden-Baden 2013 (zitiert: Hk-ZPO/*Bearbeiter*).

Sander, Axel: Arzneimittelrecht, Stuttgart, Loseblattsammlung, Stand: 50 Ergänzungslieferung, 2012.

Schneider, Lena: Neue Behandlungsmethoden im Arzthaftungsrecht, Göttingen 2010.

Schorn, Gert: Medizinprodukte-Recht, Stuttgart, Loseblattsammlung, Stand: 27. Ergänzungslieferung, 2013.

Schwintowski, Hans-Peter / Brömmelmeyer, Christoph: Praxiskommentar zum Versicherungsvertragsrecht, 2. Aufl., Münster 2011 (zitiert: *Bearbeiter* in: Schwintowski/Brömmelmeyer, PK-VersR).

Sewing, Karl-Friedrich: Die GCP-Richtlinie: Balance zwischen Sicherheit und Bürokratie? in: Deutsch, Erwin / Duttge, Gunnar / Schreiber, Hans-Ludwig / Spickhoff, Andreas / Taupitz, Jochen, Die Implementierung der GCP-Richtlinie und ihre Ausstrahlungswirkungen, Berlin 2011, S. 63–68.

Spickhoff, Andreas: Forschung an nicht-einwilligungsfähigen Notfallpatienten in: MedR 2006, S. 707–715.

–: Medizinrecht, 2. Aufl., München 2014.

Spranger, Tade Matthias: Fremdnützige Forschung an Einwilligungsfähigen, Bioethik und klinische Arzneimittelprüfung in: MedR 2001, S. 238–247.

Stapff, Manfred: Arzneimittelstudien, 5. Aufl., München 2008.

Stock, Meike: Der Probandenschutz bei der medizinischen Forschung am Menschen unter besonderer Berücksichtigung der gesetzlich nicht geregelten Bereiche, Frankfurt a. M. 1998.

Sträter, Burkhard: Klinische Forschung in der EU – jetzt ohne Ethik(-Kommissionen)? in: Pharm Ind. 2013, S. 197–199.

Straßburger, Jana: Die Inkorporation der Deklaration von Helsinki in das ärztliche Berufs- und Standesrecht in: MedR 2006, S. 462–471.

Swik, Burkhardt: *D.* Die Versicherungspflicht für klinische Studien nach § 40 (Probandenversicherung) – Anmerkungen aus der Praxis in: PharmR 2006, S. 76–81.

–: Zur Bedeutung der Versicherungsdeckungen im AMG in: Wartensleben, Herbert / Hoffmann, Hans-Georg / Klapszus, Norbert / Porstner, Thomas, Iuri Pharmaceutico Festschrift für Axel Sander zum 65. Geburtstag, Frankfurt a. M. 2008, S. 359–366 (zitiert: *Swik* in: Festschrift für Axel Sander).

Taupitz, Jochen: Die Neufassung der Deklaration von Helsinki des Weltärztebundes vom Oktober 2000 in: MedR 2001, S. 277–286.

–: Biomedizinische Forschung zwischen Freiheit und Verantwortung, Berlin 2002.

–: Forschung mit Kindern in: JZ 2003, S. 109–118.

–: Die Probandenversicherung für Studien außerhalb einer Deckungsvorsorgepflicht in: Kontinuität und Wandel des Versicherungsrechts – Festschrift für Egon Lorenz zum 70. Geburtstag, Karlsruhe 2004 (zitiert: *Taupitz* in: Festschrift für Egon Lorenz).

–: Liability for and Insurability of Biomedical Research Involving Human Subjects under German Law – Health Law Aspects in: Dute, Jos / Faure, Michael / Koziol, Helmut, Liability for and Insurability of Biomedical Research with Human Subjects in a Comparative Perspective, Wien 2004, S. 151–191.

–: Das Menschenrechtsübereinkommen zur Biomedizin und sein Protokoll zur medizinischen Forschung am Menschen: Verhältnis zum geltenden Recht, insbesondere zur GCP-Richtlinie in ihrer Umsetzung in: Deutsch, Erwin / Duttge, Gunnar / Schreiber, Hans-Ludwig / Spickhoff, Andreas / Taupitz, Jochen, Die Implementierung der GCP-Richtlinie und ihre Ausstrahlungswirkungen, Berlin 2011, S. 29–38.

Taupitz, Jochen / Krpic-Mocilar, Thomas: Deckungsvorsorge bei klinischen Prüfungen unter Anwendung radioaktiver Stoffe oder ionisierender Strahlung in: VersR 2003, S. 533–540.

Veith, Jürgen / Gräfe, Jürgen: Der Versicherungsprozess, 2. Aufl., München 2010.

Voit, Wolfgang: Anforderungen des AMG an die Ausgestaltung der Probandenversicherung bei der Durchführung klinischer Studien und ihre Konsequenzen für Sponsor, Prüfarzt und ethik-Kommission in: PharmR 2005, S. 345–352.

–: Die Abgrenzung von Medizinprodukten zu Arzneimitteln – eine unlösbare Aufgabe? in: PharmR 2010, S. 501–508.

Von der Sanden, Michael: Haftung medizinischer Ethik-Kommissionen bei klinischer Arzneimittelprüfung, Baden-Baden 2008.

Von Freier, Friedrich: Kindes- und Patientenwohl in der Arzneimittelforschung am Menschen – Anmerkungen zur geplanten Novellierung des AMG in: MedR 2003, S. 610–617.

Von Staudinger, Julius: Kommentar zum Bürgerlichen Gesetzbuch.
Buch 2: Recht der Schuldverhältnisse, §§ 249–254 (Schadensersatzrecht), Neubearbeitung 2005, Berlin 2005.
Buch 2: Recht der Schuldverhältnisse, §§ 840–853 (Unerlaubte Handlungen 5), Neubearbeitung 2007, Berlin 2007 (zitiert: *Bearbeiter* in: Staudinger, BGB).

Von Wulffen, Matthias: Sozialgesetzbuch Zehntes Buch Sozialgesetzbuch – Sozialverwaltungsverfahren und Sozialdatenschutz, 7. Aufl., München 2010 (zitiert: *Bearbeiter* in: Von Wulffen, SGB X).

Voß, Levke: Produktsicherheit bei Erforschung somatischer Gentherapie, Baden-Baden 2005.

Walter-Sack, Ingeborg: Zur Problematik von Spätschäden nach Arzneimittelstudien in: VersR 2000, S. 693.

Wandt, Manfred: Versicherungsrecht, 5. Aufl., Köln 2010.

Weber, Helmut: Der Kausalitätsbeweis im Zivilprozeß, Tübingen 1997.

Wenckstern, Annette: Die Haftung bei der Arzneimittelprüfung und die Probandenversicherung, Frankfurt a. M. 1999.

Wendehorst, Christiane: Liability for and Insurability of Biomedical Research Involving Human Subjects–Tort Law Aspects in: Dute, Jos / Faure, Michael / Koziol, Helmut, Liability for and Insurability of Biomedical Research with Human Subjects in a Comparative Perspective, Wien 2004, S. 192–228.

Wiesing, Urban / Parsa-Parsi, Ramin W.: Die erneut revidierte Deklaration von Helsinki, verabschiedet in Seoul 2008 in: Ethik in der Medizin 2009, S. 45–67.

Wille, Siegfried: Grundsätze des Nürnberger Ärzteprozesses in: NJW 1949, S. 377.

Winau, Rolf: Der Menschenversuch in der Medizin in: Ebbinghaus, Angelika / Dörner, Klaus, Vernichten und Heilen – Der Nürnberger Ärzteprozess und seine Folgen, Berlin 2001, S. 93–109.

Wölk, Florian: Medizinische Forschung an einwilligungsunfähigen Personen in: Zeitschrift für medizinische Ethik (ZME) 2001, S. 387–406.

Wolf, Manfred / Lindacher, Walter F. / Pfeiffer, Thomas: AGB-Recht, 5. Aufl., München 2009.

Wunder, Michael: Der Nürnberger Kodex und seine Folgen in: Ebbinghaus, Angelika / Dörner, Klaus, Vernichten und Heilen – Der Nürnberger Ärzteprozess und seine Folgen, Berlin 2001, S. 476–488.

Zöller, Richard: Zivilprozessordnung, 30. Aufl., Köln 2014 (zitiert: Zöller/*Bearbeiter*, ZPO).

Zopfs, Jannpeter: Der Beweis des Versicherungsfalls in: VersR 1993, S. 140–143.

www.ingramcontent.com/pod-product-compliance
Ingram Content Group UK Ltd.
Pitfield, Milton Keynes, MK11 3LW, UK
UKHW021911290926
8980IPUK00015B/1191

9 783631 664605